논어

내 인생 최고의 교양 | 황희경 譯說

논어

메멘토

일러두기

1. 현대말로 이해하기 쉽게 번역하고 풀이했다.
2. 필요한 경우가 아니면 자구(字句)에 대한 자세한 설명이나 세세한 고증은 하지 않았다.
3. 이해를 돕기 위해 원문에 없는 부분을 괄호에 넣어 해석을 보충했다.
4. 대화 쌍방의 지위를 고려하여 번역하였다. 예를 들면 대왈(對曰) 이하 부분은 상대방이 높은 지위에 있는 사람을 말하므로 존댓말 형식으로 번역했다.
5. 중복된 구절, 모순되거나 관련 있는 구절을 참고할 수 있도록 해설에 표시했다.
   예) 「선진」 3장 참고
6. 중국 인명은 과거인과 현대인을 구분(신해혁명 기준, 1911년)하여 과거인은 종전의 한자음대로, 현대인은 중국어 표기법에 따라 표기하되 필요한 경우에 한자를 병기했다.
7. 한자어의 뜻풀이와 한자가 함께 쓰일 경우 혹은 설명글과 같은 내용의 한자말이 사용될 경우에는 대괄호 '〔 〕'를 사용했다. 예) 어짊〔賢〕, "나를 알아주는 이가 없구나〔莫我知也夫〕!"
   참고로 중국 및 일본 인명의 한자를 병기할 경우에는 괄호를 사용했다. 예) 루쉰(魯迅)

서문

거의 20년 전이다. 『논어』를 펼쳤다가 "배우고 때로 익히면 또한 기쁘지 않겠는가?"라는 구절이 공자가 나에게 던진 말처럼 느껴져 눈물이 핑 돌 만큼 깊은 감동을 받은 적이 있다. 그래서 능력을 헤아리지 않고 공자와 시공을 뛰어넘는 대화를 나눈다는 마음으로 『논어』를 풀어 옮긴 책을 출간한 일이 있었다. 누가 읽어주랴 걱정했지만 「교수신문」에서 괜찮은 번역본이라는 과분한 평을 받기도 하고 여러 쇄를 찍기도 했다. 하지만 설명이 불친절하다는 따끔한 지적을 받거나, 그동안 생각이 달라진 부분이나 잘못된 점을 발견할 때마다 언젠가 다시 고쳐 쓰리라 다짐하였다. 강산이 거의 두 번 바뀌는 동안 이러한 다짐을 결코 잊어버리지 않았지만 감히 엄두를 내지 못했다. 이유야 많지만 무엇보다 공자와 『논어』를 바라보는 시각이 계속 변화했기 때문이다.

중국의 한 언론사에서 2004년을 전통문화 회귀의 해라고 부를 만큼 그사이 전통에 대한 관심이 폭발적으로 커지고 문화적 자각이 강해지면서 중국에서 공자와 『논어』의 위상은 눈을 씻고 다시 봐야 할 만큼 달라져갔다. 2006년엔 위단(于丹)의 『논어』가 공전의 히트를 기록하여 수천만 부가 팔릴 만큼 대중의 환영을 받았다. 곽점촌에서 발굴된 초나라 죽간 문서에 대한 연구 성과를 반영하면서도 공자의 성인화라는 시대적 추세와 거리를 둔 리링(李零)의 『논어』가 출판되어 커다란 논란이 빚어지기도 했다. 문화적 사건이라고 할 대표적인 사례 두 가지만 들었지만 『논어』와 관련된 새로운 성과물들은 지금도 조용히 쏟아져나오고 있다. 2010년에는 〈공자〉라는 영화가 만들어지기도 했으며 2011년에는 정치적 공간인 천안문광장에 공자상이 세워졌다가 논란이 벌어져 다른 장소로 옮겨지는 일도 있었다.

중국의 부상과 함께 공자는 어느덧 중국 문화를 대표하는 상징적 존재가 되었고, 유교 개념인 소강(小康: 의식주가 해결된 상태에서 부유한 단계로 나아가는 중간적 생활 상태)사회를 중국이 발전 목표로 삼고 있기에 공자와 『논어』, 더 나아가 유학에 대한 관심은 세계적 차원에서 지속적으로 높아지고 있다. 이런 시대적 흐름을 따라가면서 공자와 『논어』를 바라보는 나 자신의 생각도 전과 비교하면 적지 않게 변했다. 한마디로 말하면, 전에는 현대인의 눈으로 공자를 현대에 부합하게 해석하려고 했다면 지금은 현대적 사유를 벗어나 고전적 세계를 이해하려고 노력하는 쪽으로 변화했다. 또한 정감에도 합치하고 이치에도 부합하는〔合情合理〕『논어』에 담긴 중국적 지혜에 대한 관심과 신뢰가 더 깊어졌다. 심지어 『논어』 편명의 순서에 우리가 그간 주목하지 않았거나 밝혀내지 못한 숨은 의미가 담겨 있다고 생각하게 되었다. 루쉰(魯迅, 1881~1936)이 일찍이 근대 사상가인 천두슈(陳獨秀, 1879~1942)와 후스(胡適, 1891~1962)를 비교하면서 평한 유명한 말이 있다.

> 두 사람의 도략(韜略: 병법)을 창고에 비유한다면, 천두슈는 창고 앞에 '안에 무기가 가득 들어 있으니 조심하시오!'라고 쓴 깃발을 꽂아놓은 것 같다. 그러나 깃발의 문구와 달리, 막상 문을 열어보면 총 몇 자루에 칼 몇 자루가 전부라 사람을 허탈하게 만든다. 후스는 꽉꽉 걸어 잠근 문 위에 '안에 무기가 없으니 의심하지 마시오!'라고 쓴 작은 쪽지를 붙여놓은 것 같다. 그러나 나 같은 이들로 하여금 정말일까 싶어 문을 열어보고 싶게 만든다.

헤겔이 말한 것처럼 『논어』에는 사변철학은 없고, 어느 민족의 고전에서든 쉽게 찾을 수 있는 상식적 도덕률만 존재한다고 볼 수도 있다. 하지만 『논어』는 혹시 '후스의 창고' 아닐까? 얼핏 보면 지극히 평범한 말들 너머에 현대인이 돌아보아야 할 풍부한 '무기'가 숨겨져 있지 않을까? 나는 호기심을 가지고 자주 문을 열어보았다.

공자가 돌아가신 후에 자신이 선생님보다 낫다는 평가를 접한 자공은 기뻐하기는커녕 다음과 같이 말했다.

> 궁궐의 담에 비유하면 나의 담은 어깨 정도의 높이라서 집 안의 좋은 것을 엿볼 수 있으나, 선생님의 담은 몇 길이나 되어서 문으로 들어가지 못하면 종묘의 아름다움과 갖가지 건물의 풍부함을 볼 수 없다. 문으로 들어간 사람이 드물 것이니 선생(무숙)께서 그렇게 말하는 것은 또한 당연하지 아니한가.(「자장」)

내가 감히 만인궁장(萬仞宮牆)의 문을 열고 들어가 "종묘의 아름다움과 갖가지 건물의 풍부함"을 보았다고 자부할 수 없지만 전문적 주석서나 일일이 열거하기 힘든 많은 글들 또는 그간의 인생 경험을 통해 약간의 아름다움과 풍부함을 느꼈다고는 말할 수 있다. 물론 아직 둘러보지 못한 부분이 많으리라. 그 점은 훗날을 기약하기로 하고 내가 느끼고 본 부분을 최대한 쉽고 간략하게 서술하여 관심 있는 독자들과 공유하고자 노력했음을 밝힌다.

원(元) 대의 희곡 『서상기』에서 앵앵이 장군서를 기다리는 심정으로 독자들과 만나기를 기대해본다.

> 서쪽 행랑채에서 달 뜨기를 기다리며〔待月西厢下〕
> 사립문 반쯤 열고 바람을 맞아들였지〔迎風户半開〕

꽃 그림자 움직이며 담장 어른거리니〔拂墻花影動〕

아마도 님께서 오시는 것이리……〔疑是玉人來〕

2018년 5월 보광재에서

황희경

차례

나의 『논어』 읽기

수많은 책을 잉태한, 고전 중의 고전

저명한 역사학자 천인커(陳寅恪, 1890~1969)에 관한 일화다. 1912년 스위스에서 귀국한 이십 대의 천인커는 스승 샤쩡여우(夏曾佑, 1863~1924)를 찾아뵈었다. 스승과 제자가 이런저런 이야기를 나누다가 샤쩡여우가 별안간 "자네는 외국에서 좋은 학문을 많이 배우고 돌아왔으니 정말 축하할 일이네. 난 중국 책만 읽을 수 있고 외국 책은 읽지 못해. 하지만 난 중국 책을 다 읽어버렸어. 이제 더 볼 만한 책이 없다네"라고 하였다. 천인커는 자신의 귀를 의심했다. 선생님이 혹시 정신이 이상해지신 건가? 하지만 세월이 흘러 자신이 70세가 되고 보니 당시 선생님이 하신 말씀에 일리가 있었다. 중국의 옛 책

〔古書〕은 수십 종에 불과하다. 따라서 깡그리 다 읽을 수가 있다.

나는 이 일화를 진커무(金克木, 1912~2000)라는 중국학자의 글에서 읽었다. 워낙 이분을 좋아하기도 하지만 이야기 자체가 매혹적이어서 잊을 수 없었다. 역사상 중국의 책은 이루 헤아릴 수 없이 많았는데 어떻게 수십 종에 불과하다는 말인지, 만일 그 말이 참이라면 수십 종에 불과한 핵심적인 책이 과연 무엇인지 하는 의문이 생겼다. 하지만 안타깝게도 샤쩡여우도 천인커도 그 이상의 설명을 하지 않은 채 고인이 되어버렸기에 더는 질문을 던질 수 없다. 그렇지만 이 일화는 우리에게 책을 다 읽는 법을 은연중에 가르쳐준다는 점에서 매우 흥미롭다. 이는 단지 책읽기 좋아하는 욕심 많은 개인의 이야기에 그치지 않고 과거의 지적 유산을 어떻게 하면 효율적으로 정리, 소화하여 불확실한 미래에 대비하느냐 하는 국가와 사회의 문제이기도 할 것이다.

샤쩡여우나 천인커가 말한 그 수십 종의 책이 무엇인지 정확히 알 수 없지만 『논어』가 그중 하나라는 점에는 의심의 여지가 없다. 동아시아 문화에서 『논어』는 그저 단순히 수많은 서적 가운데 한 권에 불과한 책이 아니다. 나는 『논어』를 "천 권 만 권을 '임신'하고 '출산'한 위대한 어머니 같은 책"이라고 부른다. 거기에는 홍운탁월(烘雲托月 : 구름으로 달을 그려낸다는 뜻으로 어떤 대상을 직접 그리지 않고 측면에서 두드러지게 묘사하는 동양화 화법) 기법으로 그려낸 인간 공자의 인격과 풍모가 잘 드러나 있다. 그것을 제대로 읽는 것은 과장해서 말하면 천 권 만 권을 읽는 것일지 모른다. 『논어』는 탕진될 수 없는 지혜와 통찰로 가득 찬, 그리하여 수많은 후속 저작을 낳고 있는 고전 중의 고전이다. 도대체 무엇이 송나라 때의 조보(趙普)로 하여금 "반 권의 『논어』를 가지고도 천하를 다스릴 수 있다〔半部論語治天下〕"고 호언을 던지게 만들었을까?

『논어』는 기이한 책이다. 첫 장을 넘겨 조금 읽어보면 별 내용도 아닌 것 같다. 배우고 때로 익히면 또한 기쁘지 않겠는가? 벗이 먼 곳에서 찾아온다면 또한 즐겁지 않겠는가? 남이 알아주지 않아도 성내지 않는다면 또한 군자답지 않겠는가? 이런 식이다. 나이를 먹어 인생의 기쁨과 슬픔을 조금이라도 아는 사람이라면 누구나 느낄 수 있고 또 느꼈음직한 말들로 시작된다. 그리고 이와 같이 아주 평범한 말들이 체계도 없이 불쑥불쑥 이어진다. 공자와 제자, 공자와 당시의 위정자들의 대화도 있다. 배경을 알 수 없는 대화도 많다. 대화하는 방식도 선문답 같은 것들이 수두룩하다. 예를 들면 "가난해도 아첨하지 않고 부유해도 교만하지 않는다면 어떻습니까?"라는 자공(子貢)의 물음에 공자는 "괜찮기는 하나, 가난한 가운데 즐기고, 부유하면서도 예를 좋아하는 것만은 못하다"라고 대답한다. 그러자 자공은 "『시경』에서 '자르는 듯, 다듬는 듯, 쪼는 듯, 가는 듯이 한다'고 했는데, 이 말은 선생님이 말씀하신 바를 가리키는 것이라 생각됩니다"라고 화답한다. 이에 공자는 "자공아, 비로소 너와 『시경』을 논할 수 있게 되었구

나. 지난일을 일러 주었더니 앞으로 올 일을 이해하는구나." 대화 자체가 시처럼 간결하지만 함의가 풍부하다. 그래서 역사상 수많은 사람이 주석을 달았으며 지금도 많은 해설서가 나오고 있다. 앞으로도 많이 나올 것이다.

서양의 고전에 비견하자면 성경과 같은 책이 바로 『논어』다. 위화(余華)라는 중국의 작가는 한 인터뷰에서 어떤 작품을 쓰고 싶은가라는 질문을 받고 성경 같은 작품을 쓰고 싶다고 대답했다. 하지만 그런 작품은 몇 백 년이 흘러도 쓸 수 없으리라고 덧붙이면서 말이다. 이 말은 『논어』에도 해당될 것이다. 송나라 때의 정자(程子)는 "『논어』를 다 읽은 후에 전혀 아무런 일이 없는 사람도 있으며, 읽은 후에 그중의 한두 구절을 터득하고 기뻐하는 자도 있으며, 다 읽은 후에 좋아하는 사람도 있으며, 다 읽은 후에 바로 자기도 모르게 손발이 춤추는 사람도 있다"고 말한 적이 있는데, 참으로 『논어』의 논어다움을 잘 묘사한 말이라고 하겠다.

공자(孔子, B.C. 551~449)는 아시다시피 춘추시대 말기의 대 사상가로 유가학파(儒家學派)의 창시자이다. 그의 이름은 구(丘)이고 자(字)는 중니(仲尼)인데, 공자 혹은 공부자(孔夫子)라는 명칭은 그를 높여 부르는 것이다. 공자의 조상은 은(殷)나라 후예로 공자는 노(魯)나라 창평향(昌平鄕) 추읍(陬邑: 지금의 산둥성 취푸)에서 나이 차이가 아주 많이 나는 부모 사이에서 태어났다. 아버지가 일찍 돌아가신 탓에 가난한 어린 시절을 보냈고 창고지기나 목축 일을 하기도 했다.

나중에는 조국 노나라에서 대사구(大司寇), 지금으로 치면 법무부장관에 해당하는 지위에 올랐고 재상의 역할을 겸직하기도 하였다. 그러나 곧 실각하고 14년 동안 인(仁)에 입각한 정치이념을 실현하기 위해 천하(지금으로 치면 산둥성과 허난성 일대)를 주유하였으며 말년에 고향에 돌아와 제자들을 가르치고 기존의 고전을 정리, 편찬하였다. 공자는 노나라의 온건하고 개량적인 지식인이었다. 하지만 한(漢)나라 때 유교를 국교로 채택하면서 역대의 제왕들이 제사를 받들어 모시는 성인이 되었다.

『논어』는 한 권이 아니고, 공자도 한 사람이 아니다

흔히들 공자의 『논어』라고 하듯이 『논어』는 공자의 어록(語錄)이다. 영어로도 『Analects of Confucius(공자의 어록)』이라고 한다. 하지만 좀 더 자세하게 말하면 공자의 어록과 대화(제자와 당시의 위정자들 그리고 은자隱者 등과 나눈), 그리고 인물이나 사건을 평가하고 기록한 책이다. 공자 스스로 자신의 말이나 대화를 메모하거나 기록한 것은 물론 아니다. 그렇다고 한 작가가 일관되게 쓴 것도 아니다. 『논어』의 논(論)은 순서〔倫〕라는 의미이고, 어(語)는 어록 혹은 언론의 의미다. 즉 『논어』는 제자들이나 제자의 제자들이 선생님인 공자의 말을 공자 사후에 토론을 거쳐 어떤 순서대로 편집한 책이다. 『논어』의 편찬 연

대를 두고 여러 논란이 있지만 대략 전국시대 중기라는 설이 가장 설득력이 있다.

공자의 언행을 기록한 『논어』는 사실 춘추전국시대에 쓰인 제자서(諸子書) 가운데 하나에 불과하였다. 『제논어(齊論語)』, 『노논어(魯論語)』, 공자 고택의 벽에서 나온 『고논어(古論語)』 세 종류의 형태로 전해 오던 것을 유교가 국교화된 서한(西漢)시대 말에 장우(張禹)라는 사람이 『노논어』를 중심으로 최초의 개정본을 만든다. 지금 전해지는 『논어』는 기본적으로 이것을 조본(祖本)으로 삼은 것이다. 동한(東漢) 말기에 정현(鄭玄)이 이를 기초로 『제논어』와 『고논어』를 참고해서 2차 개정본을 만들었으나 당나라 이후엔 전해지지 않는다. 위나라에 이르러 하안(何晏) 등이 『논어집해(論語集解)』를 편찬했는데, 이것이 지금 전해지는 『논어』에 대한 가장 오래된 판본으로 그의 주석을 고주(古注)라고 한다. 송나라 때에 주희(朱熹)는 40여 년에 걸친 시간을 투여해 『논어집주(論語集注)』를 완성하였는데, 이것이 가장 권위 있고 영향력 있는 주석서라고 말할 수 있다. 이 주석본은 원·명·청 시대에 과거(科擧) 시험의 모범 교재로 채택되어 다른 학파의 책과 구별되는 '성경'의 지위에 오른다. 이러한 사정은 조선시대에도 예외는 아니었다. 말하자면 『논어』는 관료들의 교과서 역할을 한 셈이다. 물론 다산 정약용처럼 주자학적 견해와 다른 방대한 『논어고금주』를 남긴 일도 있다. 2015년에는 장시성(江西省) 난창(南昌)의 서한시대의 해혼후묘(海昏侯墓)에서 1800년간 전해지지 않던 『제논어』

가 발견되어 큰 화제가 되기도 했다.

『논어』의 내용을 요약 소개한다는 것은 생각만큼 쉽지 않고 의미도 그다지 크지 않다. 『논어』는 학이(學而), 위정(爲政), 팔일(八佾), 이인(里仁), 공야장(公冶長), 옹야(雍也), 술이(述而), 태백(泰伯), 자한(子罕), 향당(鄕黨), 선진(先進), 안연(顔淵), 자로(子路), 헌문(憲問), 위령공(衛靈公), 계씨(季氏), 양화(陽貨), 미자(微子), 자장(子張), 요왈(堯曰) 도합 20편으로 구성되어 있는데 편명은 각 편의 처음 두 글자나 세 글자를 따서 정했다. 내용은 대략 ① 개인의 인격 수양에 관한 교훈 ② 사회적 윤리에 관한 교훈 ③ 정치론 ④ 철학론 ⑤ 제자들과 동시대인들을 상대로 사람에 따라 가르침을 달리한 문답 ⑥ 제자들이나 옛사람 혹은 동시대인들에 대한 인물평 ⑦ 공자 자신의 술회 ⑧ 공자의 일상생활과 공자에 대한 제자들의 존숭과 찬미로 분류할 수 있다. 이 중에서 처음 두 가지에 관한 것이 전체의 3분의 2를 차지하고 나머지가 3분의 1을 차지한다. 이를 통해 『논어』에서 전달하고자 하는 메시지는 결국 『대학』의 첫 구절에서 말하고 있듯 "명덕(明德)을 밝히고, 백성을 새롭게 하며, 지극한 선(善)의 세계에 도달하는 것"이라고 할 수 있다.

엄격한 의미에서 말하면 『논어』는 하나가 아니고 공자도 한 사람이 아니다. 조선조의 지배 이념이었던 주자학에서 본 공자, 타도공가점(打倒孔家店: 유교 타도운동)의 구호가 등장했던 중국의 5·4운동 시기 때의 공자, 문화대혁명 기간에 일어난 비림비공(批林批孔: 린뱌오林彪

와 공자를 비판함)운동의 공자는 완전히 다르다. 개혁개방을 시작한 지 40년이 된 지금, 중국문화의 상징으로 부상한 공자는 또 다르다. 해석에 따라 『논어』와 공자는 다른 모습으로 우리에게 다가온다.

공자 사상을 이용한 권력자들

공자와 제자들, 혹은 위정자들과 나눈 대화의 주된 주제는 정치였다. 이러한 사실은 현실 정치에 식상한 많은 사람으로 하여금 『논어』에 대한 흥미를 반감시킬지 모른다. 그런데 바로 여기에 『논어』가 가진 '생명력'의 비밀이 있다. 대부분의 사람은 정치라고 하면 권모술수나 추악한 돈 거래를 떠올린다. 혹은 "나 혼자 먹고살기도 힘든데……" 하면서 아예 관심을 두려 하지 않는다. 그러나 어느 누구도 정치의 영향에서 벗어날 수 없다. 정치에 대해 무관심할수록 정치꾼들의 농간에 놀아날 수밖에 없다. 후안무치한 정치인의 지배를 더 이상 받지 않으려면 정치의식의 제고가 절실히 필요하다.

그런 점에서 항상 정치에 많은 관심을 가진 공자의 태도는 옳았다. 더구나 그가 생각한 "정치는 바르게 하는 것〔政者 正也〕"이었다. 계강자(季康子)라는 권력자가 공자에게 정치에 대해 묻자 공자는 "정치는 바로잡는 것이니 선생께서 바른 일을 솔선수범하여 이끌어간다면 누가 감히 바르지 않게 행동할 수 있겠습니까"(「안연」)라고 한 바 있다. 양식 있는 정치인을 절망시키기에 충분한 말이다. 따지고 보면 산다는 것이 정도와 규모의 차이가 있을 뿐이지 모두 정치 아니겠는가. 정치는 남의 문제가 아니다.

흔히들 공자를 무턱대고 위대한 성인 혹은 까다롭고 근엄한 도덕군자로 여기는 경우가 많다. 또한 "공자 앞에서 문자 쓴다"는 말에서처럼 매우 박학다식한 사람으로 생각하기도 한다. 물론 이러한 속된 이해가 전혀 근거 없지는 않다. 이러한 견해가 널리 유포된 것은 상당 부분 역대의 제왕과 같은 권력자나 그에 기생한 지식인들이 자신들의 지배를 합리화하기 위해서 '공자'를 이데올로기적으로 이용해 왔기 때문이다. 그들이 "남을 사랑하라[愛人]"는 공자의 인(仁) 사상을 이용하여 "백성들을 자식처럼 사랑한다[愛民如子]"는 구호를 내건 것은 달리 말하면 자신들을 아버지처럼 섬기라는 말이었다. 그들은 공자가 말한 인의(仁義)나 예(禮)를 명분으로 삼아 '무지한' 백성들이 인간으로서 느끼는 자연스러운 감정을 억눌러 왔다. 그렇기에 봉건시대 말기에 가서는 루쉰이 비판한 것처럼 공자 사상은 '사람 잡아 먹는 예교(禮敎)'로 전락하기에 이른다.

공자 사상 하면 일반적으로 인(仁)을 떠올리고 그것은 남을 사랑하는 어진 마음 정도로 이해한다. 그러나 실질적으로 동양문화에 심대한 영향을 끼친 공자 사상은 인이라기보다는 충효이다. 공자가 말한 인에 대한 규정이 질문하는 사람에 따라 다르고 내용도 모호한 경우가 많아서 단정해 말하기는 상당히 어렵다. 반면 충효의 사상은 매우 간단하고 명백하다. 부모에게 효도하고 '다른 사람'에게 충심을 다하라! 권력자들의 구미에 맞는 사상이었다. 결국 이렇게 변질된다. 즉 부모에게 효도하고 권력자(당시에 타인 가운데 가장 무시할 수 없는 존재는 말할 것도 없이 군주와 같은 권력자였다)에게 충성하라. 여기서 한 걸음 더 나아가 부모를 섬기듯이 '나(권력자)'를 섬기라.

공자를 존중하라고 크게 선양한 대부분의 사람은 사실 남들이 공자의 가르침대로 하기를 요구하면서 자신들은 예외로 행동한 경우가 많았다. 일본 말에도 『논어』를 읽은 사람이 『논어』를 모른다는 말이 있다. 이에 반해 오히려 글자도 모르던 '무지한' 일반 백성 가운데 공자의 가르침대로 부모에게 효도하고 형제간에 우애 있게 산 사람이 많았다. 공자의 매력을 말하기에 앞서 이 점을 명확히 지적하고 비판할 필요가 있다.

나의 『논어』 읽기

개인적인 이야기를 하자면 내가 『논어』를 처음 읽은 것은 대학 초년생 시절 한문을 배우기 위해서였다. 사실 『논어』가 중요한 것은 내용도 내용이거니와 『논어』에 나오는 구절이 다른 저작에 차용되는 경우가 많아서 이를 읽지 않으면 다른 고전이나 책을 제대로 읽기가 매우 힘들다. 가령 루쉰의 「공을기(孔乙己)」라는 소설에서 공을기가 "(군자는 재능이) 많은가? 많지 않다"라고 중얼거리는데 이는 공자가 "내가 어렸을 때에 생활이 곤란했기 때문에 비천한 기술을 배워 잘했다. 군자는 재능이 많은가? 많지 않다"라고 한 언급을 풍자한 말이다. 루쉰의 붓끝에서 천대받는 거지 같던 공을기와 성인 공자가 묘하게 겹쳐진다. 공자 같은 사람이 있었다면 당시 역사의 격변기에서 공을기 같은 존재로 전락했을지 모른다고 말해주는 듯하다.

아무튼 나는 당시에 공자에 대해 별다른 호감이 없었지만 그렇다고 무슨 커다란 편견도 있지 않았다. 다만 『논어』를 가르쳐주시던 선생님의 영향 때문인지 몰라도 막연히 공자를 좀 답답한 사람으로 여겼다.

일찍이 루쉰이 한 작품집을 펴내면서 "그 후 신청년 그룹은 뿔뿔이 흩어졌다. 혹자는 출세하고, 혹자는 물러나 숨고, 혹자는 전진했다. 같은 진영의 동지들에게마저 이러한 변화가 있을 수 있음을 나는 또다시 경험했다"라고 토로한 심정을 어렴풋이 동감할 만큼 세월이 흘렀을 때, 다시 접한 『논어』는 전혀 다른 의미로 다가왔다. 평심(平心)한 눈으로 행간에 주목하자 그것은 헌책이 아니라 생생한 '현실'을 담은 책이었다. 아니 수수께끼로 가득 찬, 아직 다 쓰이지 않은 소설 같았다. 나는 첫머리의 구절을 읽고 마음이 저려왔다. 이것은 공자가 나를 위해 한 말 같았다. 그래 배우고 때로 익혀 즐겁지 않으면 어쩔 테며, 남들이 알아주지 않아도 성내지 않고 '군자'가 되지 않으면 어쩔 텐가. 나와 같은 심정의 친구가 먼 곳에서 찾아와 서로의 흉금을 터놓고 한 잔의 술을 기울인다면 얼마나 즐겁겠는가. 그리고 생각하였다. 공자는 남이 알아주지 않는 고통 속에서 즐거움의 자리를 발견했구나. 이러한 구절을 『논어』 첫머리에 배치한 것을 보면 이 책을 편찬한 제자들도 어떻게 하면 스승의 위대함이 돋보일 수 있는지 알았던 것이구나. 그들을 길러낸 공자라는 이의 인격은 어떠하였을까. 천고(千古)의 세월을 거슬러 올라가 그들과 벗하고 싶었다. 그리하여 나도 "(창과 같은) 자긍심은 있지만 다투지 않는〔矜而不爭〕" '군자'가 되고 싶었다. 그제야 많은 사람이 『논어』에 매혹되는 이유를 알 듯했다. 그리고 비로소 샘물 솟아나듯 우박 퍼붓듯 궁금해졌다. 그는 무엇을, 어떻게 공부하였기에 기뻤을까. 그들이 공부했던 것은 무엇이었을까.

치국(治國)의 도리를 공부하다

제자인 유자(有子)가 이렇게 말했다. "사람 됨됨이가 부모에게 효성스럽고 형들에게 공손하면서 윗사람 범하기를 좋아하는 사람은 드물다. 윗사람 범하기를 좋아하지 않으면서 난을 일으키기를 좋아하는 사람은 없다. 군자는 근본이 되는 일에 힘쓰니 근본이 서면 도가 생겨난다. 효도와 공경은 아마도 사람됨의 근본일 것이다." 다시 공자의 말이 나온다. "듣기 좋은 화려한 말과 (억지로 꾸민) 좋은 얼굴빛을 보이는 사람이 (실제로) 인(仁)한 경우는 드물다." 이어서 증자(曾子)가 스승이 처음에 한 얘기를 거꾸로 제기한다. 증자가 말하기를, "나는 날마다 (다음과 같은) 세 가지를 반성한다." "남을 위해 일하면서 최선을 다하지 않은 적이 있었는가〔爲人謀而不忠乎〕?" "벗과 사귀면서 신의를 버린 적이 있었는가〔與朋友交而不信乎〕?" "선생님께 전수받은 것을 익히지 않은 바가 있었는가〔傳不習乎〕?" 증자가 날마다 반성한 세 가지의 순서를 거꾸로 해보면 정확히 첫 구절과 대응되는 점에 주목하라. 증자의 말은 스승 공자의 말에 대한 주석 같다. 공자가 첫째로 학습을 말했다면 증자는 스승으로부터 전수받은 것의 복습을 말하며, 사귐에 대해 증자는 친구 사이에 신의가 있어야 함을 강조하며, 나에 대한 남의 인정 여부에 대해 증자는 충심을 다할 것을 말한다. 이제 학습의 내용이 조금 분명해졌다. 그것은 스승에게 전수받은〔傳〕 가르침이다.

스승과 제자는 무슨 문제를 토론하고 있었던가. 공자와 증자는 모두 사제 관계〔學習〕와 친구 관계〔朋友〕와 대인 관계〔人〕를 말하고 있었다. 그 사이에 유자가 말한 부모형제의 관계를 덧붙이면 타인과 맺을 수 있는 중요한 관계(단 남녀 관계 제외)를 거의 모두 언급한다. 이러한 관계를 어떻게 처리하라는 말인가. 당연히 남에게 정성을 다하고〔忠〕, 부모에게 효도하고, 벗과 신의가 있어야 한다는 것이다. 한데 왜 이러한 관계를 말하는가. 이어서 나온 다음과 같은 공자의 말이 그 이유를 말해준다. "전차 1000대를 동원할 수 있는 규모의 나라를 다스림에 매사를 신중히 하고, 신의를 지키며, 비용을 절약하고, 사람을 사랑하며, 백성을 때에 맞게 부려야 한다."(「학이」) 결국 이들이 학습하고 토론한 것은 치국(治國)의 도리였다. 즉 권력에 참여하여 나라를 다스리고 평천하(平天下)하는 정치의 길이었다. 그들에게는 모두 '메시아 콤플렉스'가 있었다. 이는 『논어』 전편을 꿰뚫는 중요한 정신이다.

음악과 풍류를 즐기다

공자와 제자들이 정치에 관심을 가지고 자주 이를 논의했다고 해서 삭막했으리라고 생각하면 커다란 오산이다. 『논어』에서 음악소리가 은은히 배경으로 깔리는 부분을 소개해보자.

> 자로(子路), 증석(曾晳), 염유(冉有), 공서화(公西華)가 공자를 모시고 앉았다.
> 공자께서 말씀하셨다.
> "내 나이가 너희들보다 다소 많다고 나를 너무 어렵게 여기지 마라. 평소에 '나를 알아주지 않는다'고 자주 말하는데, 혹시라도 너희들을 알아준다면 어찌하겠느냐?"
> 자로가 깊이 생각하지 않고 바로 대답하였다.

"전차 1000대를 동원할 수 있는 제후의 나라가 대국 사이에 끼여 밖으로는 군대가 쳐들어오고 안으로는 기근이 들었어도 제가 다스릴 경우 3년이 지나면 백성들을 용맹하게 하고 예의를 지킬 수 있게 할 수 있습니다."

공자께서 빙그레 웃었다.

"구(염유의 이름)야. 너는 어떻게 하겠느냐."

"사방 60~70리, 혹은 40~50리쯤 되는 작은 나라를 제가 다스릴 경우 3년 정도 지나면 백성들을 풍족하게 할 수 있지만 예악에 관한 일은 (제가 하지 않고) 군자를 기다리겠습니다."

"적(공서화의 이름)아. 너는 어떻게 하겠느냐."

"제가 이런 것을 잘한다는 말이 아니라 배우고자 해서 말씀드립니다. 저는 종묘에서 제사 지내거나 외빈을 접대할 때 예복을 입고 예모를 쓰고 작은 집례자(執禮者)가 되기를 원하옵니다."

"점아 너는 어떠냐."

(증점이) 거문고를 점점 드문드문 타다가 띵 소리를 내면서 거문고를 내려놓고 일어나 대답하였다.

"저의 뜻은 다른 세 사람과 좀 다릅니다."

"무슨 상관이 있느냐. 각자 자기 포부를 말했을 뿐인데."

"늦봄에 봄옷을 갖추어 입었으니 관을 쓴 성년 남자 대여섯 명과 동자(童子) 예닐곱 명과 함께 기수(沂水)가에 가서 목욕 하고 무우단(舞雩壇)에 올라 바람을 쐬고 노래를 읊조리면서 돌아오겠습니다."

공자가 길게 탄식하면서 말씀하셨다.

"나는 증점의 뜻에 동의한다."

세 사람이 나가고 증석이 뒤에 남게 되었다. 증석이 물었다.

"세 사람의 말이 어떠합니까?"

공자께서 말씀하셨다.

"각자 제 뜻을 말했을 뿐인데……."

"선생님께서는 어찌하여 유(자로)의 말에 웃으셨습니까?"

"나라를 다스리는 일은 예로써 해야 하는데 그 말이 겸손하지 않아서 웃었다."

"구(염유)가 말한 것은 나라 다스리겠다는 뜻이 아닙니까?"

"어찌 사방 60~70리건 또는 50~60리건 나라가 아니겠느냐."

"적이 말한 것은 나라 일이 아닙니까?"

"종묘에 제사 드리고 회동하는 일이 제후의 일이 아니고 무엇이겠느냐? 적이 작은 집례자의 일을 한다면 누가 큰일을 하겠느냐?"(「선진」)

공자와 제자가 격의 없이 다정한 대화를 나누는 한가한 풍경이 증점의 거문고 소리와 함께 눈에 선하다. 특별히 증점과 공자의 풍모가 멋스럽게 다가오는 것은 그들도 다른 사람들처럼 정치에만 집착하지 않고 삶 자체에 주목했기 때문이다.

일제시대 때 한 신문사에서 명사들에게 "제주도를 그대에게 준다면?"이라는 질문을 던지고 멋진 대답을 선정한 일이 있는데, "노형 가지시오"라고 한 소설가의 대답을 최고로 뽑았다는 이야기를 들었다. 그 소설가인들 제주도 땅의 값어치를 어이 몰랐으랴. 자로와 염유와 공서화의 대답에서 확인할 수 있듯이 그들 모두 정치적 포부가 있었기에 오히려 "나는 증점의 생각에 동의한다"라는 공자의 말이 더욱 빛을 발한다.

공자의 멋, 현실감각, 처세의 지혜

공자는 자신에 대해 "발분(發憤)하면 밥 먹는 것도 잊고, 즐거울 때는 근심조차 잊어버려 늙음이 장차 닥쳐오는 것도 모르는 사람"(「술이」)이라고 규정할 수 있고, "아는 것은 좋아하는 것만 못하고 좋아하는 것은 즐기는 것만 못하다"(「옹야」)라고 말할 수 있으며, "열 집이 어우러져 있는 조그만 마을이라도 반드시 나와 같이 성실하고 믿음직한 사람은 있겠지만 나처럼 배우기 좋아하는 이는 없으리라"(「공야장」)고 자부한 사람이었다. 이처럼 공자는 멋이 있는 사람이었다.

『논어』를 통해 볼 때 공자는 대략 두 가지 얼굴을 하고 있는데 하나는 항상 공경스런 태도로 조심하는 모습이고 다른 하나는 소탈하면서도 대범한 모습이다. 전자가 관직에 있을 때의 공자의 얼굴이라면 후자는 관직을 벗어 던진 이후의 모습이라고 할 수 있다. 관직에 있을 때 항상 조심한 것은 조정(朝廷)은 자신의 이상을 실현할 수 있는 곳이지만 자칫하면 생명이 위태로워질 수 있는 곳이었기 때문이다. 공자의 두 모습은 인생을 살아가는 우리 모두에게 귀감이 되지만 나는 후자의 얼굴을 더욱 사랑한다. 그의 일생에서 관직이 없을 때가 있을 때보다 훨씬 길었는데 만약 관직에 오른 기간이 길었다면 어떠하였을까? 약간의 업적을 남긴 관리로 생을 마감했을지도 모른다.

앞서 말했듯이 공자는 한때 자신의 조국 노(魯)나라에서 지금의 법무부장관에 해당하는 대사구 벼슬을 지낸 적이 있다. 이러한 경험이 그로 하여금 이상을 추구하면서도 현실을 무시하지 않는 균형 잡힌 사상가로 만들었음에 틀림없다. 제대로 벼슬한 적이 없는 맹자의 사상이 다소 이상주의적으로 흐른 것과 비교한다면 이 점이 한층 선명하게 드러난다. 보신(保身)할 줄 알아야 명철(明哲)한다. 혼란기였던 춘추시대에 천하를 주유하면서도 목숨을 보전했다는 점은 공자가 처세의 지혜에도 얼마나 밝았는가를 말해준다.

일찍이 루쉰은 "조상에게 제사를 지낼 때는 조상이 살아 있는 것 같이 하고, 신에게 제사 지낼 때는 신이 있는 것같이 하셨다〔祭如在祭神如神在〕"(「팔일」)는 공자의 태도에 주목하여 이 점이 바로 공자의 '위대함'의 비결이라고 말한 적이 있다. 루쉰이 볼 때 공자는 신이나 선조의 혼령이 존재하지 않는다고 생각했다. 그러나 대부분의 사람이 신이나 선조의 혼령이 있다고 믿었던 당시 사회 분위기에서 무조건 자신이 믿는 바대로 행동하지 않았다는 것이다. "있는 것같이

〔如〕" 행동하였다는 말이 이를 역설적으로 증명해주고 있다는 지적이다.

공자의 비애를 엿보다

다른 한편 나는 공자의 비애를 엿본다. 그가 이토록 즐거움에 주목한 것은 아마도 우환(憂患)의 고통 때문일 것이다. 공자는 왜 우환이 많았을까. 식자우환(識字憂患)이라고 하니, 호학(好學)하고 천하를 사유했던 공자가 얼마나 근심 걱정이 많았겠는가. 또한 남이 나를 알아주지 않기 때문일지도 모른다. "남이 나를 알아주지 아니하여도 성내지 않으면 또한 군자답지 않겠는가"라는 대범한 말의 이면에는 "아무도 나를 알아주는 이가 없구나〔莫我知也夫〕!"(「헌문」)라는 탄식이 교직되어 있다. "옛날부터 성현은 모두 적막하다〔古來聖賢皆寂寞〕"라는 이백(李白)의 시구가 이를 말해준다. '천하 우주'를 품은 한 사람의 문인(文人: 지식인)으로서 공자가 자신의 이상을 실현하려면 정치권력을 가진 자(가장 중요한 남이다)가 자신을 알아주어 등용해야만 가능하다. 그러나 만일 자신의 정치적 이상과 다른 권력자가 자신을 알아준다면? 좀 더 정확히 말해서 자신을 이용하려고 한다면? 더구나 힘과 논리로 빈틈없이 압박해 들어온다면 어찌하겠는가. 권력자 양화와 지식인 공자의 불꽃 튀는 활극(活劇)이 여기에 있다.

양화(陽貨)가 공자를 만나고자 하였으나 공자가 만나주지 않자 삶은 돼지를 예물로 보냈다. 공자는 그가 없는 틈을 타서 가서 사례하였다. 돌아오는 길에 양화와 마주쳤다.

양화: 이리 오시오. 내 그대에게 말하리라. 훌륭한 보배를 품고서 나라를 어지럽게 내버려두는 것을 인이라고 할 수 있겠소?

공자: 그렇다고 할 수 없습니다.

양화: 일하기를 좋아하면서 자주 때를 놓치는 것을 지혜롭다고 할 수 있겠소?

공자: 그렇다고 할 수 없습니다.

양화: 해와 달은 흘러가니 세월은 나를 위해 기다려주지 않소.

공자: 알겠습니다. 제가 장차 벼슬길에 나아가도록 하지요.(「양화」)

양화를 만나기가 껄끄럽긴 하지만 선물에 대한 답례를 하지 않을 수 없었던 공자는 양화가 없는 틈을 타 답례를 하러 간다. 예는 왕래를 숭상하는 법. 공자가 어찌 예를 소홀히 하리오. 그러나 어이 알았으랴. 양화가 길목을 지키고 있을 줄을. 공자는 이미 비밀스런 행동을 하기 어려울 만큼 지명도가 높았다. 이는 또한 우연을 가장한 양화의 노련한 응수였다. 더구나 양화가 구사하는 무기는 평소 공자 자신이 전가(傳家)의 보도(寶刀)처럼 자주 사용하던 인(仁)과 지(知)가 아닌가. 득의에 찬 양화와 당혹해하는 공자의 모습이 역력하다. 그렇다면 결국 공자는 양화와의 싸움에서 패하여 그의 수하에서 벼슬살

이를 했을까. 『논어』에 이에 대한 구체적 언급은 없지만 역사적 사실을 추적해보면 결코 그렇지 않았다. 이는 무엇을 말하는가. 공자는 벼슬을 한다고 했지 당신 아래에서 벼슬한다고 말한 적은 없다. 군자의 소인 대처법이다. 이것도 살아가는 데 반드시 익혀야 할 중요한 사항이다. 조금 다른 비유가 될지 모르지만 제갈량이 삼고초려한 유비의 청을 거절할 수 있었을까. 만약 거절했다면 아마도 관우의 청룡언월도에 그의 목숨이 날아가고 『삼국지』는 달리 쓰였을지 모른다. 공자가 양화의 청을 면전에서 거절했다면 아마도 『논어』가 없었을지도 모른다.

일반적으로 공자를 매우 어진〔仁〕 사람의 상징으로 생각하지만 사정은 그리 간단치 않다. 그는 매우 총명한〔知〕 사람이었으나 부단히 공부하여 '어질어졌'을 것이다. 그렇지 않다면 "인한 자는 인에 편안하고, 지혜로운 자는 인을 이롭게 여긴다"(「이인」)거나 "지자는 물을 좋아하고 인자는 산을 좋아한다"(「옹야」)는 식으로 어떻게 지자(知者)의 심리나 상태를 잘 알았겠는가. 따라서 인의 세계는 적어도 지의 세계를 안에 머금은 경지임에 틀림없다. 그렇다. 공자는 매우 총명한 사람이었기에 아마도 고독이나 고통도 매우 예민하게 느꼈을 것이다. 무엇보다 자신을 알아주는 권력자가 없다는 고통이 컸을 것이다.

함께 도(道)를 도모한 학문 공동체

그렇다고 '도(道)'가 다른 권력자와 손을 잡을 수는 없는 일. "도가 다르면 서로 도모하기가 어려운〔道不同 不相爲謀〕"(「위령공」) 법이 아닌가. 그래서 공자는 불행했을까. 그렇지 않다. 왜냐하면 그는 또 다른 '세계'를 가지고 있었기 때문이다. 바로 학문 공동체의 세계였다. 공자는 자신이 성(聖)스럽거나 인(仁)하다고는 감히 말할 수 없지만 "배우는 것을 싫증내지 않으며, 남 가르치는 일을 게을리하지 않는다"라고 당당히 자부하였다.(「술이」)

많은 제자가 그를 따른 것은 너무나 당연하다. 그중에서 특히 흥미를 끄는 인물은 바로 '어리석은' 안회(顔回)와 용감한 자로(子路)가 아닌가 싶다.

당나라 때의 한 소설에 나오는 공자와 자로가 처음 만나는 이야기는 무협지와 비슷하다. 용감하고 완력이 세기로 유명한 자로가 공자가 아주 대단한 사람이라는 풍문을 듣고 찾아가서 배움을 청했다. 그런데 공자가 다짜고짜 저쪽 우물가에 가서 물 좀 떠오라는 것이었다. 자로는 조금 황당했지만 어쩌나 볼 겸 우물가로 갔다. 가보니 거기에 호랑이가 어슬렁거리고 있었다. 자로는 공자가 자신의 힘을 시험한다고 생각하면서 단숨에 호랑이를 때려잡았다. 호랑이를 때려잡긴 했지만 초면에 만난 사람을 이렇게 대하는 공자가 아주 괘씸했다.

그래서 우물물을 한 대접 뜨면서 주변에 있는 커다란 돌을 집어 들었다. 이번에는 자신이 공자를 시험해 그 대답이 시원치 않으면 바로 때려죽이리라 생각했다. 자로는 집어든 돌을 뒤에 숨기고 공자에게 물을 갖다주며 물었다. "선생님, 무엇으로 사람을 죽입니까?" 물을 마시며 공자는 아주 느긋하게 대답했다. "제일 하등의 인간은 돌로 쳐서 죽인다." 자로는 하마터면 뒤에 숨긴 돌을 떨어뜨릴 뻔했다. 마음을 가다듬고 다시 물었다. "그렇다면 중등의 인간은 무엇으로 사람을 죽입니까?" "그거야 말로 죽이지." "그럼 제일 상등의 인간은 무엇으로 사람을 죽입니까?" "붓으로 죽인다." 자로는 그 자리에서 공자의 제자가 되었다.

자로는 공자로부터 "맨주먹으로 범을 잡고 맨몸으로 강물을 건너려다가 죽어도 후회가 없는 사람"(「술이」)이라고 자주 꾸지람을 받았지만 "용기를 좋아하는 것이 나보다 낫다"고 칭찬받았으며 '도가 행해지지 않으면 바다에 뗏목을 띄워 타고 다른 나라로 떠날'(「공야장」) 때 자신을 따를 유일한 제자로 생각했던 인물이다. 이런 제자를 어찌 미워할 수 있겠는가. 개인적으로도 제일 좋아하는 제자가 자로다. 나카지마 아쓰시(中島敦)의 「제자」라는 소설에 보면 이러한 자로의 매력이 '순수한 몰이해성'(그는 너무도 순수해서 공자의 말을 이해하지 못했다)에 있다고 하면서 그가 공자의 문하로 들어온 다음, 공자가 자신을 비판하는 소리를 들을 수 없다고 탄식하는 대목이 나온다. 공자를 비판하는 사람이 있으면 자로가 쫓아가서 마구 두들겨 팼기 때문인데 자로의 인간됨을 참으로 잘 드러낸다. 이는 물론 『논어』에 없는 이야기이지만 그렇다고 전혀 없었다고 말할 수도 없다.

또 다른 인물 안회는 인기 발언을 잘하지 않았던 스승 공자가 공공연히 칭찬을 했던 수제자이다. 아마도 수많은 제자의 질투심을 불러일으키기에 족했을 것이다. 그런데 어처구니없게도 그 칭찬은 '어리석다〔愚〕'는 것이었다. 그런데 이는 쌀독이 빌 정도로 청빈하게 살면서도 줄곧 즐거워했다고 칭찬 받은 '어짊〔賢〕'과 통하는 '어리석음'이며 노자(老子)가 말한 "큰 지혜는 마치 어리석은 것 같다〔大智若愚〕"는 지혜와 통하는 '어리석음'이다.

혹자는 안회를 '춘추시대의 장자(莊子)'라고 말하기도 하는데 일리가 있다. 그는 공자에게서 무엇을 보았기에 "우러러볼수록 더욱 높고 뚫을수록 더욱 굳세며 바라보면 앞에 계시다가도 어느 틈에 홀연히 뒤에 계신다"(「자한」)고 묘사했으며 공자는 그에게서 무엇을 보았기에 그보다 호학(好學)하는 사람이 없다고 말했을까. 또한 인물평〔方人〕에 능한 똑똑한 자공이 자신과 안회가 누가 우수하냐는 공자의 질문에 무엇 때문에 자신의 열등함을 인정하면서 안회가 하나를 들으면 열을 안다고 대답했을까. 한 번은 광(匡)이란 곳에서 공자가 어려움에 처했을 때 일행과 떨어져 뒤처져 있던 안회가 나중에 합류한다. 공자가 그를 보고 죽은 줄 알았다고 하자 "선생님이 계시거늘 제가 어떻게 감히 죽겠습니까"(「선진」)라고 말했던 안회.

안회가 요절했을 때 공자가 보인 태도는 매우 감동적이다. 공자가 매우 슬퍼했다. 하지만 정도가 조금 지나쳤던 모양이다. 옆에 있던 제자들이 너무 애통해한다고 하면서 위로한다. 예의법도를 그토록 강조한 공자 아니던가. 공자가 말했다. "(내가) 너무 애통해하고 있는가? 이 사람을 위해 애통해하지 않고 누구를 위해 애통해하겠느냐."(「선진」) 이들 사제의 정이 수천 년이라는 시간을 뛰어넘어 가슴을 적셔온다.

공자가 제자들과 나눈 대화는 극히 단편적으로 전해지고 그들에 대한 평가는 한두 마디에 그치지만 공자의 간단하고도 은미한 말 속에는 수많은 말보다 울림이 큰 '압축파일'이 저장되어 있다. 무엇이 공자와 제자 사이에 이처럼 강한 유대를 형성하게 했을까.

안 쓰인 『논어』를 창조하는 즐거움

『논어』가 편찬될 당시엔 종이가 없었기 때문에 내용을 죽간(竹簡)에 써야 했다. 따라서 한 글자 한 글자의 선택이나 배치를 상당히 세심하게 고려했을 것이다. 왜냐하면 잘못 쓸 경우에 간단히 지워버릴 수 없었기 때문이다. 정미(精微)한 말 속에 심각한 뜻〔微言大義〕을 담을 수밖에 없는 물질적 근거가 여기에 있다. 그렇기 때문에 이러한 압축파일을 풀면서 『논어』를 읽는 재미는, 안 쓰인 『논어』를 창조하는 즐거움에 비견될 수 있겠다.

『논어』는 먹의 농담(濃淡)을 이용해 몇 개의 선으로 공자의 인격을 그려낸 동양화 같은 책이라고 할 수 있다. 여백이 많다. 공자의 말이나 대화가 별다른 배경 설명이 없이 툭툭 던져져 있다. 어떤 상황에서, 왜 그런 말을 했을까? 알 수 없을 때가 많다. 여백을 그대로 놔두면서 읽는 일도 물론 흥미롭고 운치 있다. 그러나 쉽게 다가가기 위해서는 여백을 메워야 한다. 물론 여백을 메우는 작업은 원래 그림의 운치를 해칠 수 있지만 현대인에게 불가피한 일이다. 역대의 수많은 주석들이 한 일도 이러한 여백을 메우는 작업이었다. 이런저런 주석을 참고하면서 공자의 모습을 그려보라. 몇 마디 말을 던지고 나서 침묵하는 공자에게 말을 걸어보기도 하고, 그를 대신해서 말을 해보기도 하라〔代聖人立言〕. 그리고 저 먼 옛날 공자의 가르침과 현재 자신의 삶 사이에 가로놓인 시간의 강물을 바라보라. 공자를 너무 높이 치켜세우거나, '찬란한' 과거에 기대 현재에 대해 비분강개하지도 말고 나와 공자, 과거와 현재의 양 극단 사이에서 균형을 잡으려고 노력해보라. 자신이 상상하고 해석한 공자의 면모 속에 어느덧 자신의 모습이 담겨 있을지도 모른다. 그리고 어느 순간, 저 옛날 중국에 살았던 공자가 나를 위해서 내가 하고픈 말을 하거나 내가 잠시 '공자'로 변하는 신비로운 경험을 할지도 모른다.

1. 학이

1.1 공자께서 말씀하셨다. "배우고 때로 (또는 항상) 익히면 또한 기쁘지 않겠는가? 벗이 먼 곳에서 찾아온다면 또한 즐겁지 않겠는가? 남이 알아주지 않아도 성내지 않는다면 또한 군자답지 않겠는가?"

子曰 學而時習之 不亦說乎 有朋自遠方來 不亦樂乎
자 왈 학 이 시 습 지 불 역 열 호 유 붕 자 원 방 래 불 역 낙 호
人不知而不慍 不亦君子乎
인 부 지 이 불 온 불 역 군 자 호

—— 거의 모든 장의 첫머리에 나오는 자왈(子曰)을 빼면 『논어』의

첫 글자가 학(學)이라는 점에 주목해야 한다. 『중국 이야기』의 지은이 헨리 키신저는 중국 역사에서 『논어』의 위상은 서양의 성경과 헌법을 합쳐놓은 것이라고 하면서 유교 사회 진보의 열쇠는 배움이라고 하였다. 예리한 지적이다. 학에 이어서 벗의 방문과 남의 인정, 기쁨〔說〕, 즐거움〔樂〕, 성내지 않음〔不慍〕 혹은 서운해하지 않음에 대해 말하는데 이는 너무도 평범하지만 또 한편 의미심장하다. 인생사 중요한 것은 공부와 벗의 존재와 남의 인정이 아닐까. 기쁨, 즐거움, 원망 없는 날보다 슬픔, 괴로움, 화로 가득한 날이 많은 것이 인생이 아닐까. 그렇기 때문에 일상 속에서 기쁨, 즐거움을 찾고 성내지 않음을 이루어야 한다. 어디에서 찾고 이룰 텐가. 바로 배움과 벗, 타인과 맺는 관계 속에서 찾고 이루어야 한다. 무엇을 배우면 기쁠까. 어떤 벗이기에 먼 곳에서 찾아왔을까. 벗과 어떻게 사귀면 먼 곳에서도 날 찾아올 수 있을까. 알아주지 않아도 성내지 않음이 군자의 기준이라면 군자에 대한 기준이 너무 낮거나, 반대로 너무 높은 게 아닌가. 타인의 인정을 받거나 나의 지명도를 높이는 것이 그렇게 중요한가. 좋은 차를 마신 것처럼 여향(餘香) 같은 물음이 번져나간다. 이 말은 그만큼 공자가 슬픔, 괴로움, 타인에게 인정 받음 혹은 명성 때문에 고통스러워했음을 방증하는지도 모른다. 정도의 차이가 있지만 누군들 그렇지 않은가. 그래서 나는 이 구절을 읽을 때면 은은한 기쁨과 동시에 잔잔한 슬픔을 느낀다. 잔잔한 비애를 느끼다가 은근히 기뻐지기도 한다. 그러다가 문득 괜스레 장자까지 떠오른다. 장자는 왜 공자처럼 벗이 먼 곳에서 찾아오면 즐겁다고 말하지 않고 "샘이 말라버린 다음 물고기들이 뭍에서 물기를 서로 끼얹어주고 물거품을 적셔주는 것은 강호(江湖)에서 서로의 존재를 잊고 지내는 것만 못하다〔泉涸 魚相與處於陸 相呴以濕 相濡以沫 不如相忘於江湖〕"(『장자莊子』「대종사大宗師」)라고 했을까. 무소식이 희소식. 전국시대의 장자는 춘추시대의 공자보다 비애가 깊다.

첫 장 세 구절의 내적 연관성은 없을까? 다시 말하면 왜 학습 다음에 벗, 벗 다음에 남의 인정의 문제를 연이어 언급했을까. 이런 해석이 있다. 첫 구절의 학(學)을 학설 혹은 자신의 주장, 습(習)을 실천, 다시 말하면 사회에 받아들여지는 것이라고 본다면 다음과 같이 해석할 수 있다. 내 주장이 이 시대에 받아들여진다면 기쁘지 않겠는가, (만약 그렇지 못하더라도) 나의 주장에 찬성하는 사람(벗)이 찾아온다면 이 또한 즐겁지 않은가, (이런 사람이 없더라도) 원망하는 마음 없이 자신의 사상을 묵묵히 견지하는 사람은 군자다운 사람이 아닌가?

자(子)는 남자에 대한 존칭의 의미로 쓰였다. 학문이나 도덕 혹은 지위가 있는 사람을 가리키는 경우가 많다. 그러니까 공자란 공 선생님 정도로 받아들일 수 있다. 『논어』의 주인공이 공자이기 때문에 거의 대부분 공(孔)을 생략하고 자왈이라고 했다. 공자왈이라고 한 장도 물론 있다.

1.2 유자께서 말씀하셨다. "사람 됨됨이가 부모에게 효성스럽고 형들에게 공손하면서 윗사람 범하기를 좋아하는 사람은 드물다. 윗사람 범하기를 좋아하지 않으면서 난을 일으키기를 좋아하는 사람은 없다. 군자는 근본이 되는 일에 힘쓰니 근본이 서면 도가 생겨난다. 효도와 공경은 아마도 사람됨의 근본일 것이다."

有子曰 其爲人也孝弟 而好犯上者 鮮矣 不好犯上
유 자 왈 기 위 인 야 효 제 이 호 범 상 자 선 의 불 호 범 상
而好作亂者 未之有也 君子務本 本立而道生 孝弟也者
이 호 작 란 자 미 지 유 야 군 자 무 본 본 립 이 도 생 효 제 야 자
其爲仁之本與
기 위 인 지 본 여

—— 유자는 유약(有若)을 말한다. 노(魯)나라 사람으로 공자보다 나이가 33세(이는 『공자가어』의 기록에 따른 것이고, 『사기』 「중니제자열전」에 따르면 43세 어리다) 어린 제자다. 『논어』에서 공자의 제자를 언급할 때는 일반적으로 자(字: 고대에는 남자가 성인이 되었을 때 이름을 바로 부르기가 불편하여 이름의 의미와 연관된 별명을 따로 지어 불렀다)로 칭한다. 공자 사후에 제자들이 그를 스승처럼 받들기도 했을 정도로 중요한 사람이다. 유약을 유자(有子)라고 높여 부른 것을 보면 이는 유약의 제자들이 기록한 대목인 듯하다.

우리가 주목해야 할 것은 윗사람에게 도전한다든가 난을 일으킨다는 등의 봉건적 의식이 농후한 말이 아니라 효도와 공경, 즉 가족의

정감 어린 관계를 돈독히 하는 것을 사람됨의 근본이라고 한 점이다. 주자(朱子)는 "위인지본(爲仁之本)"을 "인을 행하는 근본"이라고 해석했지만 나는 이에 따르지 않고 "사람됨의 근본"이라고 해석하였다. 왜냐하면 『논어』에서 인(仁)과 인(人)은 서로 통용되는 경우가 있고 또 사람됨을 언급하는 와중에 나온 말이기 때문이다. 말하자면 사람됨의 근본, 즉 효성과 공경이 곧 난을 방지하는 치국의 요체라는 것이다. 『논어』의 첫머리(1~5장)에 공자와 유자, 증자(曾子)가 번갈아 등장해 전편을 관통하는 중요한 정신을 독백처럼 혹은 대화처럼 말하고 있음에 주목해야 한다.

1.3 공자께서 말씀하셨다. "듣기 좋은 화려한 말과 (억지로 꾸민) 좋은 얼굴빛을 보이는 사람이 (실제로) 인(仁)한 경우는 드물다."

子曰 巧言令色 鮮矣仁
자 왈 교 언 영 색 선 의 인

—— 듣기 좋은 화려한 말, 믿을 수만은 없다. 좋은 얼굴빛, 이 역시 반드시 친근한 마음이나 믿을 만한 행동을 보장하는 것은 아니다. 따라서 듣기 좋은 말을 하고 좋은 얼굴빛을 꾸미는 사람이라고 해서 꼭 훌륭한 사람이라 할 수는 없다. 인(仁)은 인간됨의 길 혹은 이상적 인

간의 덕목을 말한다. 인은 흔히 말하는 '어질다'는 개념과 구별되어야 한다. 따라서 그냥 인이라고 해석했다. 인에 관한 논의는 4편인 「이인」에 집중적으로 나온다. 여기서 우선 간략하게 말하면 인은 함의가 매우 넓은 도덕적 범주였으며 본래 사람과 사람이 서로 친애하는 감정을 가리켰다. 공자는 인을 최고의 도덕 원칙 내지 경지로 여겼다. 또한 인에 대한 제자들의 질문에 서로 다른 대답을 하였다.

선(鮮)은 일반적으로 새롭고 신선한 것을 말하지만 여기서는 드물다는 뜻으로 쓰였다. 옛날에 생선〔魚〕과 고기〔羊〕를 함께 먹을 수 있는 경우가 매우 드물었기 때문이다.

1.4 증자께서 말씀하셨다. "나는 날마다 (다음과 같은) 세 가지를 반성한다. 남을 위해 일하면서 최선을 다하지 않은 적이 있었는가? 벗과 사귀면서 신의를 버린 적이 있었는가? 선생님께 전수받은 것을 익히지 않은 바가 있었는가?"

曾子曰 吾日三省吾身 爲人謀而不忠乎
증자왈 오일삼성오신 위인모이불충호
與朋友交而不信乎 傳不習乎
여붕우교이불신호 전불습호

—— 1장에 나오는 공자의 말을 거꾸로 반복하고 있는 점에 주의할

것. 증자의 이름은 증삼(曾參)으로 나이가 공자보다 46세 어린 제자다. 증자라고 높여 부른 것으로 보아 증자의 제자들이 『논어』 편찬에 참여했음을 알 수 있다.

『논어』에 증자의 말이 열여덟 번이나 등장한 것을 보면 『논어』는 기본적으로 증자의 제자 계열에서 편찬했다고 할 수 있다. 무술변법을 일으켰던 풍운아 캉유웨이(康有爲, 1858~1927)는 도덕을 강조한 증자 계열에서 『논어』를 편찬했기 때문에 위대한 공자 사상의 전모를 담아내지 못했다고 보고 『논어주』를 쓰기도 했다. 나중에 관련된 구절에서 다시 언급하고자 한다. 조선시대에 많은 영향을 미친 주자학에서는 증자를 매우 높이 평가한다. 공자에서 증자, 증자에서 자사(子思: 공자의 손자), 자사에서 맹자로 도통이 이어진다고 보았기 때문이다.

지금 스승에게서 전수받은 것〔傳〕, 즉 공자가 말하고 있는 바는 무엇인가. 다시 말해 학습의 내용은 무엇인가. 인간됨의 준칙(효, 제, 충, 신)이 곧 치국의 요체라는 것이다. 사귐에 믿음이 있으면 벗이 먼 곳에서 찾아오지 않겠는가? 남에게 충심을 다했으면 남도 나를 알아주지 않겠는가?

1.5　공자께서 말씀하셨다. "전차 1000대를 동원할 수 있는 규모의 나라를 다스림에 매사를 신중히 하고, 신의를 지키며, 비용을

절약하고, 사람을 사랑하며, 백성을 때에 맞게 부려야 한다."

子曰 道千乘之國 敬事而信 節用而愛人 使民以時
자 왈 도천승지국 경사이신 절용이애인 사민이시

—— 여기서 도(道)는 다스린다는 뜻으로 쓰였다. 승(乘)은 전쟁에 사용하는 말 네 마리가 끄는 수레를 말한다. 이런 전차 1000대를 동원할 수 있는 국력을 가진 나라가 천승의 나라이고, 일반적 제후국이다. 1만 대를 동원할 수 있는 나라는 천자국이다. 여기서는 현대적 어감을 살려 그냥 전차라고 했다.

공자는 여기서 치국의 도, 정치의 길은 이념 선동이나 권모술수에 있는 것이 아니라 일과 사람〔人〕과 백성〔民〕을 대하는 지도자의 마음가짐에 있다고 다시금 강조하고 있다. 국정에 최선을 다하면서 백성들에게 한 약속을 지키고, 사치하지 않고 절약하며, 사람을 사랑하고, 백성을 부릴 때는 생업에 방해가 되지 않게 때를 지켜야 한다는 것이다. 자오지빈(趙紀彬, 1905~1982)이라는 학자는 인(人)은 노예주이고 민(民)은 노예라고 주장하였다. 이 주장에 동의하지 않더라도 『논어』에서 인과 민이 구분되어 사용되는 대목이 적지 않다. 로저 에임스(Roger Ames, 1947~)는 이를 단수와 복수의 차이라고 하였다. 즉 민은 다수이고, 인은 개인을 가리킨다는 것이다. 사실에 가깝다. 이 구절을 앞 장(1~4장)과 연관시켜 보면 1장에서 말한 학(學)의 내용은 일반적인 학문이 아니라 정치하는 법이라고 할 수 있다. 공자와 증자, 유자가 하는 말이 모두 정치에 관한 담론이 아니던가.

1.6 공자께서 말씀하셨다. "젊은이는 집에 들어와서는 효도하고 밖에 나가서는 어른에게 공손하며, 신중히 행동하고 신의를 지키며, 널리 사람들을 사랑하되 그중에서도 어진 이를 가까이 해야 한다. 이렇게 행동하고 남는 힘이 있다면 글을 배워야 한다."

子曰 弟子入則孝 出則弟 謹而信 汎愛衆 而親仁
자왈 제자입즉효 출즉제 근이신 범애중 이친인
行有餘力 則以學文
행유여력 즉이학문

—— 학(學)과 학문(學文)을 구분해서 사용하고 있음에 주목하자. 공자가 볼 때 자신을 둘러싼 여러 사회관계를 잘 맺을 줄 아는 것이야말로 가장 중요한 배움〔學〕이다. 어떤 의미에서는 '정치'를 배우는 것이라고 할 수 있다. 공자가 말하는 학은 매우 폭넓은 개념인데 기본적으로 실천을 배우는 것이다. 아주 좁은 의미로 사용할 때는 물론 글을 배우는 것이다. 공자는 물론 이것도 중시했다.

1.7 자하가 말하였다. "어진 이 존경하기를 이성을 좋아하듯이 하고, 부모를 섬길 때 온 힘을 다하며, 임금을 섬길 때 몸을 바치고, 벗과 사귈 때 말에 신의가 있으면 비록 배우지 않았다 하더라도 나는 반드시 그를 배운 사람이라 할 것이다."

子夏曰 賢賢易色 事父母 能竭其力 事君 能致其身
자 하 왈 현 현 역 색 사 부 모 능 갈 기 력 사 군 능 치 기 신
與朋友交 言而有信 雖曰未學 吾必謂之學矣
여 붕 우 교 언 이 유 신 수 왈 미 학 오 필 위 지 학 의

—— 현현역색(賢賢易色)을 캉유웨이는 결혼할 때 배우자의 미색이 아니라 현명함을 판단 기준으로 삼아야 한다는 뜻이라고 해석했다. 흥미로운 견해이기에 소개한다. 부부가 인륜의 출발점이라고 보았기 때문이다. 여기서 사(事)는 옆에서 모시면서 섬긴다는 뜻이다. 일반적으로 『논어』의 핵심 덕목으로 인(仁)이나 예(禮)를 들지만, 칭화대학 신아서원(新雅書院) 원장인 간양(甘陽, 1952~)은 보통 사람의 경우는 섬기는 것이 더 중요하다고 보아 사(事)를 중시한다. 신선한 견해다. 마지막 구절의 "비록 배우지 않았다고 하더라도 나는 반드시 그를 배운 사람이라 할 것이다"라는 말은 정말 호쾌하다.

자하(子夏)는 공자보다 44세 어린 제자로 문학(文學) 방면으로 유명하다. 위(衛)나라 사람이다. 공자 사후에 위(魏)나라로 가서 서하(西河)에서 가르쳤다. 이회(李悝)와 오기(吳起)가 그의 제자다. 위문

후(魏文侯)가 자하를 스승으로 섬겼다.

자유(子游)는 자하의 문인들이 "물 뿌리고 청소하며 손님을 응대하고 나아가고 물러서는" 자질구레한 일에 능하다고 비판한 바 있다. 「자장」 편에 자하의 말이 많이 나온다. 「자장」 12장 참고.

1.8 공자께서 말씀하셨다. "군자가 중후하지 않으면 위엄이 없고, 학문도 굳건하지 않게 된다. (마땅히) **충실과 신의를 위주로 하고, 자기보다 못한 사람과 벗하지 말고, 잘못을 저지르면 고치기를 꺼리지 말아야 한다."**

子曰 君子不重則不威 學則不固 主忠信 無友不如己者
자 왈 군 자 부 중 즉 불 위 학 즉 불 고 주 충 신 무 우 불 여 기 자
過則勿憚改
과 즉 물 탄 개

—— 군자에는 두 가지 의미가 있다. 다른 사람을 다스리는 위치에 있는 지도층〔在上者〕이라는 의미와 덕이 있는 사람〔有德者〕이라는 의미. 소인은 그들의 지배를 받는 일반 백성, 또는 인격이 비루한 사람을 의미한다. 유학의 정치사상에서 지도자는 덕이 있어야 하고, 덕이 있는 사람이 백성을 다스리는 것을 이상으로 삼았다. 현실에서는 물론 반대인 경우가 많다. 학을 여기서는 학문이라는 명사로 보고 해석

했지만, 행동이나 용모의 중후함과 학문이 무슨 관계가 있을까. 태도나 행동거지가 장중하지 않으면 그가 얻은 지식이나 학문도 견고하지 못하다는 것이다.

달리 해석하기도 한다. 학을 동사로 보고 고(固)를 '고집'이나 '고루하다'로 해석해서, 배워야 고집스럽거나 꽉 막히지 않는다고 보기도 한다. 충(忠)은 충성이 아니라 어떤 일에 최선을 다하는 것을 말한다. 자기보다 못한 사람과 벗하지 말라는 말은 훌륭한 사람과 사귀라는 뜻이다. 이 말을 너무 곧이곧대로 받아들이면 친구 사귀기가 불가능하다. 왜냐하면 모두가 자신보다 좀 더 나은 사람과 사귀려고 하지만 좀 더 나은 사람이라면 자신보다 못한 사람과 사귀려 하지 않을 것이기 때문이다. 그리하여 난화이진(南懷瑾, 1918~2012)이라는 타이완 학자는 이 구절을 남을 존중하라는 뜻이라고 본다. 자기 자신보다 못한 벗이 없다고. 뜻은 좋지만 너무 말 자체에 얽매여 있다는 느낌이다. 어쨌거나 자신보다 여러모로 나은 벗과 사귀는 것은 힘든 일이지만 그래야 발전이 있을 것이다.

이 구절 후반부는 「자한」 25장에 다시 나온다.

1.9 증자께서 말씀하셨다. "부모의 상을 아주 경건하게 치르고, 조상의 제사를 정성스럽게 모시면 사람들의 덕성이 한결 돈후해질 것이다."

曾子曰 愼終追遠 民德歸厚矣
증 자 왈 신 종 추 원 민 덕 귀 후 의

—— 어느 인류학자에 따르면 인간이 죽은 자를 매장하거나 특정한 형식으로 추모하는 행위는 자신이 어떤 종족에 속한다는 유(類)에 대한 자의식을 가지면서 비롯되었다. 여기서 신종(愼終)은 상례를, 추원(追遠)은 제사를 말한다. 상례와 제사는 종족의 감정을 순화하고 단결시키는 중요한 기능을 한다. 이런 일은 군주나 상층 지배자들이 먼저 주도하였다. 당연히 백성들에게 영향을 미쳤다. 예의 핵심이 상례이다.

1.10 자금이 자공에게 물었다. "선생님께서는 어떤 나라에 이르시면 항상 도착한 나라의 정치가 어떠한지 알고 계신데, 이는 스스로 요구하여 알게 되신 결과입니까, 아니면 그 나라에서 들려주신 것입니까?" 자공이 대답하였다. "선생님께서는 온화하고, 선량하며, 공경하고, 검약하며, 겸양하심으로써 얻으신 것이다. 선생님께서 구하신 것은 아마도 다른 사람들이 구하는 것과 다른 방식으로 얻으셨을 것이다."

子禽問於子貢曰 夫子至於是邦也 必聞其政
자 금 문 어 자 공 왈 부 자 지 어 시 방 야 필 문 기 정

求之與 抑與之與 子貢曰 夫子 溫 良 恭 儉 讓以得之
구지여 억여지여 자공왈 부자 온 량 공 검 양이득지
夫子之求之也 其諸異乎人之求之與
부자지구지야 기저이호인지구지여

—— 아주 재미있는 구절이다. 공자는 항상 방문한 나라의 정치를 비교적 소상하게 파악하고 있었던 모양이다. 정보에 밝았던 것이다. 요샛말로 하면 미국에 가서는 워싱턴 정가 소식을 잘 파악하고, 중국에 가서는 베이징의 중난하이(中南海) 돌아가는 상황을 훤히 꿰고 있다는 말이다. 어떻게 그럴 수 있었을까? 공자의 제자나 주위 사람이라면 당연히 품을 수 있는 의문이다. 하지만 자금의 입장에서는 공자에게 직접 여쭈어보기가 어려웠던 모양이다. 그래서 공자와 보다 가까운 자공에게 물은 것이다.

질문의 핵심은 공자가 부지런히 이 사람 저 사람 만나면서 정보를 구하였는지, 아니면 다른 사람이 공자에게 정보를 주었는지가 궁금하다는 것이다. 이에 대해 자공은 공자가 능동적으로 구했다고 말한다. 다만 다른 사람이 구한 방식과는 다르다. 다른 이들이 돈이나 뇌물을 줘서 정보를 얻는다면 공자는 인품의 힘으로 자연스럽게 얻었다는 것이다. 세상에는 알려고 해도 가르쳐주고 싶지 않은 사람이 있고, 묻지 않아도 알려주고 싶은 사람이 있다.

자금(子禽)은 진항(陳亢)의 자(字)이다. 진항은 『논어』에 세 번 등장한다. 이곳 외에 「계씨」 13장과 「자장」 25장에 나온다. 비밀스런 일에 불경하다고 할 정도로 과감한 질문을 던진 흥미로운 인물이다. 공자보다 나이가 40세 어리고 진나라 사람이다. 자금이 자공의 제자인지 아니면 공자의 제자인지 확실치 않지만 아마도 공자의 제자일 것이다.

자공(子貢)은 단목사(端木賜)의 자(字)로 위나라 사람이다. 공자보다 31세 어리다. 안회, 자로(子路)와 함께 공자의 3대 제자 중의 한 사람으로, 지(智)를 대표하는 인물이다. 안회는 인(仁), 자로는 용(勇)을 대표한다. 자공은 말을 잘하고 총명했으며, 돈을 많이 벌어 부유했다. 당시에 재산이 웬만한 왕만큼 많았고, 공자 사후에 공자 성인화 작업에 커다란 공을 세운 인물이다.

1.11 공자께서 말씀하셨다. "아버지가 살아 계실 땐 그의 지향을 보고, 아버지가 돌아가신 다음에는 그의 행동을 잘 살펴보아야 한다. 아버지가 지켜온 삶의 방식을 3년 동안 바꾸지 않는다면 효성스럽다고 할 수 있다."

子曰 父在 觀其志 父沒 觀其行 三年無改於父之道
자 왈 부 재 관 기 지 부 몰 관 기 행 삼 년 무 개 어 부 지 도
可謂孝矣
가 위 효 의

—— 여기서 그(其)란 아버지가 아니라 아들이다. 아버지가 살아 계실 때는 자신에게 닥친 일을 처리할 독립된 권한이 없기 때문에 그의 지향이나 소망을 보고, 아버지가 돌아가신 후에는 어떤 일이든 스스로 결정해서 처리할 권한이 있기 때문에 그의 행동을 보아야 한다는 말이다. 부모가 돌아가신 다음에는 자신의 뜻대로 행동할 수 있지만 유보 기간 3년을 두는 것이 효라고 말한다. 오늘날 3년에 집착하는 것은 아무런 의미가 없지만 그런 마음만은 본받을 만하다.

그렇다면 왜 3년인가? 전통적으로는 이를 심적 안정과 연결하여 설명하기도 했다. 다시 말하면 3년 동안 아버지의 방식을 따라야 심리적으로 편안하다는 것이다. 「양화」 21장을 참고할 것.

예전에 월운 스님께 불경을 배울 때 경험한 일이다. 스님께서는 당신의 스승이신 운허 스님이 쓰시던 방을 마치 방 주인이 살아 계신 양 아침이면 문을 열고 해가 지면 닫으셨다. 스님에게 배운 불경 구절은 지금 기억이 안 나지만 스님의 그런 모습은 아직도 생생히 내 마음속에 남아 있다.

1.12 유자께서 말씀하셨다. "예의 작용은 조화가 귀하다. 도를 행하는 선왕들은 이렇게 하는 것을 아름답다고 여겨 크고 작은 일들을 모두 이에 따라 하였다. (그런데) 제대로 행해지지 않는 경우가 있다. 조화만을 알아서 조화시키려고만 하고 예로써 조절하지

않는다면 또한 제대로 행해질 수 없다."

有子曰 禮之用 和爲貴 先王之道 斯爲美 小大由之
유 자 왈 예 지 용 화 위 귀 선 왕 지 도 사 위 미 소 대 유 지
有所不行 知和而和 不以禮節之 亦不可行也
유 소 불 행 지 화 이 화 불 이 례 절 지 역 불 가 행 야

—— 예(禮)란 엄하지 않은 법규라고 생각하면 좋다. 예의 종류는 관혼상제와 같이 인간이 살아가면서 당연히 겪게 되는 중대한 통과 의례뿐만 아니라 향음주례(鄕飮酒禮), 사상견례(士相見禮) 등 헤아릴 수 없이 많다. 예의 기본 정신은 존비(尊卑)를 구별하는 것이다. 이렇게 구별을 강조하다 보니, 자고로 '이것이 예야, 아니 저것이 예야!' 라고 하면서 서로 다투게 되고 온갖 금기와 분란의 원천으로 전락하기 십상이었다. 하지만 예란 삶의 마디 혹은 매듭을 이어주는 윤활유와 같은 조화 작용을 할 때 진정한 의미가 있다. 그러나 매듭〔節〕은 도외시하고 윤활유의 작용〔和〕만을 강조하는 것도 문제다. 조화〔和〕의 중요성을 언급한 매우 유명한 구절이다. 법을 강조하지 않고도 예로 잘 굴러가는 사회는 얼마나 아름다운 공동체일까.

1.13 유자께서 말씀하셨다. "약속한 말이 의로움에 가까우면 약속한 말을 이행할 만하다. 공경한 태도가 예에 가까우면 치욕을 멀

리할 수 있다. 의지하는 사람 중에 친할 만한 사람을 잃지 않으면 또한 종주로 삼을 만하다."

有子曰 信近於義 言可復也 恭近於禮 遠恥辱也
유 자 왈 신 근 어 의 언 가 복 야 공 근 어 례 원 치 욕 야
因不失其親 亦可宗也
인 불 실 기 친 역 가 종 야

—— 어떻게 인간관계를 맺을 것인가. 믿음과 공손은 미덕이지만 의와 예에 합치해야 한다. 인생을 살면서 의지할 사람이 있으면 나쁘지 않지만 가까이할 만한 사람을 의지해야 한다. 이 구절의 뒷부분을 둘러싸고 두 가지 해석이 있다. 첫째 해석은 인(因)을 '의지한다〔依〕'는 뜻으로 보아 의지하는 사람 중에 친할 만한 사람을 놓치지 않으면 문제가 없다고 보는 것이다. 주희(朱熹)의 해석이다. 둘째 해석은 인(因)을 혼인의 인(姻)으로 보아 혼인을 통해 친척이 된 이들과 친근한 관계를 잘 유지한다면 이는 종(宗), 즉 혈연관계와 같다고 보는 것이다. 서로 친근함을 잃지 않으면 인척 역시 혈육이 될 만하다.

1.14 공자께서 말씀하셨다. "군자가 먹는 데 배부름만을 추구하지 않고, 거처하는 데 편안함만을 추구하지 않으며, 일에는 민첩하고 말은 신중히 하고, 올바른 도를 지닌 사람에게 나아가 (자기를)

바로잡는다면 배우기를 좋아한다고 할 수 있다.”

子曰 君子食無求飽 居無求安 敏於事而愼於言
자 왈 군 자 식 무 구 포 거 무 구 안 민 어 사 이 신 어 언
就有道而正焉 可謂好學也已
취 유 도 이 정 언 가 위 호 학 야 이

—— 누구나 먹고 일하고 쉬고 말하면서 살아간다. 이러한 일상 속에서 안락에 빠지지 않고 훌륭한 사람에게 나아가 자신의 한계나 잘못을 바로잡는다면 정말 배우기를 좋아하는 사람이다. 특별한 지식을 추구하는 게 아니라 평범한 일상 속에서 배움을 구하는 유가의 호학 정신은 종교적 신앙에 버금간다고 할 수 있다.

1.15 자공이 여쭈었다. “가난해도 아첨하지 않고 부유해도 교만하지 않는다면 어떻습니까?” 공자께서 말씀하셨다. “괜찮기는 하나, 가난한 가운데 즐기고, 부유하면서도 예를 좋아하는 것만은 못하다.” 자공이 아뢰었다. “『시경』에서 ‘자르는 듯, 다듬는 듯, 쪼는 듯, 가는 듯이 한다’고 했는데, 이 말은 지금 선생님이 말씀하신 바를 가리키는 것이라 생각됩니다.” 공자께서 말씀하셨다. “사(자공)야, 비로소 너와 『시경』을 논할 수 있게 되었구나. 지난 일을 일러주었더니 앞으로 올 일을 이해하는구나.”

子貢曰 貧而無諂 富而無驕 何如 子曰 可也
자 공 왈 빈 이 무 첨 부 이 무 교 하 여 자 왈 가 야
未若貧而樂 富而好禮者也 子貢曰 詩云 如切如磋
미 약 빈 이 락 부 이 호 례 자 야 자 공 왈 시 운 여 절 여 차
如琢如磨 其斯之謂與 子曰 賜也 始可與言詩已矣
여 탁 여 마 기 사 지 위 여 자 왈 사 야 시 가 여 언 시 이 의
告諸往而知來者
고 저 왕 이 지 래 자

── 자공은 제후가 대등한 예를 갖춰 맞이할 정도로 부유한 인물이었다. 『사기(史記)』의 「화식열전(貨殖列傳)」에 등장할 정도로 부자였다. 이 말을 할 때 이미 엄청난 부자였는지는 분명치 않지만 이 점을 참고한다면 자공이 가난해도 아첨하지 않는 것보다 부유해도 교만하지 않는 것에 주안점을 두고 질문했다고 볼 수 있다. 자공 자신이 부유하긴 하지만 교만하지 않다고 은근히 자부하면서 선생님의 칭찬을 바라고 던진 질문인지도 모를 일이다. 공자는 이러한 질문의 의도를 꿰뚫어 보았거나, 가난했지만 안빈낙도했던 안연을 떠올리면서 이런 답을 했는지도 모른다. 아무래도 가난하면 비굴해져서 아첨하게 마련이고 부유하면 교만하기 십상이다. 이를 극복했다면 이미 대단한 경지에 오른 것이다. 하지만 공자는 가난한 가운데 즐기고 부유한 가운데 예를 좋아하는 더 높은 목표를 제시한다. 이에 자공은 『시경』 절차탁마의 구절을 인용하면서 선생님의 답변이 자신의 부족한 점을 고쳐주셨다고 감사하면서 탄복한다. 뼈를 자르는 것이 절(切), 상아를 가는 것이 차(磋), 옥을 쪼는 것이 탁(琢), 돌을 가는 것

이 마(磨)이다. 쉽게 말하면 돌 같은 자신을 쪼고 갈아서 옥으로 다듬어주신다는 것이다. 이런 말을 들은 공자는 기뻐하면서 이제 비로소 너와 시를 얘기할 수 있게 되었다고 화답한다. 이미 가르쳐준 내용을 넘어 무궁한 의미를 찾아내고 있다고 칭찬하면서 말이다. 자공과 공자의 대화가 선문답처럼 멋지다.

사족 하나. 가난해도 아첨하지 않기가 부유해도 교만하지 않기보다 훨씬 힘든 일이다. 「헌문」 10장에서 "가난하면서 원망하지 않기는 어렵지만, 부유하면서 교만하지 않기는 쉽다"라고 공자가 말한다.

"비로소 너와 『시경』을 논할 수 있게 되었구나"는 말은 「팔일」 8장에도 나온다.

1.16 공자께서 말씀하셨다. "남이 자기를 알아주지 않는 것을 걱정하지 말고, 자기가 남을 알아보지 못함을 걱정해야 한다."

子曰 不患人之不己知 患不知人也
자왈 불환인지불기지 환부지인야

—— 첫 장 셋째 구절, "남이 알아주지 않아도 성내지 않는다면 또한 군자답지 않겠는가?"라는 대목이 반복되고 있다고 볼 수 있다. 남이 자신을 알아주지 않는 것을 지나치게 신경 쓰면 남의 노예가 되어

자존심을 잃고 곡학아세(曲學阿世)하기 십상이다. 나를 알아주고 말고는 어차피 남의 소관이다. 내가 할 수 있는 일은 내가 주체가 되어 남의 인정을 받을 만한 가치 있는 무언가를 쌓아가는 일이다. 하지만 남의 상찬을 받을 업적을 세웠다 해도 꼭 인정을 받는 것은 아니다. 그래서 시대를 앞서간 선각자들이 고독하고 힘들게 살았던 것이다. 따라서 공자의 말씀처럼 자신을 격려하고 반성할 필요가 있다. 또 한편 공자도 "나를 알아주는 이가 없구나[莫我知也夫]!", "나를 알아주는 자는 하늘일 것이다[知我者其天乎]"(「헌문」 35장)라고 탄식했다.

이 구절과 비슷한 말이 「헌문」 30장, 「위령공」 19장에 거듭 나오는 것을 보면 공자도 이를 완전히 초월하지 못했음을 알 수 있다. 공자의 인간적인 매력이 피어나는 대목이기도 하다.

2. 위정

2.1　공자께서 말씀하셨다. "덕으로 나라를 다스리는 것은 마치 북극성이 제자리에 있는 가운데 여러 별들이 그것을 빙 둘러 도는 것과 같다."

子曰 爲政以德 譬如北辰 居其所而衆星共之
자 왈 위 정 이 덕 비 여 북 신 거 기 소 이 중 성 공 지

—— 인간됨의 도리를 강조한 「학이」 편 다음에 주로 정치를 논한 「위정」 편이 등장한 이유는 인간됨의 도리를 논할 때 가장 큰 문제가 정치여서이다. 공자는 정치에서 지도자의 덕, 다시 말하면 인격

적 매력의 중요성을 강조하고 있다. '위정이덕(爲政以德)'이란 지도자의 인격적 매력을 통한 정치를 말한다. 지도자가 덕이 있다면 힘들이지 않고도 좋은 결과를 낼 수 있다. 마치 '북극성'이 제자리에 가만히 있어도 '자장(磁場)'이 있어 뭇 별들이 북극성 주위를 도는 이치와 같다. 공자는 고대의 성왕인 순임금을 두고, "아무 일도 하지 않고 천하를 다스린 사람은 아마 순임금일 것이다. 그가 뭘 했느냐고? 자기 몸을 공손히 하고 임금 자리에 앉아 있었을 뿐이다"라고 칭송하였다.(「위령공」 5장)

덕이 곧 무위(無爲)라는 주장도 있다. 동한 시대의 정현(鄭玄)의 주장이다. 여기서 무위는 지도자의 무위이지 신하의 무위가 아니다. 신하는 유위(有爲)해야 한다. 무위란 신하의 유위를 이끌어내는 것이지 아무 일도 안 하는 게 아니다. 무위는 도가뿐만이 아니라 유가나 법가도 공유한 중국 고대의 정치 이념이었다. 물론 도가는 억지로 함이 없는 자연의 무위를, 유가는 덕에 의한 무위를, 법가는 법에 의한 무위를 내세운다는 점에서 서로 다르기는 하다. 유가는 이러한 무위 정치의 이념적 근거를 자연〔天〕에서 도출하였다. 이른바 천인합일 사상이다.

고대 중국인들은 북두칠성을 대단히 중시했다. 그것을 봄으로써 방향을 알고 계절을 정할 수 있었기 때문이다. 그들은 천추(天樞), 천선(天璇), 천기(天璣), 천권(天權), 옥형(玉衡), 개양(開陽), 요광(搖光) 일곱 개의 별을 연결하면 국자 모양이 된다고 보고 초혼(初昏: 초

어스름) 때 이 국자의 자루 부분이 가리키는 방향에 근거하여 계절을 결정하였다. 자루가 동쪽을 가리키면 봄, 남쪽을 가리키면 여름, 서쪽을 가리키면 가을, 북쪽을 가리키면 겨울이 된다. 그리고 국자의 끝에 있는 두 별, 천추와 천선의 거리 다섯 배 정도에 있는 별이 바로 북극성이다. 이 북극성은 자기 주위를 도는 뭇 별들에 비해 별다른 작용을 하지 않으며 별로 밝지도 않다. 다만 중심에 가만히 있다. 그래도 뭇 별이 북극성을 중심으로 돌고 있다. 임금도 그러해야 한다고 본 것이다. 요즘 말로 하면 힘이 아니라 매력, 공감 그리고 소통에 의한 정치가 바로 덕치다.

「선진」 25장에는 정치는 예로써 해야 한다는 위국이례(爲國以禮)라는 말이 나온다. 위정이덕과 위국이례는 긴밀히 연관된 말이다. 하지만 덕은 끊임없이 자신을 닦는 수기(修己)로 얻고, 예는 정해진 규범에 따라 행동거지를 바로잡는 입신(立身)을 통해 얻는다. 따라서 위정이덕과 위국이례는 서로 다르다.

2.2 공자께서 말씀하셨다. "『시경』 300편은 한마디로 표현하면 '생각에 사악함이 없는 것'이다."

子曰 詩三百 一言以蔽之 曰 思無邪
자왈 시삼백 일언이폐지 왈 사무사

—— 위정이덕을 말하다가 별안간 왜 시인가? 지도자란 모름지기 시심(詩心)이 있어야 한다는 뜻이 아닐까? 시심이란 무엇인가? 생각에 사악함에 없는 것이다.

시의 정신을 말할 때 자주 인용되는 구절이다. 좋은 시는 멋진 표현보다 생각에 거짓이 없이 순정(純正)해야 함을 강조할 때 자주 언급된다. 사무사(思無邪)란 말은 『시경』의 「노송·경(魯頌·駉)」 편에 나오는데 공자가 단장취의(斷章取義: 남이 쓴 문장이나 시의 일부를 전체적인 뜻을 고려하지 아니하고 인용하는 것)해서 『시경』을 관통하는 사상의 순정함을 평한 말이다. 원래 이 시는 말〔馬〕을 노래하고 있지만 이를 통해 국가의 원대한 이익을 도모하는 노나라 희공(僖公)을 칭송한 노래다.

2.3 공자께서 말씀하셨다. "정책(政策)으로써 인도하고 형벌로써 다스리면 백성들은 (형벌을) 면하려고만 하고 부끄러움이 없게 되지만, 덕으로 이끌고 예로 다스리면 부끄러워할 줄 아는 마음을 품게 되고 올바름에 이르게 된다."

子曰 道之以政 齊之以刑 民免而無恥 道之以德
자 왈 도 지 이 정 제 지 이 형 민 면 이 무 치 도 지 이 덕
齊之以禮 有恥且格
제 지 이 례 유 치 차 격

—— 여기서 정(政)은 법령이나 정책이라고 푼다. 오늘날 중국에서는 이런 말이 유행한다. "위에 정책이 있으면 아래에는 대책이 있다〔上有政策 下有對策〕." 정책을 입안하고 형벌 제도를 엄격히 실행해야 하지만 지배층이 솔선수범하지 않으면 백성들이 '대책'을 세워 법을 지키지 않거나, 처벌을 받더라도 승복하지 않으려 든다.

격(格)은 '도달한다'는 뜻으로 여기서는 '올바름에 이르게 된다'고 번역했지만 지도자 혹은 통치자가 정해놓은 기준에 도달한다는 뜻으로 보아도 좋다. '천하의 사람들이 자신에게 와서 굴복한다〔歸服〕'는 뜻으로 보기도 한다.

2.4 공자께서 말씀하셨다. "나는 15세에 배움에 뜻을 두었고, 30세에는 예에 따라 처신했으며, 40세에는 사물의 이치에 의혹이 없었고, 50세에는 천명을 알았고, 60세에는 여러 가지 비판도 자연스럽게 받아들이게 되었으며, 70세에는 마음이 하고자 하는 바를 따라도 법도를 넘어서지 않았다."

子曰 吾十有五而志于學 三十而立 四十而不惑
자 왈 오 십 유 오 이 지 우 학 삼 십 이 립 사 십 이 불 혹
五十而知天命 六十而耳順 七十而從心所欲 不踰矩
오 십 이 지 천 명 육 십 이 이 순 칠 십 이 종 심 소 욕 불 유 구

—— 공자가 자신의 일생을 회고하면서 나이에 따라 도달한 인생의 경지를 압축해 정리한 것으로 공자의 짧은 연대기 혹은 연보라고 할 수 있다.

공자와 같은 성인의 경지를 보통 사람과 비교할 수 없지만 워낙 유명하기 때문에 지금도 이를 기준으로 나이를 표시하기도 한다. 즉 이립(而立)은 30세, 불혹(不惑)은 40세, 지천명(知天命)은 50세, 이순(耳順)은 60세를 가리킨다. 하지만 보통 사람이 40세 혹은 50세가 되었다고 해서 유혹에서 벗어나거나 천명을 안다고 말할 수는 없다.

15세에 배움에 뜻을 두었다, 30세에 섰다〔立〕, 40세에 미혹되지 않았다는 말 등이 구체적으로 무엇을 가리키는지 분명치 않아 많은 논의가 있다. 이에 대해 완벽하고 최종적인 해석을 내놓을 순 없다. 『논어』에 나오는 다른 구절과 연관짓거나 공자의 전기에 해당하는 『사기』의 「공자세가」를 참고해서 이해하는 것이 좋다.

15세에 뜻을 두었다고 한 배움의 대상은 앞서 설명한 것처럼 글이나 지식이 아닌 인간됨의 학문이다. 30세에 섰다는 것은 예에 우뚝 섰다(예에 따라 행동했다)(「태백」 8장), 예를 알지 못하면 설 수가 없다(「요왈」 3장)는 표현을 참고해보면 30세에 예의에 따라 처신할 수 있게 되었다는 말로 이해할 수 있다. 40세에 불혹했다는 것은 사리를 알게 되어 의혹이 없었다는 뜻이고, 50세에 천명을 알았다는 말은 "생사와 부귀는 천명에 달려 있다"(「안연」 5장)고 한 것처럼 부귀나 생사처럼 뜻대로 할 수 없는 일을 묵묵히 받아들였다는 뜻으로 보면 무난하다. 나아가 천명을 안다는 것은 자신의 한계나 유한성을 자각한 동시에 자신의 가능성을 알았다는 뜻으로 보는 것이 좋다. 공자는 대략 이때 벼슬길에 나아가서 51세에 중도(中都)라는 곳의 지방장관이 된다. 55세에 천하를 주유하기 시작해서 68세에 고국인 노나라로 돌아왔으니 60세는 타국을 떠돌던 나이다. 오해와 비판, 조롱 등을 많이 받았다. 이순이란 수모와 고통을 마음에 담아두고 화를 내는 것이 아니라 자신에 대한 여러 비판을 자연스럽게 받아들이는 단계를 의미한다고 풀었다. 하지만 다른 사람의 말을 듣고 참과 거짓을 분별해내고 시비를 판명하는 단계로 보아도 좋고, 현실에 존재하는 것은 나름의 합리성이 있다는 사실을 담담히 받아들이는 상태로 보아도 좋을 것이다. 나이 70세에 마음이 하고자 하는 바를 따라도 법도(일체의 언행의 법도나 준칙)를 넘어서지 않았다는 것은 성인의 마음이 자유의 극치에 도달했다는 뜻으로 볼 수 있다. 역설적인 해석도 있다. "인생살이 뜻대로 되는 것이 없다"는 인생의 법도〔矩〕로 본다면 공자가 70세에 굉장히 낙담하고 절망했다고 볼 수도 있다. 마음에 따라 행해도 뜻대로 안 되는 인생의 법칙을 넘을 수 없었다는 말이 된다. 공자는 나이 69세에 아들 리가 죽는 참척의 고통을 겪었다. 그런가 하면 71세엔 수제자인 안회가 죽었고, 72세엔 동생 같은 제자 자로가 비참하게 죽었다. 공자는 이런 일을 모두 겪은 다음에 돌아가셨다.

2.5 맹의자가 효에 대하여 묻자 공자께서 말씀하셨다. "어기는 바가 없는 것이다." (얼마 후에) 번지가 수레를 몰고 있었는데 공자께서 말씀하셨다. "맹손이 나에게 효에 대해 묻기에 내가 어기는 바가 없는 것이라고 대답하였다." 번지가 "무슨 뜻입니까?"라고 여쭈었다. 공자께서 말씀하셨다. "(부모가) 살아 계실 때는 예로써 섬기고, 돌아가시면 예로써 장사 지내고 예로써 제사 지내는 것이다."

孟懿子問孝 子曰 無違 樊遲御 子告之曰
맹의자문효 자왈 무위 번지어 자고지왈
孟孫 問孝於我 我對曰 無違 樊遲曰 何謂也 子曰
맹손 문효어아 아대왈 무위 번지왈 하위야 자왈
生事之以禮 死葬之以禮 祭之以禮
생사지이례 사장지이례 제지이례

—— 맹의자(孟懿子)가 곧 맹손(孟孫)이다. 당시 노나라의 실권을 장악하고 있던 세 집안〔三桓〕 중의 하나였던 맹손씨 가문의 대귀족이다. 『사기』 「공자세가」에 맹희자(孟僖子)가 임종 시에 아들인 맹의자에게 공자를 찾아가 예를 배우라는 유언을 남겼다고 기록되어 있다. 재미있는 것은 정작 효를 물은 맹의자가 아니라 수레를 몰던 번지(樊遲)라는 제자에게 공자가 이 말을 하고 있다는 사실이다. 번지는 공자보다 36세 어린 제자다. 맹의자가 왜 더 이상 묻지 않았을까? 또한 공자는 왜 맹의자와 나눈 대화를 번지에게 말해주었을까? 자세히 알

수 없는 노릇이지만 흥미롭다. 번지가 더 자세히 묻지 않았다면 공자가 좀 섭섭했을 것이다. 맹의자가 만일 공자와 번지가 나눈 대화를 들었다면 어떤 심정이었을까?

간접적으로 대화를 나눈 이야기를 하나 소개할까 한다. 『중국철학사』로 유명한 펑유란(馮友蘭, 1895~1990)과 개혁개방 시대를 상징하는 중국의 사상가 리쩌허우(李澤厚, 1930~)의 일화다. 두 사람은 사제지간이다. 리쩌허우는 베이징대학을 다닐 때 펑유란 선생의 강의를 잘 듣지 않았다고 한다. 펑유란은 강의 시간마다 수강생들에게 강의에 들어오지 않는 리쩌허우에 대해 물었다. 요새 무얼 하느냐고. 친구들이 그 말을 리쩌허우에게 전했다. 수업은 열심히 듣지 않았지만 자신에게 늘 관심을 표했던 선생 펑유란이 임종을 앞두었을 때, 리쩌허우가 문병을 갔다. 펑유란은 리쩌허우에게 『주역』을 공부하라고 당부했다고 한다.

이후에도 몇 사람이 효에 대해 묻고 공자가 대답하는 구절이 나오는데 재미있는 것은 공자의 대답이 질문하는 사람에 따라 조금씩 다르다는 것이다. 공자는 어떤 문제에 대해서 추상적이고 보편적인 정의를 내리는 방식으로 답하지 않고, 질문하는 사람의 재목에 따라 구체적으로 달리 대답했다. 이를 인재시교(因材施敎)라고 한다. 이처럼 추상을 중시하지 않고 보편적 방식을 애호하지 않는 것이 중국식 사유의 특징이다. 따라서 공자의 대답을 통해 효가 무엇인지 알기보다 질문자가 잘못 생각한 효가 무엇인지를 미루어 알 수 있다. 다시 말하면 맹의자는 예를 어겨가면서 자신의 부모를 섬기고 죽었을 때는 장례 지내고 제사를 지냈다는 것이다. 다만 정자(程子)는 맹의자의 질문에 대한 답변은 모두에게 적용된다고 하였다. 누구나 지켜야 할 도리라는 것이다.

「위정」 편에는 효에 대한 문답이 많이 나온다. 이것은 효라는 가장 근본적인 덕목을 갖춘 인간이 정치를 해야 한다는 점을 암시한다고 볼 수 있다.

2.6 맹무백이 효에 대해서 물었다. 공자께서 말씀하셨다. "부모님으로 하여금 자식의 병만을 걱정하게 하는 것이다."

孟武伯 問孝 子曰 父母 唯其疾之憂
맹 무 백 문 효 자 왈 부 모 유 기 질 지 우

—— 맹무백(孟武伯)은 맹의자의 아들이다. 병 이외의 다른 일로 부모님을 근심하게 하는 일이 없게 하는 것이 효라는 말이다. 자식은 부모에게 병이 있는가를 항상 근심하는 것이 효라고 해석하기도 한다. 맹무백이 부모에게 근심을 끼칠 행동을 많이 했음을 알 수 있다. 맹무백은 「공야장」 8장에도 등장한다. 맹무백의 아들인 맹경자는 「태백」 4장에 나온다. 그는 증자에게 배웠다.

2.7 자유가 효에 대해서 여쭙자 공자께서 말씀하셨다. "오늘날에는 먹을 것을 잘 드리는 것을 효라고 생각하지만, 개와 말도 잘 먹여 기를 수 있다. 공경하지 않는다면 (개와 말에게 하는 것과) 무엇이 구별되겠는가."

子游 問孝 子曰 今之孝者 是謂能養 至於犬馬
자유 문효 자왈 금지효자 시위능양 지어견마
皆能有養 不敬 何以別乎
개능유양 불경 하이별호

—— 자유는 공자보다 45세 어린 제자로 문학으로 유명하다. 자유가 부모를 모실 때 공경심이 부족했음을 알 수 있다.

2.8 자하가 효에 대해서 여쭈니 공자께서 말씀하였다. "안색을 온화하고 양순하게 하여 모시기가 어렵다. 일이 있으면 젊은 사람들이 대신 수고하고, 술이나 밥이 있으면 어른들이 드시게 하는 일, 그래 이런 것을 효라고 할 수 있겠느냐?"

子夏 問孝 子曰 色難 有事 弟子 服其勞 有酒食
자하 문효 자왈 색난 유사 제자 복기로 유주사
先生饌 曾是以爲孝乎
선생찬 증시이위효호

—— 자하가 부모를 모실 때 온화하고 양순한 기색이 부족했음을 알 수 있다.

2.9 공자께서 말씀하셨다. "내가 안회와 종일토록 이야기해보았는데 (내 말을) 어기지 않고 (그대로 받아들이는 것이) 마치 어리석은 사람 같더니, 안회가 물러간 뒤에 그의 사생활을 살펴보면 (내 말 뜻을) 잘 이해하여 실천하고 있으니 안회는 어리석지 않구나."

子曰 吾與回言終日 不違如愚 退而省其私 亦足以發
자 왈 오 여 회 언 종 일 불 위 여 우 퇴 이 성 기 사 역 족 이 발
回也不愚
회 야 불 우

—— 안회(顔回)는 공자보다 30세 어린 제자로 40세에 요절했다. 노나라 사람이다. 덕행으로 유명한데 특히 인(仁)을 상징하는 제자라고 할 수 있다. 이 구절은 일반적으로 공자의 수제자 안회의 풍모를 알 수 있는 말로 자주 인용되지만 여러 가지 상상을 하게 한다. 공자는 어떻게 안회의 사생활을 살펴보았을까〔省其私〕. 성인이 몰래 사람 뒷조사를 할 리는 없고, 여러 통로에서 보고가 올라왔을까? 안회의 사생활이 정말 어떠했기에 공자가 어리석지만 또 한편 어리석지 않다고 했을까. 궁금하기 그지없다. 여기서는 발(發)을 '내 말 뜻을 잘 이

해하고 실천하고 있다'고 해석했지만 안회의 사생활을 통해 공자가 계발(啓發) 받은 바 많다고 해석하기도 한다. 「선진」 3장 참고.

2.10 공자께서 말씀하셨다. "그 (사람의) 행동을 보고, (행동의) 연유를 살피고, 그가 편안해하는 바를 관찰한다면, (그) 사람이 어찌 (자기를) 숨길 수 있겠는가. 어찌 숨길 수 있겠는가."

子曰 視其所以 觀其所由 察其所安 人焉廋哉
자 왈 시 기 소 이 관 기 소 유 찰 기 소 안 인 언 수 재
人焉廋哉
인 언 수 재

—— 똑같이 본다는 뜻이지만 시(視)보다는 관(觀)이, 관(觀)보다는 찰(察)이 보다 자세히 보는 것을 말한다. 이(以)는 위(爲: 하다)로 해석했다.

2.11 공자께서 말씀하셨다. "옛것을 익혀 새것을 알면 (남의) 스승이 될 수 있다."

子曰 溫故而知新 可以爲師矣
자 왈 온 고 이 지 신 가 이 위 사 의

—— 연암 박지원은 이 말을 약간 바꾸어 법고창신(法故創新: 옛것을 모범으로 삼아 새것을 창조한다)이라는 표현을 사용했다. 중국에 "과거를 잊지 않는 것이 훗날의 귀감이 된다〔前事不忘 後事之師〕"는 말이 있다. 옛것을 잘 안다고 해서 새것을 잘 알거나 창조할 수 있는 것은 아니다. 과거 속에서 미래를 볼 줄 아는 눈이 있어 오래된 미래를 알아야 누군가의 스승이 된다.

2.12 공자께서 말씀하셨다. "군자는 그릇과 같은 존재가 아니다."

子曰 君子不器
자 왈 군 자 불 기

—— 그릇 기(器)라는 글자는 개 견(犬) 자 둘레에 입 구(口) 네 개를 그린 모양으로, 개가 사방으로 짖으면서 지켜야 하는 소중한 물건을 말한다. 여기서 말한 그릇은 특정한 용도에만 적합할 뿐 다른 데에는 쓸 수 없는 것을 의미한다. 군자는 단일한 용도에 쓰이는 도구가 아니라, 가치이자 목적이다. 공자는 곧잘 그릇을 가지고 인물을 논했다. "관중은 그릇이 작구나"(「팔일」 22장)라고 말한 바 있고, 자신에 대한 평가를 부탁하는 제자 자공에게 "너는 그릇이다"(「공야장」 4

장)라고 한 적도 있다.

과거 조선시대 지식인인 양반이나 선비, 혹은 중국의 독서인이 자신을 수양하고 독서를 하고 과거에 응시해서 합격하면 관직에 나아간 것은 어떤 기예를 소유한 전문가가 되기 위해서가 아니라 '치국평천하'하기 위해서였다. 군자(君子)를 '머무는 바 없이 그 마음을 내어'(『금강경』) 숨은 재능과 개성을 전면 발전시켜 뜻을 실현하는 이상적인 인간으로 해석해도 무방하다.

오늘날 사회가 날로 복잡해지고 전문화하고 있어 토지라는 경제적 기초가 없는 '군자(지식인)'일수록 이른바 필살기를 익혀야 할 형편에 놓이고 있다. 「자장」 4장을 참고할 것.

2.13 자공이 군자에 대해서 여쭈었다. 공자께서 말씀하셨다. "말하려는 것을 먼저 실천하고 그후에 실천에 기초해서 말해야 한다. (그런 사람이 군자다.)"

子貢問君子 子曰 先行其言 而後從之
자공문군자 자왈 선행기언 이후종지

—— 먼저 실천하고 나중에 말하라는 것이다. 자공이 매우 총명하고 말을 잘했기 때문에 이런 말을 했을 것이다. 기필코 실천하기 위

해 약속 삼아 먼저 말을 하는 경우도 있지 않을까?

2.14 공자께서 말씀하셨다. "군자는 두루 사귀고 패거리를 만들지 않는다. 반면 소인은 파벌을 만들 뿐 두루 사귀지 못한다."

子曰 君子周而不比 小人比而不周
자 왈 군 자 주 이 불 비 소 인 비 이 부 주

—— 여기서 소인(小人)이란 나이가 어리거나 지위가 낮은 사람이 아니다. 소인은 일반적으로 군자의 반대말로서 인격이 낮은 사람을 의미하지만 사실 명확하게 정의내리기 어려운 모호한 개념이다. 과연 어떤 사람이 소인인가. 모든 인간에게는 군자적 측면과 소인적 측면이 공존한다고 말할 수도 있다. 그러나 인생을 살면 살수록 공자가 인간을 군자와 소인이라는 두 유형으로 나눈 것이 옳지 않나 하는 생각이 든다. 군자와 소인이 싸우면 반드시 군자가 지고 소인이 이긴다. 적어도 단기적으로는 그렇다. 군자에게 소인의 행패를 감내해야 하는 시간들은 얼마나 아득하게 느껴질까. 공자 또한 소인의 '대단함'을 절감했을 것이다. 그렇지 않다면 공자가 왜 그토록 여러 번 군자는 어떠하고 소인은 어떠하다고 말했겠는가. 사실 소인이 패거리를 이뤄 집단적으로 군자를 핍박하면 당할 재간이 없다. 그러나 군자

는 두루 사귄다. 여기서 두루(周)라는 말을 시간적이고 공간적인 의미로 해석하고 싶다. 군자는 보편적 정신에 도달하려고 하기 때문에 시간적으로 먼 과거나 미래의 사람과 사귈 수 있고 공간적으로 멀리 떨어진 사람과도 소통할 수 있다. 그러나 당장에는 외롭고 홀로 고립되기도 한다.

참고로 중국의 위치우위(余秋雨, 1946~)라는 작가가 열거한 소인의 행위 특징을 몇 가지 소개한다. 소인은 아름다움을 보지 못한다, 소인은 번거로움을 두려워하지 않는다, 소인은 일을 할 때 효율이 높다(원칙이 없기 때문에), 소인은 반드시 근거 없는 소문을 퍼뜨린다 등이다. 패거리 문화를 비판할 때 사용하면 좋은 말이다. 영조가 자신의 탕평책을 기념하여 세운 탕평비(蕩平碑. 성균관대학교 정문 옆에 있다)에는 이를 약간 변형한 "두루 사귀고 당파를 만들지 않는 것은 군자의 공변된 마음이요, 당파를 만들고 두루 사귀지 않는 것은 소인의 사사로운 뜻이다(周而弗比乃君子之公心 比而弗周寔小人之私意)"라는 글이 새겨져 있다.

2.15 공자께서 말씀하셨다. "배우기만 하고 생각하지 않으면 어둡고, 생각하기만 하고 배우지 않으면 위태롭다."

子曰 學而不思則罔 思而不學則殆
자왈 학이불사즉망 사이불학즉태

—— 어둡다는 것은 미망 속을 헤매 얻는 것이 없다는 말이다. 학습과 사색을 병행하는 것이 좋다. 자주 인용되는 말이다. 배움이 없는 사색은 공허하고, 생각만 하고 배움이 없으면 맹목으로 치닫는다. 「위령공」 31장에도 "내가 일찍이 종일토록 먹지 않고 밤새도록 자지 않고 사색해보았으나 유익함이 없었다. 배우는 것만 못하였다"라는 말이 나온다.

2.16 공자께서 말씀하셨다. "이단을 전공하면 해로울 뿐이다."

子曰 攻乎異端 斯害也已
자왈 공호이단 사해야이

—— 일반적으로는 공(攻)을 전공(專攻: 어느 한 분야를 전문적으로 연구함)이라는 의미로 본다. 다른 해석도 있다. 공(攻)을 공격(攻擊), 이(已)를 '그친다'는 뜻의 동사로 보아 '이단(정통의 반대)을 공격하면 해악이 사라질 것이다'로 해석하는 학자도 있다. 또 이를 유교의 관용 정신을 말하는 것으로 보아 이단을 공격하면 도리어 해롭다고 해석하기도 한다.

이단의 의미는 공자의 가르침에 어긋나는 교의를 말하는 것이 아니다. 사물에는 양 측면(양단)이 있는데 한 면에서 보면 다른 한 면은 이단이다. 이렇게 한 면에 치우쳐 외골수로 나아가면 해로우니 양면을 두루 고려해야 한다는 것이다. 중국의 저명한 사학자이자 사상가인 첸무(錢穆, 1895~1990)의 주장인데 타당하다.

2.17 공자께서 말씀하셨다. "유야! 너에게 아는 것이 무엇인지 가르쳐주마. 아는 것을 안다고 하고 모르는 것을 모른다고 한다, 이것이 아는 것이다."

子曰 由 誨女知之乎 知之爲知之 不知爲不知 是知也
자 왈 유 회 여 지 지 호 지 지 위 지 지 부 지 위 부 지 시 지 야

—— 유(由)는 자로를 말한다. 자로라는 자(字)로 널리 알려져 있지만 중유(仲由)가 본명이다. 공자보다 9세 어리고, 용기를 상징하는 제자다. 공자가 보기에 자로가 잘 모르면서 알고 있다고 생각했거나 그렇게 행동한 모양이다. 아는 것과 모르는 것의 경계를 정확히 인식해야만 더 잘 알 수 있다. 공자의 특징 중의 하나가 나면서부터 아는〔生而知之〕 천재나 교주를 자임하지 않고 모른다는 사실을 인정하는 것이다.

농담 한마디. 예전에 한문을 배울 때 어느 선생님께서 이 구절을 두고 제비도 문자를 안다고 하셨다. "지지위지지 부지위부지 시지배배."

2.18 자장이 녹을 구하는 것을 배우고자 하니, 공자께서 말씀하셨다. "많이 듣고 (그중에서) 의심스러운 것은 제쳐두고 그 나머지를 신중하게 말하면 과오가 적을 것이다. 많이 보고 (그중에서) 위태로운 것은 제쳐두고 그 나머지를 취해 신중하게 행동하면 후회하는 일이 적을 것이다. 말에 과오가 적고 행동에 후회되는 일이 적으면 녹은 그 가운데 있다."

子張 學干祿 子曰 多聞闕疑 愼言其餘則寡尤
자 장 학 간 록 자 왈 다 문 궐 의 신 언 기 여 즉 과 우
多見闕殆 愼行其餘則寡悔 言寡尤 行寡悔
다 견 궐 태 신 행 기 여 즉 과 회 언 과 우 행 과 회
祿在其中矣
녹 재 기 중 의

—— 자장(子張)은 공자보다 48세 어린 진(陳)나라 사람으로 말년 제자다. 공문십철(孔門十哲: 안연, 민자건, 염백우, 중궁, 자유, 자공, 자로, 재아, 염유, 자하)에는 들어가지 않지만 공자의 사우(四友: 안연, 자공, 자장, 자로) 중의 한 사람이고 열두 제자의 한 명이다. 스스로 과대

평가하는 경향이 있고 성격이 급했다고 한다. 녹을 구한다는 것은 곧 관직을 얻는 것을 말한다. 공자가 활동하던 시대에는 과거제도가 없었지만 만일 있었다면 공자도 응시했을 것이라는 말이 있다. 공자는 물론이고 공자의 제자 중에 안회를 제외(?)하고 사실 누가 정치에 관심이 없었을까마는 그중에서도 특히 정치에 관심이 많았다고 알려진 사람이 바로 자장이다. 사실 그들은 요즘 말로 하면 학문을 위한 학문을 한 것이 아니었다. 다들 "학문을 하다가 여력이 있으면 벼슬길로 나아간다"(「자장」 13장)고 생각했다. 요즘 경륜 높은 '정치인'이 되기 위해서는 얼굴이 두꺼워야 하고, 아무하고나 웃으면서 악수 잘해야 한다. 또 했던 말을 잘 잊어야 하고, 지역구민 경조사를 잘 챙겨야 하고, 줄을 잘 선택하는 '안목'이 있어야 하고, 눈치가 빨라야 하고, 국민에게 쇼를 잘해야 하고…….

2.19 애공이 물었다. "어떻게 하면 백성이 따르겠소." 공자께서 대답하셨다. "바른 사람을 등용하고 바르지 않은 사람을 방치해두면 백성들이 따르고, 바르지 않은 사람을 등용하고 바른 사람을 방치해두면 백성들이 따르지 않습니다."

哀公問曰 何爲則民服 孔子對曰 擧直錯諸枉則民服
애공문왈 하위즉민복 공자대왈 거직조저왕즉민복

擧枉錯諸直則民不服
거 왕 조 저 직 즉 민 불 복

—— 노나라 애공(哀公)은 정공(定公)의 아들이다. 임금이 물었을 때는 반드시 공자대왈(孔子對曰)이라고 써서 임금을 높였음을 드러내고 있다. 조(錯) 자에는 어디 위에 놓는다는 의미와 방치해둔다는 의미 두 가지가 있다. 후자로 해석했다.

2.20 계강자가 물었다. "백성들로 하여금 공경하고 충성하며 서로 권면하게 하려면 어떻게 해야 합니까." 공자께서 대답하셨다. "엄숙한 태도로 (백성을) 대하면 공경하게 되고, (윗사람으로서 몸소) 효도하고 (백성들을) 자애롭게 대하면 (백성들은) 충성하며, 좋은 사람을 기용하고 무능한 사람들을 가르치면 (서로) 권면하게 됩니다."

季康子問 使民敬忠以勸 如之何 子曰 臨之以莊則敬
계 강 자 문 사 민 경 충 이 권 여 지 하 자 왈 임 지 이 장 즉 경
孝慈則忠 擧善而敎不能則勸
효 자 즉 충 거 선 이 교 불 능 즉 권

—— 계강자(季康子)는 당시 실권을 쥐고 있던 노나라 권신이다. 임금은 애공이었지만 공실(公室)의 힘이 약해 계씨를 필두로 한 삼환씨

(三桓氏: 맹손씨, 숙손씨, 계손씨를 가리킨다)가 당시 노나라 정치를 좌우하였다. 공자가 젊었을 때는 계평자(季平子), 중년에는 계환자(季桓子), 만년에는 계강자가 정국을 좌지우지했다. 서 있는 입장에 따라 관심사가 다르듯이 계강자는 백성들이 자신에게 공경하고 충성하며 힘써 일하게 하는 방도에 관심이 많았기에 공자에게 물은 것이다. 공자의 대답은 간단히 말해서 남에게 요구하지 말고 스스로 할 수 있는 일에 힘쓰라는 것이다.

2.21 어떤 사람이 공자께 말하기를, "선생께서는 왜 정치를 하시지 않습니까?"라고 하니, 공자께서 말씀하셨다. "『서경』에 이르기를 '효도여! 오직 효도하고 형제간에 우애가 있어야 정치에 영향을 미칠 수 있다'고 하였으니, 이(효도하고 우애하는 것이) 또한 정치인데, 어찌 그것(벼슬해서 정치에 참여하는 것)만이 정치라 하겠는가."

或謂孔子曰 子奚不爲政 子曰 書云 孝乎惟孝
혹 위 공 자 왈 자 해 불 위 정 자 왈 서 운 효 호 유 효
友于兄弟 施於有政 是亦爲政 奚其爲爲政
우 우 형 제 시 어 유 정 시 역 위 정 해 기 위 위 정

—— 노나라 소공(昭公)은 타국을 떠돌다 죽었고, 그를 몰아낸 세력

이 소공의 동생 정공을 옹립했다. 정공이 즉위한 지 얼마 안 되어 어떤 이가 공자에게 정치 참여를 권유한 모양이다. 공자는 이런 불행한 사태가 발생하게 된 것은 형제간에 우애가 없고 더 나아가 부모에게 효도하지 않았기 때문이라고 생각했다. 그리하여 벼슬길에 나아가지 않았다. 벼슬길에 나아갈 것을 권유하는 말에 고전인 『서경』의 구절을 인용하면서 완곡히 거절한 것이다.

2.22 공자께서 말씀하셨다. "사람이 신의가 없으면 안 된다. 큰 수레나 작은 수레에 끌채 끝 쐐기가 없으면 어떻게 움직일 수 있겠는가."

子曰 人而無信 不知其可也 大車無輗 小車無軏
자 왈 인 이 무 신 부 지 기 가 야 대 거 무 예 소 거 무 월
其何以行之哉
기 하 이 행 지 재

—— 신의를 수레와 소(혹은 말)를 연결해주는 핵심 장치인 예월(輗軏)에 비유한 것이다. 자동차로 비유하면 변속장치를 중립에 둘 경우 동력을 전달할 수 없어서 차를 움직이지 못하는 것과 마찬가지다. 큰 수레는 짐을 싣는 수레이고 작은 수레〔小車〕는 사람을 태우는 수레라고 보면 된다. 인간 사회에서 인간과 인간을 연결하는 것은 믿음이기

때문에 공자는 여러 대목에서 신뢰를 언급했다. 지금도 신뢰나 믿음이 중요한데 하물며 법률적 안전장치가 매우 부족한 고대 세계에서는 말할 필요도 없었을 것이다.

2.23 자장이 "300년 후의 일을 알 수 있습니까?"라고 여쭈었다. 공자께서 말씀하셨다. "은나라는 하나라의 제도를 계승했으니 (양자를 잘 살펴보면) 덜어내고 더한 것을 알 수 있다. 주나라는 은나라의 제도를 계승했으니 덜어내고 더한 것을 알 수 있다. 혹시 주나라를 계승하는 나라가 있다면 3000년 후의 일도 알 수 있다."

子張問 十世可知也 子曰 殷因於夏禮
자장문 십세가지야 자왈 은인어하례
所損益 可知也 周因於殷禮 所損益 可知也
소손익 가지야 주인어은례 소손익 가지야
其或繼周者 雖百世 可知也
기혹계주자 수백세 가지야

—— 1세(一世)가 30년이니 10세면 300년이다. 옛날이 지금보다 변화가 느리고 고대 중국인의 시간관념이 장구한 것을 고려하더라도 300년(十世) 이후의 일을 물은 질문이나 3000년(百世) 이후의 일도 알 수 있다는 대답 모두 놀랍다. 자장은 내면의 수양보다 외적이고 정치적인 문제에 관심이 많았다. 따라서 10세에 대한 물음은 300년

이후의 사회 정치적 체제에 대한 물음이다. 하은주의 예의(禮儀) 제도는 기본적으로 계승되는 가운데 더하거나 뺀 부분이 있다. 그걸 알 수 있다면 100세 이후의 일도 알 수 있다는 말이다.

현대 서양사회를 이해하기 위해 그리스 로마 시대를 연구하거나 현대 중국을 알기 위해 고대 중국을 공부하는 것이 점점 중요해지고 있다. 문명의 연속성을 유지하고 있는 중국의 경우가 특히 그러하다. 이 구절은 일반적으로 공자가 단순한 복고주의자가 아니었다는 사실을 말할 때 자주 인용된다. 이처럼 역사의 손익(損益)법을 말하고 있기 때문이다.

2.24 공자께서 말씀하셨다. "모셔야 할 적당한 귀신이 아닌데도 거기에 제사 지내는 일은 아첨하는 것이다. 의를 보고도 행하지 않는 사람은 용기가 없는 것이다."

子曰 非其鬼而祭之 諂也 見義不爲 無勇也
자 왈 비 기 귀 이 제 지 첨 야 견 의 불 위 무 용 야

—— 유교에서는 인간과 귀신을 하나의 이치로 이해한다. 따라서 "귀신은 자기 종족이 바치는 제사가 아니면 그 제사를 흠향하지 않는다〔鬼神非其族類 不歆其祀〕".(『춘추좌씨전』, 희공 31년) 자기가 제사를

지내야 할 귀신이 아닌데 제사 지내는 것은 아첨이라는 얘기다. 어떤 추모제(追慕祭)에 전혀 어울리지 않는 인사가 아첨하기 위해 참석하는 경우가 지금도 많다.

3. 팔일

3.1 공자께서 계씨를 두고 말씀하셨다. "팔일무를 (자기 사당의) 뜰에서 추게 하였으니, 이런 일을 감히 한다면 무슨 짓인들 하지 못하겠는가."

孔子謂季氏 八佾 舞於庭 是可忍也 孰不可忍也
공 자 위 계 씨 팔 일 무 어 정 시 가 인 야 숙 불 가 인 야

—— 공자가 살았던 춘추시대는 주나라의 예악 제도가 무너져가던 예붕악괴(禮崩樂壞)의 시대였다. 다른 말로 표현하면 난세다. 반대로 제례작악(制禮作樂: 예악을 만듦)해서 질서가 잡힌 시대가 치세다. 공

자에게 정치란 무너진 천하의 질서를 바로잡는 일이자 무너진 주례(周禮)를 회복하는 것이었다. 따라서 예악의 문제를 주로 다루는 「팔일」 편에는 예악이 무너진 사태를 비판하는 구절이 많다.

팔일(八佾)의 일(佾)은 한 줄에 나란히 선 여덟 명의 춤추는 사람을 가리킨다. 따라서 팔일무를 추는 인원은 예순네 명이다. 공자가 이상으로 생각했던 주례에 따르면 팔일무는 천자의 제사 때만 출 수 있었다. 노나라의 시조인 주공(周公)은 주나라 건립에 커다란 공을 세웠다. 그래서 노나라 공실은 제후국이지만 예외적으로 팔일무를 추게 할 수 있었다. 당시 노나라의 실권을 장악하고 있던 계씨(계강자)는 노나라 공실에서 팔일무를 출 수 있다면 실세인 자기 집안(따지고 보면 이들도 주공의 후손들이다)에서 이 팔일무를 추지 못할 이유가 없다고 보았다. 공자가 볼 때 이는 주례를 위반한 행동이기 때문에 통렬히 비판한 것이다. 여기서 인(忍)은 참는다는 뜻이 아니라 모질고 독하게 무엇을 한다는 의미로 쓰였다.

고대 중국에서 예는 흔히 오해하듯 에티켓이 아니라 정치, 종교, 윤리, 법률적 요소가 모두 포함된 제도이다. "대저 예는 친소를 정하고(민법), 혐의를 결단하고(형법), 같고 다름을 구별하고(국적법 혹은 이민법), 시비를 밝히는 것이다(법철학)〔夫禮者, 所以定親疏, 決嫌疑, 別同異, 明是非也〕."(『예기禮記』「곡례曲禮」) 기독교에서 행하는 미사나 예배, 이슬람교에서 성지를 향해 다섯 차례 절을 하는 것이 모두 예라고 할 수 있다. 예는 공통의 풍속에 따른 습관으로 법률보다 더 영향력이 있다. 사회에 예가 없으면 안정되기 어렵다. 성경의 구약은 유대인의 '『예기』'이고, 브라흐마나(Brāhmaṇas, 梵書)는 고대 인도인의 '『예기』'라고 할 수 있다.

공자에게 제사를 올리는 봄, 가을 석전제(釋奠祭)에서는 지금도 팔일무를 춘다. 백문이불여일견이라고 팔일무 추는 것을 보고 싶으면 유튜브에서 팔일무를 검색하면 된다.

3.2 노나라의 3대(三大) 집안에서 (『시경』의) 「옹(雍)」 장을 연주하면서 철상(撤床: 제사상을 치움)을 했다. 공자께서 말씀하셨다. "(「옹」 장에 나오는) '제사는 사방 제후들이 돕고, 천자께서는 의젓하시도다'라는 가사 내용이 어떻게 그들의 묘당에서 사용될 수 있는가."

三家者以雍徹 子曰 相維辟公 天子穆穆
삼 가 자 이 옹 철 자 왈 상 유 벽 공 천 자 목 목
奚取於三家之堂
해 취 어 삼 가 지 당

—— 삼가(三家)는 당시 노나라의 정치를 좌지우지했던 맹손씨, 숙손씨, 계손씨 세 집안을 말한다. 「옹(雍)」은 조상에게 제사를 지낸 물건들을 거두어들일 때 연주하는 음악이자 『시경』 「주송(周頌)」의 한

장이다. 예전에 시는 음악에 맞춰 노래했다. 다시 말하면 시는 음악의 일부이고 악은 예의 일부였다. 「옹」 장의 한 대목에 언급되었듯이 이는 천자의 예에 사용되는 것이다. 앞 장(3.1)과 같은 이유로 공자가 비판하면서 한 말이다. 예에서는 제사가 아주 중요하다.

3.3 공자께서 말씀하셨다. "사람이 인하지 않으면 예가 무슨 소용이 있으며 사람이 인하지 않으면 음악이 무슨 소용이 있겠는가."

子曰 人而不仁 如禮何 人而不仁 如樂何
자 왈 인 이 불 인 여 예 하 인 이 불 인 여 악 하

—— 예악이 중요하다. 하지만 겉으로 드러나는 예악의 외적 형식보다 예악을 행하는 사람 내면의 인이 중요하다는 것이다. 춘추시대 말기 예악의 붕괴라는 사태에 직면하여 통치 질서와 사회규범에 해당하는 예(禮)를 공자가 회복하기 위해서는 이를 인간의 자연적 정감이나 심리의 내적 요구에 기초해서 재확립할 필요가 있었다. 그것이 바로 인(仁)이다. 예와 인을 결합한 것이 공자 사상의 핵심이라고 할 수 있는데 이 점이 잘 드러난 구절이다. 그렇다면 인이란 무엇인가? 이에 관해서는 다음 편에서 집중적으로 다룰 것이다. 여기서는 간단

하게 인이 경(敬)으로 체현된다는 점을 지적하고 싶다. 요컨대 두려움에 가까운 마음을 품고 정신을 집중해서 진지하게 예를 행해야 한다. 그것이 예의 근본이다.

3.4 임방이 예의 근본을 여쭈었다. 공자께서 말씀하셨다. "훌륭하다. 질문이여! 예는 사치스럽기보다는 차라리 검박해야 하고, 상사(喪事)는 (절차를 잘 알아) 쉽게 치르는 것보다는 차라리 (진정으로) 슬퍼하며 치러야 한다."

林放問 禮之本 子曰 大哉問 禮 與其奢也 寧儉 喪
임방문 예지본 자왈 대재문 예 여기사야 영검 상
與其易也 寧戚
여기이야 영척

—— 임방(林放)은 노나라 사람이다. 공자의 학생이라는 설도 있다. 6장에 나오는 말을 함께 고려해볼 때 계강자 밑에서 예를 관장하는 전문가가 아니었을까 추측된다. 공자는 예의 근본을 물은 임방을 높이 평가했다. 예가 번쇄하고 번다하고 자질구레하다면 이를 일일이 따르려고 헛힘을 쓰기보다는 예의 근본으로 돌아가 질박한 것이 낫고, 상례에서도 상조회사의 도움을 받아 일사천리로 일을 처리하기보다는 우선 슬퍼하는 것이 중요하다는 뜻이다. 예의 형식보다 속에

담아야 할 정을 강조하는 것이다.

3.5 공자께서 말씀하셨다. "이적에게도 임금이 있는데 중국(중원)엔 임금이 없구나."

子曰 夷狄之有君 不如諸夏之亡也
자 왈 이 적 지 유 군 불 여 제 하 지 무 야

—— 이 구절에 대한 해석은 크게 두 가지로 나뉜다. 하나는 이적(夷狄)에게도 임금이 있는데 제하(諸夏)인 중국(중원)에서는 임금 자리를 찬탈하는 일이 자주 발생해서 실질적 임금이 없어졌다는 해석이고, 다른 하나는 이적에게 임금이 있어도 중국에 임금이 없는 것보다도 못하다는 해석이다. 전자는 중국에서 벌어지고 있는 예약이 무너진 사태에 대한 비판이고, 후자는 이적 자체에 대한 비판이다. 다산 정약용은 공자가 구이(九夷)에서 살고자 하였으니(「자한」 14장) 어찌 별다른 이유 없이 이적을 천시하겠느냐고 보아 첫째 해석을 지지했다. 이적 자체를 배척할 리가 없다는 것이다. 노나라의 소공이 계씨를 죽이려다가 실패하여 제나라로 도망간 일이 있었다. 공자는 당시 제나라에 있었는데 이 사건을 두고 한 말이라고 다산은 본다. 여기서 임금이 없다는 것은 실제 존재하지 않는다기보다 권력이 경대부의

수중으로 떨어졌다는 뜻이라고 보는 것이다. 첸무, 리쩌허우 등은 둘째, 주희는 첫째 해석을 따랐다.

고대 중국의 천하관에 따르면 문명 수준이 가장 높은 곳은 중원 지대, 곧 제하이고 동쪽에는 이(夷), 북쪽에는 적(狄), 남쪽에는 만(蠻), 서쪽에는 융(戎)이라고 불리는 오랑캐가 산다. 제하는 주나라에게 분봉을 받은 제후국, 다시 말해 중원의 여러 나라를 말한다. 여기서 공자가 말한 이적이란, 양수다(楊樹達, 1885~1956)에 따르면 초나라 장왕(莊王)이나 오나라 왕 부차(夫差)를 가리킨다. 이적이라고 이렇게 범칭할 때는 꼭 동쪽이나 북쪽의 오랑캐뿐만이 아니라 주나라 예제(禮制)를 따르지 않는 국가를 말한다. 제하란 주나라 왕실의 지맥인 노나라, 제나라, 위나라, 진(陳)나라, 진(晉)나라를 가리킨다. 공자가 주유한 천하란 바로 제하이다.

3.6 계씨가 (자신이 제사 드려서는 안 되는) **태산에 제사를 지내려고 하였다. 공자께서 염유에게 말씀하셨다. "네가** (그런 잘못을) **말릴 수 없느냐." 염유가 "말릴 수 없습니다"라고 대답하자 공자께서 말씀하셨다. "아아! 그래 태산의 신이** (예의 근본을 물었던) **임방만도 못하다고 여기는 게냐."**

季氏 旅於泰山 子謂冉有曰 女弗能救與 對曰 不能
계씨 여어태산 자위염유왈 여불능구여 대왈 불능
子曰 嗚呼 曾謂泰山不如林放乎
자왈 오호 증위태산불여임방호

—— 당시에 태산과 같은 명산에 제사를 지내는 것은 천자나 제후만이 할 수 있는 일이었다. 경대부인 계씨(계강자)는 당시 노나라의 실권을 장악하고 있었기 때문에 자신도 태산에 제사를 지내려고 한다. 그런데 계씨(계강자) 밑에서 벼슬하고 있는 제자 염유를 시켜 계씨의 행동을 만류하려고 했지만 그가 할 수 없다고 하자 공자가 책망한 것이다. 태산의 신이 예의 근본을 물었던 임방(4장에 나온 인물)만도 못해서 예에 맞지 않는 제사를 받아들이겠느냐고 탄식하면서 말이다. 옛 사람의 이해에 따르면 산천의 신들에게도 영(靈)이 있어 제사를 지내는 사람을 선택할 수 있었다.

염유 혹은 염구(冉求, 기원전 522~ ?)는 노나라 사람으로 일흔 두 제자 중 한 사람이고, 정치적으로 능력이 있었다고 알려진 제자다. 「옹야」 4장에 염자(冉子)라고 존칭한 구절도 나온다. 참고로 말하면 천하를 떠돌던 공자가 노나라에 돌아올 수 있었던 것은 염유가 제나라와의 전쟁에서 큰 승리를 거뒀기 때문이다. 염유는 이런 공을 세웠기에 계강자를 설득해서 스승인 공자가 고국에 돌아올 수 있도록 하였다. 전쟁이 끝나자 계강자는 염유에게 전쟁에 대해서 배운 적이 있느냐고 묻는다. 염유가 배운 적이 있다고 대답하자 계강자는 공자를 모시고 있으면서 전쟁에 대한 일은 누구에게 배웠느냐고 다시 묻는다. 그러자 염유는 공자에게서 배웠노라고 대답한다. 『공자가어(孔子家語)』「정론해(正論解)」에 나오는 이야기다. 공자가 문무를 겸비했음을 알게 해주는 대목이다.

3.7 공자께서 말씀하셨다. "군자는 다투는 일이 없으나 (꼭 다툴 일이 있다면) 활을 쏠 때일 게야. 서로 절하고 사양하면서 사대에 올라 (활을 쏘고), (활을 쏜 후) 내려와서는 술을 함께 마시니, 이것이 군자다운 경쟁이다."

子曰 君子無所爭 必也射乎 揖讓而升
자 왈 군 자 무 소 쟁 필 야 사 호 읍 양 이 승
下而飮 其爭也君子
하 이 음 기 쟁 야 군 자

—— 활쏘기는 육예(六藝: 예禮, 악樂, 사射, 어御, 서書, 수數)의 하나로 군자라면 반드시 익혀야 하는 것이다. 군자, 다시 말해 귀족은 원래 무사의 후예라고 할 수 있다. 따라서 전쟁 시 필요한 활쏘기 기술을 배우고 익혀왔을 것이다. 하지만 당시 활쏘기는 싸움의 기능이라기보다 이미 하나의 의식이 되었다. 또한 술 마시는 향음주례(온 고을의 유생儒生이 모여 향약鄕約을 읽고 술을 마시며 잔치하던 일)와 함께 시

행하였다. 「팔일」 16장에는 "활쏘기 시합에서는 가죽 과녁 뚫는 것을 주안점으로 삼지 않는다"는 말도 나온다. 힘자랑하기 위해 활쏘기를 하는 것이 아니기 때문이다.

역설적이게도 군자일수록 싸움을 잘해야 할 필요가 있다. 왜냐하면 소인들은 수단과 방법을 가리지 않고 싸움에 능하기 때문이다. 『맹자(孟子)』「공손추 하(公孫丑 下)」에 이런 말이 있다. "군자는 싸우지 않을지언정 싸우면 반드시 이긴다(君子有不戰 戰必勝矣)."

3.8 자하가 여쭈었다. "'어여쁘게 웃는 모습 보조개가 예쁘고, 아름다운 눈 초롱초롱 반짝거리네. 흰 바탕으로 채색을 삼았도다!'라고 노래했는데 이는 무엇을 말한 것입니까?" 공자께서 말씀하셨다. "그림 그리는 일은 흰 바탕을 마련한 뒤에 하는 것이다." 자하가 "예가 뒤라는 것이로군요?"라고 말하니 공자께서 말씀하셨다. "나를 계발시켜주는 사람은 상(자하)이로구나. 비로소 너와 『시경』을 논할 수 있게 되었구나."

子夏問曰 巧笑倩兮 美目盼兮 素以爲絢兮 何謂也
자하문왈 교소천혜 미목반혜 소이위현혜 하위야
子曰 繪事後素 曰 禮後乎 子曰 起予者商也
자왈 회사후소 왈 예후호 자왈 기여자상야
始可與言詩已矣
시가여언시이의

—— 하나의 시를 두고 선생님과 제자가 문답을 주고받는 모습이 마치 무술 대련을 벌이는 것처럼 멋지다. 자하와 공자의 문답은 하나의 멋진 앙상블 같다. 주자는 이 시가 전해지지 않는 일시(逸詩)라고 하였지만 『시경』「위풍(衛風)·석인(碩人)」에 나온다. 다만 문제가 되는 "흰 바탕으로 채색을 삼았도다〔素以爲絢兮〕"라고 한 구절은 없다.

여인의 아름다운 얼굴에서 별안간 미술 이론으로, 다시 미술 이론에서 예의 형식과 내용의 문제로, 거기서 다시 시로 돌아가는 비약적 연상이나 대화 방식이 매우 흥미롭다. 이 장에 나오는 회사후소(繪事後素)라는 말이 아주 유명하다. 그림은 흰 바탕을 마련한 뒤에 그린다는 뜻으로 예의 형식보다 내면의 정감이 중요하다는 말이다. 아무리 비싼 명품 옷을 입고 있어도 사람의 마음가짐이 형편없거나, 아무리 잘 그린 그림이라도 화가가 좋은 사람이 아닐 때 한마디 하면 된다. "회사후소"라고.

"비로소 너와 『시경』을 논할 수 있게 되었구나"라는 말은 「학이」 15장에도 나온다. 주자는 이와 관련하여 『논어집주』에서 "자공은 배움을 논하다가 시를 알았고, 자하는 시를 논하다가 배움을 알았다〔子貢 因論學而知詩 子夏 因論詩而知學〕"는 사량좌(謝良佐, 1050~1103)의 말을 인용하고 있다.

3.9 공자께서 말씀하셨다. "하나라의 예제를 내가 말할 수 있으

나 (하나라의 후예인) 기나라에서 (내가 말한 내용을) 충분히 입증해 주지 못하고, 은나라의 예제를 내가 말할 수 있으나 (은의 후예인) 송나라에서 입증하기에 부족하다. 문헌이 부족하기 때문이다. 문헌이 충분하다면 내가 그것을 입증할 수 있다."

子曰 夏禮 吾能言之 杞不足徵也 殷禮 吾能言之
자왈 하례 오능언지 기부족징야 은례 오능언지
宋不足徵也 文獻不足故也 足則吾能徵之矣
송부족징야 문헌부족고야 족즉오능징지의

—— 주나라는 하나라의 후예들과 은나라의 후예들에게 자신들의 조상에게 제사를 지낼 수 있게 작은 나라를 세우게 배려했는데, 이 나라가 바로 기나라와 송나라다. 기와 송의 백성들은 망한 나라의 후예들이기 때문에 고전에 대개 어리석은 사람으로 등장한다. 쓸데없는 걱정을 기우(杞憂: 기나라 사람의 근심)라고 한다든지 수주대토(守株待兎: 한 농부가 우연히 나무 그루터기에 부딪쳐 토끼가 죽는 것을 목격하고 그루터기를 지키고 앉아 또 다른 토끼가 죽기를 기다린다는 뜻으로, 고지식하고 변통을 모르는 사람이나 그런 행동을 이르는 말) 같은 고사의 주인공이 송나라 사람인 데서도 이를 알 수 있다. 대개 송나라 사람은 고지식하고 어리석은 사람으로 등장한다.

일반적으로 문헌(文獻)을 한 단어로 알지만 문(文)은 책〔전적典籍〕과 같은 하드웨어를 말하고, 헌(獻)은 옛 일을 구전으로 전해주는 사람 혹은 문자를 이해하고 다룰 줄 아는 사람을 뜻한다. 『서경』「우서·익직」 편에 '만방려헌(萬邦黎獻)'이라는 말이 나오는데, 나라의 어진 사람들이라는 말이다. 고독(孤獨)도 두 단어로 이루어진 합성어인데 고(孤)는 어릴 때 부모가 없는 것을, 독(獨)은 나이 들어 자식이 없는 것을 말한다.

3.10 공자께서 말씀하셨다. "체(禘) 제사에서 처음 술을 부은 이후의 과정은 나는 보고 싶지 않다."

子曰 禘自旣灌而往者 吾不欲觀之矣
자 왈 체 자 기 관 이 왕 자 오 불 욕 관 지 의

—— 체(禘)라는 제사는 천자가 자신의 시조에게 지내는, 당시로서는 국가 대사에 해당하는 큰 제사이다. 천자만이 지낼 수 있는 제사였다. 하지만 당시에는 제후국에 불과한 노나라에서도 체 제사를 지내곤 하였다. 이유는 앞서 말했듯이 노나라 시조인 주공이 주나라에 커다란 공을 세웠기 때문에 종주국인 주나라에서 이를 허락한 것이다. 따라서 관례대로 노나라에서는 체 제사를 지낼 수 있었다.

체 제사는 처음에 향이 진한 술을 땅에 부음으로써 시작한다. 이것이 관(灌)이다. 그런 다음에 제물을 올린다. 그런데 공자는 왜 처음

술을 부은 이후의 광경은 보고 싶지 않았을까? 주자의 해석에 의하면 노나라 군신(君臣)이 제사가 시작될 때는 그래도 성의 있게 임했지만 나중에는 태만했기 때문이다. 또 다른 해석에 따르면 공자는 체 제사를 노나라에서 지내는 것 자체가 잘못이라고 보아 시작하자마자 보기가 싫었다. 전혀 다른 해석도 있다. 『주역』 관(觀)괘에 "술을 붓고 제물을 올리지 않는다〔盥而不薦〕"라는 괘사(卦辭)와 상통하는 해석이다. 마융(馬融, 79~166)이라는 한(漢) 대의 주석가는 "관(盥)은 올린 술을 땅에 뿌려 강신(降神)케 하는 것이다. 제사가 절정에 이른 시점에서 행하는 것으로, 강신 후 희생(犧牲)을 올리는 예는 절차가 간략하여 별로 볼거리가 없다. 나라의 대사(大事)는 제사와 전쟁만 한 것이 없다고 한다. 왕도(王道)의 볼 만한 행사로 제사가 있으며, 제사의 절정으로 첫 관(盥)의 강신보다 더한 것이 없다. 이 때문에 공자도 말하기를, 종묘 제사에서 땅에 술을 뿌린 다음부터는 나는 더 이상 보고 싶지 않다고 했다. 천(薦: 제물을 올리는 것)에 이르러서는 절차가 간략해 볼거리가 없기 때문이다"라고 하였다. 손 씻을 관(盥)을 관(灌)의 뜻으로 해석한 것이다.

3.11 어떤 사람이 체 제사의 의미(혹은 이론)에 대해 물었다. 공자께서 "모르겠소. 그것을 아는 사람은 천하의 일에 대해서 여기를 보듯 분명히 알 것이오"라고 말씀하시면서 자신의 손바닥을 가리

키셨다.

或問禘之說 子曰 不知也 知其說者之於天下也
혹 문 체 지 설 자 왈 부 지 야 지 기 설 자 지 어 천 하 야
其如示諸斯乎 指其掌
기 여 시 저 사 호 지 기 장

—— 공자가 체 제사의 의미를 잘 안다면 천하를 다스릴 수 있다고 한 것을 보면 체 제사가 당시에 얼마나 중요했는지 알고도 남음이 있다. 당시에 이와 같은 큰 제사는 오늘날과 달리 정치, 윤리, 종교가 혼융된 것이었기에 매우 중요했다. 더구나 체 제사는 시조에게 올리는 제사이니, 근본에 보답하고 조상을 추모하는 뜻이 담겨 있다.

3.12 조상에게 제사를 지낼 때는 조상이 살아 있는 것같이 하고, 신에게 제사 지낼 때는 신이 있는 것같이 하셨다. 공자께서 말씀하셨다. "내가 몸소 제사에 참여하지 않으면 제사를 지내지 않는 것과 같다."

祭如在 祭神如神在 子曰 吾不與祭 如不祭
제 여 재 제 신 여 신 재 자 왈 오 불 여 제 여 부 제

—— 공자는 귀신의 존재를 논증하지도 부인하지도 않았다. 귀신의

존재에 대한 이성적 인식을 추구하기보다 정감의 차원에서 접근한 것이다. 직접 제사에 참여하여 추모하고 사모하는 정감을 느끼지 못한다면 제사를 지내지 않는 일이나 마찬가지라는 것이다. 제사의 대상인 귀신의 존재 여부보다 제사에 참여하는 사람의 마음이 중요하다는 뜻이다.

"마치 ~같이 하셨다"로 번역한 여(如)라는 한 글자 속에 많은 문장이 숨어 있다. 루쉰이 보기에, 이 말은 공자가 귀신이 존재하지 않는다고 생각했지만 당시에 대부분의 사람들이 귀신의 존재를 믿고 있는 상황에서 무모하게 처신하지 않고 귀신이 존재하는 것처럼 행동했음을 암시한다. 루쉰의 예리한 안목이 드러나는 해석이다.

3.13 왕손가가 물었다. "방 아랫목 귀신에게 잘 보이기보다는 차라리 부뚜막 귀신에게 잘 보이는 것이 낫다는 말이 있는데 무슨 뜻입니까?" 공자께서 말씀하셨다. "그렇지 않소이다. 하늘에 죄를 지으면 빌 곳이 없습니다."

王孫賈問曰 與其媚於奧 寧媚於竈 何謂也 子曰 不然
왕 손 가 문 왈 여 기 미 어 오 영 미 어 조 하 위 야 자 왈 불 연
獲罪於天 無所禱也
획 죄 어 천 무 소 도 야

—— 왕손가(王孫賈)는 위나라의 대부(大夫)로 요즘으로 치면 국방부장관 정도 되는 인물이니 실력자 중의 한 사람이다. 「헌문」 19장에는 공자가 위령공과 같은 무도한 임금이 다스리는 위나라가 멸망하지 않는 이유 중의 하나가 왕손가가 군대를 거느리고 있어서라고 한 말이 나온다.

"방 아랫목 귀신〔奧〕에게 잘 보이기보다는 차라리 부뚜막 귀신〔竈〕에게 잘 보이는 것이 낫다"는 말은 당시에 유행하던 말이었을 것이다. 주지 스님보다 후원의 보살에게 잘 보여야 절밥을 얻어먹는다는 말도 있다. 귀신의 서열에 따르면 방 아랫목 귀신이 부뚜막 귀신보다 높다. 하지만 실제 영향을 미치거나 찾아온 이를 상대하는 것은 부뚜막 귀신이다. 따라서 왕손가가 말하려 한 바는 지위가 높은 군주와 교류하기보다는 지위는 더 낮지만 실제 권력을 지닌 자신과 같은 신하에게 잘 보이는 게 어떠냐는 것이다.

또 다른 해석도 있다. 「옹야」 28장에 나오는 것처럼 공자가 위령공의 부인 남자(南子)를 만난 일이 있다. 왕손가는 공자가 남자를 통해 관직으로 나아가려는 것이 아닌가 생각했다. 그래서 공자의 입장에 서서 아이디어를 내기를, 남자를 만나기보다는 상대적으로 지위는 낮지만 조정 관료를 만나보는 것이 어떠냐고 권유했다는 것이다.

공자는 두 귀신보다 차원이 다르게 위격이 높은 하늘을 들어 공손하면서도 은근히 거절했다.

3.14 공자께서 말씀하셨다. "주나라는 하나라와 은나라 두 왕조의 문화를 본받았으니, 찬란하다. 그 문화여! 나는 주나라를 따르겠다."

子曰 周監於二代 郁郁乎文哉 吾從周
자 왈 주 감 어 이 대 욱 욱 호 문 재 오 종 주

—— 여기서 본받았다는 것은 주나라의 제도가 하나라와 상(은)나라의 제도를 비판적으로 계승하여 만들어졌다는 것이다. 주대(周代: 기원전 1046~256년, 서주는 기원전 1046~771년, 동주는 기원전 770~256년)는 중국 문화의 기본 특징이 완성된 시기다. 독일의 고고학자인 로타르 폰 팔켄하우젠(Lothar von Falkenhausen)의 연구(『고고학 증거로 본 공자시대 중국사회』)에 따르면 주나라는 최초 2세기 동안 상왕조(기원전 1600년경~1046년경)의 전통을 기본적으로 이어나갔고, 자신들의 독특한 의례와 함께 새로운 정치 질서를 고안한 시점은 서주 초기(기원전 11세기 후반)가 아닌 서주 후기, 즉 기원전 850년경이다. 이러한 주나라가 수립한 예제, 즉 주례가 보편적으로 시행된 시기는 대략 200년간, 즉 기원전 850년에서 600년경이다. 이때 존재했던 주나라 제도(서주 중말기에서 춘추 초중기에 걸쳐 실행되었던 제도)가 공자와 후세 유가들의 이상이 되었고 가장 정통적인 예제로 자리 잡은 것이다. 주나라 문화는 효를 중시하고〔重孝〕, 인간을 친근하게 여기며〔親人〕,

백성을 귀하게 여기고〔貴民〕, 덕을 숭상하는〔崇德〕 특징이 있다. 「위정」 23장 참고.

3.15 공자께서 태묘에 들어가시어 모든 일을 물으셨다. 어떤 사람이 말하였다. "누가 추나라 사람의 아들(공자)이 예를 안다고 하였는가. 태묘에 들어가서 매사를 묻던데……." 공자께서 이 말을 듣고 말씀하셨다. "이것(매사를 묻는 것)이 바로 예다."

子入大廟 每事問 或曰 孰謂鄹人之子 知禮乎 入大廟
자 입 태 묘 매 사 문 혹 왈 숙 위 추 인 지 자 지 례 호 입 태 묘
每事問 子聞之曰 是禮也
매 사 문 자 문 지 왈 시 례 야

—— 태묘는 노나라 시조인 주공을 모신 사당이다. 예를 잘 아는 사람으로 젊을 때부터 유명한 공자가 태묘에 들어가서는 왜 매번 물었을까? 공자가 예를 잘 알고 있으면서 일부러 매번 물었다 할 수 없고, 전혀 몰라서 물었다고도 할 수 없다. 잘못된 예가 행해지고 있기 때문일 수도 있고, 겸허하고도 신중하게 처신했기 때문일 수 있다. 예를 잘 알고 있다고 알려졌지만 허명이 아니냐는 빈정거림에 공자가 자신을 변호하면서 한 말, 즉 매사를 묻는 것이 예라는 말은 자주 인용된다. 혼자 잘 알고 있는 것처럼 으스대는 사람에게 이렇게 말해보

라. 매사를 묻는 것이 예라고. 「향당」 11장에 같은 내용이 나온다.

3.16 공자께서 말씀하셨다. "활쏘기 시합에서는 가죽 과녁 뚫는 것을 주안점으로 삼지 않는다. (사람마다) 힘이 같지 않기 때문이니, 이것이 옛 규칙이다."

子曰 射不主皮 爲力不同科 古之道也
자 왈 사 부 주 피 위 력 부 동 과 고 지 도 야

—— 사례(射禮)의 과녁으로 맹수를 그려 넣은 가죽을 사용했다. 천으로 만든 과녁을 정(正)이라 하고 가죽으로 만든 것을 곡(鵠)이라고 한다. 정곡(正鵠)이라는 말이 여기서 나왔다. 옛 규칙은 정곡을 꿰뚫는 게 아니라 맞히는 데 주안점을 두었는데 공자 당시에 이미 이러한 예가 무너져 힘자랑하기 위해 가죽으로 된 과녁 뚫기 위주로 활쏘기 시합을 하는 경우가 있었던 모양이다. 과(科)는 등급이라는 의미다. 앞서 나온 7장과 함께 읽어볼 것.

3.17 자공이 새 달을 고하는 예식에서 희생으로 바치는 양을 없애려 하자, 공자께서 말씀하셨다. "사(자공)야 너는 그 양을 아까

워하느냐? 나는 그 예를 아낀다.”

子貢 欲去告朔之餼羊 子曰 賜也 爾愛其羊 我愛其禮
자공 욕거곡삭지희양 자왈 사야 이애기양 아애기례

—— 당시에 매달 초에 양을 바쳐 제사 지내는 제도(告朔. 고삭이 아니라 곡삭이라고 읽는다)가 있었다. 곡삭이란 천자가 겨울에 다음 해 열두 달의 초하루를 알려주는 달력 같은 것을 반포하면 제후가 자신들 시조의 사당에 잘 간직했다가 매월 초하루에 숫양을 희생 제물로 바치면서 조상에게 이를 고하고 시행하는 제도다. 하지만 당시에 이미 제후가 직접 참여하지 않았지만 담당자가 계속해서 양을 바치고 있었기 때문에 자공은 이런 관습을 없애려 했다. 희생 제물로 쓰이는, 죄 없이 죽어야 하는 양이 불쌍했던 모양이다. 공자는 이에 반대하면서 이 제도 자체의 신성성이나 중요성을 장황하게 설명하기보다 '넌 양을 아끼지만 난 예가 더 중요하다' 라고 말한다. 이런 말투는 엄격히 따지면 논리적이지도 이성적이지도 않지만 상당히 강한 호소력이 있는 것이 사실이다. 다른 한편 양에 대한 사랑의 감정에 매몰되지 않고 제도 자체의 가치에 주목했다는 점에서는 이성적이다. 만약 이마저도 없다면 이러한 제도가 존재했다는 기억 자체가 사라져버릴 것이기 때문이다. 현대의 많은 예술이나 예술품은 원래 고대의 제례 의식과 관련된 것이 많다. 만약 제사의 의미가 퇴색되고 실용적 가치

가 사라졌다고 해서 관련 제도의 형식 자체를 없애버렸다면 우리가 지금 심미적 대상으로 향유할 수 있는 예술은 많이 사라졌거나 보잘 것없게 되었을 것이다.

3.18 공자께서 말씀하셨다. "임금 섬기는 데 예를 다하는 것을 사람들은 아첨이라고 여기는구나."

子曰 事君盡禮 人以爲諂也
자왈 사군진례 인이위첨야

—— 여러 번 이야기했듯이 공자 당시 노나라의 임금은 실권을 가지지 못했다. 권신들은 교만하게 신하의 예를 다하지 않았을 뿐 아니라 주나라의 예에 따라 임금을 섬기는 공자를 아첨한다고 비난했다.

이보다 심각한 사례가 있다. 유명한 지록위마(指鹿爲馬)의 고사가 이를 증언한다. 진나라 때 환관 조고가 2세 황제 호해에게 사슴을 바치면서 말이라고 했다는 이야기다. 황제가 사슴이 아니냐고 중신들에게 물어보자 많은 신하가 조고가 무서워 말이라고 대답했고, 사슴이라고 한 사람은 조고가 나중에 죄를 덮어씌워 죽였다. 여기서 사슴은 황제를, 말은 신하를 가리킨다. 그러니까 지록위마란 당신은 명목상 황제일 뿐이고, 내가 실제 황제라는 것을 암시한 말이다. 사슴이라고 대답한 사람은 충신일까? 아니면 바보일까? 일본의 욕으로 유명한 바카야로에서 '바카'는 마록(馬鹿)을 일본식으로 읽은 것이다. 공자는 '바보'였다.

3.19 정공이 물었다. "임금이 신하를 부리고 신하가 임금을 섬기는 일에서 어떻게 해야 하겠소." 공자께서 대답하셨다. "임금은 예로써 신하를 부려야 하고 신하는 충성으로써 임금을 섬겨야 하는 것입니다."

定公問 君使臣 臣事君 如之何 孔子對曰 君使臣以禮
정공문 군사신 신사군 여지하 공자대왈 군사신이례
臣事君以忠
신사군이충

—— 정공은 당시 노나라 임금이다. 맹자가 제나라 선왕에게 "임금이 신하를 자신의 손과 발처럼 소중히 대하면 신하는 임금을 배나 심장처럼 귀하게 여기겠지만, 임금이 신하를 개나 말처럼 취급하면 신하는 임금을 지나가는 행인쯤으로 보고, 임금이 신하를 흙이나 지푸라기처럼 천하게 대하면 신하는 임금을 원수로 여길 것입니다"(『맹자』「이루 하」 3장)라고 한 말과 비교해보면 의미가 좀 더 분명하게 드러난다. 임금이 신하를 예로써 대해야만 신하도 임금을 섬길 때 진심

을 다해 모실 거라는 말로 보기보다 쌍방이 모두 자신의 직분을 준수해야 한다는 점을 강조했다고 보는 것이 좋다. 하지만 역시 핵심은 임금이 신하를 부릴 때 예로써 대해야 한다는 것이다. 임금이 신하를 부릴 때도 예로써 대해야 한다고 했거늘, 이론상 모든 사람이 평등하다는 현대사회에도 여전히 지위가 조금 높다거나 돈이 많다고 사람을 함부로 대하는 경우가 많다.

3.20 공자께서 말씀하셨다. "(『시경』) 「관저」의 악장은 즐거우면서 지나치지 않고, 슬프면서도 심신을 상하게 하지 않는구나!"

子曰 關雎 樂而不淫 哀而不傷
자 왈 관 저 낙 이 불 음 애 이 불 상

――「관저(關雎)」는 『시경』의 첫 편이다. 여기서는 시의 내용이 아니라 악장(樂章)을 두고 한 말이다. 옛 시는 늘 음악과 짝을 이뤘다. 공자는 「관저」의 악장을 두고 말씀하셨지만, 그냥 감정이 지나치게 고조되는 것을 피하고 중용을 지키라는 인생철학을 설파한 것으로 이해해도 좋다. 즐거움과 슬픔은 인생을 살아가면서 누구나 느끼는 감정이지만 중용을 지키기란 어렵다. 즐거우면 지나치기 십상이고, 슬프면 몸과 마음을 상하기 십상이다.

고독한 장자가 양생(養生)의 방식으로 제시한 "애락(哀樂)이 마음 속에 들어오는 일이 없도록 하라〔哀樂不能入〕"는 가르침보다 실천하기 더 어려운 지침일 것이다.

3.21 애공이 재아에게 사(社)에 관한 일을 물었다. 재아가 대답하였다. "하후씨는 사주(社主)로 소나무를 사용하였고, 은나라 사람은 전나무를, 주나라 사람은 밤나무를 사용하였습니다. (밤나무를 사용한 것은) 백성들로 하여금 무서워 떨게 한 것입니다." 공자께서 듣고 말씀하셨다. "이미 이루어진 일은 말하지 않으며, 행해진 일은 간하지 않으며, 지나간 일은 탓하지 않는다."

哀公問社於宰我 宰我 對曰 夏后氏以松 殷人以柏
애공문사어재아 재아 대왈 하후씨이송 은인이백
周人以栗 曰 使民戰栗 子聞之 曰 成事不說 遂事不諫
주인이률 왈 사민전률 자문지 왈 성사불설 수사불간
既往不咎
기왕불구

—— 옛날에 나라를 건국하면 반드시 사를 세웠는데 토지신에 제사 지내기 위해서다. 사를 세울 때는 반드시 그 땅에 적합한 나무를 심어 사주로 삼았다. 이 나무에 제사를 지냈는데 거기에 신이 깃든다고 생각해서였다.

애공(哀公)은 국토신의 신주(神主)로 쓰는 나무가 왕조에 따라 다른 이유를 물었다. 재아는 밤나무 율(栗)과 두려워할 율(慄) 자가 발음이 동일하기 때문에 주나라가 밤나무를 사주로 삼았는데 백성들이 두려워하게 하려는 의도가 있다고 대답한다. 이 문답의 진정한 뜻은 무엇일까? 재아가 애공으로 하여금 공포정치를 하라고 권유하는 것일까?

재아, 즉 재여는 「선진」 2장에 나오는 사과십철(四科十哲: 덕행, 언어, 정사, 문학에 능한 열 명의 제자) 가운데 언어에 능한 제자다. 낮잠을 자다가 공자에게 혼난 적이 있기도 하다.(「공야장」 10장)

재여의 대답을 듣고 공자가 재여를 크게 꾸짖고 있다. 그런 식의 답변은 무능한 군주로 하여금 잘못된 생각을 품게 할 수 있기 때문이다. 공자는 "이미 이루어진 일은 말하지 않으며, 행해진 일은 간하지 않으며, 지나간 일은 탓하지 않는다"라고 말하면서 재여가 이미 저지른 잘못을 크게 탓하고 있다.

3.22 공자께서 말씀하셨다. "관중은 그릇이 작구나." 어떤 사람이 말하였다. "(그렇다면) 관중은 검소하였습니까." 공자께서 말씀하셨다. "관씨는 삼귀(三歸)한 일이 있었고, 부하 관원 중에 겸직하는 경우가 적었으니 어찌 검소하다 할 수 있겠는가." "그렇다면 관중이 예를 알았습니까?" "제나라 임금이 조벽(照壁: 밖에서 대문

안이 들여다 보이지 않도록 가린 벽)을 세우자 관씨도 조벽으로 문을 가렸고, 임금이 술잔을 놓는 특별한 도구(다른 나라 임금에게 베푸는 연회에 필요하다)를 설치하자 관씨도 그렇게 하였으니, 관씨가 예를 안다고 한다면 예를 모른다고 할 사람이 누가 있겠는가."

子曰 管仲之器小哉 或曰 管仲儉乎 曰 管氏有三歸
자왈 관중지기소재 혹왈 관중검호 왈 관씨유삼귀
官事不攝 焉得儉 然則管仲 知禮乎 曰 邦君 樹塞門
관사불섭 언득검 연즉관중 지례호 왈 방군 수색문
管氏亦樹塞門 邦君 爲兩君之好 有反坫 管氏亦有反坫
관씨역수색문 방군 위량군지호 유반점 관씨역유반점
管氏而知禮 孰不知禮
관씨이지례 숙부지례

—— 관중(管仲)은 춘추시대 제나라 사람이다. 환공의 재상을 지내면서 제나라를 패자의 지위에 올려놓은 커다란 공을 세운 인물이다. 일반적으로 '큰 그릇'으로 보이는 이런 대단한 역사적 인물을 공자는 그릇이 작다고 말한다. 당연히 의문이 든다. 어떤 기준으로 그랬을까? 관중이 검소해서일까? 예를 알고 지키려 했기 때문일까? 공자는 양자를 모두 부정한다. 첫째 검소하지 않고, 둘째 예도 알지 못한다는 것이다. 한 인물이 큰 그릇인지 여부는 예를 준수하느냐에 달려 있다고 보았기 때문이다.

삼귀(三歸)는 시장세를 말한다. 원래 군주가 세금을 거둬들이지만 제환공이 패자가 된 이후 관중에게 시장세를 거둘 수 있는 권리를 상으로 내렸다.

여기서는 관중에 대해 부정적으로 언급했지만 긍정적으로 언급하기도 한다. 「헌문」 9장, 16장, 17장에서는 관중이 인하다고 평가하기도 했다. 공자가 평소 인하다는 평가에 인색하였고 인이 가장 중요한 덕목임을 고려해볼 때 전체적으로 관중에 대한 공자의 평가는 긍정적이라는 점을 알 수 있다.

3.23 공자께서 노나라의 태사에게 음악에 대해 말씀하셨다. "음악에 관해서는 알 만합니다. 처음 시작해서는 (여러 악기가) 일제히 합쳐 소리 내고, 뒤이어서는 조화를 이루고 (그러면서도 각 악기 나름의 음이) 뚜렷하게 명확하고, 계속 이어져 나가 한 악곡이 끝나는 것입니다."

子語魯大師樂曰 樂其可知也 始作 翕如也 從之
자 어 노 태 사 악 왈 악 기 가 지 야 시 작 흡 여 야 종 지
純如也 皦如也 繹如也 以成
순 여 야 교 여 야 역 여 야 이 성

—— 공자가 한 나라의 국립음악원 원장 격인 태사(太師)에게 음악에 대해 피력하는 견해를 보면 음악에도 상당히 조예가 있었음을 알 수 있다. 그러나 이 말의 의미는 사실 알기 어렵다. 아무튼 공자는 음

악의 교육적 가치를 중시했으며 음악을 잘 알고 사랑했던 것만은 분명하다. 『사기』「공자세가」에 보면 공자가 사양자(師襄子)에게 〈문왕조(文王操)〉라는 거문고 곡을 배운 이야기가 나온다. 공자가 〈문왕조〉라는 거문고 곡을 매우 열심히 연습하는 과정에서 선율에서 박자로, 박자에서 곡의 의미로 나아가 작곡자의 인간됨까지 알아 맞히는 놀랍고도 신비한 이야기이다. 음악과 관련된 부분은 이어지는 25장, 「술이」 10장, 14장, 32장, 「자한」 15장, 「선진」 25장, 「양화」 4장, 20장 참고.

3.24 의(儀)라는 곳의 변방을 지키는 관원이 공자를 뵙기를 청하면서 말하였다. "군자가 이곳에 이르면 내가 만나보지 못한 일이 없었습니다." 제자들이 만날 수 있게 하였다. (그 사람이 공자를 뵙고 나오면서) 말하였다. "그대들은 (공자가) 관직을 잃은 것을 뭘 그리 걱정합니까? 천하가 무도해진 지가 오래되었습니다. 하늘은 장차 선생님을 (올바른 도를 선양하는) 목탁으로 삼으려는 것입니다."

儀封人請見 曰 君子之至於斯也 吾未嘗不得見也
의봉인청현 왈 군자지지어사야 오미상부득견야
從者見之 出曰 二三子何患於喪乎 天下之無道也久矣
종자현지 출왈 이삼자하환어상호 천하지무도야구의
天將以夫子爲木鐸
천장이부자위목탁

—— 의(儀)는 위나라 변경에 있는 읍의 이름이다. 봉인(封人)은 변방을 지키는 관리다. 여기서 목탁은 청동으로 된 큰 방울로, 방울의 혀는 나무로 만들어졌다. 예전에 천자가 정교(政敎)를 반포할 때 흔들던 것이다. 의봉인이 공자를 하늘이 보낸 목탁으로 평가한 것은 소크라테스가 자신을 신이 보낸 아테네의 등에로 자평한 것과 비교할 수 있겠다.

아주 재미있는 구절이다. 사실 우리는 의봉인이 공자와 만나 무슨 대화를 나누었기에 공자를 이렇게 높이 평가하는지가 궁금한데 만난 장면은 편집되었다. 이건 하나의 몽타주다! 아니 동양화에서 달을 표현할 때 달을 그리지 않고 주위의 구름을 붉게 칠하는 홍운탁월의 수법(烘雲托月法)과 유사하다. 많은 상상을 불러일으킨다. 아무튼 공자를 알아본 의봉인은 숨은 고수라고 할 수 있다. 이런 유의 인물이 다른 편에도 나온다. 「자한」 편에 나오는 달항당인(達巷黨人)과 태재(太宰)이다. 함곡관을 지나가는 노자에게 『도덕경』을 써달라고 청한 관윤(윤희)도 생각난다.

3.25 공자께서 소(韶)에 대해 말씀하셨다. "매우 아름답고도 매우 좋다." 또 무(武)에 대해서 말씀하셨다. "매우 아름답지만 매우 좋지는 않다."

子謂韶 盡美矣 又盡善也 謂武 盡美矣 未盡善也
자 위 소 진 미 의 우 진 선 야 위 무 진 미 의 미 진 선 야

—— 소(韶)는 순임금의 악무(樂舞), 무(武)는 무왕(武王)의 악무를 말한다. 모두 전해지지 않기 때문에 이 말의 구체적인 의미를 알기는 어렵다. 아름답다〔美〕는 것은 예술 형식을 두고 하는 말이고, 좋다〔善〕는 것은 예술의 사상적 내용을 두고 하는 말이라는 설이 있어 소개해둔다. 순임금은 요임금에게 선양 받았기에 진선진미하지만, 무왕은 혁명을 통해 왕권을 잡았으므로 진선하지는 않다고 평한 것이다. 공자가 선양(禪讓)을 높이 평가하고 혁명에 대해 유보적 태도를 취했음을 알 수 있다.

3.26 공자께서 말씀하셨다. "윗자리에 있으면서 너그럽지 않고, 예를 실행하는 데 경건하지 않고, 장례식에 임하여 애도의 정이 없으면 내 무엇으로 그의 사람됨을 볼 것인가."

子曰 居上不寬 爲禮不敬 臨喪不哀 吾何以觀之哉
자 왈 거 상 불 관 위 례 불 경 임 상 불 애 오 하 이 관 지 재

—— 이런 것이 관상학보다 중요하다. 사람을 판단하는 핵심은 세 가지다. 윗자리에 있을 때 관대한가 그렇지 않은가, 예제를 집행함에

장중하면서 진지한가 그렇지 않은가, 상사(喪事)를 마주했을 때 슬퍼하는가 그렇지 않은가. 답이 부정적이라면 그런 사람은 더 볼 것이 없다는 말이다.

4. 이인

4.1 공자께서 말씀하셨다. "인덕(仁德)에 거하는 것이 아름다운 것이다. (만약) 인덕을 선택해 처신하지 않는다면 어찌 지혜롭다 하겠는가."

子曰 里仁爲美 擇不處仁 焉得知
자 왈 이 인 위 미 택 불 처 인 언 득 지

―― 앞 편에서 예를 많이 언급했는데 「이인」 편에서는 인에 대해 주로 말하고 있다. 예악의 근본이기 때문일 것이다. 이인위미(里仁爲美)는 두 가지로 해석할 수 있다. 하나는 리(里)를 명사로 보아 마을

에 인후한 풍속이 있는 것이 아름답다는 해석이고, 다른 하나는 리(里)를 동사 거(居)와 같은 의미로 보아 인 자체에 거하는 것이 좋다는 해석이다. 나는 후자를 택했다. 다시 말하면 장소의 선택이 아니라 도덕적 선택에 대해 한 말로 보았다.

첫째 방식으로 해석해도 문제는 없다. 조선 중기의 실학자 이중환(李重煥)의 『택리지(擇里志)』는 이 문장에서 두 글자를 따서 지은 제목이다. 살기 좋은 곳은 어디인가? 어디에서 살 것인가? 이중환이 제시한 기준은 지리(地理), 생리(生利: 풍부한 농산물이나 좋은 교역 위치), 인심(人心), 산수(山水)이다. 이중 하나만 모자라도 좋은 땅이라고 할 수 없다고 하였다. 지금 기준으로는 교통이 편리하고 시장이나 마트가 가까이 있고 학군 좋고, 도서관이나 극장 같은 문화시설이 있고, 공기 좋고…….

공자가 인을 말할 때마다 지를 함께 거론하고 있는 점을 주목할 필요가 있다. 지와 긴장 관계를 유지하면서 이를 뛰어넘는 것이 인이라고 할 수 있겠다. 1993년에 발굴된 곽점죽간 자료에 따르면 인의 원래 글자 모양이 몸 신(身) 밑에 마음 심(心)이 있는 형태였고, 대략 몸으로 절실하게 느끼는 마음이라는 의미였다. 인이 두 사람 간에 서로 화목하게 지내는 이인동심(二人同心)의 모습을 형상화했다는 설은 인 자가 현재의 형태로 정해진 이후에 나온 것이다.

4.2　공자께서 말씀하셨다. "불인한 사람은 곤궁함을 오래 견디지 못하고 안락함을 오래 누리지도 못한다. 인한 자는 인에 편안하고, 지혜로운 자는 인을 이롭게 여긴다."

子曰 不仁者 不可以久處約 不可以長處樂 仁者安仁
자 왈 불 인 자 불 가 이 구 처 약 불 가 이 장 처 락 인 자 안 인
知者利仁
지 자 이 인

—— 인에 거하는 것이 아름다운 이유가 바로 여기에 있다. 인한 사람은 빈곤한 지경에서도 오래 견디며 즐겁게 생활할 수 있다. 불인자는 그렇게 하지 못한다. 지혜로운 자는 인한 사람처럼 인에 편안하지는 못하지만 그래도 인이 좋은 덕목이고 이익이 된다는 것을 안다. 자신의 이익에 부합하기 때문에 인한 행동을 하는 것을 나쁘다고 할 수 없지만 인과 하나가 된 자의 편안한 경지와 분명 차이가 있다. 편안하지 못하면 오래가지 못한다. "아는 것은 좋아하는 것만 못하고, 좋아하는 것은 즐기는 것만 못하다."(「옹야」 20장) 편안하면 근심이 없다. 따라서 인한 사람은 근심이 없다. 오랫동안 즐길 수 있다.(「자한」 29장 참고) 『논어』에는 이처럼 인과 지를 대비하는 경우가 많은데 큰 도리를 총괄해서 인이라 말하고 작은 도리나 처세에 밝은 것을 지라고 한다. 요컨대 인은 치국의 도〔治國之道〕이고 지는 처세(處世)의 도라고 말할 수 있다. 따라서 인은 단순히 착한 것이 아니라 지를 포

함하고 있는 큰 덕이라고 말할 수 있다. 인은 지혜뿐만이 아니라 용기도 머금고 있다. 「헌문」 4장 참고.

4.3 공자께서 말씀하셨다. "오직 인한 자만이 사람을 좋아할 수 있고 사람을 미워할 수 있다."

子曰 惟仁者 能好人 能惡人
자 왈 유 인 자 능 호 인 능 오 인

—— 인간이면 누구나 다른 사람을 좋아하거나 싫어할 수 있다. 누군들 그렇게 하지 않겠는가. 하지만 좋아하거나 미워하면서 바름을 잃지 않거나 중용을 지키기(好惡得其中)는 어렵다. 다시 말하면 미워할 점을 미워하고 좋아할 것을 좋아하기가 쉽지 않다. 오직 인한 자만이 가능한 일이다. 어떤 학생이 이 구절을 읽고 큰 위안을 받았다고 토로한 적이 있다. 자신은 어릴 적부터 남을 미워하는 것이 나쁘다고 배웠기 때문에 남을 미워하는 마음이 들 때마다 죄책감에 시달렸다고 한다. 하지만 오직 어진 사람만이 참되게 남을 미워할 수 있다는 공자의 말을 접하니 조금 안심이 되더라는 것이다. 마땅히 미워할 만한 것을 미워했는지 모르지만 미워하는 행위 자체가 나쁘다고 말할 수는 없다. 맹자가 말한 것처럼 자신의 잘못을 부끄러워하고 남

의 악을 미워하는 마음, 즉 수오지심(羞惡之心)은 의(義)의 단초이기도 하다.

4.4 공자께서 말씀하셨다. "진실로 인에 뜻을 두면 (남을) 미워하는 일이 없다."

子曰 苟志於仁矣 無惡也
자 왈 구 지 어 인 의 무 오 야

—— 여기서 미워한다는 뜻으로 풀이한 오(惡)를 일반적으로는 선악이라고 할 때의 악으로 보아 인에 뜻을 두면 사악함이나 나쁜 일이 없게 된다고 해석하기도 한다. 하지만 인에 뜻을 둔다는 말 속에 악이 없다는 의미가 포함되므로 공자의 말은 단순한 동어반복이 된다. 따라서 그렇게 해석하지 않았다.

바로 앞에서 오직 인한 자만이 남을 좋아할 수도 미워할 수도 있다고 했는데 이번에는 인에 뜻을 두면 남을 미워하지 않는다고 말한다. 무슨 뜻인가? 서로 모순되지 않는가? 인한 자가 남을 미워하더라도 이는 애초에 사랑에 기인한 감정이므로 보통 사람이 남을 미워하는 것과는 다르다.

4.5 공자께서 말씀하셨다. "부유하고 귀해지는 것은 모든 사람이 원하지만 정당한 방법으로 얻는 것이 아니라면 받아들이지 않으며, 가난하고 천해지는 것은 모든 사람이 싫어하지만 정당한 방법으로 벗어나는 것이 아니라면 그걸 피하지 않아야 한다. 군자가 인을 버리면 어찌 군자라고 할 수 있겠는가. 군자는 밥 먹을 동안에도 인에서 어긋남이 없어야 하는 것이니 갑자기 황급한 일을 당하거나 경황이 없는 순간에도 이같이 해야 한다."

子曰 富與貴 是人之所欲也 不以其道得之
자 왈 부 여 귀 시 인 지 소 욕 야 불 이 기 도 득 지
不處也 貧與賤 是人之所惡也 不以其道得之 不去也
불 처 야 빈 여 천 시 인 지 소 오 야 불 이 기 도 득 지 불 거 야
君子去仁 惡乎成名 君子無終食之間違仁 造次必於是
군 자 거 인 오 호 성 명 군 자 무 종 식 지 간 위 인 조 차 필 어 시
顚沛必於是
전 패 필 어 시

—— 조차(造次)는 아차 하는 순간이고 전패(顚沛)는 위급 존망과 같이 경황이 없는 때를 말한다. 합쳐서 조차전패는 사는 곳을 잃어 떠돌아다니거나 생활이 아주 곤란한 지경을 말한다.

군자는 원래 신분을 의미하는 말이었지만 공자는 여기에 도덕적 의미를 부여했다. 부당한 방법으로 부귀를 추구하거나 빈천을 벗어나고자 한다면 그는 이미 군자가 아니다. 인과 멀어지는 순간 군자라는 이름도 명예도 잃게 된다.

4.6 공자께서 말씀하셨다. "나는 인을 좋아하는 사람과 불인(不仁)을 미워하는 사람을 아직 보지 못했다. 인을 좋아하는 사람은 더할 나위가 없지만, 불인을 미워하는 사람은 인을 행함에 불인한 사람이 자신에게 영향을 미치지 못하도록 해야 한다. 하루라도 자신의 힘을 인에 쓸 수 있는 사람이 있는가. 나는 그럴 힘이 부족한 사람을 보지 못하였다. 아마도 있는데 내가 보지 못한 것이겠지."

子曰 我未見好仁者 惡不仁者 好仁者 無以尙之
자 왈 아 미 견 호 인 자 오 불 인 자 호 인 자 무 이 상 지
惡不仁者 其爲仁矣 不使不仁者加乎其身
오 불 인 자 기 위 인 의 불 사 불 인 자 가 호 기 신
有能一日用其力於仁矣乎 我未見力不足者
유 능 일 일 용 기 력 어 인 의 호 아 미 견 역 부 족 자
蓋有之矣 我未之見也
개 유 지 의 아 미 지 견 야

—— 무슨 일이 있었나 보다. 공자가 무슨 일 때문에 단단히 실망한 것 같다. 인을 좋아하고 불인을 미워하는 사람이 그렇게 드물단 말인가. 다른 편에서는 내가 인을 행하고자 한다면 바로 인이 다가올 것이라고 매우 낙관적으로 말하고 있어서 대조를 이룬다.(「술이」 30장 참고) 공자도 너무 지나쳤다고 생각했는지 마지막에 슬쩍 말을 바꾸고 있다. 각박하지 않게.

4.7 공자께서 말씀하셨다. "사람이 저지르는 잘못은 어떤 부류냐에 따라 각자 다르니 그 잘못을 보면 곧 그 사람의 인함을 알 수 있다."

子曰 人之過也 各於其黨 觀過 斯知仁矣
자 왈 인 지 과 야 각 어 기 당 관 과 사 지 인 의

—— 누군가가 저지르는 과실을 통해서도 그 사람이 인한지를 알 수 있다는 것이다. 어떤 사람이 과오를 범했는데 자세히 살펴보니 인품이 후한 탓이라면 그가 인한 사람임을 알 수 있다는 말이다. 반대로 인품이 저급해서 잘못을 저질렀다면 그는 인한 사람이 아닐 것이다. 무리 당(黨)을 유(類)의 뜻으로 보고 해석했다.

앞서 「학이」 2장에서 위인지본(爲仁之本)을 "인(仁)을 행하는 근본"이라는 일반적 견해를 따르지 않고 "사람됨의 근본"이라고 해석하면서 『논어』에서 인(仁)과 인(人)이 서로 통하는 경우가 적지 않다고 하였다. 이 구절에서도 인(仁)을 사람 인(人)으로 보아 잘못을 보면 그 사람을 알 수 있다고 해석할 수도 있다.

공자가 사람을 관찰하는 방법〔觀人之法〕을 설파한 장이다.

4.8 공자께서 말씀하셨다. "아침에 (선왕들의) 도를 들어 알게

되면 저녁에 죽어도 좋다."

子曰 朝聞道 夕死可矣
자 왈 조 문 도 석 사 가 의

—— 논란이 많은 구절이다. 아침에 도를 들어 깨치면 저녁에 죽어도 좋다, 라고 해석하는 경우가 일반적이다. 들을 문(聞)을 '깨닫다', '알다'로, 도(道)를 '진리'로 해석한 것이다. 별 문제가 없다고 넘어갈 수도 있지만, 이렇게 되면 공자를 죽음과 맞바꿀 정도로 진리에 대한 인식이나 깨침을 중시한 인물로 해석하는 격이다. 공자는 지(知) 못지않게 행(行)을 중시했는데 지를 지나치게 강조하는 문제가 생긴다.

「안연」 20장에 나오는 문(聞)과 달(達)에 대한 논의와 연관시켜 문도(聞道)의 문을 달(達)로 볼 수도 있다. 그러면 이 구절은 아침에 도가 실현된다면 저녁에 죽어도 좋다는 말이 된다. 누구의 어떤 도인가? 명확히 말하지는 않았지만 공자가 자신의 도가 천하에 실현되기를 간절히 바라는 마음을 표현한 것으로 해석할 수도 있다. 역으로 천하가 그만큼 무도한 상태라는 말이고 이를 개탄하는 의미로 읽을 수 있다. 그러나 천하 혹은 한 나라에 도를 실현하는 것은 공자의 능력을 넘어서는 일이고 공자도 이를 잘 알고 있었다. 고국인 노나라에서조차 자신의 뜻을 펼치지 못하고 천하를 주유하지 않았던가.

『맹자』 「진심 하(盡心 下)」 마지막 부분에 이른바 도의 전승 과정

〔道統〕을 서술하는 유명한 구절이 나온다. 맹자는 도를 들어서 안〔聞而知之〕 사람과 도를 보고 안〔見而知之〕 사람을 나눈다. 요임금, 순임금, 탕왕, 문왕, 공자 같은 사람은 "도를 들어서 안" 성인이고 우임금, 고요, 이윤 같은 사람은 "도를 보고 안" 현인들이라고 할 수 있다. 도를 들어서 안 사람은 새 시대의 문화를 연 개창자들이었다. 이 구절과 연관지어 보면 선왕에게서 내려오는 도를 들어 알게 되어 새 문화를 열 수 있다면 저녁에 죽어도 좋다는 공자의 사명 의식을 드러낸 말이 된다.

4.9 공자께서 말씀하셨다. "선비가 도에 뜻을 두고서도 나쁜 옷과 나쁜 음식을 부끄러워한다면 (그와) **더불어** (큰일을) **논의할 수 없다."**

子曰 士志於道 而恥惡衣惡食者 未足與議也
자왈 사지어도 이치악의악식자 미족여의야

—— 큰 뜻을 품었다고 하면서 고급 옷이나 비싼 음식만을 좋아하고 나쁜 옷을 입고 나쁜 음식 먹는 것을 부끄러워한다면 그는 이미 지도자의 자질이 없거나 다른 도(?)에 관심이 있는 것이다.

4.10 공자께서 말씀하셨다. "군자가 천하의 일에 대해서 꼭 그래야 하는 것도 없고 절대로 해서는 안 된다고 할 것도 없다. 단지 의로움과 함께하고 그것을 좇을 뿐이다."

子曰 君子之於天下也 無適也 無莫也 義之與比
자 왈 군 자 지 어 천 하 야 무 적 야 무 막 야 의 지 여 비

—— 세상사는 변하게 마련이라 어떤 것에 맹목적으로 집착하거나 극단적으로 거부할 이유가 없다. 여기에서 의가 무엇인지가 중요한데 그건 말하기 어렵다. 왜냐하면 인은 그래도 분명한 내용이 있지만 의에는 구체적인 내용이 없기 때문이다. 해야 할 때 하고, 하지 말아야 할 때 하지 않는 것이 의다. 따라서 의는 시중(時中)과 연관된다. 과거에 의롭다고 생각된 행동이 오늘날에도 꼭 의로운 것은 아니다. 다른 이야기지만 이른바 경전(經傳)의 묘미는 이렇게 정작 필요한 말은 해주지 않고 생각하게 만드는 데 있는지 모른다.

4.11 공자께서 말씀하셨다. "군자는 도덕 교화를 생각하고 소인은 토지를 생각하며, 군자는 법을 생각하고 소인은 실리를 생각한다."

子曰 君子懷德 小人懷土 君子懷刑 小人懷惠
자 왈 군 자 회 덕 소 인 회 토 군 자 회 형 소 인 회 혜

—— 군자는 어떠하며 소인은 어떠하다는 식으로 대조해서 말한 경우가 많다. 다음에 나오는 16장에서도 그렇다. 군자는 원래 지위가 높은 귀족을 지칭했는데 공자가 지위 높은 자는 덕이 있어야 한다고 하였기 때문에 나중에 덕이 있는 사람이라는 뜻으로 쓰이게 되었다. 소인도 마찬가지다. 원래 생산 노동에 종사하는 신분이 낮은 사람을 이르는 말이었는데 점차 군자와 대비되어 덕이 없는 사람을 가리키게 되었다. 혜(惠)를 실리(實利)라는 뜻으로 보아 이렇게 해석했다.

여기서 군자와 소인은 인품이나 덕이 아니라 지위에 따라 구분한 것이라고 보아도 좋다. 각자 놓여 있는 처지가 다르면 생각도 달라지게 마련이다.

4.12 공자께서 말씀하셨다. "이익만을 좇아서 행동하면 원망이 많아진다."

子曰 放於利而行 多怨
자 왈 방 어 리 이 행 다 원

—— 이익과 이익은 충돌하게 마련이니 이익만을 좇으면 원망이 많

아지는 것은 당연한 일이다. 「위령공」 15장의 "자기 자신에 대해서는 엄격하고, 남에 대해서는 가볍게 책망하면 원망이 멀어진다"는 구절과 대조하며 읽는 것이 좋겠다.

4.13 공자께서 말씀하셨다. "예제와 겸양으로 나라를 다스린다면 무슨 어려움이 있겠는가? 예제와 겸양으로 나라를 다스릴 수 없다면 예제가 무슨 소용이 있겠는가?"

子曰 能以禮讓 爲國乎 何有 不能以禮讓爲國 如禮何
자 왈 능 이 예 양 위 국 호 하 유 불 능 이 예 양 위 국 여 예 하

—— 예(禮)는 단순한 예절이 아니라 법률, 제도 등을 포괄하는 개념이기 때문에 예제라고 번역하였다. 하지만 이런 형식적인 틀이 제 역할을 하게 하려면 사회 지도층의 겸양이라는 내용이 있어야 한다. 따라서 겸양이 빠진 예는 껍데기에 불과하다.

4.14 공자께서 말씀하셨다. "지위가 없는 것을 근심하지 말고 어떤 자리에 설 수 있는 능력을 갖출 수 있을까 걱정하며, 자기를 알아주지 않는 것을 근심하지 말고 알아줄 만하도록 애써야 한다."

子曰 不患無位 患所以立 不患莫己知 求爲可知也
자 왈 불 환 무 위 환 소 이 립 불 환 막 기 지 구 위 가 지 야

—— 알아주고 말고는 남의 일이고, 내가 할 수 있는 일은 노력하는 것이다. 하지만 내가 정말 열심히 노력했는데도 남이 알아주지 않으면? 처음엔 남을 원망하고 세상을 한탄한다. 하지만 결국 나 자신을 돌아볼 수밖에 없다.

4.15 공자께서 말씀하셨다. "삼(증삼)아! 나의 도는 하나로 꿰어 있다." 증자께서 "예, 알겠습니다"라고 하셨다. 공자께서 나가시자 다른 제자가 물었다. "무슨 뜻입니까." 증자께서 말씀하셨다. "선생님의 도는 충서(忠恕)일 뿐이다."

子曰 參乎 吾道一以貫之 曾子曰唯 子出 門人問曰
자 왈 삼 호 오 도 일 이 관 지 증 자 왈 유 자 출 문 인 문 왈
何謂也 曾子曰 夫子之道 忠恕而已矣
하 위 야 증 자 왈 부 자 지 도 충 서 이 이 의

—— 아주 유명한 말이다. 선문답의 원조 같다. 누가 묻지도 않았는데 공자는 나의 도는 하나로 꿰어 있다고 알듯 모를 듯한 말을 하고 나갔다. 불교에서 말하는 염화시중(拈華示衆)의 장면 같다. 증자는 웃는 대신 "예"라고 대답한다. 하나로 꿴 도가 무엇이냐고 묻지 않

고……. 공자는 아무 설명 없이 퇴장하고, 다른 제자가 무슨 말이냐고 묻자 증자는 충서라고 답한다. 공자는 이 대답을 들었을까. 들었다면 인정했을까. 아마 빙그레 웃었을 것이다. 증자학파가 남긴 기록일 것이다. 서(恕)가 언급된 대목은 단 두 곳이지만(또 하나는 「위령공」 24장) 충(忠)은 열여섯 번이나 언급된다. 일이관지라는 말은 「위령공」 3장에도 나온다.

충서에서 충은 진심으로 남을 위해 생각하고 남에게 유리한 일을 하는 것이고, 서는 해로운 일이 다른 사람에게 발생하지 않도록 하는 것〔己所不欲 勿施於人〕이라고 할 수 있다.

4.16 공자께서 말씀하셨다. "군자는 의에 밝고, 소인은 이(利)에 밝다."

子曰 君子喩於義 小人喩於利
자 왈 군 자 유 어 의 소 인 유 어 리

—— 성리학의 엄격한 도덕주의의 입장에서는 이 구절을 천리(天理)를 간직한 군자와 인욕(人欲)에 빠진 소인의 극명한 차이를 말하는 구절로 본다. 군자가 아는 것은 의이고, 소인이 아는 것은 이익일 뿐이다. 군자와 소인을 지위에 따라 개념 규정을 할 경우, 다스리는

지위에 있는 군자는 대의를 밝혀 백성들을 교화할 생각을 해야 하고, 생산 노동에 종사하는 소인은 먹고살 걱정을 하느라 이익을 따질 수밖에 없다고 해석할 수도 있다.

4.17 공자께서 말씀하셨다. "어진 사람을 보면 그와 같아질 것을 생각하고, 어질지 못한 사람을 보면 속으로 자신을 반성해보아야 한다."

子曰 見賢思齊焉 見不賢而內自省也
자 왈 견 현 사 제 언 견 불 현 이 내 자 성 야

―― 어질다고 번역한 현(賢)은 크게 세 가지로 풀이할 수 있다. 첫째는 머리가 좋은 것이고, 둘째는 덕이 있는 것이고, 셋째는 머리도 좋고 덕도 있는 것이다. 받아들이기에 따라 어질지 못한 사람일지라도 능히 스승이 될 수 있다. 이런 경우를 일러 반면교사(反面敎師)라고 한다.

4.18 공자께서 말씀하셨다. "부모를 섬길 때 (만약 부모의 잘못이 있다면) 은근히 완곡하게 간해야 한다. 부모가 자기 말을 따르지 않

는 것을 보더라도 더욱 공경하여 어기지 말 것이며 수고롭더라도 원망하지 말아야 한다."

子曰 事父母幾諫 見志不從 又敬不違 勞而不怨
자왈 사부모기간 견지부종 우경불위 노이불원

—— 참으로 실행하기 어려운 말이다. 효에 관한 언급은 이처럼 매우 구체적이다. 여기서도 효의 가장 중요한 정신은 경(敬)이라는 점이 확인된다. 자신의 주장이 옳다고 해도 부모자식 간의 정을 해치는 행위 자체가 크게 옳지 못한 것이다. 따라서 아주 조심스럽고 공경하는 태도로 부모가 옳은 방향으로 돌아올 수 있게 해야 한다.

4.19 공자께서 말씀하셨다. "부모가 계시면 멀리 가지 말 것이며, 가더라도 반드시 행방을 알려야 한다."

子曰 父母在 不遠遊 遊必有方
자왈 부모재 불원유 유필유방

—— 국가 간의 장벽이 점점 낮아지는 세계화 시대에 조금 낯설게 다가오는 말이지만 부모님에게 불필요한 심려를 끼치지 말아야 한다는 가르침으로 이해하면 무난하다.

4.20 공자께서 말씀하셨다. "(돌아가신 후) 3년 동안 아버지의 삶의 방식을 바꾸지 않아야 효라고 할 수 있다."

子曰 三年無改於父之道 可謂孝矣
자 왈 삼 년 무 개 어 부 지 도 가 위 효 의

—— 「학이」 11장과 중복된다. 3년 동안 아버지의 삶의 방식을 바꾸지 않는다는 말은 돌아가신 후에도 살아 계신 것처럼 대접한다는 의미다.

4.21 공자께서 말씀하셨다. "부모의 나이는 몰라서는 안 된다. 생각하면 한편으로는 기쁘고, 다른 한편으로는 두렵다."

子曰 父母之年 不可不知也 一則以喜 一則以懼
자 왈 부 모 지 년 불 가 부 지 야 일 즉 이 희 일 즉 이 구

—— 나이가 많으신데도 건강하시니 기쁘고, 다른 한편 돌아가실 날이 멀지 않다는 사실을 생각하면 두려운 것이다.

4.22 공자께서 말씀하셨다. "옛 사람이 말을 함부로 하지 않은

것은 실천이 따르지 못할까 부끄러워했기 때문이다.”

子曰 古者 言之不出 耻躬之不逮也
자 왈 고 자 언 지 불 출 치 궁 지 불 체 야

—— 실천을 생각하면 정말 큰소리치기 어렵다.

4.23 공자께서 말씀하셨다. “말과 행동을 삼갔는데 일이 잘못되는 경우는 드물다.”

子曰 以約失之者鮮矣
자 왈 이 약 실 지 자 선 의

—— 여기서 약(約)은 수약(守約), 즉 방종하거나 부박하게 굴지 않고 늘 말과 행동을 삼가고 검소하고 소박하게 생활하는 것을 말한다.

4.24 공자께서 말씀하셨다. “군자는 말을 할 때는 아주 조심스럽게 하고 행동은 민첩하게 하고자 한다.”

子曰 君子欲訥於言而敏於行
자 왈 군 자 욕 눌 어 언 이 민 어 행

—— 군자에게 특히 언행일치가 중요하다. 따라서 말을 신중히 할 수밖에 없다. 「학이」 14장에서도 "일에는 민첩하고 말은 신중"하면 〔敏於事而愼於言〕 배움을 좋아한다고 말할 수 있다고 하였다. 이 구절을 보면 한 가지 흥미로운 사실이 떠오른다. 공자를 그다지 좋아하지 않았던 마오쩌둥(毛澤東)도 두 딸의 이름은 이 구절에서 한 글자씩을 따서 리민(李敏), 리너(李訥)로 지었다는 점이다. 쓸모없는 말을 적게 하고 실제 가치 있는 일을 많이 하라는 뜻으로 지은 것이다.

4.25 공자께서 말씀하셨다. "덕이 있는 사람은 외롭지 않다. 반드시 이웃이 있다."

子曰 德不孤 必有隣
자왈 덕불고 필유린

—— 덕이 있는 사람은 고독하지 않다. 왜냐하면 뜻을 같이 하는 사람이 동반자가 되고 이웃이 될 것이기 때문이다. 「장진주(將進酒)」라는 시에서 이백은 약간 다른 말을 했다. "예로부터 성현은 다 적막했고, 오직 술을 마시는 자만이 이름을 남겼노라〔古來聖賢皆寂寞, 唯有飮者留其名〕!"고.

4.26 자유가 말하였다. "임금을 섬길 때 자주 간하면 욕을 당하게 되고, 친구에게 충고를 자주 하면 사이가 소원해진다."

子游曰 事君數 斯辱矣 朋友數 斯疏矣
자 유 왈 사 군 삭 사 욕 의 붕 우 삭 사 소 의

—— 자유(子游)의 본명은 언언(言偃)이다. 공문 72현 중에 유일한 남방의 오나라 사람이다. 문학으로 유명하다. 임금을 섬기는 것과 친구 사귀는 것을 같이 언급한 점에 주목할 필요가 있다. 모두 천륜의 관계가 아니라 의리로 맺어진 관계다.

이 구절은 어찌 보면 『한비자』에 나오는 말 같다. 그러나 선진 시대(진나라의 시황제가 중국을 통일한 기원전 221년 이전의 시대)의 지식인들은 학파에 상관없이 모두 처세에 밝았다. 이것이 바로 지(知)다. 중국에 '멋진 사람은 눈앞에서 손해 보는 거래는 하지 않는다〔好漢不吃眼前虧〕'는 속담이 있는데 비슷한 말이다. 작은 일 같지만 중요한 처세의 지혜이다. 잘못하면 제 목숨을 잃거나 친구를 잃는다.

공자가 세상에 처하는 지혜를 언급한 대목은 이후에도 많이 나오지만 기본 입장은 간단하게 요약할 수 있다. 세상이 좋다면 관직에 나아가 자신의 경륜을 펼치고, 세상이 좋지 않으면 명철보신해야 한다. 명철보신하는 방법은 대놓고 협조하지도, 저항하지도 않는 것이다.

5. 공야장

5.1　공자께서 공야장을 두고 평하시길 "사위 삼을 만한 사람이다. 비록 옥살이를 하였으나 그의 죄는 아니었다"고 하시고 딸을 (그에게) 시집보냈다.

子謂公冶長 可妻也 雖在縲絏之中 非其罪也
자 위 공 야 장　가 처 야　수 재 루 설 지 중　비 기 죄 야
以其子妻之
이 기 자 처 지

—— 세상에 인도(仁道)가 확립되지 않으면 법을 다루는 전문가가 득세하고 형벌이 많아진다. 그렇게 되면 공야장 같은 현자도 옥에 갇

히는 일이 발생한다. 「이인」 편에 이어 「공야장」 편이 나온 이유일 것이다. 이 편은 고금의 인물에 대한 품평이 주된 내용이다. 인물평은 평하는 이의 사람됨이나 지혜 혹은 안목이 드러나는 매우 어려운 일이다.

인물평 하면 무엇보다 천두슈(陳獨秀)와 후스(胡適)에 대한 루쉰의 유머러스하면서 예리한 평이 생각난다. "두 사람의 도략(韜略: 병법)을 창고에 비유한다면, 천두슈는 창고 앞에 '안에 무기가 가득 들어 있으니 조심하시오!'라고 쓴 깃발을 꽂아놓은 것 같다. 그러나 깃발의 문구와 달리, 막상 문을 열어보면 총 몇 자루에 칼 몇 자루가 전부라 사람을 허탈하게 만든다. 후스는 꽉꽉 걸어 잠근 문 위에 '안에 무기가 없으니 의심하지 마시오!'라고 쓴 작은 쪽지를 붙여놓은 것 같다. 그러나 나 같은 이들로 하여금 정말일까 싶어 문을 열어보고 싶게 만든다."

공야장(公冶長)에서 공야는 성이고 장이 이름이다. 노나라 사람이라는 설도 있고 제나라 사람이라는 설도 있다. 이 제자는 이 구절에서만 등장한다.

공야장은 어떤 사람이었기에 공자가 딸을 주었을까. 또 무슨 일로 감옥에 갔을까. 전설에 따르면 그는 새소리를 알아들을 수 있는 특이한 재주가 있었다. 어느 날 위나라에 갔다가 노나라로 돌아오는 길에 우연히 모처에 죽은 사람 고기가 있는데 먹으러 가자고 새들끼리 속삭이는 소리를 들었다. 그후 얼마 있다가 길에서 울고 있는 노파를 만나게 된다. 공야장이 연유를 물으니 노파가 말하기를 아들이 며칠 전에 집을 나가 돌아오지 않고 있으니 아마도 어딘가에서 죽었을 터인데 장소를 모르겠다고 하였다. 공야장이 혹시나 해서 아까 새들이 속삭이던 장소를 가르쳐주었다. 노파가 가서 확인하니 과연 자신의 아들이 거기에 죽어 있었다. 노파가 이 일을 관가에 고했더니 관리가 공야장이 죽이지 않았다면 그 일을 어찌 알았겠느냐고 하면서 그를 잡아 가두었다. 물론 공야장은 나중에 정말로 새소리를 알아듣는다는 사실을 입증해서 풀려났다고 한다.

아무튼 공자는 '전과자'에게 딸을 시집보낸 것이다. 옥에 갇힌 적이 있느냐가 아니라 과연 그에게 죄가 있느냐 없느냐가 중요하다고 본 것이다.

5.2 공자께서 남용을 두고 평하시기를, "나라에 도가 있을 때는 버려지지 않고, 나라에 도가 없을 때는 형벌을 면하겠다"고 하시고 형님의 딸을 (그에게) 시집보냈다.

子謂南容 邦有道 不廢 邦無道 免於刑戮
자위남용 방유도 불폐 방무도 면어형륙
以其兄之子妻之
이기형지자처지

―― 남용(南容)은 공자의 제자다. 공자의 말을 보면 남용은 능력 있고 신중하며 진퇴가 분명한 사람이다. 요컨대 공야장보다는 나은 사람이다. 그런데 왜 공자는 자기 딸을 공야장에게, 조카딸을 남용에게 주었을까. 혹자는 남을 먼저 배려하고 나를 뒤에 두는〔先人後己〕 양보의 마음을 읽어내고, 다른 이는 남에게 잘해준 것은 자기 딸을 먼저 생각한다는 혐의를 피하기 위한 것이라고 비판하였다. 정자는 이런 해석은 모두 자신의 사심으로 성인을 헤아린 잘못된 견해로 공자는 재주를 헤아려 딸의 배필을 구했을 뿐이라고 하였다.

현대인이라면 이런 의문이 든다. 당사자인 조카딸의 생각은? 형님의 생각은? 「선진」 5장에 따르면 남용이 "백옥으로 만든 규의 티는 갈아 없앨 수 있지만 말〔言〕의 티는 갈아 없앨 수 없다"는 백규(白圭) 시를 여러 번 외우고 있어 공자가 그를 조카사위로 삼았다. 공야장은 「헌문」 5장에 나오는 남궁괄과 같은 사람이다.

5.3　공자께서 자천을 두고 평하셨다. "군자로다. 이 사람이여! 노나라에 군자가 없었더라면 이 사람이 어디서 이런 덕을 얻었겠는가."

子謂子賤 君子哉若人 魯無君子者 斯焉取斯
자 위 자 천　군 자 재 약 인　노 무 군 자 자　사 언 취 사

—— 자천(子賤)은 노나라 사람으로 공자의 제자다. 자천은 자(字)이고 이름은 복불제(宓不齊)이다. 공자가 볼 때 자천은 군자다. 그가 군자가 될 수 있었던 이유는 주변에 군자가 많아서였다. 자천을 칭찬하면서 노나라에 군자가 많음을 함께 찬양했다. 자천은 어진 이를 존경하고 좋은 벗을 사귀어서 덕을 이룬 사람일 것이다.

5.4 자공이 여쭈었다. "저는 어떻습니까?" 공자께서 말씀하셨다. "너는 그릇이다." "어떤 그릇입니까?" "호련이다."

子貢問曰 賜也何如 子曰 女器也 曰 何器也 曰 瑚璉也
자 공 문 왈 사 야 하 여 자 왈 여 기 야 왈 하 기 야 왈 호 련 야

—— 공자가 자천을 칭찬하자 자공이 이렇게 물었는지도 모른다. 그런데 그릇이라니……. 군자는 그릇과 같이 판에 박힌 존재가 아니라고 하지 않았던가.(「위정」 12장) 자공은 실망해서 무슨 그릇이냐고 물었을까? 대답은 호련(瑚璉)과 같은 그릇. 실망 속의 희망? 왜냐하면 호련은 종묘에서 제사를 지낼 때 피와 기장을 담는, 옥으로 장식한 화려하고 귀중한 그릇이기 때문이다. 그릇도 그릇 나름이다. 중용할 인재라는 뜻일 것이다.

5.5 어떤 사람이 말하였다. "옹(염옹)은 인하기는 하나 말재주가 없다." 공자께서 말씀하셨다. "말재주를 어디다 쓰겠는가. (말 잘하는 사람은) 다른 사람과 입씨름하다가 미움을 사게 되는 경우가 흔하니, 그가 인한지도 모르겠거니와 말재주를 어디에 쓰겠는가?"

或曰 雍也 仁而不佞 子曰 焉用佞 禦人以口給
혹왈 옹야 인이불녕 자왈 언용녕 어인이구급
屢憎於人 不知其仁 焉用佞
누증어인 부지기인 언용녕

—— 질문한 자는 염옹(冉雍)이 인하기는 하지만 말재주가 없다는 점이 아쉽다는 취지로 말한 듯하다. 공자는 염옹의 인함을 인정하지는 않았지만 말재주 없는 것이 결코 흠이 아니라고 한다. 녕(佞)이라는 글자를 말재주라고 해석했지만 허풍을 떤다든지 아첨을 잘한다는 뜻도 있다. 우리 속담에도 말이 많으면 쓸 말이 적다고 했다. 현대사회에서 말을 잘하는 것은 중요한 능력이지만 말이 많다 보면 실수나 후회가 많을 수밖에 없으니 조심할 일이다. 다른 곳에서 공자는 염옹에 대해 임금의 자리에 오를 만한 재목이라고 칭찬하고 있다.(「옹야」 1장)

5.6 공자께서 칠조개에게 벼슬하기를 권하니, (칠조개가) 대답하였다. "저는 아직 이 일에 자신이 없습니다." 공자께서 (이 말을 듣고) 기뻐하셨다.

子使漆雕開仕 對曰 吾斯之未能信 子說
자 사 칠 조 개 사 대 왈 오 사 지 미 능 신 자 열

—— 공자가 이런 태도를 취했다고 해서 제자들이 벼슬하지 않는 것을 무조건 좋아했다고 생각해서는 안 된다. 다만 공부가 덜 된 상태에서 자리 욕심에 관직에 나아가는 것을 경계했던 것이다. 칠조개(漆雕開)는 소성(小成)에 안주하지 않고 원대한 이상을 품었나 보다. 빠르고자 하면 도달하지 못한다〔欲速不達〕! 공자는 칠조개의 이런 겸허한 태도가 마음에 들어서 기뻐한 것이다. 칠조개는 『한비자』「현학(顯學)」 편에서 열거한 유가 여덟 파(공자 사후 분화된) 중의 한 학파의 시조로 거론된 인물이다.

5.7 공자께서 말씀하셨다. "나의 주장이 받아들여지지 않는구나. 뗏목을 타고 바다를 떠다니고자 한다. (그때) 나를 따를 사람은 아마 유(자로)일 게야." 자로가 (이 말을) 듣고 기뻐했다. 공자께서 말씀하셨다. "유는 용기를 좋아하는 것이 나보다 낫다. 다만 사리

에 맞게 헤아릴 줄을 모른다."

子曰 道不行 乘桴浮于海 從我者 其由與 子路聞之喜
자 왈 도 불 행 승 부 부 우 해 종 아 자 기 유 여 자 로 문 지 희
子曰 由也 好勇過我 無所取材
자 왈 유 야 호 용 과 아 무 소 취 재

—— 세상이 나를 알아주지 않으면? 노력해도 세상을 바꿀 수 없다면? 은거(隱居)의 유혹을 느끼게 될까? 그때 나와 같이할 자는 누구일까? 세상 끝까지 같이 갈 친구는?

자로는 상당한 완력의 소유자였고 용맹스런 '협객'이었다. 『삼국지』에 나오는 장비의 문학적 원형이라고 보면 된다. 공자도 관문을 부술 정도의 힘을 가지고 있었지만 힘으로 세상에 알려지기를 원하지 않았다고 한다.(『열자』「설부(說符)」) "용기를 좋아하는 것은 나보다 낫다"라는 말을 보면 공자도 용기를 좋아했음을 알 수 있다. 당나라 화가 오도자(吳道子)의 그림을 보면 공자가 칼을 차고 있다.

재(材)는 뗏목을 만들 재목이라는 뜻으로 보기도 하고, 사리에 맞게 헤아린다는 의미의 재(裁)로 보기도 한다. 후자를 따랐다.

자로의 용기는 가상하지만 세상에서 도피할 수도, 그렇다고 세상을 바로잡을 수도 없는 난감한 공자의 마음을 헤아리지 못하고 있다.

5.8 맹무백이 물었다. "자로가 인합니까?" 공자께서 말씀하셨다. "모르겠소." 다시 묻자 공자께서 말씀하셨다. "유는 1000승의 나라(제후국)에서 군대를 통솔할 만하지만 인한지는 모르겠소." "구(염구)는 어떻습니까?" 공자께서 말씀하셨다. "염구는 1000호(千戶)쯤 되는 마을과 100승 규모의 고을의 수령 직을 수행할 만하지만 인한지는 잘 모르겠소." "적(공서적)은 어떻습니까?" 공자께서 말씀하셨다. "적은 예복을 입고 조정에서 국빈을 접대하게 할 만하지만 인한지는 모르겠소."

孟武伯問 子路仁乎 子曰 不知也 又問 子曰 由也
맹무백문 자로인호 자왈 부지야 우문 자왈 유야
千乘之國 可使治其賦也 不知其仁也 求也 何如
천승지국 가사치기부야 부지기인야 구야 하여
子曰 求也 千室之邑 百乘之家 可使爲之宰也
자왈 구야 천실지읍 백승지가 가사위지재야
不知其仁也 赤也 何如 子曰 赤也 束帶立於朝
부지기인야 적야 하여 자왈 적야 속대립어조
可使與賓客言也 不知其仁也
가사여빈객언야 부지기인야

—— 맹무백이 공자의 인재들 가운데서 참모를 뽑으려고 질문을 한다. 공자가 가장 중시하는 덕목이 인(仁)이기 때문에 자로가 인하냐고 물었다. 공자는 제자들이 나름의 능력이 있지만 인하다고 쉽게 인정하지는 않는다. 왜냐하면 인은 이런 장점을 모두 뛰어넘는 최고의 덕목이기 때문이다. 흥미로운 것은 이들 제자들에 대한 공자의 평가

가 「선진」 25장에 나오는 제자들 자신의 포부와 매우 유사하다는 점이다. 다만 거기에는 증점이 등장한다. 염구는 나중에 계강자 수하에서 큰 공을 세운다. 덕분에 공자는 말년에 노나라에 돌아올 수 있었다. 「옹야」 8장에도 비슷한 질문과 간명한 인물평이 나온다.

5.9 공자께서 자공에게 말씀하셨다. "너와 회(안회)는 (비교하면) 누가 나은가?" 자공이 아뢰었다. "제가 어찌 회와 같기를 바라겠습니까. 회는 하나를 들으면 열을 알고, 저는 하나를 들으면 둘을 알 뿐입니다." 공자께서 말씀하셨다. "(안회보다) 못하다. 나와 너는 그보다 못하다."

子謂子貢曰 女與回也孰愈 對曰 賜也 何敢望回
자위자공왈 여여회야숙유 대왈 사야 하감망회
回也聞一以知十 賜也聞一以知二 子曰 弗如也
회야문일이지십 사야문일이지이 자왈 불여야
吾與女弗如也
오여여불여야

—— 제자가 스승보다 못하기만 하면 역사는 발전할 수 없다. 또한 제자보다 못한 것을 인정할 수 있는 스승이야말로 훌륭한 선생이다. 가만히 따져보면 참 대단한 말이다. 안연을 칭찬하면서도 자기 자신을 잘 알고 있는, 즉 자기가 안회보다 못하다는 사실을 잘 알고 있는

자공을 공자가 자신까지 끌어들여 위로하고 있다. 자공의 입장에서 보면 선생님도 안회보다 못하다는데 자신이 안회보다 못하다 한들 무에 그리 큰 허물일까. 적지 않게 위로가 된다. 아무튼 안회에 대한 공자의 칭찬을 볼 때마다 안회는 도대체 어떤 사람이었을까 궁금해진다.

여(與)라는 글자를 지금처럼 '~와'로 해석하지 않고 전통적으로 주희의 견해에 따라 '인정한다'는 뜻으로 보아왔다. 그렇게 되면 "나는 네가 안회보다 못하다는 것을 인정한다"는 말이 된다. 공자를 흠하나 없이 완벽한 사람으로 보려다가 제자에게 거북한 말(안회보다 못하다)을 두 번씩이나 하는 이상한 사람으로 만든 꼴이다.

5.10 재여가 낮잠을 잤다. 공자께서 말씀하셨다. "썩은 나무에는 새길 수 없으며, 삭은 흙 담장은 흙손질 할 수 없으니 내가 재여를 꾸짖어 무엇하겠는가." 공자께서 말씀하셨다. "과거에 나는 다른 사람에 대해서 그의 말을 듣고 그의 행실을 믿었으나 지금은 내가 다른 사람에 대해서 그의 말을 듣고 다시 그의 행실을 살펴보게 되었다. 재여의 일로 나는 생각을 바꾸었노라."

宰予晝寢 子曰 朽木不可雕也 糞土之墻不可杇也
재여주침 자왈 후목불가조야 분토지장불가오야

於予與何誅 子曰 始吾於人也 聽其言而信其行
어여여하주 자왈 시오어인야 청기언이신기행
今吾於人也 聽其言而觀其行 於予與改是
금오어인야 청기언이관기행 어여여개시

—— 재여는 자공과 함께 공문사과(孔門四科) 중에 언어로 유명한 제자다.(「선진」 2장) 언어란 말재주가 좋은 것을 말한다. 재여는 낮잠 한번 잘못 자서 공자에게 정말 호되게 혼이 나고 있다. 공자의 비판을 보면 재여는 총명하지만 열심히 노력하지 않고 재주는 있지만 수양이 충분치 않은 제자일 것이다.

중국에서 공부할 때 점심시간이 두 시간이라서 점심 먹고 낮잠도 잘 수 있어 오후에 공부할 때 노곤하지 않아서 참 좋았던 기억이 있다. 아무리 옛날이지만 제자가 낮잠 한숨 잤다고 공자는 왜 이토록 심하게 꾸짖었을까? 많은 논란이 있다. 낮잠〔晝寢〕이 아니라 화려한 침실〔畵寢〕로 해석하는 설, 공자 당시에는 하루에 식사를 두 번밖에 하지 않았기 때문에 낮잠은 가장 중요한 시간에 자는 잠이라는 설 등등. 어떤 이는 낮잠을 백일몽(白日夢)으로 해석하기도 하는데 일리가 있다. 공자가 꿈꾸는 것을 금하진 않았으나 낮에 헛된 꿈을 꾸는 것을 허락하지 않았다는 말이다. 무언가 열심히 일을 하지 않고 멍하니 꿈이나 꾸고 있다면 '썩은 나무'라는 것이다. 꿈이야 공자도 꾼다. "심하도다. 나의 노쇠함이여. 내가 꿈속에서 주공을 다시 보지 못한 지가 오래되었구나"(「술이」 5장)라고 탄식하지 않았던가. 일반적으로 근면을 강조하고 나태를 경계한 말로 이해되고 있다.

5.11 공자께서 말씀하셨다. "나는 강한 사람을 보지 못했다." 어떤 사람이 말하였다. "신장이라는 사람이 있지 않습니까." 공자께서 말씀하셨다. "신장은 욕심이 많으니 어찌 굳세고 강하다고 할 수 있겠는가."

子曰 吾未見剛者 或對曰 申棖 子曰 棖也慾 焉得剛
자 왈 오 미 견 강 자 혹 대 왈 신 장 자 왈 장 야 욕 언 득 강

—— 신장(申棖)은 공자의 제자다. 공자는 강함은 인에 가깝다고 여겼다.〔剛毅木訥 近仁〕(「자로」 27장) 당연한 일이지만 강한 사람은 흔치 않다. 어떤 사람의 눈에 신장이 강해 보였던 모양이다. 후스는 고독한 자가 강하다고 말한 적이 있지만 공자가 볼 때 진정한 강함은 무욕에서 나온다. 한데 신장은 욕심이 있다. 따라서 강하지 않다는 것이다. 강함은 욕심과 반비례한다. 욕심이 없다고 해서 꼭 강하다고 할 수는 없지만 욕심이 많으면 절대 강할 수 없다. 돈 욕심이 있는 사람을 돈으로 유혹하는 것은 쉬운 일이 아니겠는가.

5.12 자공이 아뢰었다. "저는 남이 저에게 하기를 원치 않는 일을 저도 또한 남에게 하지 않고자 합니다." 공자께서 말씀하셨다. "사(자공)야. 네가 할 수 있는 바가 아니다."

子貢曰 我不欲人之加諸我也 吾亦欲無加諸人
자 공 왈 아 불 욕 인 지 가 저 아 야 오 역 욕 무 가 저 인
子曰 賜也 非爾所及也
자 왈 사 야 비 이 소 급 야

—— 전통적인 해석에 따르면 자공이 하고자 한 것은 결국 인이기 때문에 공자가 이렇게 대답했다는 것이다. 그러나 달리 생각하면 이 말에 공자는 기뻐할 수도 있는데 왜 이처럼 박절하게 말했을까, 의문이 남는다. 하기야 대부분의 사람이 자기가 하기 싫은 일을 남에게 시킨다. 따라서 이건 쉬운 일이 아니다. 다른 곳에서 자공이 평생 동안 실천의 지침으로 삼을 말을 물었을 때 공자는 서(恕)라고 했다.(「위령공」 24장)

5.13 자공이 말하였다. "선생님이 문헌 전적에 대해 가르쳐주시는 것을 들을 수 있지만, 인간의 본성〔性〕과 천도(天道)에 관한 말씀은 들을 수 없다."

子貢曰 夫子之文章 可得而聞也
자 공 왈 부 자 지 문 장 가 득 이 문 야
夫子之言性與天道 不可得而聞也
부 자 지 언 성 여 천 도 불 가 득 이 문 야

—— 문장(文章)은 시서예악과 같은 문헌으로 보는 것이 좋다. 공자는 시, 서, 예, 악, 역, 춘추와 같은 문헌을 정리하고 전수한 사상가이다. 공자는 평소에 천도나 인간의 본성과 같은 추상적인 개념보다 구체적이고 일상적인 일들을 많이 언급했다. 자공이 들을 수 없었던 이유는 공자가 적게 말했든지 혹은 말하기를 꺼렸기 때문이다. 자공이 들을 수 없다고 탄식한 부분은 훗날 맹자나 순자 대에 이르러 깊이 다루어졌다. 『논어』의 경우 공자가 성에 대해 언급한 것은 딱 한 대목으로 「양화」 2장에 나온다. "타고난 본성은 서로 비슷하지만 습관 때문에 서로 달라진다〔性相近 習相遠〕."

5.14 자로는 (가르침을) 듣고 충분히 그것을 실행치 못했으면 더 듣기를 두려워했다.

子路有聞 未之能行 唯恐有聞
자 로 유 문 미 지 능 행 유 공 유 문

—— 몇 자 되지 않지만 자로의 자로다움을 생동감 있게 잘 묘사한

대목이다. 용감하게 실천하려고 노력하는 자로! 누가 이런 자로를 사랑하지 않을 수 있겠는가. 개인적으로 공자 제자 중에 가장 좋아하는 이가 자로다. 왠지 친근한 마음이 든다.

5.15 자공이 여쭈었다. "공문자는 무슨 이유로 문(文)이라는 시호(諡號)를 얻게 되었습니까." 공자께서 말씀하셨다. "사람됨이 민첩하고 배우기를 좋아하며 아랫사람에게 묻기를 부끄러워하지 않았기에 문이라고 일컬은 것이다."

子貢 問曰 孔文子 何以謂之文也
자공 문왈 공문자 하이위지문야
子曰 敏而好學 不恥下問 是以謂之文也
자왈 민이호학 불치하문 시이위지문야

—— 공문자는 위나라의 대부인데 본명은 공어(孔圉)이다. 「헌문」 19장에 나오는 '빈객을 잘 접대한' 중숙어가 공문자다. 공문자는 시호에 존칭〔子〕을 붙인 사후의 이름이다. 공문자의 문이라는 한 자에 '민이호학 불치하문(敏而好學 不恥下問: 영민하고 배우기를 좋아하여 아랫사람에게 묻기를 부끄러워하지 않는다)' 여덟 글자의 뜻이 담겨 있다. 시호(諡號)는 과거에 어떤 사람이 죽은 다음 그의 일생을 한 글자나 두 글자로 압축 평가해 부여한 이름이다. 예컨대 충성을 다해 나라를

구한 이순신 장군의 일생을 두고 충무(忠武)라고 하였다. 불치하문(不恥下問)은 지금도 많이 쓰는 말이다.

5.16 공자께서 자산을 두고 말씀하셨다. "(그에게는) 군자의 도가 네 가지가 있었으니, 몸가짐이 공손하였고, 윗사람을 섬기는 것이 엄숙하고 진지했으며, 백성들을 돌볼 때 은혜를 베풀었으며, 백성들을 동원할 때 의로웠다."

子謂子産 有君子之道四焉 其行己也恭 其事上也敬
자 위 자 산 유 군 자 지 도 사 언 기 행 기 야 공 기 사 상 야 경
其養民也惠 其使民也義
기 양 민 야 혜 기 사 민 야 의

—— 자산(子産)은 춘추시대 정나라의 재상이다. 공자 당시 사람들에게 유명한 정치인이었다. 공자는 그에게서 군자의 도, 다시 말하면 관료나 정치인이 갖춰야 할 바른 태도나 덕목 네 가지를 보았다. 공손함, 엄숙함과 진지함, 은혜로움, 의로움은 요즘 정치인이 갖춰야 할 기본 덕목이라고 해도 조금도 이상하지 않다.

5.17 공자께서 말씀하셨다. "안평중은 사람 사귀기를 잘한다. 오

래되어도 공경하는구나.”

子曰 晏平仲 善與人交 久而敬之
자 왈 안 평 중 선 여 인 교 구 이 경 지

—— 누구와 오래 사귀기란 쉬운 일이 아니다. 더구나 서로 존중하면서 사귀기란 결코 쉽지 않다. 공경〔敬〕한다는 것은 어딘가 멀리 한다〔遠〕는 느낌이 있다. 반대로 친하다〔親〕는 것은 흔히 업신여기는〔狎〕 것과 통한다. 그래서 소원해지거나, 아니면 너무 가깝다가 나중에 불화를 일으킨다. 그래서 군자의 사귐은 담담하기가 물과 같다고 했나 보다.

한 가지 덧붙이고 싶은 것은 오래되어서도 공경하는 주체가 누구냐는 점이다. 안평중이 다른 사람들과 잘 사귄 결과 다른 사람들이 안평중을 공경했다고 볼 수 있다. 혹은 안평중이 다른 사람을 오래도록 공경했다고 볼 수도 있다. 어떤 해석이 공자의 생각에 가까울까. 안평중은 안자라고도 불리는 제나라의 정치가이며 사상가다. 정나라의 자산, 진(晉)나라의 숙향(叔向), 오나라의 계찰(季札), 위나라의 거백옥(蘧伯玉)과 함께 거론되는 춘추시대의 가장 빼어난 인물 중의 한 사람이다.

5.18 공자께서 말씀하셨다. "장문중은 채라고 불리는 커다란 거북이를 위해서 집을 지었다. (그런데) 그 집 기둥머리의 모서리에는 산 모양을 새기고 대들보 위 짧은 기둥에는 마름 모양을 그려서 화려하게 하였으니 어찌 지혜롭다고 할 수 있겠는가."

子曰 臧文仲居蔡 山節藻梲 何如其知也
자 왈 장 문 중 거 채 산 절 조 절 하 여 기 지 야

—— 장문중(臧文仲)은 노나라의 대부다. 「헌문」 12장, 14장에 나오는 장무중의 할아버지로 공자보다 100년 정도 앞선 시대를 살았다. 당시 사람들은 대체로 장문중이 지혜롭다고 평했다. 하지만 공자는 그렇지 않다고 말한다. 「위령공」 14장에서도 "자리를 훔친 자"라고 비판한다. 루쉰에게 비판 당한 사람이 전적으로 나쁜 사람은 아니지만 루쉰이 비판한 지점은 정확하다고 말해지듯이, 공자가 비판했다고 해서 반드시 나쁜 인물인 것은 아니나 비판한 데는 일리가 있을 것이다.

채나라에서 나기 때문에 커다란 거북이를 채(蔡)라고 한다. 남아공 월드컵에서 승부를 맞히던 문어처럼 당시 제후 사이에서 이 거북이도 신통하다고 하여 보물 취급을 받은 모양이다. 그래서 장문중이 점을 치거나 복을 빌려고 화려한 집을 지어 채를 모셔두었던 것이다. 귀신은 공경하더라도 멀리하는 것이 지혜로운 처신이다.(「옹야」 22장)

5.19 **자장이 여쭈었다. "영윤인 자문이 세 번이나 영윤이 되었어도 기뻐하는 기색이 없었고, 세 번이나 그만두게 되었어도 성낸 기색이 없었을뿐더러 그동안 해온 영윤의 일들을 새로 부임한 사람에게 빠짐없이 알려주었는데 어떻습니까?" 공자께서 말씀하셨다. "충성스럽다." "인합니까." "잘 모르겠다. 어찌 인하다고 할 수 있겠는가." "최자가 제나라의 임금을 죽일 때 진문자가 소유한 말 마흔 필을 버리고 떠나 다른 나라에 이르러 다시 말하기를 '우리 대부 최자와 같구나'라고 하면서 떠났으며, 또 다른 어느 나라에 이르러 말하기를, '우리 대부 최자와 같구나'라고 하면서 떠나 버렸으니 어떻습니까." 공자께서 말씀하셨다. "청렴하다." "인합니까." "잘 모르겠다. 어찌 인하다고 할 수 있겠는가."**

子張問曰 令尹子文 三仕爲令尹 無喜色 三已之
자 장 문 왈 영 윤 자 문 삼 사 위 영 윤 무 희 색 삼 이 지
無慍色 舊令尹之政必以告新令尹 何如 子曰 忠矣
무 온 색 구 영 윤 지 정 필 이 고 신 영 윤 하 여 자 왈 충 의
曰 仁矣乎 曰 未知 焉得仁 崔子弑齊君
왈 인 의 호 왈 미 지 언 득 인 최 자 시 제 군
陳文子 有馬十乘 棄而違之 至於他邦 則曰
진 문 자 유 마 십 승 기 이 위 지 지 어 타 방 즉 왈
猶吾大夫崔子也 違之 之一邦 則又曰 猶吾大夫崔子也
유 오 대 부 최 자 야 위 지 지 일 방 즉 우 왈 유 오 대 부 최 자 야
違之 何如 子曰 淸矣 曰 仁矣乎 曰 未知 焉得仁
위 지 하 여 자 왈 청 의 왈 인 의 호 왈 미 지 언 득 인

—— 자문(子文)은 초나라 성왕(成王)의 재상이다. 영윤(令尹)은 재

상을 말한다. 공자보다 앞선 시대에 살았던 인물이다. 최자(崔子)는 제나라 대부 최저(崔杼)이고, 진문자(陳文子)는 제나라 대부로 이름이 수무(須無)이다. 이 문답을 뒤집어 보면 충성이나 청렴은 인과 연관이 많다는 것을 알 수 있다. 그렇지 않다면 자장이 너무도 어리석은 질문을 던진 셈이다. 자장은 본래 정치에 관심이 많은 제자다.

5.20 계문자는 세 번 생각한 뒤에 행동하였다. 공자께서 그 말을 듣고 말씀하셨다. "두 번만 생각하는 것이 좋다."

季文子 三思而後行 子聞之 曰 再斯可矣
계 문 자 삼 사 이 후 행 자 문 지 왈 재 사 가 의

—— 계문자(季文子)는 노나라 대부다. 매사 매우 신중했던 모양이다. 공자의 말처럼 신중한 것은 좋지만 너무 신중할 경우 꼭 좋다고만 할 수 없다. 장고 끝에 악수라는 말도 있지 않은가. 「옹야」 8장에서 공자가 자로를 평하면서 언급한 것처럼 과감한 결단이 중요하다. "유(자로)는 과단성이 있으니 정치를 하는 데 무슨 어려움이 있겠습니까." 꼭 정치만이 아니라 일상에서도 그렇다. 문제는 나이가 들어 아는 것이 많아지면 오히려 결단을 못 하고 점점 소심해진다는 사실이다. 지식인이 대개 그렇다. 중국의 어떤 평론가가 농담 삼아 말했

다. 책 많이 읽는 것을 조심하라고. 왜냐하면 저절로 거세가 되기 때문에…….

5.21 공자께서 말씀하셨다. "영무자가 나라에 도가 있을 때는 총명했지만 나라에 도가 없을 때는 어리석었다. 그의 총명함은 (다른 사람들도) 따를 수 있지만 그의 어리석음은 따를 수 없을 것이다."

> 子曰 甯武子 邦有道則知 邦無道則愚 其知 可及也
> 자 왈 영 무 자 방 유 도 즉 지 방 무 도 즉 우 기 지 가 급 야
> 其愚 不可及也
> 기 우 불 가 급 야

—— 영무자(甯武子)는 위나라의 대부 영유(寧俞)이다. 여기서 말한 어리석음은 단순한 어리석음이 아니라 총명보다 나은 어리석음이다. 중국 말에 "어리석기가 어렵다〔難得糊塗〕"는 말이 있다. 똑똑해서 잘 나가다가 자기 머리에 자기가 속아서 망하는 사람도 있고 멍청한 듯해도 가만 보면 정말 총명한 사람도 있다. "큰 지혜는 어리석은 것과 같다〔大智若愚〕"는 도가의 가르침과 통하는 어리석음이다. 공자 사상에도 도가적 요소가 있다. 이것이 바로 공자가 말한 지(知)라고 할 수 있다. 공자에게는 안 되는 줄 알면 그만두는 지(知)의 측면과 안 되는 줄 알면서도 하는 인(仁)의 측면이 공존하고 있다. 비간(比干)과 같이

신하의 도리를 다한다고 왕에게 열심히 간하다가 죽임을 당한 사례가 인(仁)이라고 할 수 있다.(「미자」 1장)

약간 다른 이야기지만, 폭군 주왕(紂王)이 비간을 죽일 때 성인에게는 심장에 일곱 개의 구멍이 있다는데 한번 확인해보자고 하면서 죽였다고 한다. 폭군 주왕의 극악무도함을 방증하는 일화이지만 실제로 당시 의학에서는 총명함의 물질적 근거가 뇌가 아니라 심장의 구멍에 있다고 보았다.

5.22 공자께서 진나라에 계실 때 말씀하셨다. "돌아가자! 돌아가자! 우리 고향의 젊은이들은 지향이 매우 원대하고, 이미 화려하게 문채(文彩)를 이루었으나 어떻게 그것을 잘 마름질할지 모르는구나."

子在陳 曰 歸與 歸與 吾黨之小子狂簡 斐然成章
자재진 왈 귀여 귀여 오당지소자광간 비연성장
不知所以裁之
부지소이재지

—— 공자는 진나라에서 여러 가지 어려움을 겪었다. 「공자세가」에 따르면 공자가 진나라에 있을 때 고국 노나라에서 실권자인 계강자가 염구를 소환했다. 노나라에서 염구를 불러들이는 것은 그를 크게

쓰기 위함이라고 보고 공자가 한 말이다. '오당(吾黨)의 소자(小子)'는 고향 노나라에 있는 제자를 말한다. '돌아가자 고향의 젊은이들을 가르쳐보자. 그들은 지향이 원대하고 무늬가 새겨진 옷감처럼 이미 상당한 성취를 이루었다고 하지 않는가. 다만 그것을 잘 재단할 줄 모르고 있구나. 가서 그들을 가르쳐야지.' 말년 공자의 마지막 희망이 여기 드러나 있다.

마지막 문장의 술어인 모른다〔不知〕의 주어를 공자로 보기도 한다. 「공자세가」엔 그렇게 되어 있다. 문채는 문학적 재능, (글이나 옷이) 화려하고 아름다운 것을 말한다. 광간(狂簡)을 지향이 원대하다고 번역했지만, 지향은 원대하나 실무에 꼼꼼하지 못하다고 해석하기도 한다. 광(狂)의 개념에 관해서는 「자로」 21장을 참고할 것.

5.23 공자께서 말씀하셨다. "백이와 숙제는 지난날의 구원(舊怨)을 마음에 새겨두지 않았으므로 원한이 적었다."

子曰 伯夷叔齊 不念舊惡 怨是用希
자 왈 백 이 숙 제 불 념 구 악 원 시 용 희

—— 백이와 숙제는 고죽국의 두 왕자인데 부친이 죽자 왕위를 서로 양보하고 왕의 자리에 오르려 하지 않았다. 은나라 걸왕의 폭정에

반대해서 주나라 문왕 편에 섰지만 무왕이 혁명을 일으키자 이에 반대해서 주나라 곡식을 먹지 않고 수양산 아래에서 굶어 죽은 것으로 유명하다. 원수를 잊는 것은 쉬운 일이 아니지만 원망이나 원한을 품고 살기도 힘든 일이다. 원한은 또 다른 원한을 부르는 법. 원수에 대한 최대의 복수는 관용일지도 모른다.

원(怨)의 주체가 백이와 숙제인지 아니면 다른 사람인지 논란이 있다. 여기서는 전자를 취했다. 「술이」 15장을 참고할 것.

5.24 공자께서 말씀하셨다. "누가 미생고가 솔직하다고 하는가. 어떤 사람이 식초를 얻으러 갔더니 이웃에서 얻어다가 주는구나."

子曰 孰謂微生高直 或乞醯焉 乞諸其隣而與之
자 왈 숙 위 미 생 고 직 혹 걸 혜 언 걸 저 기 린 이 여 지

—— 공자의 예리함이 빛나는 부분이다. 공자는 아주 작은 일에서 큰 것을 보고 있다. 당시에 미생고(微生高)는 매우 솔직하고 진실한 사람으로 유명했던 모양이다. 어떤 여성과 다리 아래서 만나기로 했다가 물이 불어났는데도 약속대로 다리 아래에서 기다리다가 죽은 미생고가 이 사람일 것이다.

웬 식초? 식초는 중국인, 특히 밀을 주식으로 하는 북방 사람에게

아주 중요한 음식이다. 개문칠건사(開門七件事: 매일 겪는 일곱 가지 문제)라고, 일반 가정에서 살림살이할 때 기본적으로 가장 중요한 물건 일곱 가지에 들어간다. 땔나무, 쌀, 기름, 소금, 간장, 식초, 차가 그것이다. 또 중국의 식초는 우리와 달리 일반적으로 색깔이 검다. 공자는 식초가 없으면 솔직하게 없다고 할 일이지 이웃에서 빌려다 줄 필요가 없다고 본 것이다.

얼핏 보면 미생고는 착한 사람인데 공자가 왜 솔직하지 않다고 박절하게 평했을까, 의문이 들 수 있다. 하지만 곧은 사람의 행동은 굽으면 안 되는데 공자가 미생고의 마음씀을 보니 굽은 부분이 있다는 것이다. 교언영색(巧言令色)하는 사람 중에 인한 사람이 드문 것과 같은 이치이다.

5.25 공자께서 말씀하셨다. "교묘하게 말을 잘하고, 보기 좋게 얼굴빛을 꾸미며, 지나치게 공손한 것을 좌구명이 부끄럽게 여겼고 나 또한 부끄럽게 여긴다. 원한을 감추고 그 사람과 친구처럼 지내는 것을 좌구명이 부끄럽게 여겼고 나 또한 부끄럽게 여긴다."

子曰 巧言令色足恭 左丘明恥之 丘亦恥之
자 왈 교 언 영 색 주 공 좌 구 명 치 지 구 역 치 지

匿怨而友其人 左丘明恥之 丘亦恥之
익 원 이 우 기 인 좌 구 명 치 지 구 역 치 지

—— 좌구명은 노나라 사람이다. 공자의 이런 말과 말투는 참으로 멋지다. 개인적으로 아주 좋아하는 말이다. 자기를 내세우지 않으면서도 자기 생각을 울림 있게 전달하고 있다. 비단 정치인이 아니더라도 많은 사람과 섞여 살아가다 보면 가면을 쓰고 처신해야 할 때가 몇 번은 있다. 처음에는 누구나 좀 치욕스럽고 부끄럽게 여기지만 점차 이런 일이 반복되면 일상이 되어버리는 것이 상례다. 그리하여 급기야 영원한 적도 영원한 친구도 없다고 당당하게 주장하기도 한다. 정말 부끄럽지 않은가.

5.26 안연과 계로가 (공자를) 모시고 있었다. 공자께서 말씀하셨다. "너희는 어찌 각자 뜻한 바를 말하지 않는가." 자로(계로)가 아뢰었다. "수레와 말과 가벼운 갑옷을 벗들과 함께 쓰다가 낡더라도 조금도 개의치 않기를 원합니다." 안연이 아뢰었다. "저는 (자신의) 장점을 자랑하지도 않고 (자신의) 공로를 드러내지 않고자 합니다." 자로가 아뢰었다. "선생님의 뜻을 듣고 싶습니다." 공자께서 말씀하셨다. "노인에게는 편안하게 해드리고, 벗에게는 믿음을 주고, 젊은이는 품어주고 싶다."

顔淵季路侍 子曰 盍各言爾志
안 연 계 로 시 자 왈 합 각 언 이 지
子路曰 願車馬衣輕裘與朋友共 敝之而無憾
자 로 왈 원 거 마 의 경 구 여 붕 우 공 폐 지 이 무 감
顔淵曰 願無伐善 無施勞 子路曰 願聞子之志
안 연 왈 원 무 벌 선 무 시 로 자 로 왈 원 문 자 지 지
子曰 老者安之 朋友信之 少者懷之
자 왈 노 자 안 지 붕 우 신 지 소 자 회 지

―― 제자들에게 인생의 포부에 관한 질문을 던지는 공자, 주저 없이 자신의 포부를 말하는 제자들, 자로가 되묻는 말에 자연스럽게 대답하는 공자. 이런 대화가 진정한 공부가 아닐까. 자로와 안연과 공자의 인간적 향기가 물씬 풍겨나는 구절이다. 말의 내용도 좋지만 대화를 나누는 풍경이 너무 훈훈하다. 의리를 중시하는 호방한 자로, 겸손하고 조심스러운 안회, 따뜻하면서도 빈틈없는 공자. 마지막 구절은 특히 유명하다. 「선진」 25장과 비교해보면 공자의 이상이 어디에 있는지 잘 드러난다.

5.27 공자께서 말씀하셨다. "끝장인가 보다. 나는 자기의 허물을 알고 마음속으로 자신을 책망하는 사람을 보지 못했다."

子曰 已矣乎 吾未見能見其過而內自訟者也
자 왈 이 의 호 오 미 견 능 견 기 과 이 내 자 송 자 야

—— 공자의 절망 어린 탄식. 그런데 자기의 허물을 알고 마음속으로 반성하는 사람이 그렇게나 없었을까? 노여움을 옮기지 않고 잘못을 두 번 반복하지 않았던 안회가 죽었기 때문일까?

사람의 타고난 기질은 참으로 바꾸기 힘든 것 같다. 자신의 문제점을 고친다 고친다 하지만 정말로 거듭나는 사람은 매우 드물다. 대부분 그냥 그대로 살다 가는 것이다.

5.28 공자께서 말씀하셨다. "열 집이 어우러져 있는 조그만 마을이라도 반드시 나와 같이 성실하고 믿음직한 사람은 있겠지만 나처럼 배우기 좋아하는 이는 없으리라."

子曰 十室之邑 必有忠信 如丘者焉 不如丘之好學也
자 왈 십 실 지 읍 필 유 충 신 여 구 자 언 불 여 구 지 호 학 야

—— 공자의 말 속에 오만한 듯 겸손하고, 겸손한 듯 당당한 자부심이 배어 있다. 『논어』의 편집자는 고금의 인물들에 대한 공자의 인물평을 쭉 열거하다가 왜 이 말을 마지막에 배치했을까. 첸무라는 학자는 공자가 자신이 평한 이런 인물들을 뛰어넘어 성인이 된 데에는 배움을 좋아했기 때문이라는, 간단하지만 심오한 뜻이 이런 편집 의도에 숨어 있다고 해석하였다. 대학자다운 안목이 여실히 드러나는 해

석이다. 「공야장」 편의 화룡점정이라 하겠다. 「술이」 19장과 34장에 도 공자의 멋진 자기 인식이 잘 드러나 있으니 함께 참고하라.

6. 옹야

6.1 공자께서 말씀하셨다. "옹은 제왕을 시킬 만하다."

子曰 雍也 可使南面
자 왈 옹 야 가 사 남 면

—— 염옹이 임금과 같은 도량이 있는 인물이라고 말한다. 현실의 임금들은 그렇지 못하기 때문에 염옹과 같은 이가 제왕의 자리에 올라야 천하의 질서가 잡히리라고 암시한 것이 아닐까? 염옹은 바로 앞 편에서 말재주가 없다고 언급되었던 인물로 공자보다 29세 어린 제자인데 자(字)는 중궁(仲弓)이다. 공문십철 중의 한 사람이고 덕행에

뛰어나며 정치적 자질도 있었다. 『논어』 편찬에 참여했다는 설도 있는 중요한 인물로, 2003년 출판된 『상해박물관 소장 전국시대 초나라 죽간 3권〔上海博物館藏戰國楚竹書(三)〕』에는 「중궁」이라는 문서도 있다.

남면(南面)은 남쪽을 향한다는 뜻으로 임금은 항상 남쪽을 향하기 때문에 남면술은 제왕의 통치술을 의미한다.

다른 이야기지만 고궁에 가면 북쪽을 향해서〔北面〕 어두컴컴하여 잘 보이지도 않는 궁궐 내부의 임금이 앉아 있던 자리를 쳐다보는 관람객이 대부분이다. 차라리 뒤로 돌아 예전 임금의 시선 방향인 남쪽을 향해보면 어떨까. 기분이 상쾌해지면서 호연지기가 쑥쑥 자란다. 한번 그렇게 해보시길.

6.2 중궁(염옹)이 자상백자에 대해서 여쭈었다. 공자께서 말씀하셨다. "괜찮지만 너무 소탈한 게 탈이다." 중궁이 말씀드렸다. "평소의 마음가짐은 엄숙하면서 일은 간단하고 대범하게 처리하는 방식으로 백성에게 임한다면 또한 좋지 않겠습니까마는 평소 자기 마음가짐도 소탈하고 일도 대충 처리한다면 이는 지나치게 대범한 것이 아니겠습니까." 공자께서 말씀하셨다. "옹의 말이 옳다."

仲弓 問子桑伯子 子曰 可也簡 仲弓曰 居敬而行簡
중궁 문자상백자 자왈 가야간 중궁왈 거경이행간
以臨其民 不亦可乎 居簡而行簡 無乃大簡乎
이림기민 불역가호 거간이행간 무내태간호
子曰 雍之言然
자왈 옹지언연

—— 자상백자(子桑伯子)는 『장자』 「대종사」 편에 나오는 자상호(子桑戶)로 세상을 등진 은자이다. 여기서 거경(居敬)은 항상 조심하고 삼가는 등 엄숙하고 진지한 마음가짐으로 임한다는 말이다. 간단하다〔簡〕는 것은 두 가지로 해석될 수 있다. 무슨 일을 번거롭지 않고 시원스럽게 처리하는 경우〔行簡〕에는 미덕이지만, 자기 수양의 경우〔居簡〕에는 (대충 멋대로 하는 것이니) 좋다고 할 수 없다. 요컨대 공자는 자상백자가 지나치게 소탈하다고 비판한 것이다. 간단하고 대범하게 일처리를 하는 것은 좋지만 마음가짐까지 그래서는 안 되며 늘 경건해야 한다는 말이다. 거경행간(居敬行簡)은 치국의 요체라고 할 만하다.

『설원(說苑)』 「수문(修文)」 편에 따르면 이들의 만남을 두고 양쪽 제자 모두 불만이었다. 공자는 자상호의 바탕〔質〕을 높이 평가했지만 문식을 더해주려고 만났고, 자상호는 공자의 바탕은 높이 평가하지만 지나치게 문식이 많아 덜어주려고 만났다고 대답했다고 한다.

6.3 애공이 물었다. "제자 가운데 누가 배우기를 좋아합니까?" 공자께서 대답하셨다. "안회라는 친구가 있었는데 배우기를 매우 좋아하였습니다. (그는) 노여움을 다른 사람에게 옮기지 않았고 같은 잘못을 두 번 저지르지 않았는데 불행히도 일찍 죽었습니다. 지금은 없습니다. (그후로는) 배우기를 좋아하는 사람이 있다는 말을 아직 들어보지 못하였습니다."

哀公問 弟子孰爲好學 孔子對曰 有顏回者好學 不遷怒
애공문 제자숙위호학 공자대왈 유안회자호학 불천노
不貳過 不幸短命死矣 今也則亡 未聞好學者也
불이과 불행단명사의 금야즉무 미문호학자야

—— 애공은 공자 나이 57세에 노나라 왕위에 오른 임금이다. 얼마나 배우기를 좋아했기에 안회가 죽은 뒤에는 그런 사람이 아무도 없다고 했을까, 궁금하다. 더구나 그런 사람이 있다는 말을 들어보지도 못했다니 참으로 신비하다. 다른 제자들은 모두 배우기를 좋아하지 않았단 말인가.

「선진」 6장에서 계강자도 같은 질문을 던지는데 공자의 대답도 비슷하다. 호학(好學)이 의미하는 바는, "노여움을 다른 사람에게 옮기지 않았고 같은 잘못을 두 번 저지르지 않는" 것이다. 이는 단순히 학문을 좋아하는 것이 아니라 실천과 수양이 결합된 생활 태도이다.

6.4 자화가 제나라에 사신으로 가게 되었다. 염자(염구)가 자화의 모친을 위해서 쌀을 줄 것을 청하니 공자께서 말씀하셨다. "한 부(釜)를 주어라." (염자가) 더 주기를 청하였다. "한 유(庾)만 주어라." 염자가 쌀 다섯 병(秉)을 주었다. 공자께서 말씀하셨다. "적(자화)이 제나라에 갈 때 살진 말을 타고 가벼운 털옷을 입었다. 군자는 다급한 사람을 도와주긴 해도 넉넉한 사람에게 더 보태주지는 않는다고 들었다."

子華使於齊 冉子爲其母請粟 子曰 與之釜 請益 曰
자 화 시 어 제 염 자 위 기 모 청 속 자 왈 여 지 부 청 익 왈
與之庾 冉子與之粟五秉 子曰 赤之適齊也 乘肥馬
여 지 유 염 자 여 지 속 오 병 자 왈 적 지 적 제 야 승 비 마
衣輕裘 吾聞之也 君子周急不繼富
의 경 구 오 문 지 야 군 자 주 급 불 계 부

—— 자화는 앞서 「공야장」 8장에 나온 공서적(公西赤)의 자(字)이다. 공자보다 42세 어리다. 염구는 공자보다 29세 어리다. 염구를 염자라고 존칭을 붙이고 있는 점이 이채롭다. 공자의 제자 중에 『논어』에서 이처럼 자(子)를 붙여 호칭한 경우는 증삼, 유약, 민자건 그리고 염구뿐이다. 부(釜)와 유(庾), 그리고 병(秉)은 모두 도량형의 단위로 어느 정도 되는지 정확히 알 수 없지만 대략 부는 여섯 말 넉 되, 유는 두 말 넉 되, 병은 열여섯 섬, 즉 160말이다. 한 부는 한 달 정도 먹을 수 있는 분량이라고 한다. 염구가 더 청하니 한 유를 더 주라고 한

것이다. 그래도 공자가 좀 인색하다는 느낌이 드는데 왜 이런 것을 기록에 남겼을까? "다급한 사람을 도와주긴 해도 넉넉한 사람에게 더 보태주지는 않는다"는 공자의 말은 남을 도와줌에 적용할 수 있는 좋은 지침이 된다. 유명한 말이다. 아무튼 다음 장을 보면 이와 좀 다른 이야기가 나온다.

6.5 원사가 공자의 가신(家臣)이 되었다. (그리하여 공자가) 그에게 곡식 900말을 주었더니 원사가 사양했다. 공자께서 말씀하셨다. "그러지 마라. (받아가지고) 네 이웃이나 동네 사람들에게 나누어주려무나."

原思爲之宰 與之粟九百 辭 子曰 毋
원사위지재 여지속구백 사 자왈 무
以與爾隣里鄕黨乎
이여이린리향당호

——「헌문」 1장에 나오는 원헌이 원사(原思)이다. 공자의 제자다. 원헌은 가난한 가정 출신이고 평생 청빈하게 살았던 것으로 유명하다. 공자가 노나라에서 대사구(大司寇)를 지낼 때 공자의 집안 살림을 도맡았다.

원사(원헌)가 굳이 사양하는데 공자는 받으라고 하고 있다. 아마도 다음에 올 사람을 위해서 그렇게 했을지도 모른다. 원헌도 적게 받았다고 하면 다른 사람이 감히 더 받을 수 없기 때문이다. 공자가 너무 지나치거나 인정에 벗어나지 않게 잘 헤아려서 재물을 사용하였음을 말해주는 일화이리라.

6.6 공자께서 중궁에게 말씀하셨다. "얼룩소의 새끼라도 털빛이 붉고 또한 뿔이 바로 났다면 비록 세상 사람들이 쓰지 않으려고 하여도 산천의 신이야 그걸 버리겠느냐."

子謂仲弓 曰 犁牛之子 騂且角 雖欲勿用 山川其舍諸
자위중궁 왈 이우지자 성차각 수욕물용 산천기사저

—— 이 구절은 두 가지로 해석할 수 있다. 하나는 중궁을 평한 말로 보는 것이다. 다른 하나는 공자가 중궁에게 해준 말로 해석하는 것이다. 후자로 해석했다. 전자로 보면 "얼룩소의 새끼"는 중궁, 산천의 신은 군주나 통치자를 가리키게 된다. 다만 아들을 평하면서 설사 아버지가 천한 사람이었다고 해도 얼룩소[犁牛]에 비유한 것은 이치에 맞지 않는다. 얼룩소는 밭을 가는 일반적 소인데 제사에는 쓰지 않았다. 하지만 털빛이 붉고 뿔이 곧게 뻗은 소는 희생 제물로 쓰기에 제일로 쳤다. 주나라가 붉은색을 숭상하였기 때문이다. 가문이나

출신을 묻지 않고 오직 인품과 능력으로 사람을 평가해야 한다는 것이다.

중궁은 빈천한 가정 출신으로 자로의 뒤를 이어 계씨의 읍재(邑宰: 읍을 다스리는 수령)가 되었다. 「자로」 2장에 보면 계씨의 가신이 되어 공자에게 정치에 대해 묻는 대목이 나온다.

6.7 공자께서 말씀하셨다. "회(안회)는 마음속으로 석 달 동안이나 인을 어기지 않았다. 나머지 사람들은 하루나 한 달에 한 번 인에 이를 뿐이다."

子曰 回也 其心三月不違仁 其餘則日月至焉而已矣
자 왈 회 야 기 심 삼 월 불 위 인 기 여 즉 일 월 지 언 이 이 의

—— 안회에 대한 언급은 역시 상당히 신비하다. 시시각각 변하는 것이 마음이다. 일본말로 마음을 고코로(こころ)라고 하는데 이는 데굴데굴(ころころ) 구르듯 변하는(かわる) 곳(ところ)이라는 뜻이라고 한다. 그런데 석 달 동안이나 인을 어기지 않았다니 정말 대단하다. 석 달 동안은 오랜 기간을 말한다. 한 계절이 지나갈 만큼 오랫동안 인을 어기지 않았다는 것은 도대체 어떤 상태를 말하는가? 선정(禪定)에 든 듯한 안회의 모습이 떠오른다.

6.8 계강자가 물었다. "중유(자로)는 정치를 할 만합니까?" 공자께서 말씀하셨다. "유는 과단성이 있으니 정치를 하는 데 무슨 어려움이 있겠습니까." (그러면) "사(자공)도 정치를 할 만합니까?" "사는 사리에 통달해 있으니 정치를 하는 데 무슨 어려움이 있겠습니까." "구(염유)는 정치를 할 만합니까?" "구는 다재다능하니 정치를 하는 데 무슨 어려움이 있겠습니까."

季康子問 仲由 可使從政也與 子曰 由也果
계 강 자 문 중 유 가 사 종 정 야 여 자 왈 유 야 과
於從政乎何有 曰 賜也 可使從政也與 曰 賜也達
어 종 정 호 하 유 왈 사 야 가 사 종 정 야 여 왈 사 야 달
於從政乎何有 曰 求也 可使從政也與 曰 求也藝
어 종 정 호 하 유 왈 구 야 가 사 종 정 야 여 왈 구 야 예
於從政乎何有
어 종 정 호 하 유

—— 정치적 소양이 있는 제자 중에 공자는 자로는 과단성이 있고, 자공은 총명하고, 염구는 다재다능하다고 평가하고 있다. 이러한 장점은 모두 정치인들에게 요구되는 것이기도 하다. 정치인이 중요한 문제에서 결단을 내리지 못하거나, 어리석거나, 여러 방면에 걸쳐 두루 꿰고 있지 못하다면 결국 백성들이 피해를 입지 않겠는가. 계강자는 이중에서 염유를 가신으로 삼았다.

6.9 계씨가 민자건을 비라는 땅의 읍재로 삼고자 하였다. 민자건이 (사신으로 온 사람에게) 말하였다. "나를 대신해서 잘 거절하여 주시오. 만일 다시 나를 부르는 일이 있다면 나는 반드시 문수(汶水)가에 가 있을 것이오."

季氏使閔子騫爲費宰 閔子騫曰 善爲我辭焉
계 씨 사 민 자 건 위 비 재 민 자 건 왈 선 위 아 사 언
如有復我者 則吾必在汶上矣
여 유 부 아 자 즉 오 필 재 문 상 의

—— 명분상으로 계씨는 노나라 임금의 신하지만 실질적으로는 노나라를 좌지우지했기 때문에 계씨 휘하의 가읍(家邑)에서도 계씨에 대한 반란이 자주 일어났다. 그래서 계씨는 민자건(閔子騫)을 비읍(費邑)의 읍재를 시키려고 한 것이다. 민자건은 공자 문하의 사과십철 중에 덕행과 효행으로 유명한 제자인데 계씨 밑에서 신하가 되고 싶지 않았기에 이를 거절한다. 이렇게 과감하게 관직을 거절하는 사람이 몇이나 있을까. 문수는 노나라 북쪽, 제나라 남쪽에 있다고 한다. 문수가에 가 있겠다는 말은 국외로 도망하겠다는 말이다.

6.10 백우가 몹쓸 병에 걸렸다. 공자께서 문병 가셔서 남쪽 창가에서 그의 손을 잡고 말씀하셨다. "방법이 없구나! 운명인가 보다.

이 사람이 이런 병에 걸리다니. 이 사람이 이런 병에 걸리다니.”

伯牛有疾 子問之 自牖執其手 曰 亡之 命矣夫
백 우 유 질 자 문 지 자 유 집 기 수 왈 무 지 명 의 부
斯人也而有斯疾也 斯人也而有斯疾也
사 인 야 이 유 사 질 야 사 인 야 이 유 사 질 야

—— 백우(伯牛)는 공자의 초기 제자인 염경(冉耕)의 자(字)이다. 덕행으로 유명하다. 그가 몹쓸 병에 걸렸다. 공자는 종교의 교주도 아니고 하니 기적을 행할 능력이 없다. 어쩔 수 없는 운명에 탄식할 도리밖에 없다. 이것이 바로 참된 인생의 모습이 아닌가. 아! 덕성스러운 친구가 이런 병에 걸리다니. 어찌할 수 없이 꽃이 지는구나! 방으로 들어가지 않고 남쪽 창가에서 손을 잡았는데, 이에 대해 백우가 몹쓸 전염병에 걸렸기 때문이다, 혹은 영원한 작별이라는 뜻이다 등의 설이 있다.

6.11 공자께서 말씀하셨다. “참으로 훌륭하구나. 회(안회)여. 한 그릇의 밥과 한 표주박의 물로 가난한 마을에 살면서도 다른 사람들은 그 고생을 견디어내지 못하는데 회는 (가난 속에서) 자득(自得)한 즐거움을 고치지 않으니 참으로 훌륭하구나. 회여.”

子曰 賢哉 回也 一簞食 一瓢飮 在陋巷 人不堪其憂
자 왈 현 재 회 야 일 단 사 일 표 음 재 루 항 인 불 감 기 우
回也不改其樂 賢哉 回也
회 야 불 개 기 락 현 재 회 야

—— 아주 허름한 골목에 사는 안회의 집을 공자가 찾아갔는지도 모른다. 가서 보니 덜렁 밥 그릇 하나, 물 그릇 하나. 그런데도 안회는 궁색한 기색 없이 즐거워 보였다. 이 골목에 들어올 때 보니 다른 사람들은 모두 가난에 찌든 표정들이었는데……. 그와 이런저런 이야기를 나눠보니 이렇게 가난하면서도 즐거운 생활을 바꿀 생각도 없었다. 하하! 물질적 가난이 그의 마음을 우울하게 할 수 없지. 안회는 가난 속의 그 즐거움(?)을 알았구나. 정말 대단한 친구야. 다시 한 번 내 사랑스런 제자의 이름을 불러보자. 회야!

「술이」 16장과 함께 '공자와 안회의 즐거움〔孔顔之樂〕'을 말한 구절로 유명하다. 무엇이 되겠다는 욕심을 버리고 자기가 처한 곳에서 찾은 생의 긍정! 중국의 어느 작가는 문화대혁명 기간에 매우 가난하여 집에 재봉틀 이외에 다른 가재도구가 거의 없었다. 재봉틀을 책상 삼아 책을 읽고 집필하고 또 식사 때가 되면 밥상으로 삼아 식사를 하고, 어떤 때에는 아내가 재봉질을 하고……. 공자도 평소에 "거친 밥을 먹고 물을 마시고 팔베개를 하고 누웠어도 즐거움이 또한 그 가운데 있는 것이다. 의롭지 않으면서 부귀하게 되는 것은 나에게 뜬구름과 같다"고 하였다.(「술이」 16장) 공자와 안자는 가난 자체를 즐긴 것

이 아니라, 어쩔 수 없는 가난 속에서 스스로 깨달은 즐거움을 향유한 것이다.

6.12 염구가 말씀드렸다. "저는 선생님의 사상을 좋아하지 않는 것은 아니지만 힘이 모자라서 못하겠습니다." 공자께서 말씀하셨다. "힘이 모자라는 사람은 중도에서 그만두게 마련이지만 지금 너는 (해보지도 않고 미리) 스스로 한계선을 긋고 있다."

冉求曰 非不說子之道 力不足也 子曰 力不足者
염구왈 비불열자지도 역부족야 자왈 역부족자
中道而廢 今女畫
중도이폐 금여획

—— 힘이 부족한 사람은 하다가 힘에 부쳐 중간에 그만두게 마련인데 염구는 해보지도 않고 변명을 늘어놓고 있다고 비판하고 있다. 공자는 "하루라도 자신의 힘을 인에 쓸 수 있는 사람이 있는가. 나는 그럴 힘이 부족한 사람을 보지 못하였다"고 하였다.(「이인」 6장)

조금 다른 말이지만 삶의 의미는 일단 살아내는 데 있다. 갈림길에 선 묵자처럼 뒤돌아가지 말고 좀 쉬었다가 나름의 선택을 하고, 막다른 길에서는 완적처럼 통곡하지 말고 가시덤불 속이라도 계속 앞으로 가라고 루쉰은 말했다.(『양지서兩地書』)

6.13 공자께서 자하에게 일러 말씀하셨다. "너는 군자유(君子儒)가 되어야지 소인유(小人儒)가 돼서는 안 된다."

子謂子夏曰 女爲君子儒 無爲小人儒
자 위 자 하 왈 여 위 군 자 유 무 위 소 인 유

—— 얼핏 유자(儒者)에 무슨 군자와 소인의 구분이 있을까 하는 생각이 들 수 있다. 유(儒)란 원래 술사(術士)를 가리키는 말로, 처음에는 왕실에서 문서나 의례를 관장하는 계층이었다. 이들은 일정한 문화 지식이 있었기 때문에 나중에는 귀족들의 관혼상제 같은 의례를 돕는 전문 직업인으로 분화되었다. 이들은 의례에 관한 지식을 기초로 벼슬길에 나아가고 교육에 종사하기도 하였다. 공자도 이러한 직군 출신이므로 그가 창시한 학파를 유가라고 한다. 공자 때문에 이러한 유(儒)는 의미가 변한다. 즉 단순한 문화 지식의 전승자가 아니라 사회를 계몽하고 개조하는 지식인이라는 의미를 띠게 되는 것이다.

따라서 소인유란 이상을 잃어버리고 전문 분야나 밥벌이에만 매몰되어 세상사에 관심이 없거나 겉모양만 그럴싸하게 꾸미고 형식에 매몰된 유자를 말한다고 보는 것이 무난하다. 군자유가 되라는 말은 자신을 수양하고 사회 개조라는 원대한 꿈을 품고 실천하는 진정한 지성이 되라는 의미이다.

앞서도 밝혔듯이 자하는 공자보다 44세 어린 제자로 문학 방면으로 유명하다. 자하의 문인들이 "물 뿌리고 청소하며 손님을 응대하고 나아가고 물러나는" 자질구레한 일에 밝다고 자유가 비판했다는 점을 상기하면 이 구절을 이해하는 데 도움이 된다.(「자장」 12장)

6.14 자유가 무성읍의 수령이 되었다. 공자께서 말씀하셨다. "너는 인재를 얻었느냐?" "담대멸명이라는 사람이 있습니다. 그는 길을 갈 때 작은 샛길로 가지 않으며 공무가 아니고서는 일찍이 저의 집을 찾아온 일이 없습니다."

子游爲武城宰 子曰 女得人焉爾乎 曰 有澹臺滅明者
자 유 위 무 성 재 자 왈 여 득 인 언 이 호 왈 유 담 대 멸 명 자
行不由徑 非公事 未嘗至於偃之室也
행 불 유 경 비 공 사 미 상 지 어 언 지 실 야

—— 자유(子游)의 이름은 언언(言偃)이다. 정치에서는 인재를 얻는 것이 제일 중요한 일이다. 자유가 무성이라는 곳의 수령이 되었을 때 스승 공자는 바로 이것을 묻는다. 경(徑)은 작은 샛길을 말한다. 담대멸명은 공명정대하게 일처리를 하고 뒷거래를 하지 않았다고 한다. 현대 중국어에서도 뒷거래를 하는 것을 뒷문으로 간다(走後門)고 표현한다. 특별히 공직자에게 귀감이 되는 말이다. 농담 하나. 예전에 우스갯소리로 학식을 자랑하던 시골 선비가 담대멸명이 몇 사람이

냐는 질문을 받고 두 사람이라고 했다는 이야기가 있다. 에이브러햄 링컨이 두 사람이라고 말하는 격이다. 담대멸명은 무성 사람으로 자(字)는 자우(子羽)이다. 「중니제자열전」에도 등장하는 공자의 제자이지만 이 대목을 보면 아직 공자의 문하에 들어오기 전인 듯하다.

6.15 공자께서 말씀하셨다. "맹지반은 자기를 자랑하지 않는구나. (싸움에 패했을 때) 맨 뒤에 남아 성문으로 막 들어오면서 말에 채찍질을 하며 이렇게 말했다. '일부러 뒤에 남으려고 한 것이 아니라 말이 빨리 달리지 않았기 때문이다.'"

子曰 孟之反不伐 奔而殿 將入門 策其馬 曰 非敢後也 馬不進也
자 왈 맹 지 반 불 벌 분 이 전 장 입 문 책 기 마 왈 비 감 후 야 마 부 진 야

—— 맹지반(孟之反)은 이름이 맹지측(孟之側)으로 노나라의 대부다. 벌(伐)은 여기서 공을 자랑하는 것을 말한다. 궁전(宮殿)이라고 할 때의 전(殿)이라는 글자에는 맨 뒤에서 행군한다는 뜻도 있다. 후위를 맡아 퇴각하는 것은 적에게 잡혀 죽을 가능성이 높은 용맹스런 행동이다. 하지만 맹지반은 오히려 말이 잘 달리지 않았기 때문이라고 겸손하게 말하니 공자가 정말 자랑을 하지 않는 사람이라고 칭찬

한 것이다. 『장자』에서도 도둑에게도 도가 있는데 물건을 훔치고 맨 마지막에 나오는 것이 용기라고 하였다.

6.16 공자께서 말씀하셨다. "축타 같은 말재간과 송조 같은 미색이 없으면 지금의 세상에서 (찬밥 신세를) 면하기가 어렵구나."

子曰 不有祝鮀之佞 而有宋朝之美 難乎免於今之世矣
자 왈 불 유 축 타 지 녕 이 유 송 조 지 미 난 호 면 어 금 지 세 의

—— 축타(祝鮀)는 위나라 태묘(太廟)에서 제사를 관장하는 타(鮀)를 말한다. 축은 관직이고 타가 이름이다. 「헌문」 19장에서도 거론되는데 긍정적인 인물로 그려져 있다. 송조(宋朝)는 송나라 공자(公子)인 조를 말하는데 당시 위나라에서 관직에 나아갔다. 위령공의 부인인 남자와 사통(私通)하는 관계였다. 축타는 말을 아주 잘해서 위령공의 신임을 받았고, 송조는 잘 생겨서 남자의 총애를 받았다.

'축타의 말재주'와 '송조의 미색'은 따로 논한 것이냐, 함께 논한 것이냐를 두고 논란이 많다. 즉 축타와 같은 말재주와 송조와 같은 미색이 없다면 지금 세상에서 찬밥 신세를 면하기 어렵다로 해석할지, 아니면 축타 같은 말재주는 없고 송조 같은 미색만 있다면 지금 세상에서 찬밥 신세를 면하기 어렵다고 할지를 두고 논란이 있다.

여기서도 영(佞)이라는 글자가 나온다. 앞서 말한 것처럼 단순히 말을 잘한다는 뜻 이외에도 돈이나 권세가 있는 사람에게 잘 보이려고 아첨한다는 뜻이 있다.

교언(축타의 말재주)과 영색(송조의 미색)에 밀려 냉대를 받은 공자의 탄식이 오늘날에도 그다지 낯설지 않게 다가온다.

6.17 공자께서 말씀하셨다. "누군들 집 밖에 나갈 때 문을 거치지 않을 수 있겠는가. (그런데) 어찌하여 살아가는 데 이 도를 따르지 않는가."

子曰 誰能出不由戶 何莫由斯道也
자 왈 수 능 출 불 유 호 하 막 유 사 도 야

—— 방이나 집에서 밖으로 나가려면 반드시 문을 통과해야 한다. 그런데 인생을 살아가면서 마땅히 지켜야 할 길은 왜 따라 걷지 않는가? 인생의 바른 도리를 길〔道〕에 비유해서 한 말이다.

6.18 공자께서 말씀하셨다. "(내면적인) 질박함이 (외면적인) 문채를 이기면 거칠고, 문채가 질박함을 이기면 겉만 화려하다. 문채와

질박함이 고르게 잘 조화를 이룬 뒤에야 그를 군자라고 할 수 있다."

子曰 質勝文則野 文勝質則史 文質彬彬 然後君子
자 왈 질 승 문 즉 야 문 승 질 즉 사 문 질 빈 빈 연 후 군 자

—— 문채(文彩) 혹은 문식(文飾)은 화려한 장식이나 외면적인 예절을, 질박함이라고 번역한 질(質)은 내면적인 마음이나 감정을 말한다. 사(史)는 내실이 없이 겉만 번지르르한 것을 말한다. 여기서 문질빈빈(文質彬彬)이란 사람이 예의를 지켜 우아하고 고상하면서도 진솔하고 소박한 것을 말한다. 내용과 형식의 절묘한 조화를 가리킨다. 세상이 온통 겉만 번지르르하고 내면이나 속은 텅 빈 상태로 점차 변하고 있어 날이 갈수록 군자를 만나기가 점점 더 어렵구나!

6.19 공자께서 말씀하셨다. "인한 사람은 정직하게 살고, 망령된 사람은 요행으로 생존하면서 화를 면하고 있는 것이다."

子曰 人之生也直 罔之生也 幸而免
자 왈 인 지 생 야 직 망 지 생 야 행 이 면

—— 논란이 있는 구절이다. 일반적으로 이 구절을 인간이 살아가

면서 마땅히 의지해야 하는 원칙은 정직인데 정직하지 않고도 잘사는 것은 요행히 재난이나 화를 면하고 있는 데 불과하다고 해석한다. 망(罔)을 정직하지 않은 것으로 보았다. 여기서는 사람 인을 어질 인(仁)으로, 망을 어질 인에 반대되는 망(妄)으로 보고 해석했다. 『중용』 14장에 "군자는 평이함에 처하여 명(命)을 기다리고, 소인은 위험한 일을 저지르며 요행을 바란다(君子居易以俟命 小人行險以僥倖)"라는 말이 있는데 이 구절과 상통한다.

우리가 일상적으로 사용하는 행복이라는 말은 일본인이 만든 말이다. 사실 행과 복은 다르다. 캉유웨이에 따르면 행은 덕을 쌓지도 않았는데 얻게 된 요행과 같은 것이고, 복은 덕을 닦아 얻게 된 좋은 결과여서 둘은 서로 구별된다. 정확히 말하면 복권은 복권이 아니라 행권이다. 하지만 행권이라고 하지 않고 복권이라고 한다. 복에 더 좋은 뜻이 담겼기 때문일 것이다.

6.20 공자께서 말씀하셨다. "(무엇을) 아는 것은 좋아하는 것만 못하고, 좋아하는 것은 즐기는 것만 못하다."

子曰 知之者不如好之者 好之者不如樂之者
자 왈 지 지 자 불 여 호 지 자 호 지 자 불 여 낙 지 자

—— 개인적으로 아주 좋아하는 말이다. 누군들 이런 공자의 말을 좋아하지 않을 수 있겠는가. 불경스러운 말이지만 공자는 참 아는 것(?)도 많다!

6.21 공자께서 말씀하셨다. "중간 수준 이상의 사람과는 심오한 도리에 대해서 말할 수 있지만 중간 수준 이하의 사람과는 심오한 이치에 대하여 말하기 어렵다."

子曰 中人以上 可以語上也 中人以下 不可以語上也
자 왈 중 인 이 상 가 이 어 상 야 중 인 이 하 불 가 이 어 상 야

—— 사람은 크게 상지(上智)와 하우(下愚), 그리고 중인(中人)으로 나눌 수 있다. 우리는 대부분 중인이다. 공자는 당연히 상지(上智)이다. 공자는 배우는 사람의 수준에 맞추어 가르친 것으로 유명하다. 책이건 말이건 사람이건 수준에 맞아야 눈과 귀로 들어오고 함께 대화를 나눌 수 있는 법이다. 아무리 좋은 가르침이나 책이라도 수준에 맞지 않으면 소용이 없다.

6.22 번지가 지혜에 대해 여쭙자 공자께서 말씀하셨다. "백성에

게 필요한 일을 힘써 실천하고, 귀신을 공경하되 멀리한다면 지혜롭다고 말할 수 있다." 인에 대해서 여쭙자 이렇게 말씀하셨다. "어려운 일을 먼저 하고 보상이나 과실은 나중에 생각하면 인하다고 말할 수 있다."

樊遲問知 子曰 務民之義 敬鬼神而遠之 可謂知矣
번지문지 자왈 무민지의 경귀신이원지 가위지의
問仁 曰 仁者先難而後獲 可謂仁矣
문인 왈 인자선난이후획 가위인의

—— 귀신의 존재를 긍정하지도 부정하지도 않는 중용을 견지하는 태도야말로 지혜롭다. 귀신은 없다고 함부로 말하지 말고, 있다고 맹목적으로 믿지도 마라. 작은 일이라도 남에게 도움이 되는 실질적이고 합리적인 일을 실천하라. 그것이 지혜로운 처신이다. 어려운 일을 먼저 하고 보상을 나중에 생각하는 것은 지혜를 뛰어넘는 인한 경지이다. 송나라 때 범중엄이라는 문인이 "천하의 근심을 먼저 근심하고, 천하의 즐거움을 맨 나중에 즐긴다"라는 유명한 말을 남겼는데 공자가 말한 인이 무엇인지를 잘 보여주는 말이다.

공자의 답으로 보아 번지가 벼슬길에 나아갈 즈음에 질문을 던진 모양이다. 번지는 공자에게 인에 대해 세 번 물었다. 「안연」 22장, 「자로」 19장을 함께 참고할 것.

6.23 공자께서 말씀하셨다. "지혜로운 사람은 물을 좋아하고 인한 사람은 산을 좋아하고, 지혜로운 사람은 동적이고 인한 사람은 정적이며, 지혜로운 사람은 늘 즐겁고 인한 사람은 오래 산다."

子曰 知者樂水 仁者樂山 知者動 仁者靜
자 왈 지 자 요 수 인 자 요 산 지 자 동 인 자 정
知者樂 仁者壽
지 자 락 인 자 수

—— 세라 앨런(Sarah Allan, 1945~)이란 미국 학자에 따르면 물은 고대 중국 문화의 뿌리 은유(root metaphor)이다. 물을 사용해서 추상적 개념이나 사상을 대신 드러낸 것이다. 지혜로운 사람이 좋아하는 물은 유동성을 상징한다. 생각이 어느 한쪽에 치우치지 않고 물처럼 막힘없이 흐를 수 있는 사람은 총명하고 지혜로운 사람이다. 어떤 이데올로기나 편견에 사로잡히면 사태의 진상을 제대로 보기가 어렵다. 많이 아는 만큼 다양한 각도에서 생각할 수 있기에 많이 보이고 다양하게 느끼니 즐겁다. 그러나 끊임없이 동요하고 흔들리기도 쉽다. 인의 경지는 이와 다르다. 나름의 믿음이나 깨달음이 있어 산처럼 고요하고 관대하고 안정될 수 있다.

인한 사람이 오래 산다는 것은 실제로 장수한다는 말이라기보다는 "죽어도 잊히지 않는 것이 수이다(死而不忘者壽)"(『노자』 33장)라는 말처럼 잊히지 않는 삶을 살았다는 말이다. 그렇지 않다면 인하다고

칭찬받은 안연이 40세의 나이로 단명했으므로 당장 모순이 발생한다. 순간 속의 영원, 흐르지 않는 시간을 체득한다는 뜻으로 볼 수도 있다. 「선진」 8장에는 안연이 죽자 공자가 하늘이 나를 버렸다고 슬퍼하는 장면이 나온다.

물에 대한 또 다른 언급은 흘러가는 강물을 보고 공자가 내뱉은 유명한 탄식이다. "흘러가는 것이 이와 같구나!"(「자한」 17장)

6.24 공자께서 말씀하셨다. "제나라가 한 번 변하면 노나라에 이르고, 노나라가 한 번 변하면 이상향에 이른다."

子曰 齊一變 至於魯 魯一變 至於道
자 왈 제 일 변 지 어 노 노 일 변 지 어 도

—— 당시에 제나라는 강대국이었지만 패도(覇道: 실제로는 힘으로 윽박지르면서 인을 가장하는 정치)를 걷고 있었고, 노나라는 비록 약소국이었지만 주공이 남긴 좋은 제도나 풍속을 많이 유지하고 있었다. 따라서 공자는 노나라의 정치제도를 잘 개혁하면 왕도(王道: 덕으로써 인을 행하는 방식) 정치를 실현할 수 있다고 본 것이다. 이는 명백히 노(魯)나라에서 전해 내려온 『노논어』에 나오는 말일 것이다. 노나라 사람의 말투다. 미국이 한 번 변하면 유럽이 되고 유럽이 한 번 변하

면 '그리스'가 될까?

6.25 공자께서 말씀하셨다. "술잔이 술잔 같지 않으면 술잔인가. 술잔인가."

子曰 觚不觚 觚哉 觚哉
자 왈 고불고 고재 고재

—— 고(觚)는 은나라와 서주 시대에 널리 쓰인, 위아래가 장방형이고 가운데가 잘록한 술잔이다. 나중에 위는 나발 모양으로 아래는 둥그런 형상으로 변하였다. 그래서 이런 탄식이 나온 것이다. 명실(名實)이 부합하지 않는 세태를 탄식한 말이다. 이외에도 「안연」 11장에 공자의 명실론이 언급된다. 왕충의 『논형(論衡)』 「어증(語增)」 편에는 공자가 이런 잔으로 100잔을 마셨다는 말이 나온다.

6.26 재아가 여쭈었다. "인덕(仁德)이 있는 사람은 만약 누가 우물에 사람이 빠졌다고 (거짓으로) 말했을 때 거기에 들어가 구하겠습니까." 공자께서 말씀하셨다. "왜 그렇게 하겠느냐. 군자는 우물 있는 데까지 가게 할 수는 있지만 거기에 빠지게 할 수는 없다.

그를 속일 수는 있지만 우롱할 수는 없다."

宰我問曰 仁者雖告之曰 井有仁焉 其從之也 子曰
재 아 문 왈 인 자 수 고 지 왈 정 유 인 언 기 종 지 야 자 왈
何爲其然也 君子可逝也 不可陷也 可欺也 不可罔也
하 위 기 연 야 군 자 가 서 야 불 가 함 야 가 기 야 불 가 망 야

―― 재아의 질문이 아주 재미있으면서도 예리하다. 인덕이 있어야 한다는 데는 동의하지만 그런 사람은 현실에서는 좀 바보 같지 않으냐고 돌려 물은 것이다. 공자의 대답은 인자(仁者)는 너무 착해서 남들의 속임수에 넘어가는 어리석은 사람이 아니라 지혜를 뛰어넘은 사람이라는 뜻이다. 따라서 우물이 있는 곳까지 가게 할 수는 있지만 속여서 빠뜨리지는 못하고 그럴싸한 거짓말로 속일 수는 있지만 얼토당토않은 말로 농락하지는 못한다. '인'을 표방하고 백성들에게 바보처럼 착하게 살라고 하면서 자기는 약삭빠르게 계산한 사람들은 역대의 지배층이 아니었을까?

6.27 공자께서 말씀하셨다. "군자가 널리 글을 배우고 예로 단속한다면 또한 (군자의 도리에) 어긋나지 않을 것이다."

子曰 君子博學於文 約之以禮 亦可以弗畔矣夫
자 왈 군 자 박 학 어 문 약 지 이 례 역 가 이 불 반 의 부

—— 두루 알지 못해 자기 분야를 벗어나면 상식적인 것도 모르는 전문가가 있고, 아는 것은 많지만 행동이나 처신이 이에 못 미치는 사람이 있다. 많이 보고 듣고 배우고, 예절로써 잘 요약해야 모범이 될 만한 사람이다.

6.28 공자께서 남자(南子)를 만나셨다. 자로가 기뻐하지 않았다. 공자께서 (하늘에) 맹세하며 말씀하셨다. "내가 예에 합치되지 않는 행동을 했다면 하늘이 나를 버릴 것이다. 하늘이 나를 버릴 것이다."

子見南子 子路不說 夫子矢之曰 予所否者 天厭之
자 견 남 자 자 로 불 열 부 자 시 지 왈 여 소 부 자 천 염 지
天厭之
천 염 지

——「공자세가」에는 "위령공 부인 남자가 사람을 보내 공자에게 연락하였다. 그는 '사방의 군자들 중에 우리 주군과 형제 맺고자 하는 자는 반드시 부인을 만나봅니다. 부인께서도 선생을 만나고 싶어 하십니다'라고 말했다. 공자가 처음에 거절하였으나 부득이 만나지 않을 수 없었다"라고 기록되어 있다. 또 공자가 남자를 만나 북쪽을 향해 고두례를 행했다고 전하고 있다.

남자는 위령공의 부인인데 평판이 좋지 않았다. 지금으로 따지면 평판이 좋지 않은 영부인이 불러서 당대의 최고 지성이 만나러 간 것이다. 성격이 괄괄한 자로가 달갑지 않은 내색을 하자 공자가 이런 맹세까지 하는 것을 보면 제자가 무섭긴 무섭다. 아니 공자가 보통의 '선생님'과 달리 매우 진솔하다. 부(否)를 '예에 합치되지 않다'고 해석하였다.

6.29 공자께서 말씀하셨다. "중용의 덕은 가장 지극한 덕일 것이다. 백성들에게 이 덕이 부족한 지가 오래되었다."

子曰 中庸之爲德也 其至矣乎 民鮮久矣
자왈 중용지위덕야 기지의호 민선구의

—— 이 구절을 근거로 보면 중용은 백성과 관계가 있는 지극한 덕이다. 다시 말하면 백성의 덕이지 왕의 덕이 아니라는 말이다. 여기서 말하는 중용은 도대체 무엇일까? 아마도 공경하고 양보하면서 서로 화목하게 지내는 것인 듯하다. 과격한 다툼이나 무고가 없이, 모든 다툼을 법으로 해결하려는 마음이 없이 잘 지내는 것을 말한다.

칼날 위에 설 수는 있어도 행하기 어렵다는 중용, 양 극단에 대한 반성과 비교를 통해 도출한 불편부당하고 과불급이 없는 중용은 왕의 덕목이다.

6.30 자공이 여쭈었다. "만약에 백성들에게 널리 좋은 일을 하고, 더 나아가 대중을 구제한다면 어떻습니까. 인하다고 할 수 있겠습니까." 공자께서 말씀하셨다. "어찌 단지 인에 그치는 일이겠느냐. 틀림없이 성(聖)일 것이다. 요임금과 순임금조차도 그렇게 하지 못해 걱정하셨다. 인이라고 하는 것은 자기가 서고자 하면 남을 일으켜 세우고, 자기가 이루고자 하면 남을 이루게 하는 것이다. 가까운 주변에서 접한 사례를 찾아 자기를 돌아보고 남의 입장을 잘 고려하는 것은 인을 실천하는 방법이라고 말할 수 있다."

子貢曰 如有博施於民而能濟衆 何如 可謂仁乎
자공왈 여유박시어민이능제중 하여 가위인호
子曰 何事於仁 必也聖乎 堯舜其猶病諸 夫仁者
자왈 하사어인 필야성호 요순기유병저 부인자
己欲立而立人 己欲達而達人 能近取譬
기욕립이립인 기욕달이달인 능근취비
可謂仁之方也已
가위인지방야이

—— 인보다 더 높은 도덕 가치가 성(聖)인데, 바로 여기서만 성을 언급하고 있다. 인에 도달하기가 쉽지 않다. 하지만 주변에서 접한 실제 사례를 미루어서 남의 입장을 이해하는 방식으로 인에 도달할

수는 있다. 인이 자기 수양이 필요한 내면의 경지라면, 성은 객관적 실천적 공력을 포함하는 개념이기 때문에 더욱 이에 이르기 어렵다. 「헌문」 42장에서는 "자신을 수양하여 백성을 편안하게 하는 것은 요순과 같은 성왕도 쉽게 잘해내지는 못했을 게야"라고 말한다.

7. 술이

7.1　공자께서 말씀하셨다. "나는 전술(傳述)하였지 창작하지 않았으며, 옛것을 믿고 좋아했으니, 나를 (옛것을 믿고 전술했던) 노팽과 비교할 수 있을 게야."

子曰 述而不作 信而好古 竊比於我老彭
자 왈 술 이 부 작 신 이 호 고 절 비 어 아 노 팽

—— 공자는 자신이 하고 있는 일을 명확히 자각하고 있었다. 술이부작(述而不作)이란 옛것을 베끼고 답습했다는 말이 아니다. 옛것의 의미를 전술(傳述)하고 전록(傳錄)하였지 멋대로 창작하지 않았다고

공자는 말한다. 창작자가 아니라 전승자를 자처한 것이다. 노팽(老彭)은 분명치 않지만 은나라의 어진 대부로 옛것을 믿고 전술한 사람일 것이다. 공자는 자신을 이런 노팽에 조심스럽게 비교하고 있다. 술이부작이란 말은 굉장히 유명하다. 전편의 마지막에서 성에 대해서 언급했지만 「술이」 편에서 공자가 성인임을 뒷받침하는 사례를 하나하나 열거하고 있음에 주목해야 한다.

7.2 공자께서 말씀하셨다. "묵묵히 마음에 새겨두고, 배우는 것을 싫증내지 않으며, 남 가르치는 일을 게을리하지 않는 그런 일들이 나에게 무슨 어려움이 있겠는가."

子曰 默而識之 學而不厭 誨人不倦 何有於我哉
자 왈 묵 이 지 지 학 이 불 염 회 인 불 권 하 유 어 아 재

—— 보고 듣고 아는 것이 많으면 조용히 있기가 어렵다. 누구에게라도 말하고 싶다. 배움에는 끝이 없다고 하지만 배움이 어떤 목적을 이루기 위한 수단으로 전락할 때 싫증내지 않기가 어렵다. 가르치는 일에 재미가 없진 않지만 알아듣지 못하면 권태를 느끼기 십상이다. 이런 것을 이겨내고 말을 많이 하지 않고, 묵묵히 기억하고, 배우는 것을 싫어하지 않으며, 남 가르치는 일을 게을리하지 않았던 점이 바

로 공자의 공자다움이다.

7.3 공자께서 말씀하셨다. "나는 덕을 닦지 않는 것과 학문을 강습하지 못하는 것과 옳은 일을 듣고도 실천하지 못하는 것과 좋지 않은 점을 고치지 못하는 것을 근심한다."

子曰 德之不修 學之不講 聞義不能徙
자 왈 덕 지 불 수 학 지 불 강 문 의 불 능 사
不善不能改 是吾憂也
불 선 불 능 개 시 오 우 야

—— 덕은 닦아야 하고, 학문은 연구해야 하고, 옳은 일을 들으면 이에 걸맞게 행동해야 하고, 잘못된 점은 고쳐야 한다. 날로 새롭게 이런 점을 실천해야 한다. 공자는 이 네 가지를 알면서도 잘하지 못할까 두려워하며 자신을 독려하고 있다. 이런 점이 공자의 성인다운 면모다. 나의 근심은 무엇인가?

7.4 공자께서 한가롭게 계실 때는 편안하게 하시고 (얼굴 표정이) 즐거우셨다.

子之燕居 申申如也 夭夭如也
자 지 연 거 신 신 여 야 요 요 여 야

—— 근엄하고 딱딱한 공자의 사생활을 상상했다면 착각이다. 앞 장에서 공자의 근심을 말했고 여기서는 한가롭고 편안한 면모를 기록하고 있다. 리쩌허우는 「중국의 지혜」라는 글에서 중국 문화를 즐거운 감성의 문화〔樂感文化〕로 개괄하였다. 이는 자신의 죄를 민감하게 느끼고, 속죄를 위해 분투하고 노력하며, 자연을 정복하고 자신을 개조하여 다시 하느님의 품으로 돌아가려는 서양의 죄감(罪感) 문화에 대비된 개념이다. 그가 보기에 중국 문화는 하나의 세계(즉 차안의 세계)만을 가정하고 이 세간에서의 행복과 쾌락을 추구한다.

7.5 공자께서 말씀하셨다. "심하도다. 나의 노쇠함이여. 내가 꿈속에서 주공을 다시 보지 못한 지가 오래되었구나."

子曰 甚矣 吾衰也 久矣 吾不復夢見周公
자 왈 심 의 오 쇠 야 구 의 오 불 부 몽 견 주 공

—— 주공은 주문왕의 아들이자 무왕의 동생으로 주나라의 문물제도를 설계한 인물이다. 또한 공자의 조국 노나라에 처음 봉해진 임금이자, 공자가 평생 사모한 인물이다. 공자가 꿈속에서 주공을 만나는

것을 성세가 도래할 길조로 여겼는데 그렇지 못했기 때문에 탄식한 것이다. 『장자』에 따르면 지인(至人)은 꿈이 없는데 공자가 지인의 경지에 도달한 것인가. 꿈을 꾸기는 했지만 다른 꿈을 꾸었다는 것인가. 주공을 만나는 꿈을 꾸지 못했다면 무슨 꿈을 꾸었을까.

공자의 꿈과 관련하여 재미있는 이야기가 있다. 『예기』 「단궁(檀弓)」 상편에는 공자가 지난번에 장엄하게 제사를 받는 꿈을 꾸었다고 자공에게 말하는 대목이 있다. 공자가 머지않아 죽으리라는 사실을 안 것이다. 나중에 당의 현종이 태산에서 하늘에 제사를 지내고 오다가 취푸(曲阜)에 있는 공자의 생가에 들러 성대하게 제사를 올리면서 읊은 시 중에 다음과 같은 구절이 있다. "지금 두 기둥 사이에서 흠향 받는 이 모습이 그때 꾸었던 꿈과 똑같구나〔今看兩楹奠 當與夢時同〕." 공자 생전에 꾸었던 꿈처럼 지금 성대하게 제사를 바친다고 노래한 것이다.

7.6 공자께서 말씀하셨다. "도에 뜻을 두고 덕에 근거하고 인에 의지하며 예에 노닐어라."

子曰 志於道 據於德 依於仁 游於藝
자 왈 지 어 도 거 어 덕 의 어 인 유 어 예

―― 공자학파 교육의 대원칙이라고 할 수 있다. 첸무는 네 조목 중에서 앞의 세 조목 사이에는 선후가 있을 뿐이고 경중이 있지는 않으며, 앞의 세 조목과 마지막 조목 사이에는 경중은 있지만 선후는 없다고 보았다. 여기서 예는 육예(六藝)를 말한다.

7.7 공자께서 말씀하셨다. "속수 이상의 예물을 가져온 사람에게는 내가 일찍이 가르치지 않은 적이 없다."

子曰 自行束脩以上 吾未嘗無誨焉
자 왈 자 행 속 수 이 상 오 미 상 무 회 언

―― 속수(束脩)는 성의를 표시하기 위해 말린 고기 열 개를 묶어 마련한 작은 예물을 말한다. 공자는 작은 성의를 표시하면서 배우기를 청한 학생은 누구라도 가리지 않고 가르쳤다. 속수가 15세라는 설도 있다. 말린 고기가 아니라도 선생님께 가르침 받을 때 드리는 '수업료'를 속수라고 한다.

7.8 공자께서 말씀하셨다. "알려고 애쓰지 않으면 가르쳐주지 않고, 표현하려고 애태우지 않으면 일러주지 않고, 한 모퉁이를 들

어 보였을 때 나머지 세 모퉁이로 반응하지 않으면 다시 말하지 않았다."

子曰 不憤不啓 不悱不發 擧一隅 不以三隅反
자 왈 불 분 불 계 불 비 불 발 거 일 우 불 이 삼 우 반
則不復也
즉 불 부 야

—— 계발(啓發)이라는 말이 여기서 나왔다. 사각형으로 치면, 한 모서리의 문제를 풀어주면 나머지 세 모서리의 문제를 스스로 풀 수 있게 하는 것이 계발이다. 배우는 사람의 자발적 참여가 없으면 아무리 좋은 교육도 소용이 없다. 소도 물가에 끌고 갈 수는 있어도 물을 억지로 마시게 할 수 없는데 하물며 인간임에랴. 자기 주도적 학습 의지가 없으면 아무리 주입해도 안 된다. 비(悱)는 표현하고 싶은 의견이 마음속에 있지만, 그것을 말하지 못하는 모양을 의미한다. 원래 '물을 문(問)' 자와 '들을 문(聞)' 자가 같은 글자였다고 한다. 묻는 마음이 없으면 들리지도 않는다.

7.9 공자께서 상을 당한 사람 곁에서는 음식을 배불리 먹지 않으셨다.

子食於有喪者之側 未嘗飽也
자 식 어 유 상 자 지 측 미 상 포 야

—— 제자들이 공자를 얼마나 존경했으면 이런 세세한 것까지 관찰해서 기록해놓았을까. 억지로 꾸미지 않은 진실한 모습은 남을 감동시키게 마련이다. 상을 당한 사람과 슬픔을 함께하는 사람이라면 옆에서 배불리 먹을 수 없을 것이다.

7.10 공자께서 (조문하러 가셔서) 곡을 하신 날에는 노래를 부르지 않으셨다.

子於是日哭 則不歌
자 어 시 일 곡 즉 불 가

—— 공자는 상례에 참석해서 곡을 했으면 그날은 노래를 부르지 않았다. 공자가 평소에 노래하기를 매우 좋아했으며 진실한 마음으로 노래를 불렀음을 알 수 있다.

7.11 공자께서 안연에게 말씀하셨다. "세상이 써주면 나아가 행하고, 버리면 재주를 감추고 들어앉을 수 있는 사람은 오직 나와

너뿐이지." 자로가 여쭈었다. "선생님께서 삼군을 통솔하신다면 누구와 함께하시겠습니까." 공자께서 말씀하셨다. "맨주먹으로 범을 잡고 맨몸으로 강물을 건너려다가 죽어도 후회가 없는 사람과는 나는 함께하지 않을 것이다. 나는 반드시 큰일을 당하여 두려워할 줄 알고 미리 계획 세우기를 좋아하여 일을 성사시킬 수 있는 사람과 함께할 것이다."

子謂顏淵曰 用之則行 舍之則藏 惟我與爾有是夫
자 위 안 연 왈 용 지 즉 행 사 지 즉 장 유 아 여 이 유 시 부
子路曰 子行三軍 則誰與 子曰 暴虎馮河 死而無悔者
자 로 왈 자 행 삼 군 즉 수 여 자 왈 포 호 빙 하 사 이 무 회 자
吾不與也 必也臨事而懼 好謀而成者也
오 불 여 야 필 야 림 사 이 구 호 모 이 성 자 야

── 아주 재미있는 부분이다. 공자는 참 눈치도 없다. 자로가 옆에 있는데 공공연히 안연을 칭찬하면 누구인들 질투가 나지 않겠는가. 속으로 질투하지 않고 스승에게 과감히 자신의 장점을 피력하는 자로에게서는 인간미가 물씬 풍긴다. 안연은 어떤 표정을 지었을까?

공자가 차분하게 충고한다. 자로 너는 너무 무모한 게 탈이야. 일에 임해서 두려워하고 미리 잘 계획을 세워 일이 되도록 해야 해. 자로는 나중에 위나라 내전에 휘말려 비참하게 죽었다.

7.12 공자께서 말씀하셨다. "부가 추구해서 얻을 수 있는 것이라면 비록 채찍 잡는 일이라도 해보겠지만, 만일 구할 수 없는 것이라면 차라리 내가 좋아하는 일을 하겠다."

子曰 富而可求也 雖執鞭之士 吾亦爲之 如不可求
자 왈 부 이 가 구 야 수 집 편 지 사 오 역 위 지 여 불 가 구
從吾所好
종 오 소 호

—— 얼쑤! 좋다! 그런데 내가 진정으로 좋아하는 일이 뭐지? 좋아하는 일에서 즐거움을 찾을 수 있다. 사생유명 부귀재천(죽고 사는 것은 운명에 달렸고 부귀는 하늘이 내린다)이라고, 사생과 부귀는 구한다고 얻을 수 있는 것이 아니다.

채찍 잡는 사람이란 시장에서 질서를 유지하는 사람이나 귀족들이 길을 나설 때 미리 길을 여는 사람을 말한다.

7.13 공자께서 조심하신 일은 재계(齋戒)와 전쟁과 질병이었다.

子之所愼 齊戰疾
자 지 소 신 재 전 질

—— 가지런할 제(齊)와 재계할 재(齋)는 통한다. 왜냐하면 재계(齋

戒)란 제사를 지낼 때 생각을 가지런히 하기 위해 몸과 마음을 정결히 하는 것을 말하기 때문이다. 공자가 남의 생명〔戰〕과 자신의 생명〔疾〕을 얼마나 소중히 생각했는지 알 수 있다.

7.14 공자께서 제나라에 가 계실 때 소(韶) 음악을 들으시고 석 달 동안이나 고기 맛을 모르셨다. 그래서 말씀하셨다. "음악이 이런 경지에까지 이르리라고는 전혀 생각지 못했다."

子在齊聞韶 三月不知肉味 曰 不圖爲樂之至於斯也
자 재 제 문 소 삼 월 부 지 육 미 왈 부 도 위 악 지 지 어 사 야

―― 진선진미한 소(韶: 순임금의 음악 이름)라는 음악을 듣고 공자가 음악 삼매경에 빠졌나 보다. 석 달이란 오랜 시간을 말한다. 약간 과장했다고 볼 수 있지만 음악을 사랑하는 마니아들은 이와 비슷한 체험을 했을 것이다. 도대체 소라는 음악이 어떤 음악이기에 그랬을까. 녹음된 것이 있다면 들어보고 싶을 정도다. 「팔일」 25장을 참고할 것.

『사기』 「공자세가」에 보면 공자가 사양자라는 선생님에게 거문고를 배운 놀라운 이야기가 나온다. 공자는 열흘이 지나도 한 곡만 연습할 뿐 진도를 나갈 생각을 하지 않았다. 사양자가 이제 다른 곡을 공부해도 좋다고 하였다. 그러자 공자는 "이 곡의 선율은 충분히 익

혔지만 아직 박자를 제대로 익히지 못했습니다"라고 대답했다. 얼마간 시간이 지나서 사양자가 보니 공자가 박자를 잘 맞추고 있었다. 사양자는 "이제 박자를 다 익혔으니 다른 곡을 공부해도 좋다"고 하였다. 그러자 공자는 "아직 이 곡의 뜻을 잘 알지 못합니다"라고 하면서 계속 같은 곡을 연습했다. 또다시 얼마간의 시간이 지난 뒤 사양자가 "이제 그 뜻을 이해한 듯하니 다른 곡을 익히는 것이 어떻겠는가"라고 하자, 공자는 "아직 이 곡조를 지은 사람의 인간됨을 알지 못합니다"라고 대답했다. 다시 또 얼마가 지났는데 공자가 "이제야 나는 이 곡을 지은 이의 사람됨을 알았습니다. 피부는 검고 키는 크며 눈은 빛나고 멀리 바라보는데, 사방 여러 나라를 다스리는 임금의 마음을 가졌습니다. 작곡자는 아마도 문왕일 것입니다." 사양자는 깜짝 놀랐다. 왜냐하면 공자가 정확히 맞혔기 때문이다. 그리하여 사양자는 학생인 공자에게 감탄해서 큰절을 했다.

7.15 염유가 말하였다. "선생님께서 위나라 임금을 도와주실까." 자공이 "알았다. 내가 여쭈어보지"라고 하고 (공자가 계신 곳으로) 들어가 여쭈었다. "백이와 숙제는 어떤 사람이었습니까?" "옛날의 현인이다." "원망하였습니까?" "그들이 인을 추구하여 인을 얻었으니 또 무엇을 원망하였겠느냐." 자공이 물러나와 말하였다. "선생님께서는 위나라 임금을 도와주시지 않을 거야."

冉有曰 夫子爲衛君乎 子貢曰 諾 吾將問之 入曰
염유왈 부자위위군호 자공왈 낙 오장문지 입즉

伯夷叔齊 何人也 曰 古之賢人也 曰 怨乎
백이숙제 하인야 왈 고지현인야 왈 원호

曰 求仁而得仁 又何怨 出曰 夫子不爲也
왈 구인이득인 우하원 출왈 부자불위야

—— 여기서 말한 위나라 임금〔衛君〕은 출공(出公) 첩(輒)을 말한다. 위령공의 손자이자, 태자였던 괴외(蒯聵)의 아들이다. 원래 위령공의 아들인 괴외가 태자였는데 위령공의 부인 남자(南子)에게 미움을 받아 진(晉)나라로 망명하였다. 위령공이 죽자 괴외의 아들 첩이 위나라 임금 자리에 올랐다. 나중에 진나라는 괴외를 왕위에 복귀시키려고 하였고 위나라는 그것을 침략의 의도로 보고 거절하였다. 따라서 당시의 형국은 임금인 출공이 아버지인 괴외와 왕위를 놓고 싸우는 상황이었다. 이때 공자와 염구, 자공, 자로 모두 위나라에 있었다. 「자로」 3장에 "위나라 임금(출공 첩)이 선생님을 기다려 정치를 하려고 한다면 선생님께서는 무슨 일을 먼저 하시렵니까?"라고 자로가 묻는 장면이 나온다. 공자는 "반드시 명분을 바로잡겠다"라고 답한다. 유명한 말이다.

백이와 숙제는 고죽국의 두 왕자로 왕위를 서로 양보한 사람들이다. 총명한 자공은 공자가 백이와 숙제를 높이 평가하는 것을 보고 위나라 임금을 도와주지 않으리라고 본 것이다. 출공 첩과 괴외는 10여 년이나 싸웠고 결국 괴외가 승리해서 왕위에 올랐다. 자로는 이 싸움에 개입해서 출공 편을 들다가 비참하게 죽었다. 군자와 정치의 관계를 깊이 생각하게 만드는 구절이다.

「중니제자열전」에 따르면 염유는 공자보다 29세, 자공은 31세 어리다. 둘의 나이가 비슷하기 때문에 서로 말을 놓는 관계로 보고 이렇게 옮겼다.

7.16 공자께서 말씀하셨다. "거친 밥을 먹고 물을 마시고 팔베개를 하고 누웠어도 즐거움이 또한 그 가운데 있는 것이다. 의롭지 않으면서 부귀하게 되는 것은 나에게 뜬구름과 같다."

子曰 飯疏食 飮水 曲肱而枕之 樂亦在其中矣
자 왈 반 소 사 음 수 곡 굉 이 침 지 낙 역 재 기 중 의
不義而富且貴 於我如浮雲
불 의 이 부 차 귀 어 아 여 부 운

—— 차라리 한 편의 시다. 아무나 흉내 낼 수 있는 경지가 아니다. 앞서 말했듯이 「옹야」 11장과 함께 '공자와 안자의 즐거움〔孔顔之樂〕'을 말한 유명한 구절이다.

7.17 공자께서 말씀하셨다. "나에게 만일 몇 년의 시간이 있어

쉰 살까지 『주역』을 잘 공부한다면 큰 과오가 없을 것이다.”

子曰 加我數年 五十以學易 可以無大過矣
자 왈 가 아 수 년 오 십 이 학 역 가 이 무 대 과 의

—— 『사기』 「공자세가」에 “공자는 만년에 역(易)을 좋아했다〔孔子晩而喜易〕”는 기록이 있다. 여기서 말하는 역은 『주역』을 말한다. 공자의 일생을 보면 만년이 70세 무렵이겠지만 이 대목으로 미루어 만년이 50세라고 할 수 있다. 옛날에는 50세를 만년이라고 해도 전혀 이상한 일이 아니었다. 리링은 공자가 47세에서 50세 사이에 이 말을 했다고 본다. 마왕퇴에서 발견된 백서(帛書) 『주역』의 내용도 이를 증명하고 있다. 주희는 오십(五十)을 졸(卒) 자의 오기로 보고 “마침내”라고 해석하는데 여기서는 따르지 않았다. 사실 『주역』은 젊은 나이에 보기에 적당한 책이 아니다. 『주역』은 길흉소장(吉凶消長)과 진퇴존망의 이치를 설파하고 있기 때문에 이러한 이치를 잘 안다면 커다란 과오가 없을 것이다. 오십에 천명을 알았다는 말은 이 구절과 분명히 연관이 있다.

7.18 공자께서 ‘표준말’을 사용하실 때는 『시경』과 『서경』을 읽을 때와 예를 집행할 때다. 그때는 모두 ‘표준말’을 사용하셨다.

子所雅言 詩書執禮 皆雅言也
자 소 아 언 시 서 집 례 개 아 언 야

── 아언(雅言)은 당시의 표준말이다. 이때를 제외하고 공자가 평소에 대화를 할 때는 노나라의 구어(口語)를 사용했을 것이다. 리링에 따르면 공자가 살았던 춘추 말년의 표준말은 허난(河南) 말 혹은 산시(山西) 말이었을 것이다. 광대한 중국 땅에서 문화적 통일성을 유지하게 한 것은 구어가 아니라 표준어 역할을 한 문언(文言)이었다. 지금도 구어에 문언이 많이 살아 있다. 주희는 아언(雅言)을 '평소에 말씀하다'로 해석했는데 그렇게 보면 좀 어색하다.

7.19 섭공이 자로에게 공자에 대해 물었다. 자로가 대답하지 못했다. 공자께서 말씀하셨다. "너는 왜 이렇게 말하지 않았느냐. 그 사람됨이 발분(發憤)하면 밥 먹는 것도 잊고, 즐거울 때는 근심조차 잊어버려 늙음이 장차 닥쳐오는 것도 모르는 사람이라고."

葉公問孔子於子路 子路不對 子曰 女奚不曰 其爲人也
섭 공 문 공 자 어 자 로 자 로 부 대 자 왈 여 해 불 왈 기 위 인 야
發憤忘食 樂以忘憂 不知老之將至云爾
발 분 망 식 낙 이 망 우 부 지 로 지 장 지 운 이

── 섭공(葉公)은 초나라의 섭(葉)이라는 곳의 수장이다. 공자 스

스로 밝힌 이 몇 마디 말에 소탈하면서도 비범한 풍모가 선명하게 드러나고 있다. 공자의 성인다운 면모가 여실히 드러나는 명언 중의 명언이다. 공부하다 잘 풀리지 않으면 밥도 잊어버리고, 공부하다 새것을 알게 되면 즐거운 나머지 근심도 잊으며 잊고 장차 늙어가는 것도 모르는 공자. 아무리 노력해도 때 되면 밥 생각이 나고 근심 걱정할 때는 모든 즐거움을 잊어버리고서 아! 이렇게 늙어가다 죽는다는 것을 너무도 잘 아는 우리네 보통 사람은 필부다. 공자는 기원전 489년, 나이 63세에 섭공을 만났다.

7.20 공자께서 말씀하셨다. "나는 나면서부터 알고 있는 사람이 아니다. 옛것을 좋아하고, 부지런히 찾아 배운 사람이다."

子曰 我非生而知之者 好古 敏以求之者也
자 왈 아 비 생 이 지 지 자 호 고 민 이 구 지 자 야

―― 천재라는 칭찬을 받고 루쉰도 이와 유사한 말을 한 적이 있다. 내가 무슨 천재냐. 당신들이 재미있는 일로 시간을 보낼 때 나는 촌음을 아껴 책을 읽고 한 글자 한 글자 피땀 흘리며 글을 썼을 따름이라고. 루쉰은 공자를 비판적으로 보았지만 서로 통하는 점도 많다. 여기서 공자가 옛것을 좋아한다고 했는데 사실 인문학이란 옛사람의

말과 행동을 통해 인간을 이해하는 공부라고 할 수 있다.

7.21 공자께서는 괴이한 일과 무력에 관한 일, 반란에 관한 일과 귀신에 관한 일은 말씀하지 않으셨다.

子不語 怪 力 亂 神
자 불 어 괴 력 난 신

—— 여기서 열거한 네 가지는 사람들이 일반적으로 보고 말하기 좋아하는 것들이다. 세상에 이런 일도 있나 하는 이상한 사건들, 격한 싸움 등은 사실 호기심을 자극하기 때문에 누구나 흥미로워한다. 공자는 그런 것을 말하지 않고 평범한 것과 더불어 덕, 치세, 인간에 관한 일을 말했다는 것이다. 중국에서 서구의 그리스 로마 신화 같은 역할을 한 것이 다양한 인물이 등장하는 역사책이다. 중국은 역사가 종교인 나라다. 괴력난신(怪力亂神) 이야기만을 모아놓은 청대 문인 원매(袁枚)의 『자불어(子不語)』라는 책도 있다.

7.22 공자께서 말씀하셨다. "세 사람이 같이 길을 가면 반드시 그 가운데 나의 스승 될 만한 이가 있다. 그중에서 선한 사람을 택

해 따르고, 선하지 못한 사람을 보면 스스로 반성해 고쳐야 한다."

子曰 三人行 必有我師焉 擇其善者而從之
자 왈 삼 인 행 필 유 아 사 언 택 기 선 자 이 종 지
其不善者而改之
기 불 선 자 이 개 지

—— 혼자 있는 것이 때로는 번거롭지 않아 좋지만 자신을 돌아볼 기회가 없다는 점에서는 나쁘다. 타인은 지옥일 수도 있지만 내가 본받거나 나를 비추어볼 수 있는 좋은 스승이기도 하다.

7.23 공자께서 말씀하셨다. "하늘이 나에게 덕을 주셨으니 환퇴가 나를 어찌하겠는가."

子曰 天生德於予 桓魋其如予何
자 왈 천 생 덕 어 여 환 퇴 기 여 여 하

——「공자세가」에 따르면 공자가 송나라를 지나가다가 제자들과 더불어 커다란 나무 아래에서 예에 대해 가르치고 있었는데 환퇴(桓魋) 일행이 나무를 베어버리려 하며 위협을 가했다. 환퇴는 송나라 군대를 통솔하던 장관이었다. 본문은 공자가 자리를 떠나면서 제자들에게 한 말이다. 덕이란 수양을 통해 얻어지지만 천성이 그르면 닦

을 수도 없다. 가장 위험한 순간에 도리어 마음속 깊은 곳에서 솟아 나오는 용기와 역사적 사명감이 없다면 불가능한 일이다. 이는 공자 나이 60세 때의 일이다.

공자가 환난을 당했을 때가 세 번 있다. 이번을 제외한 나머지 두 경우는 「자한」 5장, 「위령공」 2장에 나온다.

7.24 공자께서 말씀하셨다. "너희들은 내가 무엇인가 숨기고 있다고 생각하느냐. 나는 숨기는 것이 없다. 나는 너희들에게 보여주지 않는 행동이 없다. 이것이 바로 나다."

子曰 二三子以我爲隱乎 吾無隱乎爾
자 왈 이 삼 자 이 아 위 은 호 오 무 은 호 이
吾無行而不與二三子者 是丘也
오 무 행 이 불 여 이 삼 자 자 시 구 야

—— 공자의 비범함의 비결은 뭘까? 무협영화에 나오는 비급(秘笈) 같은 것을 혹시 가지고 있지 않을까? 제자 중에 의심하는 사람이 있었던 모양이다. 공자의 아들 백어(伯魚)에게 아버지에게 특별히 따로 배운 것이 있느냐고 물어본 진항 같은 제자가 그런 사람인지 모른다.(「계씨」 13장 참고) 사실 의심하는 제자뿐만 아니라 무얼 숨기는 선생님이 지금도 있을 수 있다. 알고 보면 별 것도 아닌데 마치 대단한

진리를 손에 쥔 양 혹세무민하는 사람도 많다.

공자는 지극히 평범해 보였으나 당당했다. 하지만 평소의 일거수 일투족에 성인다운 면모가 잘 드러나 있다. 천기는 아무리 누설하려 해도 누설되지 않는다! 누설된다면 그것은 참된 진리가 아니라 얄팍한 술수다.

7.25 공자께서는 네 가지 측면을 (제자들에게) 가르치셨다. 문헌, 실천, 충실, 신의다.

子以四教 文行忠信
자 이 사 교 문 행 충 신

—— 역대의 문헌〔文〕을 공부했다고 도덕적 실천〔行〕을 할 수 있는 것은 아니다. 실천을 잘하려면 내면의 충실과 신의가 바탕이 되어야 한다. 공자는 이처럼 자신이 알고 있고 중요하다고 생각한 것을 제자들에게 숨김없이 가르치고 있었다. 진주향교에 사교당(四教堂)이란 건물이 있는데 이 구절에서 이름을 따온 것이다.

7.26 공자께서 말씀하셨다. "성인을 내가 만나보지 못했다. 군자

라도 만날 수 있다면 좋겠다. 선인(善人)을 만나보지 못했다. 한결같은 사람을 만날 수가 있다면 좋겠다. 없으면서 있는 체하고, 텅 비어 있으면서 가득 차 있는 체하고, 곤궁하면서 태평한 체한다면 한결같기가 어려울 것이다."

子曰 聖人 吾不得而見之矣 得見君子者 斯可矣 子曰
자왈 성인 오부득이견지의 득견군자자 사가의 자왈
善人 吾不得而見之矣 得見有恒者 斯可矣 亡而爲有
선인 오부득이견지의 득견유항자 사가의 무이위유
虛而爲盈 約而爲泰 難乎有恒矣
허이위영 약이위태 난호유항의

—— 한결같은 사람〔有恒者〕도 만나보기 쉽지 않다. 성인과 군자, 선인은 더 말해 무엇하겠는가? 여기서 말하는 선인은 글자 그대로 착한 사람이라는 뜻이 아니라 한결같은 사람보다 질적으로 우수한 사람이다. 한결같은 사람이 되지 못하는 이유는 "없으면서 있는 체하고, 텅 비어 있으면서 가득 차 있는 체하고, 곤궁하면서 태평한 체"하는 탓이다. 선인이라는 말은 「선진」 19장, 「자로」 11장, 29장, 「요왈」 1장에 나온다.

철인 정치인은 논외로 치더라도 모범이 될 만한 정치인이라도 만나보았으면 좋겠다. 착한 정치인을 기대하긴 어렵겠지만 마음이 한결같은 정치인이라도 만나고 싶다. 쉽지 않은 일이다.

7.27 공자께서는 낚시질은 해도 그물로 잡지는 않으셨으며, 활을 쏘아 새를 잡기도 하지만 잠자고 있는 새를 쏘지는 않으셨다.

子釣而不綱 弋不射宿
자 조 이 불 강 익 불 석 숙

—— 어찌 보면 별일도 아니고, 어쨌든 잡지 않았냐고 말하면 할 말은 없다. 그러나 그물로 잡는 것과 다를 바 없이 떡밥을 강물에 많이 뿌리고 낚싯대를 여럿 드리운 '어부'와 비교하면 차원이 다르다. 날아가는 새를 잡을 수는 있지만 둥지에 돌아와 쉬고 있는 새는 쏘지 않는다는 것이다. 미물을 대하는 공자의 마음이나 이 일을 주목하고 기록한 이의 온정을 느낄 수 있는 구절이다. 강(綱)은 흐르는 강물을 큰 그물로 막아 고기를 잡는 것을 말하고, 익(弋)은 줄이 달린 화살로 새를 쏘는 것을 말한다. 숙(宿)은 귀숙한 것을 말한다. 둥지에 돌아와 쉬거나 자는 새는 안 쏜다는 말이다.

7.28 공자께서 말씀하셨다. "잘 알지도 못하면서 멋대로 지어내는 사람이 있겠지만 나는 그런 일이 없다. 많이 듣고 그 가운데 좋은 것을 가려서 그걸 따르고, 많이 보고서 기억해두는 일, (그것이) 지(知)에 (도달하는) 과정이요 순서다."

子曰 蓋有不知而作之者 我無是也 多聞
자왈 개유부지이작지자 아무시야 다문
擇其善者而從之 多見而識之 知之次也
택기선자이종지 다견이지지 지지차야

—— 잘 알지도 못하면서 멋대로 지어내는 사람을 경계한 말이다. 잘못 알고 있느니 차라리 무지가 낫다. 다문(多聞) 다견(多見)이라는 말은「위정」18장에도 나왔다. 정말 많이 듣고 많이 보는 것이 중요하다. 다시 말하면 견문이 넓어야 한다. 맨 마지막 구절〔知之次也〕에 관해서는 서로 다른 해석이 있다. 일반적으로는 이렇게 배워서 아는 것이 나면서부터 아는 것〔生而知之〕 다음〔次〕이라고 해석한다. 공자 스스로 나면서부터 아는 사람이 아니고 그다음 수준의 지적 능력을 가졌다고 판단해 많이 듣고 좋은 것을 가려 따르고, 많이 보고 기억해 두었다고 보기도 한다.

7.29 호향이라는 마을의 사람과는 이야기를 나누기가 어려웠는데 (그 마을의 한) 젊은이가 와서 공자를 뵙거늘 제자들이 이상하게 생각하였다. 공자께서 말씀하셨다. "나를 찾아온 것을 인정한 것이지 그가 물러나서 한 일을 인정하는 것이 아니다. 여기에 무슨 지나친 점이 있느냐? 남이 자기 잘못을 깨끗이 씻고 나올 때 (현재의) 깨끗함을 인정해주는 것이 지난날의 잘못까지를 용납한다는

것은 아니다.”

互鄕難與言 童子見 門人惑 子曰 與其進也
호 향 난 여 언 동 자 현 문 인 혹 자 왈 여 기 진 야
不與其退也 唯何甚 人潔己以進 與其潔也 不保其往也
불 여 기 퇴 야 유 하 심 인 결 기 이 진 여 기 결 야 불 보 기 왕 야

—— 아주 재미있는 구절이다. 왜 호향(互鄕)이라는 곳에 사는 사람과 서로 대화하기가 어려웠는지는 알 수 없다. 어쨌든 그곳에 사는 사람은 좋지 않은 습속에 물들어 있어서 상대하기 어려웠던 모양이다. 호향에 사는 사람, 그것도 어린 친구가 공자를 찾아와서 만났다. 제자들이 선생님의 태도에 의문을 품은 것은 당연한 일이다. 그런데 아쉽게도 젊은이가 공자를 왜 만나려고 했는지, 만나서 무슨 대화를 나누었는지, 만난 후에는 어떻게 되었는지 기록되어 있지 않다. 『논어』에 이런 식의 기술이 상당히 많다.

혹은 이런 식으로 볼 수는 없을까. 문명과 야만의 만남? 최고 지성과 무뢰배의 만남? 기록된 공자의 말로 보아 공자가 이번 만남에 불만을 품지 않았음을 알 수 있다. 젊은이가 공자를 모독한 일도 없었던 것 같다. 자기 잘못을 깨끗이 인정했다고 하지 않았는가. 공자가 그를 만나 가르쳐주기만 했을까. 야만만 문명에서 배워야 하는가. 열린 눈으로 보면 문명이 야만으로부터 배울 수도 있다.

아무튼 지나간 일은 탓하지 않는다. 공자를 만나기 이전 혹은 이후

는? 그것은 아무도 보장할 수 없는 일이 아닌가. 이 구절을 학생들을 가르칠 때 차별을 두지 않는다〔有敎無類〕고 한 구절(「위령공」 39장)과 연관 지어 공자의 관대한 태도를 드러낸 대목으로 해석하기도 한다. "속수(束脩) 이상의 예물을 가져온 사람에게는 내가 일찍이 가르치지 않은 적이 없다"(「술이」 7장)고 한 구절과도 연관이 있다. 대목수는 구부러진 나무를 두려워하지 않고, 훌륭한 의사는 고질병을 두려워하지 않으며, 성인은 여러 부류의 사람을 포용한다.

7.30 공자께서 말씀하셨다. "인이 멀리 있는가? 내가 인을 행하고자 한다면 바로 인이 다가올 것이다."

子曰 仁遠乎哉 我欲仁 斯仁至矣
자 왈 인 원 호 재 아 욕 인 사 인 지 의

—— 인이 아주 쉬운 것처럼 말한다. 인을 행하려는 의지가 중요하다. "내가 인을 행하고자 한다면 바로 인이 다가올 것이다." 왜냐하면 인은 추상적 개념이 아니라 하나의 과정이기 때문이다.

7.31 진나라 사패가 물었다. "(노나라) 소공은 예를 압니까?" 공

자께서 말씀하셨다. "예를 아셨다." 공자께서 물러가시자 사패가 무마기에게 정중히 절하고 앞으로 나아가 말하였다. "내가 듣기로는 군자는 편을 가르지 않는다고 했는데 군자도 편을 가릅니까? 소공이 오나라 여자를 취했는데, 성이 같기 때문에 그 부인을 오맹자(吳孟子)라고 달리 불렀습니다. 이런 임금이 예를 안다고 한다면 누군들 예를 모르겠습니까." 무마기가 (이 말을) 보고하였더니 공자께서 말씀하셨다. "나는 다행이다. 진실로 나에게 허물이 있을 때는 반드시 남이 그것을 알려주는구나."

陳司敗問昭公 知禮乎 孔子曰 知禮 孔子退
진사패문소공 지례호 공자왈 지례 공자퇴
揖巫馬期而進之 曰 吾聞君子不黨 君子亦黨乎
읍무마기이진지 왈 오문군자부당 군자역당호
君取於吳 爲同姓 謂之吳孟子 君而知禮 孰不知禮
군취어오 위동성 위지오맹자 군이지례 숙부지례
巫馬期以告 子曰 丘也幸 苟有過 人必知之
무마기이고 자왈 구야행 구유과 인필지지

—— 진사패(陳司敗)는 진나라의 사패(司敗: 법률을 관장하는 관직)이다. 그냥 이름이라는 설도 있다. 무마기(巫馬期)는 공자의 제자다. 당시 예법에 따르면 동성끼리는 결혼을 할 수 없었다. 노나라와 오나라의 왕실 모두 성이 희(姬)였다. 또한 춘추시대에는 군주의 부인은 출생지에다가 원래 본인의 성을 합쳐 불렀다. 이 원칙에 따르면 소공의 부인을 오희(吳姬)라고 해야 한다. 여기서 문제가 발생한다. 소공의

성이었던 희(姬)와 동성임이 그대로 드러나기 때문이다. 그리하여 오맹자라고 달리 부른 것이다. 진사패는 이 점을 두고 공자에게 난처한 질문을 던진다. 자신의 군주가 동성인 부인과 결혼한 사실을 모르지는 않지만 신하된 도리로서 그것이 잘못이라고 대놓고 말할 수는 없는 노릇이다. 그래서 소공이 예를 안다고 공자가 대답한 것이다. 그러자 진사패는 공자의 제자를 찾아가 따진다. 공자가 노나라 사람이라고 자신의 군주 편을 들어 잘못을 은폐하는 것이 아니냐고. 공자의 대답이 '절묘'하다. "나는 다행이다. 진실로 나에게 허물이 있을 때는 반드시 남이 그것을 알려주는구나."

주희의 해석에 따르면, 공자 입장에서는 임금의 불미스러운 일을 숨겼다고 털어놓을 수 없고, 동성에게 장가든 것을 두고 예를 아는 행위라고 대답할 수도 없다. 알면서 숨기는 것도 잘못이요, 동성 간의 결혼이 예를 아는 행위라고 하는 것도 억지다. 공자는 이렇게 자신의 잘못을 인정했으나 애당초 임금이 예를 모른다고 말하지는 않았다. 마치 오맹자의 일을 모르고 있었던 것처럼.

7.32 공자께서 남과 함께 노래를 부르시다가 (그가) 잘하면 반드시 다시 부르게 하시고 그런 뒤에 따라 부르셨다.

子與人歌而善 必使反之 而後和之
자 여 인 가 이 선 필 사 반 지 이 후 화 지

—— 공자가 음악을 태어나서부터 안 것〔生而知之〕이 아니라 허심탄회하게 배우기 좋아한 덕분에 알았음을 알 수 있다.

7.33 공자께서 말씀하셨다. "문장에 관한 학문은 나도 남과 비슷하겠지만 군자의 도를 몸소 실천하는 일은 내 아직 이루지 못했다."

子曰 文莫吾猶人也 躬行君子 則吾未之有得
자 왈 문 막 오 유 인 야 궁 행 군 자 즉 오 미 지 유 득

—— 겸손한 말이다. 주자의 주석을 따라, 막(莫) 자를 단언하지 않고 판단을 유보하는 느낌을 주는 '아마도' 정도로 풀어 "문장에 관한 학문은 나도 남과 비슷하겠지만"이라고 해석했다.

7.34 공자께서 말씀하셨다. "성(聖)과 인(仁)을 내가 어찌 감당할 수 있겠는가. 그러나 노력하기를 싫증내지 아니하고, 남 가르치는 일을 게을리하지 않는 점만은 그러하다고 말할 수 있을 것이다."

공서화가 말씀드렸다. “바로 그 점이 저희가 배울 수 없는 점입니다.”

子曰 若聖與仁 則吾豈敢 抑爲之不厭 誨人不倦
자 왈 약 성 여 인 즉 오 기 감 억 위 지 불 염 회 인 불 권
則可謂云爾已矣 公西華曰 正唯弟子 不能學也
즉 가 위 운 이 이 의 공 서 화 왈 정 유 제 자 불 능 학 야

—— 앞 구절과 의미가 연결된다. 성하다거나 인하다고 자부할 수는 없지만 노력하기를 싫증내지 않고 남 가르치는 일은 게을리하지 않는다고 자부할 수 있다. 공자의 이 말도 멋지지만 제자인 공서화의 추임새 같은 말도 참 재치가 있다. 막상막하의 경지라고나 할까.

『맹자』「공손추 상」에 이와 비슷한 대화가 있다. 자공이 공자에게 선생님은 성인이냐고 물었다. 그러자 공자는 내가 성인은 아니지만 배우는 것을 싫어하지 않고 가르치는 것을 게을리하지 않는다고 대답한다. 자공의 대답, “배우는 것을 싫어하지 않는 것은 지(智)요, 가르치는 것을 게을리하지 않는 것은 인(仁)입니다. 인하고 또 지(知)하시니 선생님은 성인이십니다.”

7.35 공자의 병환이 위중해지자 자로가 선생님을 위해 기도하고 싶다며 허락을 구하였다. 공자께서 말씀하셨다. “이런 경우가 있

느냐." 자로가 대답하였다. "있습니다. 옛 사람의 뇌문에 이르기를, '당신을 위해 천지신명께 빌었다'고 하였습니다." 공자께서 말씀하셨다. "내가 (그러한) 기도를 한 지 오래되었다."

子疾病 子路請禱 子曰 有諸 子路對曰 有之 誄曰
자질병 자로청도 자왈 유저 자로대왈 유지 뇌왈
禱爾于上下神祇 子曰 丘之禱久矣
도이우상하신기 자왈 구지도구의

—— 공자의 병이 위중해져서 자로가 선생님을 위해 기도를 올리게 해달라고 청하였다. 스승을 생각하는 자로의 극진한 마음이 느껴진다. 하지만 공자는 자로의 청을 완곡히 거절한다. 공자는 귀신에게 기도를 올려 병이 낫게 된다고는 결코 믿지 않았다. 공자가 중요한 문제에 부딪쳤을 때 하늘이나 명을 언급한 적은 있어도 귀신을 운운하지는 않았다. 하지만 귀신의 유무를 말하거나 기도하는 것이 잘못되었다고 비판하지는 않았다. 뇌문(誄文)은 산 자가 죽은 자를 애도하는 문장이다. 「자한」 12장에도 비슷한 이야기가 나온다.

7.36 공자께서 말씀하셨다. "사치하면 겸손하지 않고, 검소하면 고루해진다. 겸손하지 않은 것보다는 차라리 고루한 편이 낫다."

子曰 奢則不孫 儉則固 與其不孫也 寧固
자왈 사즉불손 검즉고 여기불손야 영고

—— 제대로 사치하려면 결국 남보다 '한 끗발' 더 사치해야 한다. 그러므로 겸손하지 않은 것이다. 검소한 것은 좋지만 검소하다 보면 좀 고루해 보인다. 하지만 겸손하지 않은 것보다 고루한 편이 낫다. 검소하면 환경에도 좋다.

7.37 공자께서 말씀하셨다. "군자는 (마음이) 평탄하고 넓으며, 소인은 늘 걱정한다."

子曰 君子坦蕩蕩 小人長戚戚
자왈 군자탄탕탕 소인장척척

—— 군자는 천명을 낙천적으로 받아들이고 하늘을 우러러 부끄러움이 없으니 마음이 평탄하고 넓어 여유가 있다. 반면 소인은 자신의 이익을 생각하고 욕심이 많으니 늘 원망하고 걱정한다. 마음이 넓으면 몸도 쫙 펴진다[心廣體胖].

7.38 공자께서는 온화하면서도 엄숙하고, 위엄이 있으면서도 사

납지는 않고, 공손하면서도 편안하셨다.

子溫而厲 威而不猛 恭而安
자 온 이 려 위 이 불 맹 공 이 안

—— 온화하면 조금 만만해 보이고, 위엄이 있으면 사나워 보이고, 공손하면 좀 불편해지게 마련이다.

전편을 다시 읽어보면 한 구절 한 구절이 공자의 말과 행동에서 저절로 배어 나오는 성인다운 풍모와 치명적인 매력(?)을 드러내고 있음을 느낄 수 있다.

8. 태백

8.1 공자께서 말씀하셨다. "태백은 최고의 덕성이 있다고 할 수 있겠구나. 천하를 세 번 사양하였지만 백성들이 어떻게 그를 칭송할지 몰랐다."

子曰 泰伯 其可謂至德也已矣 三以天下讓
자 왈 태 백 기 가 위 지 덕 야 이 의 삼 이 천 하 양
民無得而稱焉
민 무 득 이 칭 언

—— 주나라 태왕(고공단보)에게는 세 아들이 있었는데, 장남은 태백(泰伯), 차남은 중옹(仲雍), 막내는 계력(季歷)이었다. 태왕은 막내

인 계력의 아들 희창(姬昌: 훗날 문왕이 된다)이 인품과 재주를 겸비했다고 보아 그가 나중에 왕이 될 수 있도록 계력에게 양위하고자 하였다. 태백은 이를 눈치채고 첫 번째로 왕위를 사양하고 도망간다. 두 번째로는 태왕이 죽었을 때 신하들이 자신을 옹립하는 일을 피하기 위해 분상(奔喪)하지 않는다. 세 번째로는 발상(發喪) 이후에 다시 자신을 옹립하는 논의가 나오지 않도록 아예 자신이 숨어 있던 변방의 풍속을 따라 머리를 깎고 문신을 해서 영원히 돌아가지 않을 의지를 표시하였다. 그래서 천하를 세 번 사양했다는 말이 나왔다. 태백은 오나라의 시조가 되었기에 오태백이라 부른다. 문왕을 길러낸 계력의 부인이 태임이다. 신사임당(申師任堂)이란 이름은 태임을 스승으로 삼는다는 뜻이다.

8.2 공자께서 말씀하셨다. "공손하면서 예가 없으면 수고롭고, 삼가 조심하면서 예가 없으면 두려운 일이 많아지고, 용감하면서도 예가 없으면 난을 일으키고, 정직하면서도 예가 없으면 각박해진다. 군자가 친족들을 후대하면 백성들 사이에 어진 기풍이 생겨나고, 옛 친구를 버리지 않으면 백성들이 박절하지 않게 된다."

子曰 恭而無禮則勞 愼而無禮則葸 勇而無禮則亂
자 왈 공 이 무 례 즉 로 신 이 무 례 즉 시 용 이 무 례 즉 란

直而無禮則絞 君子篤於親 則民興於仁
직 이 무 례 즉 교 군 자 독 어 친 즉 민 흥 어 인
故舊不遺 則民不偸
고 구 불 유 즉 민 불 투

—— 공손, 신중, 용감, 정직 모두 미덕이지만 예로써 절도를 잘 지키지 않으면 오히려 부정적 측면이 드러나게 된다. 예가 없으면 미덕도 미덕이 아닌 것이다.

8.3 증자께서 병이 들어 제자를 불러놓고 말씀하셨다. "(이불을 걷고) 내 발과 손을 보아라. 『시경』에 '깊은 못가에 서 있듯, 얇은 얼음판을 밟고 가듯 전전긍긍 조심한다'고 하였는데 이제 와서야 이런 걱정을 면하게 되었음을 알겠구나. 제자들아."

曾子有疾 召門弟子曰 啓予足 啓予手 詩云 戰戰兢兢
증 자 유 질 소 문 제 자 왈 계 여 족 계 여 수 시 운 전 전 긍 긍
如臨深淵 如履薄氷 而今而後 吾知免夫 小子
여 림 심 연 여 리 박 빙 이 금 이 후 오 지 면 부 소 자

—— "깊은 못가에 서 있듯, 얇은 얼음판을 밟고 가듯 전전긍긍 조심한다"는 『시경』 「소아·소민(小雅·小旻)」 편에 나오는 구절이다. 전전긍긍은 아주 신중한 모양새이다.

부모로부터 받은 신체가 훼손되지 않도록 조심하는 것은 효도의

첫걸음이다. 이처럼 죽음에 임해 하는 말로 증자의 효성을 알 수 있다. 이어서 증자의 말이 계속되고 있다. 증자는 노나라 사람으로 공자보다 46세 어린 제자다. 『대학』과 『효경』의 저자로 알려져 있다.

한편 캉유웨이는 임종의 순간에 증자가 신체를 훼손하지 않아야 한다는 정도의 이야기를 제자들에게 남겼음을 들어 증자가 공자의 진정한 계승자가 되기에 부족하다고 보았다. 공자가 살신성인을 말하고(「위령공」 9장) 폭군 주왕에게 간하다 죽은 비간을 삼인(三仁) 중의 한 사람으로 거론한 일(「미자」 1장)을 증거로 들면서 말이다.

8.4 증자의 병환이 위중하자 맹경자가 문병을 왔다. 증자께서 말씀하셨다. "새가 죽을 때는 울음소리가 애처롭고, 사람이 죽을 때는 말이 착한 법이오. 군자가 귀하게 여겨야 할 도가 세 가지 있소. 몸을 움직일 때 난폭함과 거만함을 멀리하시오. 얼굴빛을 바로 잡을 때는 믿음이 가게 하시오. 말을 할 때는 비속하거나 이치에 어긋나는 말을 멀리하시오. 제기를 다루는 일 따위는 전문가가 알아서 하는 법이오."

曾子有疾 孟敬子問之 曾子言曰 鳥之將死 其鳴也哀
증자유질 맹경자문지 증자언왈 조지장사 기명야애
人之將死 其言也善 君子所貴乎道者三 動容貌
인지장사 기언야선 군자소귀호도자삼 동용모

斯遠暴慢矣 正顏色 斯近信矣 出辭氣 斯遠鄙倍矣
사 원 포 만 의 정 안 색 사 근 신 의 출 사 기 사 원 비 배 의
籩豆之事則有司存
변 두 지 사 즉 유 사 존

―― 맹경자(孟敬子)는 노나라의 대부 중손첩(仲孫捷)으로 앞에 나왔던 맹무백의 아들이다. 새가 죽을 때는 울음소리가 애처롭고, 사람이 죽을 때는 하는 말이 착하다는 이 말은 아주 유명하다. 내가 죽기 전에 진심으로 하는 말이니 잘 들으라고 하는 것이다. 그리고 군자가 몸을 닦는 도리를 다하려면 용모, 안색, 말투 세 가지를 조심하라고 당부한다.

증자에 관한 일화로 자식에게 약속을 지키기 위해 돼지를 잡은 이야기가 유명하다. 증자의 부인이 어린 자식이 울자 아버지가 돼지를 잡아 고기를 줄 테니 울지 말라고 거짓으로 달랬다. 증자가 이 말을 듣고 정말로 돼지를 잡았다고 한다. 자식에게 함부로 말해서는 안 되고 실제 솔선수범을 해야 하기 때문이다.

8.5 증자께서 말씀하셨다. "유능하면서도 무능한 사람에게 묻고, 많이 알면서도 적게 아는 사람에게 묻고, 있으면서도 없는 양하고, 가득 차 있으면서도 텅 빈 양하고, 남이 잘못을 범해도 따지지 않는 이런 일을 예전에 나의 벗이 실천했다."

曾子曰 以能問於不能 以多問於寡 有若無 實若虛
증자왈 이능문어불능 이다문어과 유약무 실약허
犯而不校 昔者吾友 嘗從事於斯矣
범이불교 석자오우 상종사어사의

—— 나의 벗은 누구인가. 대부분의 주석가들이 안회라고 말한다. "유능하면서도 무능한 사람에게 묻고, 많이 알면서도 적게 아는 사람에게 묻고, 있으면서도 없는 양하고, 가득 차 있으면서도 텅 빈 양하고, 남이 잘못을 범해도 따지지 않는다", 이는 『장자』에 나오는 말이라고 해도 좋을 만큼 장자 사상과 통한다. 안회는 춘추시대의 '장자'이고, 장자는 전국시대의 '안회'라는 말이 있다. 『장자』에 안회에 관한 일화가 많이 나오는 것은 우연이 아니다.

8.6 증자께서 말씀하셨다. "6척의 어린 임금을 부탁할 수 있으며, 사방 100리가 되는 나라의 운명을 맡길 수 있으며, 큰 갈림길에서 뜻을 빼앗을 수 없다. (그러한 사람이) 군자다운 사람이겠는가? (당연히) 군자다운 사람이다."

曾子曰 可以託六尺之孤 可以寄百里之命
증자왈 가이탁육척지고 가이기백리지명
臨大節而不可奪也 君子人與 君子人也
임대절이불가탈야 군자인여 군자인야

—— 중국 고대의 6척(六尺)은 현재의 도량형으로 하면 4척 1촌 4분으로 138센티미터 정도라고 한다. 유비가 임종을 앞두고 제갈공명에게 "그 아이가 재주가 부족하면 선생이 제위를 취해도 무방하오"라고 아들 유선을 부탁한 일이 생각나는 말이다.

8.7 증자께서 말씀하셨다. "선비는 넓고 굳세지 않으면 안 된다. 책임이 중하고 갈 길이 멀기 때문이다. 인이 바로 자기의 책임이니 또한 무겁지 아니한가. 죽은 다음에야 그칠 것이니 또한 (길이) 멀지 아니한가?"

曾子曰 士不可以不弘毅 任重而道遠 仁以爲己任
증자왈 사불가이불홍의 임중이도원 인이위기임
不亦重乎 死而後已 不亦遠乎
불역중호 사이후이 불역원호

—— 무거운 짐을 감당하려면 넓어야〔弘〕 하고, 멀리 가려면 굳세야〔毅〕 한다. 앞서 나온 구절과 연관시켜 말하면, 유능하면서도 무능한 사람에게 물을 수 있어야 넓은 것이고, 절개가 갈리는 큰 갈림길에서 뜻을 빼앗기지 않아야 굳센 것이다. 유명한 구절이다. 선비는 지금으로 따지면 지성인이다. 양반은 많아도 선비는 드물었고, 지식인은 많아도 지성인은 드물다. 아니 한눈 팔지 않고 죽는 날까지 책임감을

가지고 자기 학문 분야를 열심히 탐구하는 지식인도 쉽게 만나기 어렵다. 증자에 대해 비판적인 캉유웨이도 이게 바로 진짜 공자의 학이라고 높이 평가하고 있다.

8.8 공자께서 말씀하셨다. "시에서 (감흥을) 일으키고, 예에 우뚝 서며, 악에서 이룬다."

子曰 興於詩 立於禮 成於樂
자 왈 흥 어 시 입 어 예 성 어 악

—— 시를 암송하며 진실과 선과 아름다움을 좋아하고 거짓과 악과 추함을 미워하는 마음을 계발하고, 예를 통해 행위의 규범을 알게 되고, 음악을 즐기며 인성을 완성할 수 있다. 이는 공자 자신이 걸어온 길이며 제자들을 이러한 정신으로 가르쳤다. 매우 유명한 구절이다.

8.9 공자께서 말씀하셨다. "백성은 ('군자'들이 정해놓은 길을) 따라 걷게 할 수는 있지만, (왜 그 길을 걸어야 하는지) 알게 할 수는 없다."

子曰 民可使由之 不可使知之
자 왈 민 가 사 유 지 불 가 사 지 지

—— 민주주의사회에 사는 현대인들이 볼 때 이는 '정치적으로 올바르지 않은' 말로 해석되어왔다. "백성은 ('군자'들이 정해놓은 길을) 따라 걷게 할 수는 있지만, (왜 그 길을 걸어야 하는지) 알게 할 수는 없다." 이 구절을 근거로 공자가 우민 정책을 지지했다고 비판하기도 한다.

일단 해석은 기존의 방식을 따랐지만 이는 백성을 가르쳐야 한다는 공자의 사상과 부합하지 않는다. 근자에는 곽점촌에서 출토된 죽간 문서를 근거로, "통치자가 솔선수범함으로써 백성들을 이끌어야지〔由之〕, 그들로 하여금 옳은 도리를 알게 하는〔知之〕 것만으로는 충분치 않다"는 뜻으로 해석한다. 다시 말하면 공자가 백성들을 가르치는 방법으로 신교(身教: 행동거지로 모범을 보임)를 말한 것이라고 본다. 「양화」 19장을 참고할 것.

8.10 공자께서 말씀하셨다. "용맹을 좋아하면서 가난을 싫어하면 난을 일으키고, 사람이 어질지 않은 것을 너무 미워해도 난을 일으킨다."

子曰 好勇疾貧 亂也 人而不仁 疾之已甚 亂也
자왈 호용질빈 난야 인이불인 질지이심 난야

—— 용맹을 좋아한다는 것은 2장에 나온 "용감하면서 예가 없는" 것을 말한다. 가난을 너무 싫어하면 난을 일으키기 쉽고, 인하지 않은 사람을 미워함은 당연하지만 지나치면 난을 일으키게 된다.

8.11 공자께서 말씀하셨다. "만일 주공과 같은 훌륭한 재능을 갖고 있더라도 교만하고 인색하면 그 나머지는 볼 것이 없다."

子曰 如有周公之才之美 使驕且吝 其餘不足觀也已
자왈 여유주공지재지미 사교차린 기여부족관야이

—— 공자가 칭송해 마지않았고 급기야 꿈속에서 만나지 못하자 자신의 노쇠함을 탄식한 이가 주공이다. 아들 백금(伯禽)이 노나라 군주에 봉해지자 주공은 아들을 훈계하면서 이렇게 말한다. "나는 머리를 한 번 감으면서 세 번이나 (젖은) 머리카락을 움켜쥐었고〔一沐三握髮〕 한 번 식사를 하는 동안 세 번이나 먹던 음식을 내뱉으면서도 천하의 훌륭한 선비를 잃을까 걱정했다〔一飯三吐哺〕." 인재를 구하고 정사를 돌보느라 잠시도 쉴 틈이 없다는 뜻의 토포악발(吐哺握髮)은 바로 여기서 유래한 말이다.

교만하면 훌륭한 이를 초빙할 수 없고 인색하면 어진 선비를 기를 수 없다. 교만과 인색은 보통사람에게도 악덕이지만 특히 지도자에게 큰 악덕인 이유가 여기에 있다. 마오쩌둥도 비슷한 말을 했다. "마음을 비우면 진보하고 교만하면 뒤떨어진다〔虛心使人進步 驕傲使人落後〕."

역사 속에서 주공은 명재상의 대명사다. 유명한 제갈량도 저우언라이도 또 다른 '주공'이다.

8.12 공자께서 말씀하셨다. "3년 배우고도 녹봉에 뜻을 두지 않는 사람을 얻기 어렵더라."

子曰 三年學 不至於穀 不易得也
자 왈 삼 년 학 부 지 어 곡 불 이 득 야

—— 곡(穀)은 녹봉이다. 예전에 녹봉을 곡식으로 주었기 때문이다. 3년 공부를 했으면 이상을 실현하는 데 뜻을 두어야 하는데 모두들 연봉에만 관심을 갖는다는 말이다.

8.13 공자께서 말씀하셨다. "독실하게 믿고 배우기를 좋아하고,

죽을 때까지 좋은 도를 지켜야 한다. (그러기 위해서는) 위태로운 나라에는 들어가지 않고, 어지러운 나라에서는 살지 않는다. 천하에 올바른 도가 행해지면 나와서 일하고, 도가 행해지지 않으면 숨는다. 나라에 올바른 도가 행해지는데도 가난하고 미천한 것은 부끄러운 일이요, 나라에 올바른 도가 행해지지 않는데도 부유하거나 귀한 것도 부끄러운 일이다."

子曰 篤信好學 守死善道 危邦不入 亂邦不居
자왈 독신호학 수사선도 위방불입 난방불거
天下有道則見 無道則隱 邦有道 貧且賤焉 恥也
천하유도즉현 무도즉은 방유도 빈차천언 치야
邦無道 富且貴焉 恥也
방무도 부차귀언 치야

—— 독실하게 믿고 배우는 것을 좋아해야 죽을 때까지 지킬 수 있다. 죽을 때까지 지키는 도가 좋은 도다. 그런 도를 지키려면 위험한 나라나 어지러운 나라에 들어가서는 안 된다. 천하에 도가 있으면 나타나고 도가 없으면 숨어야 한다. 나라에 도가 있는데도 빈천하고, 나라에 도가 없는데도 부귀하다면 그가 지키는 도는 좋은 도가 아니다. 나라에 도가 있으면 부귀하고 나라에 도가 없으면 빈천해야 좋은 도다. 난세에 이런 도를 지키려면 보신(保身)할 줄 알아야 하고 보신할 수 있어야 명철(明哲)한 것이다. 「헌문」 1장을 참고할 것.

8.14 공자께서 말씀하셨다. "그 자리에 있지 않으면 그 정사를 논의하지 않는다."

子曰 不在其位 不謀其政
자 왈 부 재 기 위 불 모 기 정

——『한비자(韓非子)』「이병(二柄)」 편에 재미있는 이야기가 있다. 전국시대 한나라의 소후(昭侯)가 술에 취해 잠이 들었다. 모자 담당 시종이 그걸 보고 추울까 걱정해서 옷을 덮어주었다. 잠에서 깬 소후는 기쁜 마음에 옷을 덮어준 신하가 누군지 물었는데 알고 보니 왕의 모자를 담당하는 전관(典冠)이었다. 이에 소후는 모자를 담당하는 전관과 옷을 담당하는 전의(典衣) 두 사람 모두에게 벌을 내렸다. 전관은 월권을 했고, 전의는 업무에 태만했기 때문이다. 공자도 한비자처럼 분업의 필요성을 자각하고 있었는지 모른다. 쓸데없이 남의 일에 관여하다가 화를 부를 때 처세의 교훈으로 이를 언급하기도 한다.

캉유웨이는 사법부는 행정을, 행정부는 입법부를 물어서는 안 되는 이치와 같다면서 정사에 대해 의론할 수 있는 나라는 민중의 나라라고 해석했다. 민주주의국가에서 삶을 영위하는 큰 틀을 정하는 정치는 만인이 논의할 수 있고, 그래야만 한다.「헌문」 26장에서 같은 말이 반복된다.

8.15 공자께서 말씀하셨다. "(노나라) 태사인 지(摯)가 연주한 첫 대목과 『시경』「관저」 장의 마지막 부분은 (얼마나 좋았는지) 넘실거릴 듯 귀에 가득하구나."

子曰 師摯之始 關雎之亂 洋洋乎盈耳哉
자 왈 사 지 지 시 관 저 지 란 양 양 호 영 이 재

—— 「관저(關雎)」 장은 『시경』의 첫 편이다. 여기서는 악장을 말한다. 시(始)는 악곡의 첫 부분, 즉 서곡을 말하는데 주로 태사(太師)가 연주했다. 난(亂)은 음악의 끝부분을 말하는데, 여러 악기가 합주를 하기 때문에 난이라고 한다. 음악에 대한 공자의 이해와 사랑이 얼마나 깊었는지 알 수 있다.

8.16 공자께서 말씀하셨다. "광하면서 곧지 않고, 무지하면서도 착실하지 않으며, 무능하면서도 신의가 없는 (그런 사람을) 나는 모른다."

子曰 狂而不直 侗而不愿 悾悾而不信 吾不知之矣
자 왈 광 이 부 직 동 이 불 원 공 공 이 불 신 오 부 지 지 의

—— 여기서 광(狂)은 흔히 생각하듯이 미쳤다는 뜻이 아니라 뜻은

높지만 행동이 따라주지 못하는 것을 말한다. 광하면 정직하기라도 해야 하고 무지하다면 착실하기라도 해야 하며 무능하다면 신의라도 있어야 한다는 말이다. 공자의 정신은 도덕적 이상을 추구하는 면에서는 광자(狂者)와 통하는 부분이 있어 그들과 벗하기를 좋아했다. 요사이 미친 척하는 사람은 자세히 보면 생각이 너무 얄팍한 경우가 많다. 미친 척하는 사람이야말로 범속하고, 평상심을 가진 사람이야말로 비상(非常)한 사람이다. 여기서 "모른다"라는 말은 매우 비판한다는 의미다. 광의 개념은 「공야장」 22장, 「자로」 21장에 나온다.

8.17 공자께서 말씀하셨다. "배우기를 따라잡지 못한 것처럼 하고, 오히려 잃을까 두려워하듯이 하라."

子曰 學如不及 猶恐失之
자 왈 학 여 불 급 유 공 실 지

—— 공자가 얼마나 부지런히 공부하기를 좋아했는지 생생히 알 수 있는 말이다. 모르는 것이 있으면 파파라치처럼 집요하게 찾아 공부해야 하고, (알게 되면) 잃어버릴까 두려워하면서 배워야 한다.

8.18 공자께서 말씀하셨다. "높고도 높구나. 순임금과 우임금은 천하를 소유하고도 그것에 관여하지 않았구나."

子曰 巍巍乎 舜禹之有天下也而不與焉
자 왈 외 외 호 순 우 지 유 천 하 야 이 불 여 언

—— 높다는 것은 순임금과 우임금의 숭고하고 위대함을 산에 비유해서 한 말이다. 불여(不與)를 국가의 일들을 인재들에게 맡기고 자신은 관여하지 않았다고 해석했다. 공자가 높이 칭송한 고대의 성왕들은 다음 장에서도 계속 거론된다. 이들은 유가에서 생각한 이상적 성군들이다.

8.19 공자께서 말씀하셨다. "위대하도다! 요의 임금됨이여. 높고 높구나. 오직 하늘만이 큰데 요임금만이 그것(하늘)을 본받았구나. 넓고도 크구나! (그래서) 백성이 그를 칭송하는 말을 찾을 수 없구나. 높고 높구나! 그가 이룬 공적이여! 밝도다! 그의 문장이여!"

子曰 大哉 堯之爲君也 巍巍乎唯天爲大 唯堯則之
자 왈 대 재 요 지 위 군 야 외 외 호 유 천 위 대 유 요 칙 지
蕩蕩乎民無能名焉 巍巍乎其有成功也 煥乎其有文章
탕 탕 호 민 무 능 명 언 외 외 호 기 유 성 공 야 환 호 기 유 문 장

—— 여기서 문장이란 글이 아니라 예악, 법도 등의 제도를 말한다.

8.20 순임금에게는 신하 다섯 명이 있었지만 천하가 잘 다스려졌다. 무왕이 말하였다. "나는 (나라를 다스릴 수 있는) 신하 열 명을 두었노라." 공자께서 말씀하셨다. "인재 얻기가 어려우니 그렇지 아니한가? 요순시대와 무왕 때가 가장 흥성했지만 무왕의 인재 중에는 부인이 들어 있으니 (실제로는) 아홉 명일 뿐이다. 천하를 셋으로 나누어 그 둘을 소유하고도 은나라를 섬겼으니 주나라의 덕은 지극하다고 말할 수 있다."

舜有臣五人而天下治 武王曰 予有亂臣十人
순 유 신 오 인 이 천 하 치 무 왕 왈 여 유 란 신 십 인
孔子曰 才難 不其然乎 唐虞之際 於斯爲盛
공 자 왈 재 난 불 기 연 호 당 우 지 제 어 사 위 성
有婦人焉 九人而已 三分天下 有其二 以服事殷
유 부 인 언 구 인 이 이 삼 분 천 하 유 기 이 이 복 사 은
周之德 其可謂至德也已矣
주 지 덕 기 가 위 지 덕 야 이 의

—— 순의 다섯 신하는 우(禹), 직(稷), 설(契), 고요(皐陶), 백익(伯益)이다. 난신(亂臣)은 나라를 어지럽히는 신하가 아니라 천하를 다스릴 만한 훌륭한 신하를 말한다. 무왕의 훌륭한 신하 열 명은 주공단(周公旦), 소공석(召公奭), 태공망(太公望), 필공(畢公), 영공(榮

公), 태전(太顚), 굉요(閎夭), 산의생(散宜生), 남궁괄(南宮适), 읍강(邑姜)이다. 부인은 일반적으로 무왕의 부인 읍강(邑姜)으로 해석한다. 훌륭한 신하 열 명 중에 부인이 있어 아홉 사람이라는 말은 부인은 사람이 아니라는 뜻이 아니다. 무왕의 부인은 조정에 정식으로 참여하지 않았고 공자 입장에서 신하라고 부르기 어려워서 이렇게 말했을 것이다. 천하의 3분의 2를 차지하고도 은나라를 섬긴 것은 주 문왕이었다. 그의 아들인 무왕은 결국 은나라를 쳤다.

8.21 공자께서 말씀하셨다. "우임금은 내가 비판할 수 없다. 평소에 좋지 않은 음식을 드시면서도 (제사 음식은 풍성하게 차려) 선조에 대한 효성을 다하고, 좋지 않은 의복을 입으시면서도 제사 지낼 때는 아름답고 화려한 예복을 입었으며, (자신이 머무는) 궁실은 초라하게 해놓고도 (백성을 위한) 치수 사업에는 온 힘을 다했으니, 우임금은 내가 흠잡을 수 없다."

子曰 禹吾無間然矣 菲飮食而致孝乎鬼神
자 왈 우 오 무 간 연 의 비 음 식 이 치 효 호 귀 신
惡衣服而致美乎黻冕 卑宮室而盡力乎溝洫
악 의 복 이 치 미 호 불 면 비 궁 실 이 진 력 호 구 혁
禹吾無間然矣
우 오 무 간 연 의

—— 우임금은 치수 사업을 하는 동안 자기 집 앞을 세 번 지나갔지만 들어가지 않았다〔三過家門而不入〕고 한다. 노동을 강조하는 묵가(墨家)에서는 특히 우임금을 칭송한다. 간(間)은 틈새를 비집고 들어가 비난한다는 뜻이다.

9. 자한

9.1 공자께서는 이익에 대해서 드물게 말씀하시고, 명(命)과 인(仁)을 긍정하셨다.

子罕言利 與命與仁
자 한 언 리 여 명 여 인

—— 논란이 많은 구절이다. 주자는 '이익과 명과 인에 대해서 드물게 말했다'고 하였지만 나는 이 해석을 따르지 않았다. 왜냐하면 공자가 명과 인에 대해 언급한 부분이 적지 않기 때문이다. 다른 사람과 나눈 문답에 비하면 매우 드물고 공자가 이를 언급할 때마다 기록했

기 때문에 많아졌다고 하는 설도 있지만 이 역시 따르지 않았다. 여기서는 여(與) 자를 '긍정하다', '찬동하다'라는 뜻으로 보았다. 공자는 이익은 드물게 말했고, 천명에 복종하고 인을 행하는 사람들과 함께했다.

캉유웨이는 "공자는 이익에 대해 드물게 말했다. 명과 인에 대해서는 통달했다〔子罕言利與, 命與仁 達〕"라고 하면서 다음 장에 나오는 달(達)을 여기에 붙여놓고, 통(通)의 의미로 해석했다. 인과 명에 대해서는 가장 잘 알았고 여러 번 언급했다고 본 것이다. 앞의 여(與) 자는 어조사로, 뒤의 여(與) 자는 "그리고, ~과"라는 뜻으로 해석한 것이다.

9.2 달항 지방의 사람이 말하였다. "위대하도다. 공자여! 박학하지만 이름을 이루고자 함이 없구나." 공자께서 이 말을 들으시고 제자에게 말씀하셨다. "내가 무얼 잡을 것인가? 수레를 몰 것인가. 활을 쏠 것인가? 나는 수레를 몰겠노라."

達巷黨人曰 大哉孔子 博學而無所成名 子聞之
달 항 당 인 왈 대 재 공 자 박 학 이 무 소 성 명 자 문 지
謂門弟子曰 吾何執 執御乎 執射乎 吾執御矣
위 문 제 자 왈 오 하 집 집 어 호 집 사 호 오 집 어 의

—— 달항 지방 사람의 말을 칭찬으로 보고 해석하였다. 공자의 위대함은 박학함과 이름을 날리고자 함이 없는 점이라고 보았다. 무소성명(無所成名)에 대해 두 가지 해석이 있다. 정현은 공자가 너무나 박식하기 때문에 어느 한 가지로 명성을 얻을 수 없다는 뜻이라고 보았고, 주희는 한 가지 분야에서도 이름을 얻지 못했다는 뜻이라고 보았다. 달항 지방 사람의 말을 유보적인 찬양으로 본 것이다. 그래서 주희는 달항 지방 사람이 공자를 존경하기는 하지만 위대함의 내용은 모르는 사람이라고 평했다. 공자는 이름을 날리기 위해 전문가가 되어야 한다면 활쏘기보다 저급한 기예인 수레를 몰겠다고 겸손하게 말했다.

아주 다른 식으로 해석하여 달항당인의 말을 비꼬는 것으로 볼 수도 있다. 공자가 두루 잘 알지만 특출하게 잘하는 것이 없다고 비판했다는 말이다. 공자는 활쏘기처럼 한 가지 목표만을 노리기보다는 수레를 모는 일처럼 이리저리 두루 통하는 편이 낫다고 응수한다. 재치 있는 해석이다.

공자의 위대함은 두 가지로 나누어 볼 수 있다. 박학 그리고 이름을 얻고자 함이 없는 마음. 공자는 이름을 얻지 못해 안달 난 사람이 아니다. 좌우간 어떤 분야만을 잘 아는 전문가와, 철학이나 사상을 갖추었으면서도 박학하고 겸손한 사람은 차원이 다르다. 달항당인은 「팔일」 24장에 나오는 의봉인과 이 편 6장에 나오는 태재와 마찬가지로 무명이지만 공자의 진면목의 일단을 알아본 사람이다.

9.3 공자께서 말씀하셨다. "삼으로 짠 관을 쓰는 것이 예이지만 요즘은 검은 실로 짠 것을 쓰니 검소하다. 나도 대중이 하는 바를 따르겠다. 당 아래에서 절하는 것이 예인데 요즘은 당 위에서 하니 이는 교만한 일이다. 비록 많은 사람이 하는 방식과 어긋나지만 나는 당 아래에서 절하겠다."

子曰 麻冕禮也 今也純 儉 吾從衆 拜下 禮也 今拜乎上
자 왈 마 면 례 야 금 야 순 검 오 종 중 배 하 예 야 금 배 호 상
泰也 雖違衆 吾從下
태 야 수 위 중 오 종 하

—— 공자를 보수적인 사람으로 생각하는 사람이 많지만 "나는 대중을 따르겠다"는 당당한 선언으로 보아 무조건 옛것을 고수하려는 완고한 사람은 아님을 알 수 있다. 예는 고정불변한 것이 아니다. 유행을 완전히 무시해도 문제고 유행만을 따라도 문제인 것처럼 기존의 예를 맹종해도 문제, 아예 따르지 않아도 문제다. 자기 주관이 없이 대중을 좇아도 문제, 대중을 무시해도 문제다. 모순된 듯한 행동의 이면에 뚜렷한 자기 원칙과 철학이 있어야 한다.

9.4 공자께서는 네 가지 (잘못이) 없었다. 미리 억측하지 않았고, 반드시 그래야 한다는 생각이 없었으며, 고집이 없었고, 자신이 꼭

옳다고 생각하지 않으셨다.

子絶四 毋意 毋必 毋固 毋我
자 절 사 무 의 무 필 무 고 무 아

—— 우리는 보통 이런 잘못을 범하기 때문에 사태를 그르치기 쉽고, 남과 허심탄회하게 대화하기가 어렵다.

9.5 공자께서 광 땅에서 구금을 당했을 때 말씀하셨다. "주나라 문왕은 이미 돌아가셨지만 문화는 나에게 있지 않은가. 하늘이 장차 이 문화를 없애려 한다면 뒤에 죽을 나와 같은 사람이 이 문화에 참여할 수 없을 것이다. 하늘이 이 문화를 없애려 하지 않는다면 광 땅의 사람들이 나를 어찌하겠는가?"

子畏於匡 曰 文王 旣沒 文不在玆乎 天之將喪斯文也
자 외 어 광 왈 문 왕 기 몰 문 부 재 자 호 천 지 장 상 사 문 야
後死者 不得與於斯文也 天之未喪斯文也
후 사 자 부 득 여 어 사 문 야 천 지 미 상 사 문 야
匡人其如予何
광 인 기 여 여 하

—— 『사기』에 따르면 노나라의 권신(權臣)이었던 양호(陽虎, 즉 양화陽貨)가 광(匡)이라는 지역에서 폭정을 저질러 백성들에게 미움

을 받았다. 공자 일행이 위나라를 떠나 진나라로 가는 도중에 광 땅을 지나가게 되었는데 공자의 외모가 양화와 비슷해서 오해를 받아 구금을 당했다. 공자 나이 56세인 기원전 496년에 발생한 일이다. 뒤에 죽을 사람〔後死者〕은 공자 자신을 가리킨다. 공자는 주나라 문화를 계승하고 있다는 문화적, 역사적 사명감을 느끼고 있었기에 위급한 상황에서도 살아남아야 하고, 또 살아남을 것이라는 문명 계승자의 사명감을 피력한 것이다. 가장 위급한 순간에 솟아나는 자신감과 용기는 얼마나 소중한가! 「선진」 22장에도 공자가 광 땅에서 구금 당한 이야기가 나온다.

9.6 태재가 자공에게 물었다. "선생님은 성인이신가 봅니다. 어찌 그리 다재다능하시오." 자공이 말하였다. "진실로 하늘이 내리신 성인이면서 또한 다재다능하신 것일 겁니다." 공자께서 이 말을 듣고 말씀하셨다. "태재가 나를 아는구나! 내가 어렸을 때 생활이 곤란했기 때문에 비천한 기술을 배워 잘했다. 군자는 재능이 많은가? 많지 않다."

大宰問於子貢曰 夫子聖者與 何其多能也
태 재 문 어 자 공 왈 부 자 성 자 여 하 기 다 능 야
子貢曰 固天縱之將聖 又多能也 子聞之曰大宰知我乎
자 공 왈 고 천 종 지 장 성 우 다 능 야 자 문 지 왈 태 재 지 아 호

吾少也賤 故多能鄙事 君子多乎哉 不多也
오 소 야 천 고 다 능 비 사 군 자 다 호 재 부 다 야

—— 태재(大宰)는 관직 명으로 어느 나라 사람인지 몰라도 춘추시대 재상급의 인물을 말한다. 다재다능한 것을 보니 성인이냐는 태재의 물음에 자공은 공자는 성인이자 다재다능한 분이라고 대답한다. 이에 대해 공자는 성인임을 자임하지 않고 겸손하게 군자는 다재다능하지 않다고 말한다. 남을 이끄는 군자는 많은 일을 잘할 필요가 없다. 비천한 일을 잘했다고 했는데 공자가 한때 창고를 관리하는 일이며 목축을 관장한 일을 했음을 말한다.

마지막 구절은 루쉰의 「공을기(孔乙己)」라는 단편소설에서 공을기가 한 말로 유명하다. 외상술이나 먹는 몰락한 공을기가 자신을 에워싼 아이들에게 회향콩을 나눠주면서 "많은가? 많지 않다(多乎哉 不多也)"라고 문어체로 읊조리는 장면이 나온다. 공을기가 『논어』를 많이 읽은 몰락한 지식인임을 암시하는 대목이다. 중국의 전통문화를 상징하는 공을기에 대한 비판은 유명하지만 사실 루쉰이 공을기의 불행을 슬퍼한 측면은 잘 주목하지 않는 경향이 있다. 기회가 되면 「공을기」를 한번 읽어볼 것을 권한다. 아주 짧지만 여운이 긴 글이다.

9.7 뇌가 말하였다. "선생님께서는 '관직에 등용되지 않았기 때

문에 다양한 기예를 익혔지'라고 하셨다."

牢曰 子云 吾不試 故藝
뇌왈 자운 오불시 고예

—— 정현(鄭玄)은 뇌(牢)가 공자의 제자라고 했지만 「중니제자열전」에는 뇌라는 사람이 나오지 않는다. 자장이라는 설도 있지만 분명치 않다. 시(試)는 등용됨을 뜻한다. 공자도 먹고는 살아야 하니까 벼슬하지 못해 어려운 시절에 배우고 익히고 경험한 일들이 분명히 공자다움을 형성하는 데 큰 자양분이 되었을 것이다. 기예라 하니 문득 『장자』에 나오는 이야기가 생각난다. 어떤 사람이 '용' 잡는 일이 대단하다고 하여 많은 돈과 정력을 들여 '기술'을 배웠다. 그런데 용을 잡는 '도룡술'을 배우고 보니 '용'은 없었다. 도룡술을 알았던 장자의 비애가 읽히는 대목이다. 닭이나 돼지 잡는 기술을 배울걸…….

9.8 공자께서 말씀하셨다. "내게 아는 것이 있는가. 아는 것이 없다. (그러나) 어떤 미천한 사람이 나에게 (어떤 문제를) 물었을 때 (그가) 아는 것이 없더라도 (성의만 있다면) 나는 (그 문제의) 양 끝을 밝혀 들어가서 극진히 말해줄 것이다."

子曰 吾有知乎哉 無知也 有鄙夫問於我 空空如也
자왈 오유지호재 무지야 유비부문어아 공공여야
我叩其兩端而竭焉
아고기양단이갈언

—— 아는 것이 없다는 말은 공자가 겸손하게 한 말이겠지만, 하나하나 더 알게 되면 거꾸로 모르는 것이 많아지기 때문에 이 말이 사실일 수도 있다. 무지한 상태를 뜻하는 공공여(空空如)의 주체를 비부(鄙夫)로 보았지만 공자로 보는 이들도 있다. 공공(空空)이 진실한 모양을 뜻하는 공공(悾悾)과 통한다고 보기도 한다. 그렇게 되면 내(공자)가 아는 바가 없지만 미천한 사람이라도 간절한 마음으로 나에게 물어보면 잘 대답해주겠다고 말한 것이 된다. 양 끝〔兩端〕이란 정반(正反), 본말, 시종 같은 양 측면을 말한다.

9.9 공자께서 말씀하셨다. "봉황이 날아오지 않으며, 황하에서 그림이 나오지도 않으니 나는 끝났나 보다."

子曰 鳳鳥不至 河不出圖 吾已矣夫
자왈 봉조부지 하불출도 오이의부

—— 전설에 따르면 봉새나 하도(河圖)의 출현은 태평성대가 도래할 상서로운 조짐이다. 주자는 주석에서 봉새가 순임금 때 나타나 춤

을 추고 문왕 때 기산에서 울었으며, 복희 때는 팔괘도가 등에 그려진 용마(龍馬)가 황하에서 나왔다고 하였다. 『상서(尙書)』「고명(顧命)」편에 하도가 대옥(大玉), 이옥(夷玉), 천구(天球)와 함께 거론되었음을 보면 하도 역시 자연적으로 형성된 문양이 있는 옥석 같은 것이라고 할 수 있다.

왕조시대에 혼군(사리에 어둡고 어리석은 임금) 혹은 폭군을 만나거나 난세를 맞닥뜨리면 지식인은 자신의 이상을 실현할 길이 막힌다. 민주주의가 보편화된 시대라도 사정은 크게 다르지 않다. 민주주의가 민족국가 내에서만 불안하게 작동하고 나라와 나라 사이에는 여전히 약육강식의 논리가 작동하기 때문이다. 어쩔 수 없이 비관에 빠진 공자의 모습이 드러나 있다.

9.10 공자께서 상복 입은 자와 예모를 쓰고 예복을 입은 사람과 시각장애인을 보았을 때는 그가 비록 젊더라도 반드시 일어나시며, (그 곁을) 지날 때에는 반드시 빠른 걸음으로 지나셨다.

子見齊衰者 冕衣裳者與瞽者 見之 雖少必作
자 견 자 최 자 면 의 상 자 여 고 자 견 지 수 소 필 작
過之 必趨
과 지 필 추

—— 이처럼 사소한 행동만 봐도 공자의 인품을 알 수 있다. 다른 이야기이지만 로댕의 작품 중에 〈손〉이 있는데 손을 통해 마음을 알 수 있다는 의미로 만들었다고 한다. 작은 것을 통해 큰 것을 알 수 있으니 어찌 조심하지 않을 수 있겠는가.

9.11 안연이 길게 감탄하며 말하였다. "(선생님의 인품과 학식은) 우러러볼수록 더욱 높고 뚫을수록 더욱 굳세며 바라보면 앞에 계시다가도 어느 틈에 홀연히 뒤에 계신다. 선생님께서는 차근차근 사람을 잘 이끌어주시어 글로써 나를 넓혀주시고 예로써 나를 단속해주신다. (공부를) 그만두려 해도 그만둘 수가 없어 이미 나의 재주를 다했는데도 앞에 우뚝 서 계신 듯하다. 비록 그것을 따르고자 하나 따를 길이 없구나."

顔淵喟然歎曰 仰之彌高 鑽之彌堅 瞻之在前 忽焉在後
안 연 위 연 탄 왈 앙 지 미 고 찬 지 미 견 첨 지 재 전 홀 언 재 후
夫子 循循然善誘人 博我以文 約我以禮 欲罷不能
부 자 순 순 연 선 유 인 박 아 이 문 약 아 이 례 욕 파 불 능
旣竭吾才 如有所立卓爾 雖欲從之 末由也已
기 갈 오 재 여 유 소 립 탁 이 수 욕 종 지 말 유 야 이

—— 수제자 안연의 눈에 비친 공자의 형상이 아주 생동감이 있다. 안연의 말을 듣노라면 마치 공자가 무림의 고수 같다. 하기야 무술에

만 고수가 있겠는가. 학식과 덕망에도 고수와 하수는 엄연히 존재하는 법. 안연 같은 수제자나 공자를 이렇게 묘사할 수 있을 것이다.

9.12 공자의 병이 위중하자 자로가 문인을 시켜 (공자의) 신하로 삼았다. 병이 조금 차도가 있자 공자께서 말씀하셨다. "자로가 나를 속인 지 오래구나. 내가 신하를 둘 자격이 없는데 신하를 두었으니 내가 누구를 속일 것인가. 하늘을 속일 것인가. 또한 내가 신하의 손에 죽는 것보다는 너희들의 손에 죽는 것이 낫지 않겠는가. 내가 큰 장례를 치를 수 없더라도 길에서 죽기야 하겠는가."

子疾病 子路使門人爲臣 病間曰 久矣哉 由之行詐也
자 질 병 자 로 사 문 인 위 신 병 간 왈 구 의 재 유 지 행 사 야
無臣而爲有臣 吾誰欺 欺天乎 且予與其死於臣之手也
무 신 이 위 유 신 오 수 기 기 천 호 차 여 여 기 사 어 신 지 수 야
無寧死於二三子之手乎 且予縱不得大葬
무 녕 사 어 이 삼 자 지 수 호 차 여 종 부 득 대 장
予死於道路乎
여 사 어 도 로 호

—— 당시의 예법에 따르면 대부(大夫)만이 신하를 둘 수 있었다. 여기서 신하란 상사(喪事)를 전문적으로 책임지고 처리하는 사람을 말한다. 공자는 그때 이미 관직에 있지 않았기 때문에 가신을 둘 수 없었다. 공자를 높이고자 한 자로의 마음은 가상하지만 존경하는 방

식이 잘못되었다. 애도하는 만장이 아무리 많고 화려해도 진정으로 슬퍼하며 흘리는 눈물 한 방울이 더 값지다.

9.13 자공이 여쭈었다. "여기에 아름다운 옥이 있다면 장 속에 감추어두겠습니까? 좋은 상인을 찾아 팔겠습니까?" 공자께서 말씀하셨다. "팔아야지. 팔아야지. 나는 값을 제대로 쳐주고 살 사람을 기다리는 자이다."

子貢曰 有美玉於斯 韞匵而藏諸 求善賈而沽諸 子曰
자공왈 유미옥어사 온독이장저 구선고이고저 자왈
沽之哉 沽之哉 我待賈者也
고지재 고지재 아대고자야

—— 공자는 대단한 경륜이 있음에도 벼슬하지 않고 있었기 때문에 자공이 이렇게 물은 것이다. 아름다운 옥도 흔치 않지만 그 옥을 알아보고 제값을 쳐주는 사람도 드물다. 또한 옥을 알아보았다고 생각한 사람이 소모품으로 이용할 속셈을 감추고 달콤한 말을 늘어놓는 경우가 많다. 고(賈)는 상인을 말하는데 제 값을 제시하고 살 사람을 의미한다.

9.14 공자께서 구이에서 살고자 하니 어떤 사람이 말하였다. "낙후한 곳인데 어떻게 거기서 사시겠습니까?" 공자께서 말씀하셨다. "군자가 가서 사는 데 무슨 낙후함이 있겠는가."

子欲居九夷 或曰 陋 如之何 子曰 君子居之 何陋之有
자 욕 거 구 이 혹 왈 누 여 지 하 자 왈 군 자 거 지 하 루 지 유

—— 구이(九夷)는 중국 동쪽에 있는 아홉 부족을 말한다. 『후한서(後漢書)』「동이전(東夷傳)」에 명칭이 나와 있다. 회수(淮水)와 사수(泗水) 사이에 거주하는 부족이라는 설도 있다. 군자는 공자 자신이라는 설과 구이에 이미 가서 살았던 기자(箕子)라는 설도 있다. 다산 정약용은 공자 스스로 군자라고 한 것은 말이 안 된다고 보아 후자를 따랐지만, 여기서는 군자를 공자로 보았다. "나의 주장이 받아들여지지 않는구나. 뗏목을 타고 바다를 떠다니고자 한다"(「공야장」 7장)라고 한 심정과 비슷한 상태에서 한 말이라고 할 수 있다. 당대 문인 유우석(劉禹錫)의 명문장 중에 「누실명(陋室銘)」이란 글이 있는데 이 구절에서 모티프를 따온 글이다. 사는 사람이 훌륭하면 아무리 누추한 집도 명가(名家)가 된다고 자신을 격려하고 자부한 문장이다.

이적(夷狄)이라도 최소한 원칙적으로 문명의 혜택을 받아들일 수 있는 존재로 간주되었지 미개한 운명을 타고났다고 여겨진 것은 아니다. 「자로」 19장 참고.

9.15 공자께서 말씀하셨다. "내가 위나라에서 노나라로 돌아온 후에 악곡을 정리하여 아악과 송악이 각각 제자리를 얻었다."

子曰 吾自衛反魯 然後樂正 雅頌各得其所
자 왈 오 자 위 반 로 연 후 악 정 아 송 각 득 기 소

—— 『시경』은 크게 풍(風), 아(雅), 송(頌)으로 나눌 수 있는데 고대에는 노래로 부를 수 있었다. 민간에서 채집한 노래가 풍이고, 주 왕조 직할지의 음악으로 궁정에서 연회나 조회 때 연주된 음악이 '아'이며, 종묘 제사에서 연주된 것이 '송'이다. 악장 내용과 곡조가 공자의 편집을 거쳐 아악은 아, 송악은 송으로 합당하게 자리매김되었음을 말하고 있다. 공자 말년의 일이다.

9.16 공자께서 말씀하셨다. "나가서는 공경을 섬기고, 들어와서는 부형을 섬기며, 상사를 처리함에 정성을 다해 힘쓰고, 취해 떨어지도록 술 마시지 않는 것 중에 내게 어려운 일이 무엇이겠는가."

子曰 出則事公卿 入則事父兄 喪事不敢不勉 不爲酒困
자 왈 출 즉 사 공 경 입 즉 사 부 형 상 사 불 감 불 면 불 위 주 곤
何有於我哉
하 유 어 아 재

—— 공자가 겸손하고 소박하게 자부하면서 한 말이다. 이런 일을 제외하면 나에게 무엇이 있겠는가? 공자는 양을 정해놓고 술을 마시지 않았지만 취할 정도로 마시지는 않았다고 한다. 「향당」 6장 참고.

9.17 공자께서 물가에서 말씀하셨다. "흘러가는 것이 이와 같구나. 밤낮을 쉬지 않는구나."

子在川上曰 逝者如斯夫 不舍晝夜
자 재 천 상 왈 서 자 여 사 부 불 사 주 야

—— "우리는 같은 강물에 두 번 발을 담글 수 없다"고 한 헤라클레이토스의 말처럼 이 역시 매우 유명한 구절이다. 육기(陸機)의 「탄서부(嘆逝賦)」에 이런 구절이 있다. "사람에게 어떤 세상이든 새롭지 않겠으며, 세상에게 어떤 사람이 오랠 수가 있겠는가〔人何世而弗新, 世何人之能故〕." 짧은 생애를 사는 인간에게는 이 세상이 새로워 보이지만, 긴 세월의 눈으로 보면 인간의 삶은 덧없이 흘러가 버리는 것이라는 말이다. 사람도 강물처럼 모두 흘러가 버린다. 결국 남는 자는 누구인가. 강물이 흘러가는 것을 보면 왜 마음이 편해지면서도 슬플까. 공자의 고향 취푸에 가면 관천정(觀川亭)이 있다. 이 말을 기념하여 후대에 기수(沂水)가에 세운 정자다. 『맹자』 「이루 하(離婁 下)」

편에서 맹자는 공자가 물을 자주 찬미한 이유에 대해 "근원이 있는 물은 밤낮을 그치지 않고 흐르고 흘러 웅덩이를 가득 채운 뒤에 전진하여 사해(四海)에 이르나니, 학문에 근본이 있는 자가 이와 같아서"라고 설명하고 있다.

9.18 공자께서 말씀하셨다. "나는 덕을 좋아하기를 색을 좋아하는 것처럼 하는 사람을 보지 못하였다."

子曰 吾未見好德 如好色者也
자 왈 오 미 견 호 덕 여 호 색 자 야

——「자한」 편에 나온 구절은 대부분 말년에 한 말일 것이다. 이 장부터는 힘써 배울 것을 격려한 말이 많다.

공자가 사람들이 색만을 밝히고 덕을 좋아하지 않음을 탄식한다. 맥락은 이렇다. 『사기』「공자세가」에 따르면 "(공자가) 위나라에 머문 지 한 달 남짓 되었을 때 영공(靈公)이 부인과 수레를 타고, 환관 옹거(雍渠)를 수레 오른쪽 앞에 같이 태우고 궁문을 나간 일이 있다. 공자는 다음 수레에 타고 따라오게 하면서 위세를 부리며 저잣거리를 한 바퀴 돌았다." 이어서 이 구절이 나온다. 공자는 이렇게 말하고는 위나라를 떠났다.

일본의 중세 수필집인 『쓰레즈레구사(徒然草)』에 이런 말이 나온다. “여자의 머리카락으로 꼰 밧줄로 커다란 코끼리도 붙들어 맬 수 있으며 여자가 신었던 나막신으로 피리를 만들어 불면 가을의 수사슴이 반드시 다가온다고 하지 않던가?” 본능이나 감정을 이성으로 억제하기는 참으로 쉽지 않다. 아마도 더 큰 감정이 작은 감정을 누르는 것이 아닐까.

9.19 공자께서 말씀하셨다. “비유하자면 (흙을 쌓아) 산을 만들다가 (거의 다 완성했지만 겨우) 흙 한 삼태기가 모자라는 데서 그만두더라도 내가 그친 것이며, 비유하자면 땅을 고르는 데 비록 한 삼태기를 부어 진전이 되었더라도 (그건) 나 자신이 나아간 것이다.”

子曰 譬如爲山 未成一簣 止 吾止也 譬如平地
자 왈 비 여 위 산 미 성 일 궤 지 오 지 야 비 여 평 지
雖覆一簣 進 吾往也
수 복 일 궤 진 오 왕 야

── 나아가거나 그치는 것은 모두 나에게 달려 있다. 자강불식(自強不息: 스스로 힘써 몸과 마음을 가다듬어 쉬지 아니함)하고 우공이산(愚公移山: 우공이 산을 옮긴다는 뜻으로, 어떤 일이든 끊임없이 노력하면 반드시 이루어짐을 이르는 말)하는 정신으로 앞으로 나아가자.

9.20 공자께서 말씀하셨다. "말해준 것을 게으르지 않게 실천하는 사람은 안회일 것이다."

子曰 語之而不惰者 其回也與
자 왈 어 지 이 불 타 자 기 회 야 여

—— 안회는 '산'을 옮기려는 '우공(愚公)'이었구나. 안회는 어리석은 것 같지만 어리석지 않다.(「위정」 9장)

9.21 공자께서 안연에 대해 말씀하셨다. "애석하도다. 나는 그가 나아가는 것만을 보았지 멈추는 것을 보지 못하였다."

子謂顔淵曰 惜乎 吾見其進也 未見其止也
자 위 안 연 왈 석 호 오 견 기 진 야 미 견 기 지 야

—— 애석하다고 한 이유는 요절한 안회를 떠올려서였다.

9.22 공자께서 말씀하셨다. "싹이 났어도 꽃 피우지 못하는 것이 있고, 꽃은 피웠으나 열매 맺지 못하는 것도 있다."

子曰 苗而不秀者 有矣夫 秀而不實者 有矣夫
자 왈 묘 이 불 수 자 유 의 부 수 이 불 실 자 유 의 부

—— 밤새 비바람 소리 들려왔으니, 꽃은 또 얼마나 떨어졌을까. 안회는 그렇게 갔다. 따라서 촌음을 아껴 공부해야 한다.

9.23 공자께서 말씀하셨다. "나중에 태어난 자를 두려워할 만하다. 앞으로 올 자〔後生〕가 지금보다 못할 거라고 어찌 말할 수 있겠는가. (그러나 나이) 사십, 오십에도 세상에 알려지지 않으면 이런 사람은 또한 두려워할 만하지 않다."

子曰 後生可畏 焉知來者之不如今也
자 왈 후 생 가 외 언 지 래 자 지 불 여 금 야
四十五十而無聞焉 斯亦不足畏也已
사 십 오 십 이 무 문 언 사 역 부 족 외 야 이

—— 유교 문화는 어른을 공경하는 장점이 있는 반면 젊은이의 창조성을 무시하는 단점이 있다는 지적을 많이 받았다. 사실이다. 그러나 공자가 말한 것처럼 나중에 태어난 사람을 우습게 볼 것이 아니다. 미래는 결국 그들의 것이다. 그러나 나중에 태어났다고 다 두려워해야 하느냐. 그렇지 않다는 것이다. 나이만 젊지 생각이 늙은 사람도 많다. 그런 사람은 꽃을 피우거나 열매 맺지 못한다. 반면, 나이

만 '원로'이지 도리를 깨쳐 젊은 사람의 귀감이 되지 못하는 노인도 많다. 문제는 생물학적인 나이가 아니라 생각의 참신함이나 깊이다.

9.24 공자께서 말씀하셨다. "법도에 맞는 말을 따르지 않을 수 있겠는가마는 (그 말을 듣고 자신의 잘못을) 고치는 것이 귀한 것이다. 부드러운 (칭찬의) 말을 기뻐하지 않을 수 있겠는가마는 그 말의 진위를 분석, 판별하는 것이 귀한 것이다. 기뻐하기만 하고 진위를 판별하지 않고, 따르기만 하고 고치지 않으면 나는 어떻게 할 수 없다."

子曰 法語之言 能無從乎 改之爲貴 巽與之言
자 왈 법 어 지 언 능 무 종 호 개 지 위 귀 손 여 지 언
能無說乎 繹之爲貴 說而不繹 從而不改
능 무 열 호 역 지 위 귀 열 이 불 역 종 이 불 개
吾末如之何也已矣
오 말 여 지 하 야 이 의

—— 자기의 결점을 알고 있는 사람이 많지만 옳은 지적을 듣고 실제로 고치는 사람은 적고, 아부하는 말을 듣고 기뻐하는 사람은 많지만 냉정하게 반성하는 사람은 적다. 아무리 훌륭한 가르침을 받더라도 스스로 변화하지 않으면 소용이 없다.

9.25 공자께서 말씀하셨다. "충실과 믿음을 주로 하고 자기보다 못한 자를 사귀지 말고 잘못하면 고치기를 꺼리지 말라."

子曰 主忠信 毋友不如己者 過則勿憚改
자 왈 주 충 신 무 우 불 여 기 자 과 즉 물 탄 개

—— 「학이」 8장에도 나온 내용이다.

9.26 공자께서 말씀하셨다. "삼군의 장수는 빼앗을 수 있으나, 필부의 뜻은 빼앗을 수 없다."

子曰 三軍可奪帥也 匹夫不可奪志也
자 왈 삼 군 가 탈 수 야 필 부 불 가 탈 지 야

—— 삼군(三軍)은 군대의 총칭이다. 군대의 장수는 사로잡을 수 있어도 필부가 굳세게 견지하는 신념은 빼앗을 수 없다. 단간목(段干木)이 담장을 넘어 위문후(魏文侯)를 피하고, 설류(泄柳)가 문을 닫고 노나라 목공(穆公)을 자기 집으로 들이지 않은 적이 있다. 단간목은 진(晉)나라 국적의 위나라 현자이고 설류는 노나라의 현자다. 아무리 임금이라 해도 만나지 않으려고 피하는 사람을 만날 수는 없다.

9.27 공자께서 말씀하셨다. "해진 솜옷을 입고 여우와 담비의 털로 만든 고급 옷을 입은 자와 같이 서 있으면서도 부끄러워하지 않을 사람은 유(자로)일 것이다. '남을 질투하지도 않고, 남의 재물을 탐내지 않으면 어찌 좋지 않은가.'" 자로가 항상 이 시를 일생 동안 외우니 공자께서 말씀하셨다. "이 방법이 어찌 족히 좋다고 할 수 있는가."

子曰 衣敝縕袍 與衣狐貉者立 而不恥者 其由也與
자왈 의폐온포 여의호학자립 이불치자 기유야여
不忮不求 何用不臧 子路 終身誦之
불기불구 하용부장 자로 종신송지
子曰 是道也 何足以臧
자왈 시도야 하족이장

—— 좋아하다가 또다시 혼난 사랑스러운 자로! 작은따옴표 안의 말(남을 질투하지도 않고, 남의 재물을 탐내지 않으면 어찌 좋지 않은가〔不忮不求 何用不臧〕)은 『시경』에 나오는데 공자가 이 구절을 인용하면서 자로를 칭찬했다. 우직한 자로가 매우 기뻐하면서 자신을 칭찬하며 인용한 시 구절을 외운 것은 너무도 당연한 일. 그러나 공자는 여기에 머물러서는 안 된다고 다시 한 번 일깨워준다. 앞으로 앞으로 계속 나아가야 한다는 것이다.

9.28 공자께서 말씀하셨다. "겨울이 된 뒤에야 소나무와 잣나무의 잎이 나중에 떨어지는 것을 알 수 있다."

子曰 歲寒 然後知松栢之後彫也
자 왈 세 한 연 후 지 송 백 지 후 조 야

—— 유명한 말이다. 안 떨어진다고 단정지어 말하지 않고 나중에 떨어진다고 완곡하게 말하고 있다. 나중에 떨어진다는 사실을 알 수 없게 '겨울'이 아예 오지 않으면 좋지 않을까? 〈세한도〉를 만날 수 있어 우리는 행복하지만 추사는 얼마나 추웠겠는가. '국화'가 피기 전에 소쩍새의 울음소리를 듣고 이를 알아야 한다. 그러나 결국 가을이 오고 겨울도 오긴 올 것이다. 선비는 궁할 때 절의를 볼 수 있고 충신은 세상이 어지러울 때 알 수 있다〔士窮見節義 世亂識忠臣〕.

9.29 공자께서 말씀하셨다. "지혜로운 자는 미혹되지 않고 인한 사람은 근심하지 않고 용기 있는 자는 두려워하지 않는다."

子曰 知者不惑 仁者不憂 勇者不懼
자 왈 지 자 불 혹 인 자 불 우 용 자 불 구

—— 거꾸로 말할 수도 있다. 미혹되지 않는 것이 지혜이고 근심하

지 않는 것이 인이고 두려워하지 않는 것이 용기다. 다른 것은 쉽게 이해가 되지만, 왜 인한 자는 근심하지 않을까, 궁금하다. 근심은 대개 성패나 이해득실에서 생기는데 인한 자는 여기에 크게 구애받지 않기 때문이다. 「헌문」 28장에서 공자는 이 세 가지가 군자의 도라고 하면서 자신은 하나도 잘하는 것이 없다고 하였다.

9.30 공자께서 말씀하셨다. "같이 공부할 수는 있어도 같이 도(道)로 나아갈 수는 없다. 같이 도로 나아갈 수는 있어도 같은 원칙을 견지할 수는 없다. 같은 원칙을 견지할 수 있어도 같은 권도(權道)를 구사할 수는 없다."

子曰 可與共學 未可與適道 可與適道 未可與立
자 왈 가 여 공 학 미 가 여 적 도 가 여 적 도 미 가 여 립
可與立 未可與權
가 여 립 미 가 여 권

—— 학습의 네 단계 내지 경지를 말하고 있다. 첫째는 도를 배우는 단계, 둘째는 도로 나아가는 단계, 셋째는 도를 지키는 단계, 넷째는 권도의 단계다. 권도란 원칙을 구체적인 현실에 적용하여 임기응변하는 것을 뜻한다. 정치사를 보면 특히 이 점을 잘 알 수 있다. 이 구절을 친구를 사귀는 기준으로 삼을 수 있다.

9.31 "산앵두나무 꽃이 (봄바람에) 휘날리는구나. 어찌 그대를 그리워하지 않겠는가마는 그대의 집이 멀고도 멀구나." 공자께서 말씀하셨다. "진실로 사모하지 않아 그러할 뿐 (진실로 사모한다면) 먼 곳이 어디 있으리오."

唐棣之華 偏其反而 豈不爾思 室是遠而 子曰
당 체 지 화 편 기 번 이 기 불 이 사 실 시 원 이 자 왈
未之思也 夫何遠之有
미 지 사 야 부 하 원 지 유

—— 공자가 옛 시구절을 인용하며 낭만적이면서 유머러스하게 비평한 것이다. 편(偏)은 '날 편(翩)'과, 번(反)은 '날 번(翻)'과 같은 뜻으로 본다. 편번(翩翻)은 꽃이 날리는 모양을 말한다. 사모의 정은 산과 물이 가로막아도 구름 되어 날아갈 수도, 비 되어 내릴 수도 있다. 거리가 무슨 문제가 되겠는가. 여기서 말한 "그대"는 현자일 수도, 학문일 수도, 이상적 도일 수도 있다.

10. 향당

10.1 공자께서 고향 마을에 계실 때는 온화하고 공손한 것이 마치 말할 줄 모르는 사람 같았다. (그러나) 종묘나 조정에 계실 때는 (자신의 생각을) 분명하게 말씀하셨다. 다만 삼가셨다. (임금이 안 계실 때) 조정에서 동급의 관원과 말씀하실 때는 온화하면서 즐거워하셨고, 상급 자와 말씀하실 때는 공경하면서 정직하셨다. 임금이 계시면 공경하여 두려워하는 듯 태도가 엄숙하셨다.

孔子於鄕黨 恂恂如也 似不能言者 其在宗廟朝廷
공자어향당 순순여야 사불능언자 기재종묘조정
便便言 唯謹爾 朝 與下大夫言 侃侃如也 與上大夫言
변변언 유근이 조 여하대부언 간간여야 여상대부언

誾誾如也 君在 踧踖如也 與與如也
은은여야 군재 축적여야 여여여야

——「향당」 편은 공자의 평소 일상과 공직 생활의 단면을 기록한 것이다. 공자가 "예에 입각해서 행동한〔立於禮〕" 전범을 보여주는 편이다. 그의 풍모를 이해하는 데 많은 도움이 되는 좋은 자료다. 공자의 말이 아니라 일상생활의 거동을 세심하게 묘사하고 있는 점이 다른 편과 다르다. 간혹 성공한 유명 작가의 일상이 그의 최대 '실패작'일 수도 있지만 공자는 그렇지 않았다. 공자의 사소한 행동이 말의 진실과 무게를 더해준다. 이는 공자 개인의 생활 태도에 대한 묘사인데 실제로 많은 지식인의 행동에 영향을 미쳤다. 평소에 잘 쓰지 않는 어려운 한자가 많이 나오고 오늘날에는 거리감을 느낄 대목도 있지만 오래된 귀한 다큐멘터리를 보는 심정으로 일별해보는 것이 좋겠다.

10.2 임금이 불러 외빈을 영접하라는 명을 받으면, 얼굴빛을 장중하게 고치고 발걸음을 빨리 하셨다. 나란히 선 사람과 인사를 할 때 왼쪽과 오른쪽에 일일이 손을 모으고 읍하셨으니 옷이 가볍게 날리면서도 가지런하였다. 빨리 걸어 나아가실 때는 새가 날개 편 듯하였다. 빈객이 돌아간 후에는 반드시 (임금에게) 보고하셨다.

"빈객이 고개를 돌려 뒤를 보지 않고 잘 가셨습니다."

君召使擯 色勃如也 足躩如也 揖所與立 左右手
군소사빈 색발여야 족확여야 읍소여립 좌우수
衣前後 襜如也 趨進 翼如也 賓退 必復命曰 賓不顧矣
의전후 첨여야 추진 익여야 빈퇴 필복명왈 빈불고의

—— 헤어질 때 정이 남아 있어서 자꾸 고개를 돌려 인사를 하다가 나중에 더 이상 고개를 돌리지 않게 된다. 접대를 잘해서 보냈다는 말이다.

10.3 (임금이 계신) **궁궐 문을 들어갈 때는 몸을 굽혀 마치 문이 자기 몸을 받아들이지 못하는 듯하셨다. 문 한가운데 서지 않았고 문지방을 밟지 않으셨다. 임금이 앉는 자리를 지나갈 때는 얼굴빛을 장중하게 고치고 빨리 걸었으며 말도 거의 하지 않으셨다. 옷자락을 거둬 잡고 당에 오를 때는 몸을 굽혀 절하듯 하며 거의 숨 쉬지 않는 듯 호흡하셨다. 나와서 계단 하나를 내려와서는 얼굴빛을 펴서 즐거운 듯하며 계단을 다 내려와서는 새가 날개 편 듯하게 빠르게 걸었으며 제자리로 돌아와서는 다시 공경하면서도 불안해하는 모습이셨다.** (공자가 다른 나라 제후에게 사신으로 가서) **규(圭)를 손에 잡을 때는 공손히 몸을 숙여서 마치 무거워 들지 못하는 듯하**

며 위로 올릴 때는 읍하듯 하고 아래로 내릴 때는 물건을 건네줄 때처럼 하셨다. 얼굴빛은 두려워하는 것처럼 하여 전전긍긍하셨고, 선을 따라 걷듯 잰걸음으로 걸으셨다. 예물을 드리는 의식에서는 화사한 얼굴빛을 띠고 사적으로 만날 때는 기쁜 빛을 띠셨다.

入公門 鞠躬如也 如不容 立不中門 行不履閾 過位
입공문 국궁여야 여불용 입부중문 행불리역 과위
色勃如也 足躩如也 其言似不足者 攝齊升堂 鞠躬如也
색발여야 족확여야 기언사부족자 섭자승당 국궁여야
屛氣似不息者 出 降一等 逞顏色 怡怡如也 沒階
병기사불식자 출 강일등 영안색 이이여야 몰계
趨進 翼如也 復其位 踧踖如也 執圭 鞠躬如也 如不勝
추진 익여야 복기위 축적여야 집규 국궁여야 여불승
上如揖 下如授 勃如戰色 足蹜蹜如有循 享禮 有容色
상여읍 하여수 발여전색 족축축여유순 향례 유용색
私覿 愉愉如也
사적 유유여야

―― 오늘날의 관점에서 보면 너무 엄숙하고 갑갑하게 느껴진다. 그러나 공자는 당시의 예법을 따라 자신의 직분을 충실하고도 엄숙히 수행하고 있는 것이다. 규(圭)는 공적인 큰 행사 때 들어야 하는 장방형의 작은 옥이다. 신분에 따라 크기가 조금씩 달랐다. 외국에 사신으로 갈 때는 본국 임금의 규를 들고 간다. 예물을 드린다는 것은 자기 나라의 특산물을 다른 나라 제후에게 올린다는 말이다.

10.4 군자는 붉은빛이 도는 검은색이나 붉은빛이 약간 도는 검은색 옷깃을 달지 않으며, 붉은색과 자주색 옷감으로 평상복을 만들지 않으셨다. 여름에는 홑 갈포 옷을 반드시 겉에 받쳐 입으셨다. (겨울에는) 검은 옷에는 염소 가죽을, 흰 옷에는 사슴 가죽을, 누런 옷에는 여우 가죽을 맞춰 입으셨다. 평소에 입는 가죽 옷은 약간 길게 입으시되 오른쪽 소매는 짧게 하셨다. 반드시 잠옷이 있었으니 길이가 키의 한 배 반이었다. 여우와 담비의 두꺼운 털가죽을 깔고 앉으셨다. 탈상한 뒤에는 패물을 차지 않은 적이 없으셨다. 조복(朝服)이나 제복(祭服)이 아니면 반드시 주름을 잡아 폭을 좁게 줄여서 꿰매셨다. 검은 염소 가죽 옷을 입거나 검은 관을 쓰고 조문 가는 일이 없으셨다. 매월 초하루에는 반드시 조복을 입고 조회에 나가셨다.

君子不以紺緅飾 紅紫不以爲褻服 當暑 袗絺綌
군자불이감추식 홍자불이위설복 당서 진치격
必表而出之 緇衣羔裘 素衣麑裘 黃衣狐裘 褻裘長
필표이출지 치의고구 소의예구 황의호구 설구장
短右袂 必有寢衣 長一身有半 狐貉之厚以居 去喪
단우메 필유침의 장일신유반 호학지후이거 거상
無所不佩 非帷裳 必殺之 羔裘玄冠 不以弔
무소불패 비유상 필쇄지 고구현관 불이조
吉月 必朝服而朝
길월 필조복이조

—— 복식에 관한 예법을 기록한 것이다. 공자도 당연히 이를 따랐

다. 붉은빛이 도는 검은색〔紺〕이나 붉은빛이 약간 도는 검은색〔緅〕은 고대 예복의 색이기 때문에 옷깃에 쓰지 않는다. 붉은색이나 자주색은 군주나 쓸 수 있는 귀중한 색이었기 때문에 평상복엔 쓰지 않는다. 문상을 갈 때는 흰옷을 입었다. 서양에서는 흰색이 희망이나 행복을 상징하지만 중국에서는 좋은 색이 아니다.

10.5 재계하실 때는 반드시 (목욕하고) 베로 만든 깨끗한 옷으로 갈아입으셨다. 재계하실 때는 반드시 평소와 다른 음식을 먹고 거처도 옮기셨다.

齊必有明衣 布 齊必變食 居必遷坐
재 필 유 명 의 포 재 필 변 식 거 필 천 좌

—— 재계할 때는 의식주를 모두 평소와 다르게 하신 것이다.

10.6 밥은 정미된 흰 쌀밥을 싫어하시지 않았으며, 회는 가늘게 썬 것을 싫어하시지 않았다. 밥이 쉬어 맛이 변한 것과 생선이 상하거나 고기가 썩은 것은 드시지 않았으며, 빛깔이 나빠도 드시지 않고, 냄새가 나빠도 드시지 않았으며, 알맞게 익지 않아도 드시지

않고, 제철 음식이 아니면 이 역시 드시지 않았다. 자른 것이 바르지 않으면 드시지 않았으며 간이 맞지 않으면 드시지 않았다. 고기가 아무리 많아도 밥보다 많이 드시지 않았으며, 술은 양을 정해놓고 드시지 않았지만 취해서 난잡하게 되는 일이 없으셨다. 저잣거리에서 사온 술이나 육포는 드시지 않았다. 식사 후에도 생강은 상에 남겨두고 드셨지만 많이 드시지는 않았다. 임금이 집전하는 제사에 참여하여 나눠 받는 고기는 (그날로 먹어) 밤을 넘기지 않았으며, 집 안에서 제사 지낸 고기는 사흘을 넘기지 않으셨으니, 사흘을 넘기면 먹지 못하기 때문이다. 밥 드실 때 얘기하지 않았고 잠자리에 누워 말하지 않으셨다. 비록 거친 밥과 나물국을 드시더라도 먼저 고수레를 하고 (제사 지낼 때처럼) 반드시 엄숙하셨다. 자리가 바르지 않으면 앉지 않으셨다.

食不厭精 膾不厭細 食饐而餲 魚餒而肉敗 不食
사불염정 회불염세 사의이애 어뇌이육패 불식
色惡不食 臭惡不食 失飪不食 不時不食 割不正不食
색악불식 취악불식 실임불식 불시불식 할부정불식
不得其醬 不食 肉雖多 不使勝食氣 唯酒無量 不及亂
부득기장 불식 육수다 불사승사기 유주무량 불급란
沽酒市脯 不食 不撤薑食 不多食 祭於公 不宿肉
고주시포 불식 불철강식 부다식 제어공 불숙육
祭肉 不出三日 出三日 不食之矣 食不語 寢不言
제육 불출삼일 출삼일 불식지의 식불어 침불언
雖疏食菜羹 瓜祭 必齊如也 席不正 不坐
수소사채갱 과제 필제여야 석부정 부좌

—— 공자가 오래 산 데는 다 이유가 있다. 음식도 약이다. 음식에 관계된 공자의 태도를 보면 다소 까다롭다는 느낌이 들지만 그만큼 몸을 중시하고 생명을 아꼈음을 알 수 있다. 자기를 아끼고 중시하지 않는 사람이 어떻게 남을 위할 수 있겠는가. 술에 관한 태도나 생강에 관한 이야기는 특히 유명하다. 첸무는 예전에 생강을 물리지 않고 상에 남겨둔 것은 현대인이 식후에 커피를 마시는 것과 같다고 했다.

10.7 마을 사람들과 향음주례를 행하고 나서 지팡이 짚은 노인이 먼저 떠나면 비로소 자리를 뜨셨다. 마을 사람들이 굿을 하면 조복을 입고 동쪽 층계에 서 계셨다.

鄉人飮酒 杖者出 斯出矣 鄉人儺 朝服而立於阼階
향인음주 장자출 사출의 향인나 조복이립어조계

—— 공자가 굿하는 것을 찬동하거나 귀신을 믿지는 않았지만 마을 사람들의 풍속을 존중한 것이라고 본다.

10.8 다른 나라에 사신으로 가는 사람을 송별할 때는 두 번 절하고 보내셨다. 계강자가 약을 보내오자 (감사의 표시로) 절을 하고

받았다. 그리고 말씀하셨다. "제가 약의 성분을 알지 못하니 감히 먹을 수가 없습니다."

問人於他邦 再拜而送之 康子饋藥 拜而受之 曰
문인어타방 재배이송지 강자궤약 배이수지 왈
丘未達 不敢嘗
구미달 불감상

—— 강자(康子)는 계강자를 말한다. 애공 당시 노나라에서 가장 큰 권력이 있던 인물이다. 「향당」 편에서 예외적으로 등장한다. 당시에는 약을 보내오면 바로 맛을 보는 것이 예였다. 자신의 건강 상태나 약 성분이 무엇인지 잘 모르니 먹을 수 없다고 한 것이다. 그러니까 유력자가 보내준 약을 안 받을 수 없지만 무턱대고 먹는 일도 옳지 않다고 본 것이다. 예의에 어긋나는 행동은 아니다.

10.9 마구간이 불탔다. 공자께서 조정에서 물러나서, "사람이 상했느냐"라고 물으시고 말에 대해서는 묻지 않으셨다.

廐焚 子退朝曰 傷人乎 不問馬
구분 자퇴조왈 상인호 불문마

——「향당」 편에서 가장 많이 인용되는 핵심 구절이다. 공자의 인

본적 사고가 극명하게 드러난 구절로 자주 언급된다. 당시에 말은 매우 값비싼 재산이었다. 아니 불(不) 자를 앞에 붙여〔傷人乎不 問馬〕 사람이 다쳤는지를 먼저 묻고 나서 말의 상태를 물었다고 보기도 한다. 「선진」 7장에서 공자가 걸어 다닐 수 없다고 했으므로 퇴청할 때 타고 온 말은 물론 다치지 않았을 것이다.

10.10 임금이 음식을 보내오면 반드시 자리를 바르게 하고 나서 우선 맛보았고, 임금이 날고기를 보내오면 반드시 익혀서 먼저 조상의 사당에 올리고, 임금이 살아 있는 가축을 보내오면 반드시 기르셨다. 임금을 모시고 식사할 때 임금이 제를 하면 먼저 밥을 드셨다. 병이 났을 때 임금이 문병 오면 (침상에서) 머리를 동쪽으로 두며 조복을 덮고 큰 띠를 그 위에 걸치셨다. 임금이 부르시면 수레를 끄는 말에 멍에 올리기를 기다리지 않고 도보로 가셨다.

君賜食 必正席先嘗之 君賜腥 必熟而薦之 君賜生
군사식 필정석선상지 군사성 필숙이천지 군사생
必畜之 侍食於君 君祭 先飯 疾 君視之 東首 加朝服
필휵지 시식어군 군제 선반 질 군시지 동수 가조복
拖紳 君命召 不俟駕行矣
타신 군명소 불사가행의

—— 공자가 신하로서 임금을 대하는 여러 가지 예를 기록한 것이

다. 임금이 보내온 고기를 우선 맛보았다는 것은 먼저 맛보고 아랫사람에게 나눠주었다는 말이다. 조복을 덮고 큰 띠를 걸친 것은 임금에 대한 존경과 영접의 마음이 담긴 행동이다. 먼저 도보로 길을 떠나면 나중에 수레가 왔다. 임금의 명령을 두려워했다는 말이다.

10.11　태묘에 들어가서는 모든 일을 일일이 물으셨다.

入太廟 每事問
입태묘 매사문

——「팔일」 15장에도 나오는 내용이다.

10.12　벗이 죽었는데 거두어줄 사람이 없으면 "내 집에 빈소를 차려라"고 말씀하셨다. 벗이 보내주는 물건은 비록 수레나 말(과 같은 귀중한 것)일지라도 제육(祭肉)이 아니면 절하지 않으셨다.

朋友死 無所歸 曰 於我殯
붕우사 무소귀 왈 어아빈
朋友之饋 雖車馬 非祭肉 不拜
붕우지궤 수거마 비제육 불배

—— 공자가 벗과 나누는 정을 얼마나 중시했는지 알 수 있다. 친구와는 재물을 같이 나누는 의리가 있다〔通財之義〕. 친구의 조상도 자신의 조상같이 공경하고 이를 표하기 위해 제사상에 올리는 고기에는 절을 했다.

10.13 주무실 때는 시체처럼 눕지 않고 평소에 집에 계실 때는 엄숙한 용모를 하지 않으셨다.

寢不尸 居不容
침 불 시 거 불 용

—— 시체처럼 눕지 않았다는 것은 옆으로 누웠다는 것이다. 용(容) 자를 일반적으로는 객(客) 자로 보아 집에서는 손님이 있을 때처럼 용모를 꾸미지 않았다고 해석하기도 한다. 손님이 있을 때는 혼자 있을 때와 달리 손님에 대한 존중을 표하기 위해 용모를 달리했다.

10.14 상복 입은 사람을 보면 비록 친한 사이일지라도 반드시 얼굴빛을 고치고, 관복을 입은 이와 시각장애인을 보면 비록 잘 아는 사이라도 반드시 예모를 갖추셨다. 상복을 입은 자에게는 수레 앞

의 횡목을 잡고 몸을 숙여 경의를 표하셨으며, 국가의 호적(戶籍) 이나 지도를 이고 가는 사람에게도 경의를 표하셨다. 성찬이 나오면 반드시 얼굴빛을 고쳐 일어나며, 천둥 번개가 심하게 내리치고 큰 바람이 불 때도 반드시 얼굴빛을 바꾸셨다.

> 見齊衰者 雖狎 必變 見冕者與瞽者 雖褻 必以貌
> 견자최자 수압 필변 견면자여고자 수설 필이모
> 凶服者 式之 式負版者 有盛饌 必變色而作
> 흉복자 식지 식부판자 유성찬 필변색이작
> 迅雷風烈 必變
> 신뢰풍렬 필변

—— 친한 사람이 상을 당해 문상을 하러 갔을 때 우리는 지금도 공자처럼 행동한다. 위로하는 정을 표하기 위해서다. 성찬이 나왔을 때 얼굴빛을 고쳐 일어난 것은 융숭하게 대접한 주인에게 공경을 표시하는 행동이다. 여기 나오는 "천둥 번개가 심하게 내리치고 큰 바람이 불 때도 반드시 얼굴빛을 바꾸셨다"는 말은 『삼국지연의』(우리나라에 『삼국지』로 알려진 소설)에도 인용된다. 조조가 유비를 찾아가 천하의 영웅을 논하는 유명한 장면이다. 조조는 유비에게 천하의 영웅을 거론해보라고 한다. 유비의 마음을 떠보는 것이다. 유비가 원술이니 원소니 하며 자꾸 다른 사람을 거론하자 조조는 단도직입적으로 말한다. 지금 천하에 영웅이라고 할 사람은 오직 당신과 나뿐이라고. 천하를 노리는 마음을 들켜버린 유비는 놀라서 손에 들고 있는 수저

를 바닥에 떨어뜨린다. 마침 천둥 번개가 내리친다. 유비는 우렛소리에 놀라 그만 추태를 보였다고 둘러댄다. 조조가 대장부도 우레를 두려워하느냐고 놀린다. 유비는 바로 이 말을 인용하면서 위험한 상황을 모면한다. 이 구절로 둘러대지 않았으면 조조의 손에 죽임을 당했을 것이다. 『논어』를 알고 보면 『삼국지』가 더 재밌다.

10.15　수레에 오를 때는 반드시 바르게 서서 줄을 잡고 오르셨다. 수레 안에서는 둘러보지 않았고, 빠르게 말하지 않았으며, 멋대로 손가락질하지도 않으셨다.

升車 必正立執綏 車中 不內顧 不疾言 不親指
승거 필정립집수 거중 불내고 부질언 불친지

—— 체모를 잃거나 남에게 의혹을 살 행동을 하지 않은 것이다.

10.16　(공자 일행이 산 계곡을 지나다가 꿩을 보았다.) 공자의 안색이 약간 변하자 꿩이 날아올라 빙빙 돌다가 내려앉았다. (공자께서) 말씀하셨다. "산의 계곡에 걸린 다리에 있는 까투리가 때를 아는구나. 때를 아는구나!" 자로가 꿩에게 경의를 표하자 꿩은 몇 번 날

갯짓을 하고 날아올랐다.

色斯擧矣 翔而後集 曰 山梁雌雉 時哉時哉
색 사 거 의 상 이 후 집 왈 산 량 자 치 시 재 시 재
子路共之 三嗅而作
자 로 공 지 삼 후 이 작

—— 공자와 자로가 산길을 가다 꿩과 마주쳤다. 꿩은 자기를 잡으려는 줄 알고 날아올랐다가 위험하지 않다는 사실을 알고는 다시 앉았다. 이를 보고 공자가 감탄한다. 꿩도 위험한 때를 잘 알아서 이렇게 산 속에서 유유자적하는데 인간은 그렇지 못해서 환난을 겪고 있는 것은 아닐까? 스승의 이 말을 들은 자로가 손을 모아 꿩에게 경의를 표했다. 그러자 꿩은 자기를 잡으려는 줄 알고 날아가 버렸다.

11. 선진

11.1 공자께서 말씀하셨다. "(나의 문하에) 먼저 들어온 자들은 예악 방면에서 질박한 평민 출신들이었고 나중에 들어온 자들은 예악 방면에서 귀족 출신들이었다. 만약 쓴다면 나는 먼저 들어온 제자들을 쓰겠다."

子曰 先進 於禮樂 野人也 後進 於禮樂 君子也
자 왈 선 진 어 례 악 야 인 야 후 진 어 례 악 군 자 야
如用之 則吾從先進
여 용 지 즉 오 종 선 진

—— 다음 장들에서 주로 제자들에 관해 언급하기 때문에 이렇게

해석했다. 선진(先進)은 공자의 문하에 먼저 들어온 제자, 후진(後進)은 나중에 들어온 제자를 말한다. 선진 제자는 자로, 안연, 민자건, 중궁, 재여, 원헌 등이고, 후진 제자는 자유, 공서화, 자장, 증자, 자하 등이다. 여기서 군자는 출신 성분이 높은 사람이고, 야인(野人)은 신분이 미천한 사람이라는 뜻이다.

다른 해석도 있다. 주희는 이렇게 해석했다. "선배들이 따른 예악을 (지금 사람들은) 촌스럽다 하고 후배들이 따른 예악을 군자답다고 한다. 나라면 선배를 따르겠다." 리쩌허우는 "먼저 예악 제도를 실행한 이들은 성 밖에 사는 은나라 민족이고 나중에 예악 제도를 채용한 이들은 지금 성 안에 사는 군자들이다. 만약 실시하려고 한다면 나는 전자를 따르겠다"고 해석한다.

11.2 공자께서 말씀하셨다. "진나라, 채나라에서 나를 따르던 사람들은 지금 모두 문하에 있지 않구나. 덕행은 안연, 민자건, 염백우, 중궁(이 뛰어났고), 언어는 재아, 자공(이 뛰어났으며), 정사는 염유, 계로(가 빼어났고), 문학은 자유, 자하가 빼어났다."

子曰 從我於陳蔡者 皆不及門也
자왈 종아어진채자 개불급문야

德行 顔淵閔子騫冉伯牛仲弓 言語 宰我子貢
덕행 안연민자건염백우중궁 언어 재아자공

政事 冉有季路 文學 子游子夏
정사 염유계로 문학 자유자하

—— 여기서 말한 덕행, 언어, 정사, 문학을 공문사과(孔門四科)라고 한다. 언어는 외교를, 문학은 요즘의 문학이 아니라 문자 기록의 본령을 말한다. 자유와 자하가 예악이나 전적에 밝았다는 것이다. 공자는 진나라와 채나라에 있을 때 아주 어려운 일을 많이 당했다. 말년에 당시 자신을 따르던 제자들의 이름을 하나하나 떠올리며 회고하고 있다.

11.3 공자께서 말씀하셨다. "회는 나를 도와주는 사람이 아니구나. 내 말에 기뻐하지 않는 경우가 없구나."

子曰 回也 非助我者也 於吾言 無所不說
자왈 회야 비조아자야 어오언 무소불열

—— 주희는 이 구절을 공자가 안회에 대해 유감을 표하는 것 같지만 사실은 매우 기뻐하면서 하는 말이라고 보았다. 옳은 지적이다. 내 말에 기뻐하는 사람이 곧 나를 도와주는 사람이라고 생각한다면 공자가 성인의 반열에 오를 만한 사람이겠는가. 이 구절을 단지 안회에 대한 유감을 표명한 것으로 보면 공자에게서 인간적인 체취를 느

낄 수가 없다. 안회는 공자와 거의 합일한 것과 같이 공자의 말에 의문을 품지 않았고 원망하는 마음도 없었다.

좀 다른 이야기지만 이른바 '명사(名士)'와 대화를 나눌 때 너무 잘 알아듣는 척해도 안 되고 너무 고개를 갸웃거리며 못 알아듣는 양 해도 안 된다고 루쉰이 풍자한 적이 있다. 너무 잘 알아들으면 명사가 기분 나빠 할 것이고, 너무 못 알아들으면 다음에 다시 상대해주지 않을 것이기 때문이라며.

11.4 공자께서 말씀하셨다. "효성스럽구나. 민자건이여. 다른 사람들이 (그에 대한) 부모 형제의 (칭찬의) 말에 동의하지 않을 수가 없다."

子曰 孝哉 閔子騫 人不間於其父母昆弟之言
자 왈 효 재 민 자 건 인 불 간 어 기 부 모 곤 제 지 언

—— '시종 앞에 영웅 없다'는 말이 있지만 다른 사람의 눈에 효자라도 가까운 부모 형제의 눈으로 보면 다른 평가를 내릴 수 있다. 민자건에 대해서는 안팎의 평이 일치했다. 민자건은 당시에 유명한 효자였다. 일찍 어머니를 여의었는데 새 어머니가 자신을 박대하였지만 극진히 모셔 결국 회개하게 만들었다고 한다. 「옹야」 9장 참고.

11.5 남용이 백규라는 시구를 항상 되풀이 외우니, 공자께서 형님의 딸을 (그에게) 시집보냈다.

南容三復白圭 孔子以其兄之子妻之
남용삼복백규 공자이기형지자처지

—— '백규(白圭)라는 시구'란 『시경』「대아·억(大雅·抑)」 편에 나오는 "백옥으로 만든 규의 티는 갈아 없앨 수 있지만 말의 티는 갈아 없앨 수 없다〔白圭之玷 尙可磨也 斯言之玷 不可爲也〕"는 구절을 말한다. 이를 보면 남용이 말을 할 때 상당히 조심했다는 것을 알 수 있다.「공야장」2장에도 비슷한 이야기가 나온다.

11.6 계강자가 물었다. "제자 중에 누가 학문을 좋아합니까." 공자께서 대답하셨다. "안회라는 자가 있어 배우기를 좋아하더니 불행하게도 명이 짧아 죽었습니다. 지금은 없습니다."

季康子問 弟子孰爲好學 孔子對曰 有顔回者 好學
계강자문 제자숙위호학 공자대왈 유안회자 호학
不幸短命 死矣 今也則亡
불행단명 사의 금야즉무

—— 노나라 애공의 물음에도 공자는 비슷한 대답을 하였다.「옹야」

3장 참고.

11.7 안연이 죽었을 때 (그의 아버지) 안로가 공자의 수레를 팔아서 덧관을 마련하자고 청했다. 공자께서 말씀하셨다. "재주가 있건 없건 모두 자기 자식이다. (내 아들) 리(鯉)가 죽었을 때 관만 있고 덧관이 없었다. 내가 (수레를 팔고) 걸어 다니더라도 그를 위해 덧관을 마련해줄 만도 하지만 그러지 않은 것은 내가 대부의 말석을 차지한 적이 있어 걸어 다닐 수 없었기 때문이다."

顏淵死 顏路請子之車以爲之椁
안연사 안로청자지거이위지곽
子曰 才不才 亦各言其子也 鯉也死 有棺而無椁
자왈 재부재 역각언기자야 리야사 유관이무곽
吾不徒行以爲之椁 以吾從大夫之後 不可徒行也
오부도행이위지곽 이오종대부지후 불가도행야

—— 항상 칭찬을 아끼지 않았던 수제자 안회가 죽었을 때 공자는 왜 덧관을 마련하지 않았을까? 안회의 아버지 안로는 왜 콕 집어 공자의 수레를 팔아 덧관을 마련하자고 했을까? 오늘날 우리로서는 이해하기 어려운 부분이 많다. 좌우간 안로의 청을 공자가 거절하고 있다. 공자가 당시에는 벼슬을 하지 않았지만 대부를 지낸 적이 있다. 대부의 말석을 차지했다는 말은 노나라에서 법무장관에 해당하는 대

사구(大司寇)를 지낸 것을 겸손하게 말한 것이다. 대부는 걸어 다니지 않는 것이 당시의 예였다. 이를 지키기 위해서 현재도 아닌 과거에 벼슬을 했다는 이유를 들며 가장 사랑하는 제자지만 수레를 팔 수 없다고 말한다. 공자가 얼마나 예를 중시했는지를 알 수 있다. 『예기』「단궁」 편에 따르면 친족의 장례를 지낼 때는 마땅히 가정의 재력에 따라야 한다. 다음 10장에는 공자가 통곡한 이야기가 나온다.

11.8 안연이 죽자, 공자께서 말씀하셨다. "아! 하늘이 나를 버리는구나. 하늘이 나를 버리는구나."

顔淵死 子曰 噫 天喪予 天喪予
안 연 사 자 왈 희 천 상 여 천 상 여

—— 이토록 애통해하면서 도대체 예가 무엇이기에 (그를 위해) 수레를 팔아 후장(厚葬)하지 않았을까.

11.9 안연이 죽자 공자께서 아주 애통하게 곡을 하셨다. 따르는 사람이 말하였다. "선생님! 지나치게 애통해하십니다." 공자께서 말씀하셨다. "(내가) 너무 애통해하고 있는가? 이 사람을 위해 애

통해하지 않고 누구를 위해 애통해하겠느냐.”

顔淵死 子哭之慟 從者曰 子慟矣 曰 有慟乎
안연사 자곡지통 종자왈 자통의 왈 유통호
非夫人之爲慟而誰爲
비부인지위통이수위

—— 안회는 공자가 가장 아끼는 제자였다. 공자는 당연히 매우 슬퍼하였다. 하지만 제자들이 보기에 과도하게 슬퍼한 모양이다. 지나치게 슬퍼하는 것은 예에 어긋난다. 제자들은 스승을 걱정하는 한편 예를 지켜야 한다는 선생님의 가르침과 현재 행동의 불일치를 지적한다. 지나칠 정도로 슬퍼하신다고. 공자의 대답이 인간적이다. 안회를 위해 애통해하지 않고 누구를 위해 애통해하겠느냐고…….

11.10 안연이 죽자 문인들이 후하게 장사 지내려 했다. 공자께서 말씀하셨다. “안 된다.” (그런데도) 문인들이 후하게 장사 지냈다. 공자께서 말씀하셨다. “회는 나를 아버지와 같이 대했는데 나는 자식과 같이 대해주지 못했구나. (이렇게 한 것은) 내가 아니라 너희들이다.”

顔淵死 門人欲厚葬之 子曰 不可 門人厚葬之 子曰
안연사 문인욕후장지 자왈 불가 문인후장지 자왈

回也 視予猶父也 予不得視猶子也 非我也 夫二三子也
회 야 시 여 유 부 야 여 부 득 시 유 자 야 비 아 야 부 이 삼 자 야

—— 앞서 보인 애통한 모습과 대비된다. 안연의 죽음 이후에 발생한 일의 순서는 8장-9장-7장-10장일 것이다. 하지만 이런 순서로 배열한 이유는 무엇일까. 공자가 수레를 주기 싫어 후장(厚葬)에 반대한 것이 아니라는 점을 말하기 위해서일지도 모른다. 공자는 안연에 대한 정은 깊었지만 후장에는 반대했다. 「팔일」 4장에 "예는 사치스럽기보다는 차라리 검박해야 하고, 상사(喪事)는 (절차를 잘 알아) 쉽게 치르는 것보다는 차라리 (진정으로) 슬퍼하며 치러야 한다"고 한 말을 상기할 것.

11.11 계로가 귀신 섬기는 것을 여쭈었다. 공자께서 말씀하셨다. "사람도 잘 섬기지 못하거늘 어떻게 귀신을 섬기겠는가." "감히 죽음에 대해 묻사옵니다." "삶도 모르거늘 어찌 죽음을 알겠는가."

季路問事鬼神 子曰 未能事人 焉能事鬼
계 로 문 사 귀 신 자 왈 미 능 사 인 언 능 사 귀
敢問死 曰 未知生 焉知死
감 문 사 왈 미 지 생 언 지 사

—— 절박한 자로의 질문에 대한 공자다운 답변. 자로는 돈키호테 형의 인물이지만 이때 던진 질문은 햄릿과 유사하다. 공자는 귀신과 죽음에 대해 긍정도 부정도 하지 않고 있다. 다만 사람과 삶의 문제에 주목해야 한다고 말하고 있을 따름이다. 현세적이고 인문적인 공자의 태도가 잘 드러나 있는 구절이다. 「팔일」 12장, 「옹야」 22장, 「술이」 21장 참고.

11.12 민자께서는 (공자를) 옆에서 모실 때 아주 공경하면서도 정직했고, 자로는 강직하였고, 염유와 자공은 화락했다. 공자께서 즐거워하셨다.

閔子侍側 誾誾如也 子路 行行如也 冉有子貢
민자시측 은은여야 자로 항항여야 염유자공
侃侃如也 子樂
간간여야 자락

—— 민자건을 민자라고 말한 것이 이채롭다. 각자 개성이 다른 제자가 나름의 방식으로 옆에서 모시고 있거늘 공자가 어찌 기뻐하지 않을 수 있겠는가.

11.13 (그러나 공자께서 걱정하면서 말씀하시기를) 유(자로) 같은 사람은 선종(善終)하지 못할 듯하구나.

若由也 不得其死然
약 유 야 부 득 기 사 연

—— 자로는 과연 나중에 위나라 공회(孔悝)의 난에 휘말려 비참하게 죽었다. 자로는 한때 공회의 읍재를 지냈다. 위령공의 아들 괴외가 망명 갔다가 귀국한 후 군주의 자리를 탈취하려고 했다. 괴외와 공회가 정변을 일으켜 출공 첩을 몰아내었다. 자로는 출공 첩을 위해 싸우다가 괴외에게 죽임을 당했다. 괴외는 나중에 임금의 자리에 올랐는데 그가 위장공(衛莊公)이다. 자로는 비참하게 죽었지만 제자 중에 가장 매력적인 인물이라고 할 수 있다. 그리하여 자로는 소설의 주인공으로 다뤄지는 경우가 많았다. 「술이」 15장 참고.

11.14 노나라 사람들이 나라의 창고를 (고쳐) 짓자 민자건이 말하였다. "옛것을 그대로 쓰면 어떤가. 고쳐 지을 필요가 뭐 있는가." 공자께서 말씀하셨다. "저 사람은 (차라리) 말하지 않을지언정 말을 하면 반드시 옳은 소리를 한다."

魯人爲長府 閔子騫曰 仍舊貫 如之何 何必改作
노 인 위 장 부 민 자 건 왈 잉 구 관 여 지 하 하 필 개 작
子曰 夫人不言 言必有中
자 왈 부 인 불 언 언 필 유 중

—— 노나라 사람이란 당시 노나라에서 실권을 행사했던 세 집안을 말한다. 구관(舊貫)의 관(貫)은 사례를 의미한다. 그러므로 구관은 옛 사례, 관례를 말하는 것이다. 장부(長府)는 나라의 재화를 저장하는 창고이다. 노나라 소공이 장부를 근거로 계씨를 공격하였다가 실패하여 제나라로 망명한 일이 있었다. 소공이 죽고 나서 나중에 세 집안이 소공의 흔적을 지우기 위해 그곳을 고쳐 지으려고 한 것이다. 민자건이 이에 대해 은근히 풍자하자 공자가 칭찬한 내용이다.

11.15 공자께서 말씀하셨다. "유(자로)는 거문고를 어찌하여 여기(공자의 집)에 와서 타는가?" (그 말을 듣고) 문인들이 자로를 공경하지 않았다. 공자께서 말씀하셨다. "유는 당에 올랐다. 다만 아직 방에 들지 못했을 따름이다."

子曰 由之瑟 奚爲於丘之門 門人不敬子路
자 왈 유 지 슬 해 위 어 구 지 문 문 인 불 경 자 로
子曰 由也 升堂矣 未入於室也
자 왈 유 야 승 당 의 미 입 어 실 야

—— 슬(瑟)은 중국 고대의 현악기로 거문고와 비슷한 악기여서 거문고로 옮겼다. 자로가 거문고를 연주하는 기교나 수준이 아송(雅頌)에 어울리지 않음을 지적한 것이다. 연주 소리가 너무 격렬하여 온화한 기운이 부족하자 공자가 주의를 주었는데 이 말을 들은 다른 제자들이 사형인 자로에게 불손하게 대한 모양이다. 그러자 공자는 다른 제자들을 꾸짖는다. 방에 못 들어오긴 했지만 이미 당에 오른 수준이라고……. 다시 말하면 심오한 경지에 도달하지 못했지만 일정한 수준엔 올랐다고 한 것이다. 승당(升堂)과 입실(入室)은 학문의 깊이에 대한 비유이다. 승당제자니 입실제자니 하는 말은 여기서 유래해서 지금도 쓰인다.

11.16 자공이 여쭈었다. "사(자장)와 상(자하) 중에서 누가 더 낫습니까." 공자께서 말씀하셨다. "사는 지나치고 상은 모자란다." "그렇다면 사가 낫습니까?" 공자께서 말씀하셨다. "지나친 것은 모자란 것과 같다."

子貢問 師與商也孰賢 子曰 師也過 商也不及
자 공 문 사 여 상 야 숙 현 자 왈 사 야 과 상 야 불 급
曰 然則師愈與 子曰 過猶不及
왈 연 즉 사 유 여 자 왈 과 유 불 급

—— 자공은 상당히 기지가 있었고 인물 품평〔方人〕에 관심이 많았다. 특히 공자가 속으로 다른 제자들을 어떻게 생각하고 있는지 관심이 많았나 보다. 지나친 것은 모자라는 것과 같다는 과유불급(過猶不及)이란 성어(成語)는 이처럼 스승과 제자가 인물평을 하는 가운데 나온 말이다. 여러 평 중에 인물평이 제일 어렵다. 과유불급이라는 말은 지금도 많이 쓰이는데 지나친 것보다는 조금 모자란 것이 낫다는 뜻으로 잘못 알고 있는 경우가 많다. 지나친 것이나 모자란 것이나 공히 중용에 부합하지 않다는 점에서는 같다. 「옹야」 29장을 참고할 것.

11.17 계씨가 주공보다 부자였는데, 구(염유)가 세금을 많이 거둬들여서 그를 더욱 부유하게 만들어주었다. 공자께서 말씀하셨다. "우리 무리가 아니로다. 얘들아. 북을 울려 성토하는 것이 좋겠다."

季氏富於周公 而求也爲之聚斂而附益之 子曰
계 씨 부 어 주 공 　이 구 야 위 지 취 렴 이 부 익 지 　자 왈
非吾徒也 小子鳴鼓而攻之 可也
비 오 도 야 　소 자 명 고 이 공 지 　가 야

—— 여기서 말하는 계씨는 계강자이고 주공은 공자가 존경한 주공

이라는 설과 주공의 둘째 아들의 후손들로 주공의 세습 봉지(封地)에 남아 있는 자를 말한다는 설이 있다. 어느 쪽이든 공자의 뜻을 이해하는 데는 문제가 없다. 공자의 제자들은 이곳저곳에서 벼슬을 하는 경우가 많았다. 그렇지만 스승과 계속 연계하고 있었던 것 같다. 염유는 당시에 계씨의 재정을 담당하고 있었다. 공자는 기본적으로 권력자에게 유리하고 백성들에게 불리한 조세제도를 반대했다. 백성들을 부유하게 만드는 것이 중요하다고 보았기 때문이다. 「자로」 9장을 참고할 것.

노나라 애공 11년(기원전 484년) 계강자는 세금을 더 거두기 위해 공자의 의견을 물었지만 공자는 정식으로 답하지 않고 사적으로 염구에게 많이 베풀고 적게 거두라고 말하였다. 하지만 계강자는 이듬해에 토지세를 더 거두었다.

11.18 "시〔高柴〕는 어리석고, 삼(증삼)은 노둔하고, 사(자장)는 겉이 너무 화려하고, 유(자로)는 거칠다." 공자께서 말씀하셨다. "회(안회)는 그만하면 됐지만 쌀독이 자주 비었다. 사(자공)는 관가의 명을 받지 않았으나 장사를 해서 재물을 늘렸다. 예측하면 자주 적중했다."

柴也愚 參也魯 師也辟 由也喭 子曰 回也 其庶乎 屢空
시 야 우 삼 야 로 사 야 벽 유 야 언 자 왈 회 야 기 서 호 루 공
賜不受命 而貨殖焉 億則屢中
사 불 수 명 이 화 식 언 억 즉 루 중

—— 제자들에 대한 공자의 인물평. 고시(高柴)는 정직하지만 총명하진 않고, 증삼은 진실하지만 반응이 좀 늦고, 자장은 지향은 높지만 과장하고 외양 꾸미길 좋아하고, 자로는 용감하지만 거칠다는 것이다. 안회는 별달리 지적할 사항이 없지만 가난해서 탈이고, 자공은 요새 말로 하면 '투자'를 잘해서 부유했다. 적은 돈은 노력해서 벌 수 있지만 큰돈은 운이 따라야 번다는데 자공은 재산 증식의 귀재였던 모양이다. 자공이 "명을 받지 않았다〔不受命〕"는 말은, 고대에 장사는 오직 조정의 관리가 담당하고 민간에 대행시켰는데 자공의 경우 조정의 명을 받지 않고 사재(私財)로 장사를 했다는 말이다.

11.19 자장이 착한 사람의 도에 대해 여쭈었다. 공자께서 말씀하셨다. "(성인의) 자취를 따라 걷지 않으면 마찬가지로 방에 들지 못한다."

子張問善人之道 子曰 不踐迹 亦不入於室
자 장 문 선 인 지 도 자 왈 불 천 적 역 불 입 어 실

—— 여기서 착한 사람〔善人〕이란 본바탕이 좋은 사람을 말한다. 성인의 발자취를 따라 부단히 학습하고 수양해야만 심오한 경지에 도달한다는 것이다. '방에 들어간다〔入於室〕'는 말은 15장에 나온 입실(入室)과 같은 뜻이다. 다른 해석도 있다. 선(善)을 동사로 보아서 '어떻게 하면 사람을 좋게 변화시킬 수 있는가'로 해석해도 좋다.

11.20 공자께서 말씀하셨다. "말이 진실되고 독실한 사람을 칭찬해야 한다. (하지만 그가) 군자인지 아니면 겉모양만 그럴싸하게 꾸며 장중해 보이는 사람인지 (살펴보아야 한다.)"

子曰 論篤是與 君子者乎 色壯者乎
자 왈 논 독 시 여 군 자 자 호 색 장 자 호

—— 말이 독실한 사람을 칭찬해야 한다. 하지만 말만으로 사람을 판단해서는 안 된다는 말이다. 여기서 여(與)는 '찬성하다', '지지하다'는 뜻으로 원래 문장의 순서는 여논독(與論篤)인데 도치가 된 것이다. "듣기 좋은 화려한 말과 (억지로 꾸민) 좋은 얼굴빛을 보이는 사람이 (실제로) 인(仁)한 경우는 드물다"(「학이」 3장)라고 한 말이나 "얼굴빛으로는 인을 가장하되 행동은 이와 어긋나게 하는〔色取仁而行違〕" 사람을 언급한 내용과 비슷한 의미다.(「안연」 20장)

11.21 자로가 여쭈었다. "(어떤 이치를 알게 되면) 바로 행동해야 합니까?"
공자께서 말씀하셨다. "부형이 계신데 어떻게 안다고 바로 행동하겠는가."
염유가 여쭈었다. "(어떤 이치를 알게 되면) 바로 행동해야 합니까?"
공자께서 말씀하셨다. "들으면 바로 행동해야 한다."
공서화가 여쭈었다. "유(자로)가 여쭈었을 때는 선생님께서 '부형이 계신데'라고 하셨고, 구(염유)가 여쭈었을 때는 선생님께서 '바로 행동하라'라고 하시니, 제가 의문이 생겨 감히 여쭙습니다."
공자께서 말씀하셨다. "구는 물러서기 때문에 (고무시켜) 나아가게 했고, 유는 남보다 지나치므로 (억제시켜) 물러서게 했다."

子路問 聞斯行諸 子曰 有父兄在 如之何其聞斯行之
자로문 문사행저 자왈 유부형재 여지하기문사행지
冉有問 聞斯行諸 子曰 聞斯行之 公西華曰
염유문 문사행저 자왈 문사행지 공서화왈
由也問聞斯行諸 子曰 有父兄在 求也問聞斯行諸
유야문문사행저 자왈 유부형재 구야문문사행저
子曰 聞斯行之 赤也惑 敢問
자왈 문사행지 적야혹 감문
子曰 求也退 故進之 由也兼人 故退之
자왈 구야퇴 고진지 유야겸인 고퇴지

—— 자로와 염유의 성격은 정반대였다. 사람이 다르면 당연히 가

르치는 방식도 달리해야 할 것이다〔因材施教〕. 구체성에 주목한 이런 교육방식은 과거의 유물로 치부할 게 아니라 미래 세대의 교육 방침으로 삼아야 할 것이다. 「위정」 5장 참고.

유야겸인(由也兼人)에서 겸인은 용감하게 추진하는 능력이 보통 사람보다 두 배나 강하다는 말이다.

11.22 공자께서 광 땅에서 포위를 당했을 때 안연이 뒤처졌다가 나중에 도착했다. 공자께서 말씀하셨다. "나는 네가 죽은 줄 알았다." "선생님이 계시거늘 제가 어떻게 감히 죽겠습니까."

子畏於匡 顔淵後 子曰 吾以女爲死矣 曰 子在
자 외 어 광 안 연 후 자 왈 오 이 녀 위 사 의 왈 자 재
回何敢死
회 하 감 사

—— 공자가 이런 제자를 어찌 사랑하지 않을 수 있겠는가. 「자한」 5장을 참고할 것.

11.23 계자연이 물었다. "중유(자로)와 염구는 대신이라고 할 만합니까?" 공자께서 대답하셨다. "나는 그대가 다른 질문을 하는

줄 알았더니 중유와 염구를 묻는군요. 이른바 대신은 도로써 임금을 섬기다가 안 되면 그만두는 신하입니다. 지금 유와 구는 일처리 능력을 갖춘 신하라고 할 수 있습니다." "그렇다면 (임금이 하고자 하는 대로) 따르는 사람입니까." 공자께서 말씀하셨다. "아버지와 임금을 시해하는 일은 또한 따르지 않을 것입니다."

季子然問 仲由冉求可謂大臣與 子曰 吾以子爲異之問
계자연문 중유염구가위대신여 자왈 오이자위이지문
曾由與求之問 所謂大臣者 以道事君 不可則止
증유여구지문 소위대신자 이도사군 불가즉지
今由與求也 可謂具臣矣 曰 然則從之者與
금유여구야 가위구신의 왈 연즉종지자여
子曰 弑父與君 亦不從也
자왈 시부여군 역부종야

—— 계자연(季子然)은 계씨의 일족이다. 계씨가 자로와 염구를 신하로 삼았으므로 이러한 질문을 했다. 계자연이 자로와 염구가 대신(大臣)이냐고 물은 것은 아마도 이들의 능력과 사람됨을 알고 싶어서일 것이다. 대신의 기준에는 미달하지만 기본적인 일처리 능력을 갖춘 신하라고 공자가 다소 겸손하게 대답하자 계자연은 다시 노골적인 질문을 던진다. 나의 명령을 따를 것인가라고. 신하의 기본 조건 중의 하나가 임금의 명령에 복종하는 것이기 때문이다. 공자의 대답은 이렇다. 당연히 명령을 따라야 하고 따르겠지만 맹종하지는 않을 것이다. 천륜을 어기는 것과 반역 행위는 따르지 않을 것이다라고.

11.24　자로가 자고를 시켜 비(費) 땅의 행정장관이 되게 했다. 공자께서 말씀하셨다. "남의 자식을 해치는구나." 자로가 아뢰었다. "백성이 있고 사직이 있거늘 어찌 반드시 책을 읽어야만 배웠다고 하겠습니까." 공자께서 말씀하셨다. "이래서 (내가) 말 잘하는 사람을 미워한다."

子路使子羔爲費宰 子曰 賊夫人之子
자로사자고위비재 자왈 적부인지자
子路曰 有民人焉 有社稷焉 何必讀書然後爲學
자로왈 유민인언 유사직언 하필독서연후위학
子曰 是故惡夫佞者
자왈 시고오부녕자

—— 말 자체로만 보면 자로의 말은 참으로 시원하다. 실천을 강조한 공자의 평소 가르침이나 다른 제자(자하)의 생각과 크게 다르지 않은 듯하다.(「학이」 6장, 7장 참고) 공자에게 욕먹은 이유를 알 수 없을 정도다. 아마도 자로가 자고(子羔)로 하여금 공부 삼아 정치를 하게 한 것이 아니라, 공자의 비판에 그럴듯한 말재주로 넘어가려고 했기 때문이 아닐까 생각된다. 자고라는 제자가 아직 어려서 학문의 성취가 부족한데 일찍 정사에 참여시킨 것은 잘못이다. 인생의 3대 불행 중의 하나가 어린 나이에 출세하는 것〔少年得志〕이라는 말이 있다.

11.25 자로, 증석(曾晳), 염유, 공서화가 공자를 모시고 앉았다.
공자께서 말씀하셨다.
"내 나이가 너희들보다 다소 많다고 나를 너무 어렵게 여기지 마라. 평소에 '나를 알아주지 않는다'고 자주 말하는데, 혹시라도 너희들을 알아준다면 어찌하겠느냐?"
자로가 깊이 생각하지 않고 바로 대답하였다.
"전차 1000대를 동원할 수 있는 제후의 나라가 대국 사이에 끼여 밖으로는 군대가 쳐들어오고 안으로는 기근이 들었어도 제가 다스릴 경우 3년이 지나면 백성들을 용맹하게 하고 예의를 지킬 수 있게 할 수 있습니다."
공자께서 빙그레 웃었다.
"구(염유의 이름)야. 너는 어떻게 하겠느냐."
"사방 60~70리, 혹은 40~50리쯤 되는 작은 나라를 제가 다스릴 경우 3년 정도 지나면 백성들을 풍족하게 할 수 있지만 예악에 관한 일은 (제가 하지 않고) 군자를 기다리겠습니다."
"적(공서화의 이름)아. 너는 어떻게 하겠느냐."
"제가 이런 것을 잘한다는 말이 아니라 배우고자 해서 말씀드립니다. 저는 종묘에서 제사 지내거나 외빈을 접대할 때 예복을 입고 예모를 쓰고 작은 집례자(執禮者)가 되기를 원하옵니다."
"점아 너는 어떠냐."
(증점이) 거문고를 점점 드문드문 타다가 띵 소리를 내면서 거문고

를 내려놓고 일어나 대답하였다.
"저의 뜻은 다른 세 사람과 좀 다릅니다."
"무슨 상관이 있느냐. 각자 자기 포부를 말했을 뿐인데."
"늦봄에 봄옷을 갖추어 입었으니 관을 쓴 성년 남자 대여섯 명과 동자(童子) 예닐곱 명과 함께 기수(沂水)가에 가서 목욕 하고 무우단(舞雩壇)에 올라 바람을 쐬고 노래를 읊조리면서 돌아오겠습니다."
공자께서 길게 탄식하면서 말씀하셨다.
"나는 증점의 뜻에 동의한다."
세 사람이 나가고 증석이 뒤에 남게 되었다. 증석이 물었다.
"세 사람의 말이 어떠합니까?"
공자께서 말씀하셨다.
"각자 제 뜻을 말했을 뿐인데……."
"선생님께서는 어찌하여 유(자로)의 말에 웃으셨습니까?"
"나라를 다스리는 일은 예로써 해야 하는데 그 말이 겸손하지 않아서 웃었다."
"구(염유)가 말한 것은 나라 다스리겠다는 뜻이 아닙니까?"
"어찌 사방 60~70리건 또는 50~60리건 나라가 아니겠느냐."
"적이 말한 것은 나라 일이 아닙니까?"
"종묘에 제사 드리고 회동하는 일이 제후의 일이 아니고 무엇이겠느냐? 적이 작은 집례자의 일을 한다면 누가 큰일을 하겠느냐?"

子路 曾晳 冉有 公西華侍坐 子曰
자로 증석 염유 공서화시좌 자왈

以吾一日長乎爾 毋吾以也 居則曰 不吾知也 如或知爾
이오일일장호이 무오이야 거즉왈 불오지야 여혹지이

則何以哉 子路率爾而對曰 千乘之國 攝乎大國之間
즉하이재 자로솔이이대왈 천승지국 섭호대국지간

加之以師旅 因之以饑饉 由也爲之 比及三年
가지이사려 인지이기근 유야위지 비급삼년

可使有勇 且知方也 夫子哂之 求 爾何如 對曰
가사유용 차지방야 부자신지 구 이하여 대왈

方六七十 如五六十 求也爲之 比及三年 可使足民
방육칠십 여오육십 구야위지 비급삼년 가사족민

如其禮樂 以俟君子 赤 爾何如 對曰 非曰能之 願學焉
여기례악 이사군자 적 이하여 대왈 비왈능지 원학언

宗廟之事 如會同 端章甫 願爲小相焉 點 爾何如
종묘지사 여회동 단장보 원위소상언 점 이하여

鼓瑟希 鏗爾 舍瑟而作 對曰 異乎三子者之撰 子曰
고슬희 갱이 사슬이작 대왈 이호삼자자지찬 자왈

何傷乎 亦各言其志也 曰 莫春者 春服旣成 冠者五六人
하상호 역각언기지야 왈 모춘자 춘복기성 관자오륙인

童子六七人 浴乎沂 風乎舞雩 詠而歸 夫子喟然嘆曰
동자육칠인 욕호기 풍호무우 영이귀 부자위연탄왈

吾與點也 三子者出 曾晳後 曾晳曰 夫三子者之言
오여점야 삼자자출 증석후 증석왈 부삼자자지언

何如 子曰 亦各言其志也已矣 曰 夫子何哂由也
하여 자왈 역각언기지야이의 왈 부자하신유야

曰 爲國以禮 其言不讓 是故哂之 唯求則非邦也與
왈 위국이례 기언불양 시고신지 유구즉비방야여

安見方六七十如五六十而非邦也者 唯赤則非邦也與
안견방육칠십여오륙십이비방야자 유적즉비방야여

宗廟會同 非諸侯而何 赤也爲之小 孰能爲之大
종묘회동 비제후이하 적야위지소 숙능위지대

—— 공자와 제자들이 자연스럽게 모여 각자의 포부를 애기하는

모습이 한 폭의 그림처럼 아름답다. 또한 지금의 사제 간과 비교할 수 없이 자연스럽고 자유롭다. 거문고 소리가 배경음악처럼 깔리고……. 누구의 생각이 옳고 누구의 생각이 틀렸다고 할 것도 없다. 공자의 말처럼 각자 자기의 포부를 말했을 따름이다. 이런 다양성이 귀하다.

증석의 이름은 점(點)이다. 증자의 아버지다. 『맹자』에는 증석이 까만 대추〔羊棗〕를 좋아해서 효성스런 증자가 차마 그것을 먹을 수 없었다는 이야기가 나온다. 증석은 또한 공자가 말한 광자 중의 한 사람으로 거론되기도 했다. 공자가 증점의 뜻에 찬동한 이유는 무엇일까?

양수다(楊樹達)는 증점이 말한 바가 태평사회의 축소판이기 때문이라고 하였다. 마르크스가 『독일 이데올로기』에서 "아침에는 사냥을, 오후에는 낚시를, 저녁에는 목축을, 저녁 식사 후에는 비평을 할 수 있는" 사회로 묘사한 이상적 공산 사회를 연상시킨다. 어떤 학자는 증점의 포부가 벼슬하고픈 마음이 완전히 없어진 상태였던 공자의 마음과 일치했기 때문이라고 했다. 좌우간 매우 유명한 문장이다.

12. 안연

12.1 안연이 인에 대해서 여쭈었다. 공자께서 말씀하셨다. "자기를 단속하여 예로 돌아가는 것이 인이니 하루라도 자기를 단속하여 예로 돌아간다면 천하가 모두 그 인으로 돌아갈 것이다. 인을 실천하는 것은 나에게 달린 것이지, 남에게 달린 일이겠는가." 안연이 아뢰었다. "(인을 실천하는) 구체적 방식을 여쭙고자 합니다." 공자께서 말씀하셨다. "예가 아니면 보지 말며, 예가 아니면 듣지 말며, 예가 아니면 말하지 말며, 예가 아니면 하지 말아야 한다." 안연이 말씀드렸다. "제가 비록 총명하지 못하나 이 말씀을 실천하도록 하겠습니다."

顔淵問仁 子曰 克己復禮爲仁 一日克己復禮
안 연 문 인 자 왈 극 기 복 례 위 인 일 일 극 기 복 례
天下歸仁焉 爲仁由己 而由人乎哉 顔淵曰 請問其目
천 하 귀 인 언 위 인 유 기 이 유 인 호 재 안 연 왈 청 문 기 목
子曰 非禮勿視 非禮勿聽 非禮勿言 非禮勿動
자 왈 비 례 물 시 비 례 물 청 비 례 물 언 비 례 물 동
顔淵曰 回雖不敏 請事斯語矣
안 연 왈 회 수 불 민 청 사 사 어 의

—— 예로써 인을 해석한 것이다. 예를 떠나서 인을 설명할 수는 없다. 극기복례에 대해 주희는 사욕을 극복해서 천리(天理)로 돌아간다고 함으로써 도덕적 투쟁에 임하는 심성(心性) 문제로 귀결시켰다. 그보다는 「자한」 11장에 나온 "예로써 나를 단속해주신다〔約我以禮〕"는 표현과 연관 지어 '자신을 단속해서 예의 규정을 준수한다' 정도로 보면 좋겠다. 극기복례가 인이라는 말은 사회 규범인 예의 전통을 주체적으로 실천하는 가운데 확인한다는 뜻이다. 인은 단순히 남을 사랑하는 감정 차원이 아니라 실천 속에서 달성되는 것이다. 동시에 실천은 행위의 규범인 예의 전통에 의거해야 한다는 말이다. 공자에게는 주례로 돌아가는 것이었다. 공자의 이런 복고주의는 옛날에 실제로 이런 좋은 세상이 있었다고 다른 사람을 설득할 뿐 아니라 자신들을 북돋우기 위한 방편이었다.

천하가 인으로 돌아간다는 것은 천하의 모든 사람이 인을 찬동하고 칭찬한다는 말로 해석하기도 하고, 인한 사람에게 귀순한다는 뜻으로 보기도 한다. 예의 기준은 시대에 따라 변화하기 때문에 너무

고루하다고 폄훼할 일은 아니지만, 고도로 발달한 산업사회에 살면서 예에 어긋난 일을 맞닥뜨리지 않을 수는 없다. 따라서 예가 아니라고 외면하는 소극적인 자세보다 어떻게 하면 비례를 극복하고 예를 구현할 수 있을지 고민하고 실천하는 자세가 어느 때보다 필요하다 하겠다.

12.2 중궁(염옹)이 인에 대해 여쭈었다. 공자께서 말씀하셨다. "대문을 나서 (일을 할 때는) 큰 손님을 대하듯 행동하며, 사람을 부릴 땐 큰 제사를 받들듯이 하고, 자기가 하고 싶지 않은 일을 남에게 요구하지 말라. (그렇게 하면) 나라에서 원망하지 않고 집안에서도 원망하지 않을 것이다." 중궁이 아뢰었다. "제가 비록 총명하지 못하나 이 말씀을 실천하도록 하겠습니다."

仲弓問仁 子曰 出門如見大賓 使民如承大祭
중궁문인 자왈 출문여견대빈 사민여승대제
己所不欲 勿施於人 在邦無怨 在家無怨
기소불욕 물시어인 재방무원 재가무원
仲弓曰 雍雖不敏 請事斯語矣
중궁왈 옹수불민 청사사어의

—— 우리나라 사람들은 아이들에게 어른의 말을 잘 들으라고 하지만 사실 '어른'이 가장 썩었을지 모른다. 또 일본 사람들은 남에게 민

폐를 끼치지 말라고 가르치지만 남에게 피해를 전혀 주지 않으려는 태도는 내 일만 신경 쓰는 개인주의에 기인한 면이 있어 인정머리 없다는 느낌도 든다. 미국 사람들은 정직하라고 가르친다고 하지만 정직을 지나치게 강조하면 위선을 부채질할 수도 있다. 자기가 하고 싶지 않은 일을 남에게 요구하지 말라〔己所不欲 勿施於人〕고 가르치면 어떨까. 이 말은 한평생 실천의 지침이 될 만한 덕목을 묻는 자공의 질문에 공자가 대답하는 가운데 나오기도 한다. 「위령공」 24장 참고.

12.3 사마우가 인에 대해 여쭈었다. 공자께서 말씀하셨다. "인한 사람은 말을 신중하게 한다." "말을 신중하게 하면 인하다고 할 수 있습니까." 공자께서 말씀하셨다. "(한 말을) 실천하는 것은 매우 어려운데 어찌 말을 신중하게 하지 않을 수 있겠는가."

司馬牛問仁 子曰 仁者 其言也訒 曰 其言也訒
사마우문인 자왈 인자 기언야인 왈 기언야인
斯謂之仁矣乎 子曰 爲之難 言之得無訒乎
사위지인의호 자왈 위지난 언지득무인호

—— 사마우(司馬牛)가 "말을 많이 하고 성격이 조급〔多言而躁〕"했기 때문에 이렇게 말한 것이다. 인(訒)은 무얼 참고 있는 것처럼 말을 아주 천천히 조심스럽게 하는 것을 말한다. 이처럼 말의 신중함을 강

조한 이유는 말은 신성한 것이고, 행동이 뒤따라야 한다는 언행일치의 언어관의 영향을 받아서일 것이다. 이런 생각은 샤먼의 주문에서 유래했을지 모른다.

12.4 사마우가 군자에 대해 여쭈었다. 공자께서 말씀하셨다. "군자는 근심하지 않고 두려워하지 않는다." "근심하지 않고 두려워하지 않으면 군자라고 말할 수 있습니까." 공자께서 말씀하셨다. "스스로 반성해서 부끄러움이 없는데 무엇을 근심하며 무엇을 두려워하겠는가."

司馬牛問君子 子曰 君子不憂不懼 曰 不憂不懼
사마우문군자 자왈 군자불우불구 왈 불우불구
斯謂之君子矣乎 子曰 內省不疚 夫何憂何懼
사위지군자의호 자왈 내성불구 부하우하구

―― 사마우는 공자의 제자로, 「술이」 23장에 나오는 사마환퇴(司馬桓魋)의 동생이라고 한다. 사마환퇴는 송나라의 '국방부장관' 격의 인물로 공자를 해하려고 한 적이 있고 나중에는 반란을 일으켰다. 따라서 사마우에게 당시 걱정과 두려움이 많았는지 모른다.

근심과 걱정이 없는 군자가 되려면 스스로 돌아보아 후회나 허물이 없어야 한다. 하지만 보통 사람은 이런저런 근심을 피할 수 없고,

서리라도 맞은 것처럼 어느덧 백발이 '삼천장'이나 되어버린다.

12.5 사마우가 근심하면서 말하였다. "남들은 모두 형제가 있는데 나만 홀로 없구나." 자하가 말하였다. "나는 '생사와 부귀는 천명에 달려 있다'고 들었다. (한 사람의) 군자로서 진지하게 행동하여 잘못이 없고, 공손하게 남을 대하여 예의가 있으면 사해 안의 동포가 모두 형제가 될 것이니 군자가 어찌 형제 없음을 근심하겠는가."

司馬牛憂曰 人皆有兄弟 我獨亡 子夏曰 商聞之矣
사마우우왈 인개유형제 아독무 자하왈 상문지의
死生有命 富貴在天 君子敬而無失 與人恭而有禮
사생유명 부귀재천 군자경이무실 여인공이유례
四海之內 皆兄弟也 君子何患乎無兄弟也
사해지내 개형제야 군자하환호무형제야

—— 여기서 "나만 홀로 (형제가) 없다"는 것은 실제로 없다는 뜻이 아니라 사마환퇴의 다른 형제들은 반란에 참여하고 혼자만 남았다는 말이다. 자하가 들었다〔商聞之〕고 했는데 공자에게 들었다는 말이다. 사마환퇴가 반란을 일으킨 지 2년 후에 공자가 죽었다. 따라서 생전에 공자가 하신 말씀을 들었다는 말이다. 생사와 부귀는 뜻대로 되는 일이 아니다. 일에 임해 최선을 다하고 다른 사람과 어울릴 때 예의

를 갖추는 것은 자신이 할 수 있는 일이다. 사해란 이적이 거하는 곳이니 사해 안이란 좁은 의미의 천하, 즉 당시의 중국을 말한다. 자하로부터 이런 위안의 말을 들었으니 사마우는 잠시라도 흉금이 탁 트였을 것이다.

12.6 자장이 분명함에 대해 여쭈었다. 공자께서 말씀하셨다. "물이 스며들듯 (은근한) 참언과 피부에 느껴지듯 (절박한) 무고(誣告)를 받아들이지 않는다면 분명하다고 말할 수 있다. 물이 스며들듯 (은근한) 참언과 피부에 느껴지듯 (절박한) 무고를 받아들이지 않는다면 멀리 내다본다고 할 수 있다."

子張問明 子曰 浸潤之譖 膚受之愬 不行焉
자 장 문 명 자 왈 침 윤 지 참 부 수 지 소 불 행 언
可謂明也已矣 浸潤之譖 膚受之愬 不行焉
가 위 명 야 이 의 침 윤 지 참 부 수 지 소 불 행 언
可謂遠也已矣
가 위 원 야 이 의

—— 공자가 지금 산다면 이렇게 말했을지도 모른다. 욕망을 자극하고 확대 재생산하는 광고를 보고도 그 상품을 사지 않으면 총명하다고 할 수 있다. 정치인이 정적에게 하는 비난이나 달콤한 공약에 넘어가 표를 주는 행위를 하지 않으면 멀리 내다본다고 할 수 있다.

12.7 자공이 정치에 대해 여쭈었다. 공자께서 말씀하셨다. "식량을 풍족하게 하고, 군비를 충분히 하고, 백성들이 믿도록 해야 한다." 자공이 여쭈었다. "부득이해서 하나를 버려야 한다면 이 세 가지 중에서 어느 것을 먼저 버려야 합니까." "군비를 버려야지." 자공이 여쭈었다. "부득이해서 하나를 버려야 한다면 (남은) 두 가지 중에서 어느 것을 먼저 버려야 합니까." "식량을 버려야지. 예로부터 사람은 누구나 죽지만, 백성의 믿음이 없다면 나라는 존립할 수 없다."

子貢問政 子曰 足食 足兵 民信之矣
자공문정 자왈 족식 족병 민신지의
子貢曰 必不得已而去 於斯三者何先 曰 去兵
자공왈 필부득이이거 어사삼자하선 왈 거병
子貢曰 必不得已而去 於斯二者何先
자공왈 필부득이이거 어사이자하선
曰 去食 自古皆有死 民無信不立
왈 거식 자고개유사 민무신불립

—— 여기서 경제 문제의 해결〔足食〕을 맨 처음에 언급한 것은 「자로」 9장에서 백성들의 수가 많아졌다면 먼저 부유하게 만들어야 하고 그다음엔 가르쳐야 한다는 말과 일맥상통한다. 먹고살 수 있도록 백성의 생계 문제를 해결하는 것은 동서고금을 막론하고 정치가의 첫째 임무다. 부득이하게 하나를 포기해야 하는 경우는 매우 특수한 사례이다. 따라서 신뢰를 얻기 위해서 백성들의 삶을 돌보지 않아도 된

다는 말은 아니다.

12.8 극자성이 말하였다. "군자는 바탕이 좋기만 하면 된다. 꾸며서 무얼 하겠는가." 자공이 말하였다. "애석하도다! 선생은 (이렇게 잘못되게) 군자를 설명하시는군요. 말을 한번 하면 네 마리 말이 끄는 마차로도 따라잡지 못하는 것입니다. 만약 꾸밈이 바탕과 같고, 바탕도 꾸밈과 같다면 호랑이와 표범의 털 없는 가죽은 개와 양의 가죽과 같습니다."

棘子成曰 君子質而已矣 何以文爲
극 자 성 왈 군 자 질 이 이 의 하 이 문 위
子貢曰 惜乎 夫子之說君子也 駟不及舌
자 공 왈 석 호 부 자 지 설 군 자 야 사 불 급 설
文猶質也 質猶文也 虎豹之鞟 猶犬羊之鞟
문 유 질 야 질 유 문 야 호 표 지 곽 유 견 양 지 곽

—— 극자성(棘子成)은 위나라 대부다. "말을 한번 하면 네 마리 말이 끄는 마차로도 따라잡지 못한다"는 말은 내뱉은 말은 주워 담을 수 없으니 신중하게 해야 한다는 뜻이다. 마지막 구절은 꾸미는 문식을 중시하지 않는다면 호랑이의 맨 가죽과 개의 맨 가죽이 차이가 없는 것처럼 신분이나 지위, 등급 등이 모두 무의미해진다는 말이다. 형식과 내용이 모두 중요하다는 말이다. 「옹야」 18장 참고.

12.9 애공이 유약에게 물었다. "흉년이 들어 (국가) 예산이 부족하니 어떻게 하면 좋겠는가." 유약이 대답하였다. "왜 (10분의 1을 거두는) 철 세법을 시행하지 않습니까." "10분의 2도 오히려 부족한데 어떻게 철 세법을 쓰겠소." "백성이 풍족하면 임금께서는 누구와 더불어 부족하며, 백성이 풍족하지 못하면 임금께서는 누구와 더불어 풍족하겠습니까."

哀公問於有若曰 年饑 用不足 如之何 有若對曰
애공문어유약왈 연기 용부족 여지하 유약대왈
盍徹乎 曰 二 吾猶不足 如之何其徹也 對曰 百姓足
합철호 왈 이 오유부족 여지하기철야 대왈 백성족
君孰與不足 百姓不足 君孰與足
군숙여부족 백성부족 군숙여족

——철(徹) 세법이란 토지에 부과하는 주나라의 세법으로 백성들은 수확량의 10분의 1을 바쳤다. 유가의 인도주의적인 정치사상이 구현된 사례로 오늘날의 관점에서 보아도 소중한 자세다. 『좌전(左傳)』에 따르면 애공 12년에 토지세에 더해 군부(軍賦: 병역세)를 시행했기 때문에 수확량의 10분의 2를 바치게 되었다. 「선진」 17장 참고할 것.

12.10 자장이 덕을 높이고 미혹을 분별하는 것에 대해 여쭈었다.

공자께서 말씀하셨다. "충성과 신의를 위주로 하여 의로움으로 나아가는 것이 덕을 높이는 것이다. 사랑하면 (그 대상이) 살기를 바라고, 미워하면 (그것이) 죽기를 바라는 법인데, 상대가 살기를 바라다가 또 죽기를 바라는 것이 미혹이다. 진실로 부유했기 때문이 아니라 다만 기이한 생각 때문이다."

子張問 崇德辨惑 子曰 主忠信 徙義 崇德也
자장문 숭덕변혹 자왈 주충신 사의 숭덕야
愛之欲其生 惡之欲其死 旣欲其生 又欲其死 是惑也
애지욕기생 오지욕기사 기욕기생 우욕기사 시혹야
誠不以富 亦祇以異
성불이부 역지이이

―― 원래 사랑은 미혹에서 시작되었기에 변화무쌍한 것이 아닐까? 모든 미혹은 애착이나 미움에서 나온다. 상대방이 살기를 바라다가 또 죽기를 바라는 것은 심히 미혹된 것이다. 맨 마지막 구절은 대부분의 주석가들이 잘못 편집된 것이라고 본다. 억지로 짜 맞춰 해석하려고 너무 애쓸 필요가 없다. 원래 『시경』 「소아·아행기야(小雅·我行其野)」라는 시에 나오는 구절이다. 정자(程子)는 이 마지막 구절이 죽간이 잘못 뒤섞이는 바람에 여기 있게 되었고 문맥상 「계씨」 12장 맨 처음에 와야 한다고 했다.

12.11 제나라 경공이 공자에게 정치에 대해 물었다. 공자께서 말씀하셨다. "임금은 임금다워야 하고 신하는 신하다워야 하고 아버지는 아버지다워야 하고 자식은 자식다워야 합니다." 경공이 말하였다. "좋은 말씀이오. 진실로 임금이 임금답지 못하고 신하가 신하답지 못하며 아버지가 아버지답지 못하고 자식이 자식답지 못하다면 비록 양식이 있다 한들 내가 (어찌) 먹을 수 있겠소."

齊景公問政於孔子 孔子對曰 君君臣臣父父子子
제경공문정어공자 공자대왈 군군신신부부자자
公曰 善哉 信如君不君 臣不臣 父不父 子不子
공왈 선재 신여군불군 신불신 부불부 자부자
雖有粟 吾得而食諸
수유속 오득이식저

—— 제경공(齊景公)은 기원전 547~490년 재위했던 제나라 임금이다. 각자 부여받은 역할을 충실히 수행할 때 사회가 안정된다는 말이다. 맞는 말이다. 다른 한편 이를 너무 강조하면 사회의 변화 발전의 원동력을 찾기 어려운 면이 있다. 역사는 이러한 고정된 역할을 부정하는 가운데 발전해왔기 때문이다. 급격한 변혁의 시기에 유가 사상이 전통 질서를 옹호하려 했다고 비판받은 것은 바로 이 때문이다. 「자로」 3장과 함께 공자의 정명(正名) 사상이 잘 드러난 구절로 많이 인용된다. 공자는 임금이 임금다워야 한다는 데 무게를 두고 말했는데 제경공은 신하답지 못한 신하를 떠올리면서 이 말을 들었는

지도 모르겠다.

12.12 공자께서 말씀하셨다. "한쪽 편의 말만을 듣고 판결을 내릴 수 있는 사람은 아마 유(자로)일 게야." 자로는 약속을 해놓고 오래도록 이행하지 않는 일이 없었다.

子曰 片言可以折獄者 其由也與 子路無宿諾
자왈 편언가이절옥자 기유야여 자로무숙락

—— 편언(片言)은 원고와 피고 중에 한쪽의 말을 의미한다. 반 마디의 말이라고 보기도 하지만 따르지 않았다. 숙낙(宿諾)은 오랫동안 이행하지 않는 약속을 말한다. 명쾌하고, 충신(忠信)에게 어울리는 행동파 자로의 면모를 생생히 알 수 있는 구절이다.

12.13 공자께서 말씀하셨다. "송사를 처리하는 것은 나도 남과 비슷할 테지만 (나는) 반드시 송사가 없게 할 것이다."

子曰 聽訟 吾猶人也 必也使無訟乎
자왈 청송 오유인야 필야사무송호

—— 소송이나 분쟁이 적게 발생하거나 타협이나 양보로 분쟁이 해결되어야 좋은 사회다. 그것이 근본이다. 법은 최소한의 도덕이다. 소송이 발생했다면 공명정대하게 처리되어야 하지만 이 역시 예나 지금이나 쉬운 일이 아니다. 오히려 싸움을 부추겨서 이익을 취하는 경우도 있다. 모든 것을 법으로 해결하면 좋은 사회가 아니다.

12.14 자장이 정치에 대해 여쭈었다. 공자께서 말씀하셨다. "어떤 자리에 있으면서 태만하지 말고 일을 집행함에 충심으로써 하라."

子張問政 子曰 居之無倦 行之以忠
자 장 문 정 자 왈 거 지 무 권 행 지 이 충

—— 평범한 말이라고 할 수 있지만 정치인이나 공직자에게 요구되는 근본 자세라고 할 수 있겠다.

12.15 공자께서 말씀하셨다. "널리 글을 배우고 예로 단속하면 또한 (도리에) 어긋나는 일이 없을 것이다."

子曰 博學於文 約之以禮 亦可以弗畔矣夫
자왈 박학어문 약지이례 역가이불반의부

—— 군자라는 말을 제외하면 「옹야」 27장과 내용이 중복된다.

12.16 공자께서 말씀하셨다. "군자는 남의 좋은 점을 이루어주고, 나쁜 점은 무산되게 한다. 소인은 이와 반대다."

子曰 君子成人之美 不成人之惡 小人反是
자왈 군자성인지미 불성인지악 소인반시

—— 군자와 소인에 관해서는 「위정」 14장을 참고할 것.

12.17 계강자가 공자에게 정치에 대해 물었다. 공자께서 대답하셨다. "정치는 바로잡는 것이니 선생께서 바른 일을 솔선수범하여 이끌어간다면 누가 감히 바르지 않게 행동할 수 있겠습니까."

季康子問政於孔子 孔子對曰 政者 正也 子帥以正
계강자문정어공자 공자대왈 정자 정야 자솔이정
孰敢不正
숙감부정

—— 권모술수만이 정치의 본령이라고 생각한 정치인이 들었다면 공자는 참으로 순진한 사람이라고 비웃었을 테고, 그래도 양식이 있는 사람이 들었다면 절망했을 것이다. 사회를 바르게 만드는 것이 정치의 목적인데 그렇게 하기 쉽지 않기 때문이다. 개인을 바로잡기도 쉬운 일이 아닌데 사회를 바르게 하기는 정말 지난한 일이다.

12.18 계강자가 도적을 걱정해서 공자에게 물었다. 공자께서 대답하셨다. "진실로 선생께서 재물을 탐내지 않으시면 상을 준다 해도 아무도 도둑질을 안 할 것입니다."

季康子患盜 問於孔子 孔子對曰 苟子之不欲
계강자환도 문어공자 공자대왈 구자지불욕
雖賞之不竊
수상지부절

—— 정치인이나 고위 공직자들이 탐욕스럽지 않고 청렴하다고 해서 도둑이 과연 없어질까? 의문이 남는다. 윗물이 맑아야 아랫물도 맑다는 말처럼 정치 지도자의 영향은 실로 크다고 하겠다. 실권자의 면전에서 이렇게 답했다는 점이 경이롭다.

약간 다른 이야기가 될지 모르지만 미국 정치를 풍자하는 말 중에 포크 배럴(pork barrel: 돼지고기 통)이라는 말이 있다. 국가 예산에서 자기 지역구에 배당되는 돈을 더 많이 책정받기 위해 탐욕스럽게 움직이는 정치인을 예전에 돼지고기 통에 담겨 있는 고기를 먹기 위해 달려들던 노예에 비유한 것이다.

12.19 계강자가 정치에 대해 공자에게 물었다. "만약 무도한 자를 죽이고 (선을 행하는) **좋은 사람을 친근하게 대한다면 어떻소." 공자께서 대답하셨다. "선생께서 정치를 하면서 어찌 살인의 방법을 쓰려고 하십니까. 선생께서 착해지고자 하면 백성들도** (자연스럽게) **착해질 것입니다. 군자의 도덕은 바람이요 소인의 도덕은 풀입니다. 풀은 바람이 불면 반드시 따라 쓰러지게 되어 있습니다."**

季康子問政於孔子曰 如殺無道 以就有道 何如
계강자문정어공자왈 여살무도 이취유도 하여
孔子對曰 子爲政 焉用殺 子欲善而民善矣
공자대왈 자위정 언용살 자욕선이민선의
君子之德風 小人之德草 草上之風 必偃
군자지덕풍 소인지덕초 초상지풍 필언

—— 생사여탈권을 가진 권력자 앞에서 살인에 반대한 공자의 정신이 고귀하다. 이러한 공자의 정치사상은 나중에 전제 왕권의 포악함을 견제하는 데 일정한 역할을 하기도 했다. 김수영 시인은 「풀」이라는 시에서 마지막 구절의 생각을 약간 변용해서 "풀이 눕는다. 바람

보다도 더 빨리 눕는다. 바람보다도 더 빨리 울고 바람보다 먼저 일어난다"고 민중의 저력을 노래한 바 있다.

12.20 자장이 여쭈었다. "선비는 어떻게 해야 '달(達)'했다고 할 수 있습니까." 공자께서 말씀하셨다. "무슨 뜻이냐. 네가 말하는 '달'이라는 것은?" 자장이 대답하였다. "나라 안에서 반드시 이름이 나고 종족 중에서도 반드시 이름이 나는 것을 말합니다." 공자께서 말씀하셨다. "이는 명성이지 '달'이 아니다. '달'은 소박하고 정직해서 의로움을 좋아하며, 남의 말과 얼굴빛을 잘 살피고, 항상 남에게 겸손하게 대할 것을 생각하는 것이니, (이렇게 하면) 나라에서 반드시 '달'하고, 종족 중에서도 반드시 '달'한다. 명성은 얼굴빛으로는 인을 가장하되 행동은 이와 어긋나게 하면서도 스스로 인한 사람이라고 자임하면서 의심치 않는 것이다. (이렇게 하면) 나라에서 반드시 이름이 나고 종족 중에서도 반드시 이름이 난다."

子張問 士何如斯可謂之達矣 子曰 何哉 爾所謂達者
자 장 문 사 하 여 사 가 위 지 달 의 자 왈 하 재 이 소 위 달 자
子張對曰 在邦必聞 在家必聞 子曰 是聞也 非達也
자 장 대 왈 재 방 필 문 재 가 필 문 자 왈 시 문 야 비 달 야
夫達也者 質直而好義 察言而觀色 慮以下人 在邦必達
부 달 야 자 질 직 이 호 의 찰 언 이 관 색 여 이 하 인 재 방 필 달
在家必達 夫聞也者 色取仁而行違 居之不疑
재 가 필 달 부 문 야 자 색 취 인 이 행 위 거 지 불 의

在邦必聞 在家必聞
재 방 필 문 재 가 필 문

—— 두루 통한다〔達〕와 (명성이) 널리 퍼진다〔聞〕는 말은 뜻이 비슷하다. 그러나 공자는 양자 사이에는 미묘하지만 중요한 차이가 있다고 지적하고 있다. 널리 명망이 나는 것과 보편적으로 존경받는 것은 겉으로 보기에 비슷하지만 본질적으로 다르다. 자기최면을 건 상태에서 밖으로 나돌아 도둑질한 허명과 내적 충실을 통해 자연스럽게 달성한 명예가 어찌 같을 수 있겠는가. 글을 쓰거나 책을 출판하지 않아도 사람이면 누구나 말이나 행동으로 스스로 빚어낸 자신의 사회적 형상(가령 인품)이 있게 마련이다. 그런데 이 사회적 형상이 최대의 실패작이거나 거짓투성이인 유명인이 있고, 이름이 알려지지 않은 아주 훌륭한 실패자도 있다.

12.21 번지가 무우대 아래에서 노닐다가 아뢰었다. "덕을 높이고 사념(邪念)을 없애며 미혹을 분별하는 일에 대해 여쭙겠습니다." 공자께서 말씀하셨다. "훌륭하도다. 질문이여. 먼저 해야 할 일을 하고 (나중에 얻게 될) 수확을 따지지 않는 것이 덕을 높이는 것이 아니겠느냐. 자기의 결점을 바로잡고, 남의 잘못을 공격하지 않는 것이 사념을 없애는 것이 아니겠느냐. 하루아침의 분함을 참

지 못해 자기 몸을 잊어버리고 심지어 부모에게까지 누를 끼치게 하는 것이 미혹된 것이 아니겠느냐."

樊遲從遊於舞雩之下 曰 敢問崇德修慝辨惑
번지종유어무우지하 왈 감문숭덕수특변혹
子曰 善哉問 先事後得 非崇德與 攻其惡 無攻人之惡
자왈 선재문 선사후득 비숭덕여 공기악 무공인지악
非修慝與 一朝之忿 忘其身 以及其親 非惑與
비수특여 일조지분 망기신 이급기친 비혹여

—— 이례적으로 "무우대 아래에서"라고 질문을 한 장소를 언급하고 있다. 다소 추상적인 질문에 대해 구체적인 예를 들어 답변하고 있다. 앞의 10장에 나온 자장의 질문에 대한 답과 비교해볼 것.

12.22 번지가 인에 대해 여쭈었다. 공자께서 말씀하셨다. "사람을 사랑하는 것이다." 지(知)에 대해 여쭈었다. "사람을 알아보는 것이다." 번지가 잘 알아듣지 못했다. 공자께서 말씀하셨다. "바른 사람을 등용하여 바르지 않은 사람 위에 두면 바르지 않은 사람을 곧게 할 수 있다." 번지가 물러나와 자하를 보고 말하였다. "조금 전에 내가 선생님을 뵙고 지에 대해 여쭙자 선생님께서 '바른 사람을 등용하여 바르지 않은 사람 위에 두면 바르지 않은 사람을 곧게 할 수 있다'고 말씀하셨는데 무슨 뜻일까?" 자하가 말하였

다. "풍부하도다. (선생님의) 말씀이여. 순임금이 천하를 다스릴 때 여러 사람 중에서 골라 고요를 등용하자 어질지 못한 자들은 멀리 사라졌고, 탕임금이 천하를 다스릴 때 여러 사람 중에서 골라 이윤(伊尹)을 등용하자 어질지 못한 자들이 멀리 사라졌다."

樊遲問仁 子曰 愛人 問知 子曰 知人 樊遲未達
번지문인 자왈 애인 문지 자왈 지인 번지미달
子曰 擧直錯諸枉 能使枉者直 樊遲退 見子夏曰
자왈 거직조저왕 능사왕자직 번지퇴 견자하왈
鄕也吾見於夫子而問知 子曰 擧直錯諸枉 能使枉者直
향야오견어부자이문지 자왈 거직조저왕 능사왕자직
何謂也 子夏曰 富哉言乎 舜有天下 選於衆 擧皐陶
하위야 자하왈 부재언호 순유천하 선어중 거고요
不仁者遠矣 湯有天下 選於衆 擧伊尹 不仁者遠矣
불인자원의 탕유천하 선어중 거이윤 불인자원의

—— 질문에 대한 공자의 답이 그리 어렵지 않은 듯한데 번지는 공자의 말을 왜 못 알아들었을까? 도대체 번지가 알아듣지 못한 것이 인과 지 둘 다인가, 아니면 지뿐인가? 혹은 인과 지의 관계인가? 다시 말하면 사람을 두루 사랑하는 것과 사람을 잘 알고 선택하는 것이 모순이 아닌가 하고 생각했을까? 바른 사람을 등용하려면 사람을 알아볼 줄 알아야 하지만 동시에 인재를 사랑해야 한다. 자신보다 유능한 사람이 누구인지 알지만 그렇기 때문에 더욱 시기 질투하고 미워하는 사람이 많다.

조금 전에 내가 선생님을 뵙고 지에 대해 여쭈었다는 자하에게 한 말을 고려해보면 번지는 다른 사람을 아는 방법을 터득하지 못한 듯하다. 번지는 묻기를 좋아하고 생각을 많이 하는 사람인 듯하다. 번지에 대해서는 「자로」 4장 참고.

12.23 자공이 벗에 대하여 여쭈었다. 공자께서 말씀하셨다. "충심으로 권고하고 잘 인도해야 하지만 만약 듣지 않으면 (충고를) **그만두어 스스로 욕을 보지 말아야 한다."**

子貢問友 子曰 忠告而善道之 不可則止 無自辱焉
자 공 문 우 자 왈 충 고 이 선 도 지 불 가 즉 지 무 자 욕 언

—— 중요한 처세의 교훈. 친구가 충고를 받아들이지 않으면 충고를 그만해야 한다. 좋은 충고도 너무 자주 하면 가까운 사이라도 소원해지기 때문이다. 「이인」 26장 참고.

12.24 증자께서 말씀하셨다. "군자는 학문과 문장으로 벗을 모으고, 벗을 통해서 인덕의 함양을 돕는다."

曾子曰 君子以文會友 以友輔仁
증 자 왈 군 자 이 문 회 우 이 우 보 인

——「자한」 30장과 연관 지어 보면 이문회우(以文會友)는 "같이 공부"하는 것을 말하고, 이우보인(以友輔仁)은 "같이 도로 나아가고" "같은 원칙을 견지하고" "같은 권도를 구사하는 것"을 말한다고 할 수 있다.

13. 자로

13.1 자로가 정치에 대해서 여쭈었다. 공자께서 말씀하셨다. "몸소 (백성보다) 먼저 행동하고, (그다음에) 그들을 수고롭게 해야 한다." 자로가 좀 더 말씀해주시기를 청하였다. 공자께서 말씀하셨다. "나태함이 없어야 한다."

子路問政 子曰 先之勞之 請益 曰 無倦
자로문정 자왈 선지로지 청익 왈 무권

—— 예전에 임금과 왕비가 직접 농사짓고 누에 치는 시범을 보인 이유도 바로 여기에 있다. 솔선수범. 「안연」 17장과 「자로」 6장에도

비슷한 내용이 나온다.

13.2 중궁이 계씨의 가신(家臣)이 되어 공자께 정치에 대해서 여쭈었다. 공자께서 말씀하셨다. "먼저 담당자에게 맡기고, (그들의) 작은 과오를 용서하고, 우수한 인재를 선발해야 한다." "어떻게 우수한 인재인지 알고 등용합니까?" "네가 아는 인재를 등용하면 네가 모르는 인재를 다른 사람이 (추천하지 않고) 그대로 내버려 두겠느냐?"

仲弓爲季氏宰 問政 子曰 先有司 赦小過 擧賢才
중궁위계씨재 문정 자왈 선유사 사소과 거현재
曰 焉知賢才而擧之 曰 擧爾所知 爾所不知 人其舍諸
왈 언지현재이거지 왈 거이소지 이소부지 인기사저

—— 계씨(계환자, 계강자)의 가신이 된 제자는 자로, 중궁, 염유이다. 중궁은 자로 다음으로 계환자의 가신이 되었다. "먼저 담당자에게 맡기고, (그들의) 작은 과오를 용서하고, 우수한 인재를 선발해야 한다〔先有司 赦小過 擧賢才〕"라는 공자의 말은 아홉 글자에 불과하지만 정치인이나 관리자에게 금과옥조 같은 말이다.

"네가 아는 인재를 등용하면 네가 모르는 인재를 다른 사람이 (추천하지 않고) 그대로 내버려 두겠느냐?"라는 말은 자기가 아는 사람 중에 훌륭한 사람을 등용하면 다른 사람도 훌륭한 사람을 추천할 것이라는 말이다.

리링은 최근에 발견된 죽간 자료인 「중궁」 편에 나오는 비슷한 표현을 "우수한 인재라면 한 사람이라도 빠뜨려서는 안 된다. 네가 아는 사람과 네가 모르는 사람 그리고 사람들이 버린 자를 등용하라"고 병렬적으로 해석한다. 참고하면 좋겠다.

말[馬]을 잘 보는 사람으로 백락이 유명한데, 사실 말은 구방고(九方皐)가 더 잘 보지만 그를 추천한 사람이 바로 백락이다.

진(秦)나라 목공이 은퇴할 나이가 된 백락에게 향후에 천리마를 구할 사람을 추천해달라고 부탁하자 백락은 구방고를 추천한다. 그래서 목공은 그에게 천리마를 찾아오라고 명령한다. 구방고가 3개월 후에 천리마를 구했다고 보고를 올리기에 어떤 말이냐고 물었더니 황색의 암말이라고 했다. 그런데 막상 사람을 보내 알아보니 검은 숫말이었다. 실망한 목공은 백락을 오라고 해서 색깔과 암수도 구별하지 못하는 자가 어떻게 천리마를 구할 수 있겠느냐고 탓을 했다. 백락은 구방고가 대단한 경지에 도달했다고 찬탄했다. 그가 보는 것은 말의 색깔이나 암수와 같은 외적인 것이 아니라 내부의 본질이라고. 나중에 멀리서 말을 데리고 와 보니 과연 천리마였다는 이야기이다. 훌륭한 인재의 본질은 간판에 있지 않다. 또 그런 훌륭한 인재를 찾아 등용하는 안목은 정치인이라면 꼭 갖추어야 할 자질이다.

13.3 자로가 여쭈었다. "위나라 임금이 선생님을 기다려 정치를 하려고 한다면 선생님께서는 무슨 일을 먼저 하시렵니까?" 공자께서 말씀하셨다. "반드시 명분을 바로잡겠다." 자로가 답하였다. "이렇다니까요. 정말 선생님은 현실에 너무 어두우십니다. 무엇 때문에 명분을 바로잡으려고 하십니까?" 공자께서 말씀하셨다. "거칠구나. 유(자로)여. 군자는 자기가 모르는 것에 대해서는 가만히 있는 법이다. 명분이 바르지 않으면 말이 순조롭지 못하고, 말이 순조롭지 못하면 일을 이룰 수 없고, 일을 이룰 수 없으면 예악이 흥성할 수 없고, 예악이 흥성하지 못하면 형벌이 들어맞지 못하고, 형벌이 들어맞지 못하면 백성들이 어떻게 행동해야 할지 모르게 된다. 그러므로 군자는 반드시 명분을 말할 수 있어야 하고, 말을 하면 반드시 실행해야 한다. 군자는 말에 구차해서는 안 된다."

子路曰 衛君待子而爲政 子將奚先 子曰 必也正名乎
자로왈 위군대자이위정 자장해선 자왈 필야정명호

子路曰 有是哉 子之迂也 奚其正 子曰 野哉 由也
자로왈 유시재 자지우야 해기정 자왈 야재 유야

君子於其所不知 蓋闕如也 名不正則言不順
군자어기소부지 개궐여야 명부정즉언불순

言不順則事不成 事不成則禮樂不興
언불순즉사불성 사불성즉례악불흥

禮樂不興則刑罰不中 刑罰不中則民無所措手足
예악불흥즉형벌부중 형벌부중즉민무소조수족

故君子名之必可言也 言之必可行也 君子於其言
고군자명지필가언야 언지필가행야 군자어기언

無所苟而已矣
무소구이이의

—— 여기서 말하는 위나라 임금은 위령공의 손자 출공 첩(輒)을 말한다. 대화를 보면 공자와 자로가 얼마나 격의 없었는가를 알 수 있다. 명칭 혹은 명분을 바로잡겠다는 것은 표현을 다듬겠다는 말이 아니라 현실의 혼란을 바로잡겠다는 말이다. 왜냐하면 권력자의 말은 곧 사회질서 혹은 규범과 직접 연관되기 때문이다. 이것이 흔들리면 백성들이 손과 발을 어디에 두어야 할지 모르게 된다. 정치란 변화무쌍하기에 상황에 따라 말을 바꾸기 쉽지만 그래도 말을 자꾸 바꾸는 정치인을 비판하는 이유가 여기에 있다. 중국 고대에 논리학이 발전하지 않은 것은 말 자체보다 말의 실제 효용과 가치에 주목했기 때문이다.

13.4 번지가 농사일을 가르쳐주기를 청하였다. 공자께서 말씀하셨다. "나는 늙은 농부보다 못하다." 채소 심는 법을 가르쳐주기를 청하였다. "나는 채소 가꾸는 늙은 밭 농사꾼보다 못하다." 번지가 나가자 공자께서 말씀하셨다. "소인이구나. 번수는. 윗사람이 예를 좋아하면 백성들이 감히 그를 공경하지 않을 수 없고, 윗사람이 의를 좋아하면 백성들이 감히 그에게 복종하지 않을 수 없고, 윗사람이 신뢰를 좋아하면 백성들이 감히 그에게 진실한 상황을 말하지 않을 수 없다. 이렇게 되면 사방 백성들이 강보에 싸서 자식을 업고 올 터인데 (군자가) 어느 겨를에 농사를 짓겠는가."

樊遲請學稼 子曰 吾不如老農 請學爲圃
번지청학가 자왈 오불여로농 청학위포
曰 吾不如老圃 樊遲出 子曰 小人哉 樊須也
왈 오불여로포 번지출 자왈 소인재 번수야
上好禮則民莫敢不敬 上好義則民莫敢不服
상호례즉민막감불경 상호의즉민막감불복
上好信則民莫敢不用情 夫如是則四方之民襁負
상호신즉민막감불용정 부여시즉사방지민강부
其子而至矣 焉用稼
기자이지의 언용가

—— 번지의 본명은 번수(樊須)이고 번지는 자(字)다. 번지가 스스로 농사를 지으려고 공자에게 질문한 것은 아닐 터이다. 공자가 번지에게 소인이라고 한 것도 도덕적 평가라기보다는 육체노동에 종사하는 사람의 관점을 가졌다는 말이겠다. 공자가 노동자를 천시한 말이 아니다. 맹자도 대인과 소인, 다스리는 노심자(勞心者)와 다스림을 받는 노력자(勞力者)의 분업을 강조하였다.

13.5 공자께서 말씀하셨다. "『시경』 300백 편을 외우더라도 그에게 맡긴 정사를 잘 처리하지 못하고, 외국에 사신으로 가서도 혼자 독립적으로 (외교 업무를) 처리할 수 없다면 비록 시를 많이 읽었다 하더라도 무슨 소용이 있겠는가."

子曰 誦詩三百 授之以政 不達 使於四方 不能專對
자왈 송시삼백 수지이정 부달 시어사방 불능전대

雖多亦奚以爲
수 다 역 해 이 위

——『시경』을 배우는 것이 내정(內政)이나 외교와 무슨 상관이 있을까. 관계가 아주 많다. 춘추시대에 각국의 언어가 달랐기 때문에 대화가 어려웠고, 문자를 쓸 수 있는 종이도 없었기 때문에 필담도 어려웠다. 『시경』은 단순한 문학작품이 아니라 서주시대의 역사를 담고 있고 통치자와 백성의 실정을 알 수 있는 정치 교과서이기에 아주 중요했다. 또한 시의 함축성이 정치나 외교 업무와 잘 어울린다. 「양화」 9장 참고. 외교관이 하는 말은 마주 앉은 상대의 말에 대한 응답이자 자신을 보낸 군주를 대신해서 하는 말이다. 당나라 때는 시를 가지고 인재를 선발하기도 하였다. 지금도 중국의 정치인들은 함축적인 시적 언어로 자신의 주장을 밝히는 데 아주 능하다. 응대(應對)는 물 뿌리고 청소하는 일〔灑掃〕과 나아가고 물러남〔進退〕과 함께 군자가 익혀야 할 도의 한 가지이다. 「자장」 12장 참고.

13.6 공자께서 말씀하셨다. "자기 자신이 바르면 명령을 내리지 않아도 행해지고, 자기 자신이 바르지 않으면 비록 명령을 내리더라도 백성이 따르지 않는다."

子曰 其身正 不令而行 其身不正 雖令不從
자 왈 기 신 정 불 령 이 행 기 신 부 정 수 령 부 종

—— 도덕의 정치화, 정치의 도덕화. 지도자의 솔선수범은 예나 지금이나 매우 중요하다. 다음 13장과 「안연」 17장에 비슷한 언급이 나온다.

13.7 공자께서 말씀하셨다. "노나라와 위나라의 정치는 형제와 같다."

子曰 魯衛之政 兄弟也
자 왈 노 위 지 정 형 제 야

—— 원래 노나라는 주공의 봉지였고, 위나라는 주공의 동생 강숙(康叔)의 봉지였다. 두 나라가 원래 형제국이었던 것처럼 당시의 정치 상황도 비슷하게 혼란했기 때문에 공자가 이처럼 탄식한 것이 아닌가 한다.

13.8 공자께서 위나라의 공자(公子)인 형(荊)을 두고 말씀하셨다. "집안을 잘 다스렸다. 처음 재산이 조금 있었을 때 '그런대로 살림

이 충분하다'고 말하였고, 좀더 나아졌을 때 '그럭저럭 살림이 완비되었다'고 말하였고, 넉넉해졌을 때 '그런대로 아주 좋다'고 하는구나."

子謂衛公子荊 善居室 始有 曰 苟合矣 少有 曰 苟完矣
자 위 위 공 자 형 선 거 실 시 유 왈 구 합 의 소 유 왈 구 완 의
富有 曰 苟美矣
부 유 왈 구 미 의

—— 공자 형(荊)은 오나라 공자 계찰이 위나라를 방문했을 때 거론한 위나라의 여러 현자 중의 한 사람이다. 인생의 의미가 화려한 집이나 재산에 있지 않다는 것을 깨닫지 못하면 공자 형처럼 말하기 어렵다. 영원히 살 것처럼 집을 꾸미는 사람들이 너무도 많다.

13.9 공자께서 위나라에 가실 적에 염유가 수레를 몰았다. 공자께서 말씀하셨다. "백성들이 많구나." 염유가 여쭈었다. "백성들이 이미 많아졌으면 그다음에 무엇을 해야겠습니까?" "부유하게 해야지." "부유해지면 그다음에 무엇을 해야겠습니까?" "가르쳐야 한다."

子適衛 冉有僕 子曰 庶矣哉 冉有曰 旣庶矣 又何加焉
자 적 위 염 유 복 자 왈 서 의 재 염 유 왈 기 서 의 우 하 가 언

曰 富之 曰 旣富矣 又何加焉 曰 敎之
왈 부지 왈 기부의 우하가언 왈 교지

—— 관자도 "창고가 가득 차야 예의를 알고, 의식이 족해야 영욕을 안다"고 했으며 맹자도 "항산(恒産: 살아갈 수 있는 일정한 재산이나 생업)이 없으면 항심(恒心: 늘 지니고 있는 떳떳한 마음)을 갖기 어렵다"고 했다. 항산이 없는데도 항심을 가지라고 강요하는 것은 일종의 폭력이다. 공자는 먼저 백성들을 부유하게 한 다음에 교화해야 한다고 주장하였다.

13.10 공자께서 말씀하셨다. "만일 나를 써주는 사람이 있어 나라를 다스릴 수 있다면 1년이면 어느 정도 괜찮은 성과를 낼 테고, 3년이면 (탁월한) 성과를 내보일 것이다."

子曰 苟有用我者 朞月而已可也 三年有成
자왈 구유용아자 기월이이가야 삼년유성

—— 『사기』「공자세가」에 보면 위령공이 늙어 정사를 태만히 하고 공자를 등용하지 않았기 때문에 공자가 탄식하면서 한 말이라고 한다. 만일 공자가 등용되었다면? 우리는 사상가요 교육자로서의 공자를 볼 수 없었을지 모른다.

13.11 공자께서 말씀하셨다. "(옛 말에) '선인이 100년 동안 나라를 다스린다면 잔악한 사람을 교화하고, 사형을 없앨 수 있으리라'고 하였는데, 진실되도다, 이 말이여!"

子曰 善人爲邦百年 亦可以勝殘去殺矣 誠哉是言也
자 왈 선 인 위 방 백 년 역 가 이 승 잔 거 살 의 성 재 시 언 야

—— 선한 사람이 정치를 하면 잔악한 사람을 교화하고 형벌을 휘두르면서 전쟁을 하지 않는다[勝殘去殺]고 말한다. 주나라 평왕이 동천(東遷)하여 제후들이 힘으로 서로 다투기 시작한 춘추시대로 접어든 지도 200여 년이 지났다. 아무리 선한 사람이 정치를 한다고 해도 이런 살벌한 시대의 흐름을 바로잡기는 쉽지 않다. 선인이라도 몇 십 년 내에 할 수 있는 일이 아니다. 바로 앞 구절에서 "3년이면 성과를 내보일 것이다"라고 한 말과 대조가 된다.

13.12 공자께서 말씀하셨다. "만일 왕도를 펼치는 이가 나타나도 반드시 한 세대 후라야 인정(仁政)이 실현될 것이다."

子曰 如有王者 必世而後仁
자 왈 여 유 왕 자 필 세 이 후 인

―― 무력으로 다스리는 패도와 달리 왕도는 덕으로 다스리는 것을 말한다. 자연히 효과가 늦게 드러난다. 백성들이 모두 인심(仁心)을 갖게 될 것이라고 해석하기도 한다.

13.13 공자께서 말씀하셨다. "만일 자기의 몸가짐을 바르게 하면 정치에 무슨 어려움이 있겠는가. 제 몸가짐을 바르게 하지 못한다면 어떻게 남을 바로잡겠는가."

子曰 苟正其身矣 於從政乎何有 不能正其身 如正人何
자 왈 구 정 기 신 의 어 종 정 호 하 유 불 능 정 기 신 여 정 인 하

―― 제나라 영공(靈公)은 여자가 남자 분장하는 것을 매우 좋아했다고 한다. 그랬더니 여인들이 남자 분장을 하고 다니는 것이 전국에 널리 유행했다. 나중에 법으로 이를 금지했지만 근절되지 않았다. 그래서 안영(晏嬰)에게 금지할 방안을 물었더니 후궁들의 복장부터 바로잡으라고 충고하였다. 안영의 충고대로 하였더니 얼마 지나지 않아 그런 풍속이 사라졌다고 한다. 『안자춘추(晏子春秋)』에 나오는 이야기다. 앞의 6장 참고.

13.14 염유가 (계씨의) 조정에서 물러나왔다. 공자께서 말씀하셨다. "왜 늦었느냐." "정무가 있었습니다." 공자께서 말씀하셨다. "(계씨) 사가(私家)의 일이겠지. 만일 (나라의) 정무였다면 내가 비록 등용되지 않았더라도 내가 그 일을 들었을 것이다."

冉子退朝 子曰 何晏也 對曰 有政 子曰 其事也 如有政
염자퇴조 자왈 하안야 대왈 유정 자왈 기사야 여유정
雖不吾以 吾其與聞之
수불오이 오기여문지

—— 계씨의 가신이었던 염유는 조정에서 임금을 배알할 수 없었지만 계씨가 노나라의 실권자였기에 이런 식으로 말한 것이다. 구체적으로 무슨 일 때문에 염유에게 이런 비판을 했는지 모르지만 공자는 정명사상에 입각해서 공〔國〕과 사〔季氏〕를 구분하라고 지적한다. 공자가 비록 당시에 벼슬하고 있지 않지만 여러 경로를 통해 상당한 정보를 가지고 있었음을 알 수 있다.

13.15 정공이 물었다. "단 한마디로 나라를 흥성하게 할 수 있는 말이 있겠소?" 공자께서 대답하셨다. "말에 이런 기대를 걸 수는 없습니다만, 사람들이 하는 말 중에 '임금 노릇 하기도 어렵고, 신하 노릇 하기도 쉽지 않다'고 하니 만일 임금 되기 어렵다는 것

을 안다면 이 말이 한마디 말로 나라를 흥하게 할 수 있는 말에 가깝지 않겠습니까?" "단 한마디로 나라를 망하게 하는 말이 있겠소?" 공자께서 대답하셨다. "말을 두고 이렇게 기약할 수는 없습니다만, 사람들이 하는 말 중에 '나는 임금 노릇 하는 것을 즐거워하지 않지만 나의 말을 어기지 않는 것만은 즐겁다'고 하니 만일 좋은 말이라서 어기지 않는다면 또한 좋지 않겠습니까마는 좋은 말이 아닌데도 어기지 않는다면 이것이 한마디 말로 나라를 망하게 한다는 말에 가깝지 않겠습니까?"

定公問 一言而可以興邦 有諸 孔子對曰
정공문 일언이가이흥방 유저 공자대왈
言不可以若是其幾也 人之言曰 爲君難 爲臣不易
언불가이약시기기야 인지언왈 위군난 위신불이
如知爲君之難也 不幾乎一言而興邦乎 曰 一言而喪邦
여지위군지난야 불기호일언이흥방호 왈 일언이상방
有諸 孔子對曰 言不可以若是其幾也 人之言曰
유저 공자대왈 언불가이약시기기야 인지언왈
予無樂乎爲君 唯其言而莫予違也 如其善而莫之違也
여무락호위군 유기언이막여위야 여기선이막지위야
不亦善乎 如不善而莫之違也 不幾乎一言而喪邦乎
불역선호 여불선이막지위야 불기호일언이상방호

—— 한마디 말로 나라를 흥성하게 할 수 없고, 망하게 할 수도 없다. 그러나 왕이 그렇게 물으면 어떻게 답할 것인가. 참으로 어려운 문제다. 왕의 질문을 받고 어쨌든 대답을 해야 하니 신하 노릇 하기도 어렵다. 우문에 현답을 하기란 결코 쉬운 일이 아니다. 전제 왕권

시대에 임금의 말은 곧 법이고, 그의 행동은 "내 마음이 하고자 하는 바를 따르더라도 법도를 벗어나지 않는" 것이었다. 더구나 절대 권력자는 자기 확신이 강하다. 밑에 있는 사람은 그의 말을 거역하기 어렵다. 자기 확신 있겠다. 아무도 반대하지도 않겠다. 어찌 생각하면 임금 노릇 하기 정말 쉽지만, 이 경우 스스로 반성하거나 잘못을 고칠 기회가 없어진다. 따라서 나라 망하는 것은 시간문제다. 이것이 꼭 옛날이야기일까?

쉽게 말하면 "임금 노릇 하기 어렵다"는 말은 나라를 흥하게 만들 수 있고, "내 말을 어기지 않는 것은 즐겁다"는 말은 나라를 망하게 만들 수도 있다는 것이다.

13.16 섭공이 정치에 대해 물었다. 공자께서 말씀하셨다. "가까운 데 있는 백성은 기뻐하게 하고, 먼 데 있는 백성은 찾아오게 하는 것입니다."

葉公問政 子曰 近者說 遠者來
섭공문정 자왈 근자열 원자래

—— 정치에는 두 종류가 있다. 멀리 있어도 가까워지게 하는 정치와 가까이 있어도 멀어지게 만드는 정치다. 설(說)은 열(悅)과 같은

뜻이다.

13.17 자하가 거보라는 지방의 장관이 되어 정치에 대해 여쭈었다. 공자께서 말씀하셨다. "너무 빨리 하려고 하지 말고, 작은 이익을 탐하지 마라. 빨리 하고자 하면 달성하지 못하고 작은 이익을 탐하면 큰일을 이루지 못한다."

子夏爲莒父宰 問政 子曰 無欲速 無見小利
자하위거보재 문정 자왈 무욕속 무견소리
欲速則不達 見小利則大事不成
욕속즉부달 견소리즉대사불성

—— 유명한 말이다. 이는 비단 정치에만 해당되는 일이 아니다. '빨리빨리'의 폐해가 어떤 결과를 낳는지 우리보다 잘 아는 민족은 없을 것이다. 하지만 최근 중국의 변화는 너무나 빨라 길을 가다 돌아보면 빌딩이 새로 세워져 있다는 말이 나올 정도다. 현기증마저 나는 변화의 속도! 이 편의 10장, 11장, 12장, 29장과 연관 지어 보면 좋겠다.

13.18 섭공이 공자에게 물었다. "우리 고을에 정직한 사람이 있

소. 그의 아버지가 남의 양을 훔쳤는데 아들이 고발하였소." 공자께서 말씀하셨다. "우리 고을의 정직한 사람은 이와 다릅니다. 아버지는 아들을 위해 허물을 숨겨주고 아들은 아버지를 위해 허물을 숨겨줍니다. 정직은 바로 그 가운데 있습니다."

葉公語孔子曰 吾黨有直躬者 其父攘羊 而子證之
섭공어공자왈 오당유직궁자 기부양양 이자증지
孔子曰 吾黨之直者異於是 父爲子隱 子爲父隱
공자왈 오당지직자이어시 부위자은 자위부은
直在其中矣
직재기중의

—— 국가권력과 가족 질서 혹은 민간 질서가 충돌했을 때 어떻게 해야 할까. 공자는 가족이 중요하다고 본 것이다. 맹자에도 이와 유사한 언급이 있다. 아버지가 살인을 했을 경우에 자식(순임금)은 어떻게 해야 할까. 맹자는 순임금이 임금 자리를 버리고 아버지를 업고 도망가야 한다고 말한다. 국가권력이 강화되었을 때 이러한 사상이 강고하게 유지되기는 당연히 어렵다. 그래서 대의를 위해서는 친족도 멸한다는 대의멸친(大義滅親) 사상이 등장했다. 그러나 일정한 한도 내에서 가족 질서를 용인한 이유는 효의 효용성을 완전히 무시할 수 없어서였다. 역사에 깊은 영향을 미친 유가사상은 복잡한 인 사상이라기보다 이러한 효 사상이다.

공자가 혈연의 친밀한 정을 사회정의 위에 놓았다고 비판할 수도 있다. 하지만 여기서 말하는 직(直)을 정직이나 공정으로 보지 않고 솔직으로 본다면 혈연의 정과 사회정의를 조화시킬 수 있다. 다시 말하면 공자는 부모가 양을 훔쳤을 때 자식이 숨겨주는 것을 솔직한 감정에 따른 행동으로 보았지 정의롭거나 정직한 행동으로 보진 않았다는 말이다.

13.19 번지가 인에 대해 여쭈었다. 공자께서 말씀하셨다. "평소 생활할 때는 공손하게 하고, 일을 할 때는 진지하게 하며, 다른 사람과 함께할 때는 충심을 다할 것이니, 비록 오랑캐가 사는 곳에 가더라도 (이러한 점을) 버려서는 안 된다."

樊遲問仁 子曰 居處恭 執事敬 與人忠 雖之夷狄
번지문인 자왈 거처공 집사경 여인충 수지이적
不可棄也
불가기야

—— 로마에 가서는 로마의 법을 따르라는 말과는 약간 다르다. 공자가 다른 지방의 풍속이나 법률을 무시한 것은 아니겠지만 앞서 말한 이러한 삶의 태도는 보편적이어서 어디 가서도 통할 수 있다고 자부한 것이다. 인(仁)이야말로 보편적이다. 「위령공」 6장과 함께 읽어보면 좋겠다.

13.20 자공이 여쭈었다. "어떻게 해야 선비〔士〕라고 할 수 있습니까?" 공자께서 말씀하셨다. "자신의 행동에 대해 부끄러움을 간직하고 있으며, 사방에 사신으로 가서는 임금의 명을 욕되게 하지 않으면 선비라 일컬을 수 있다." "감히 그다음을 여쭙겠습니다." "그가 속한 종족들이 효성스럽다고 칭찬하고 고향 마을에서는 공손하다고 칭찬하는 사람이다." "감히 그다음을 여쭙겠습니다." "말하면 반드시 지키고, 행동은 반드시 과단성 있게 해야 한다. (비록 이렇게 하는 것은) 고집 세고 완고한 소인이지만, 그래도 그다음이 될 만하다." "지금 정치에 종사하는 사람들은 어떻습니까?" "아! 다 (도량이) 잘고 (견식이) 얕은 인물들이니 어떻게 낱낱이 헤아리겠느냐."

子貢問曰 何如斯可謂之士矣 子曰 行己有恥 使於四方
자공문왈 하여사가위지사의 자왈 행기유치 시어사방
不辱君命 可謂士矣 曰 敢問其次 曰 宗族稱孝焉
불욕군명 가위사의 왈 감문기차 왈 종족칭효언
鄕黨稱弟焉 曰 敢問其次 曰 言必信 行必果
향당칭제언 왈 감문기차 왈 언필신 행필과
硜硜然小人哉 抑亦可以爲次矣 曰 今之從政者何如
경경연소인재 억역가이위차의 왈 금지종정자하여
子曰 噫 斗筲之人 何足算也
자왈 희 두소지인 하족산야

—— 선비는 천자, 제후, 대부 아래의 가장 낮은 등급의 '귀족'이다. 말단 '귀족'이라도 최소한 공자가 말하는 미덕이 있어야 한다. 말을

했다고 무조건 지키고, 칼을 뽑았다고 호박이라도 벤다면 그건 고집 세고 변통을 모르는 소인이다. 도리에 맞아야 약속한 일을 행하고, 칼을 뽑았다 해도 의가 아니면 칼집에 집어넣어야 한다. 공자는 당시 정치인들에게 고집 세고 완고한 소인 같은 '미덕'조차 없다고 개탄했지만 어찌 공자 당시뿐이겠는가. "약속한 말이 의에 가까우면 약속한 말을 이행할 만하다"(「학이」 13장)고 한 유자의 말을 기억한다면 "말하면 반드시 지키고, 행동은 반드시 과단성 있게 하는 것"이 왜 소인의 행동인지 알 수 있다.

13.21 공자께서 말씀하셨다. "중용에 맞는 행동을 하는 사람을 찾아 그와 교류할 수 없다면 반드시 광자(狂者)와 견자(狷者)와 함께하여야 하리라. 광자는 (뜻이 높아) 진취적이고, 견자는 (절대 나쁜 일을) 하지 않는다."

子曰 不得中行而與之 必也狂狷乎 狂者進取
자왈 부득중행이여지 필야광견호 광자진취
狷者有所不爲也
견자유소불위야

—— 광(狂)과 견(狷)의 정확한 개념이 여기에 나온다. 광자는 행동이 조금 지나치지만 진취적인 사람이고 견자는 소극적이지만 적어도

나쁜 일은 하지 않는 이를 말한다. 중용에 맞는 행동을 하는 사람은 만나기 쉽지 않다. 도가 행해지지 않는 현실에 쓸쓸해하지만 도덕적 이상을 실현하고자 노력한 공자에게는 확실히 광자와 통하는 부분이 있다. 은자(隱者)는 일종의 견자인데 그들과 대화가 통하는 것을 보면 공자는 견자와도 통하는 면이 있다. 광의 개념은 「공야장」 22장, 「태백」 16장, 「양화」 8장에도 나온다.

13.22 공자께서 말씀하셨다. "남쪽 지방 사람들의 말에 '사람이 한결같은 마음〔恒心〕이 없으면 무당이나 의사도 되지 못하리라'고 하였으니 참 좋은 말이다." (『주역』의 항괘 효사에) "꾸준한 마음이 없으면 부끄러운 일을 당하는 수가 있다"고 했다. 공자께서 말씀하셨다. "(항심이 없는 사람은) 점을 치지 않는 것이 좋다."

子曰 南人有言曰 人而無恒 不可以作巫醫 善夫
자 왈 남 인 유 언 왈 인 이 무 항 불 가 이 작 무 의 선 부
不恒其德 或承之羞 子曰 不占而已矣
불 항 기 덕 혹 승 지 수 자 왈 부 점 이 이 의

—— 한결같은 마음은 얼마나 귀한가. 무의(巫醫)를 무당이나 의사라고 했지만 옛날에 무당이 기도하는 방식으로 치료했기 때문에 둘은 서로 통한다. 무당이나 의사 입장에서 공자의 말을 바꾸어 이렇게

말할 수도 있겠다. 아무리 용한 무당이나 유능한 의사도 항심이 없는 사람은 치료할 수 없다. "꾸준한 마음이 없으면 부끄러운 일을 당하는 수가 있다〔不恒其德 或承之羞〕"는 말은 주역의 항괘(恒卦, 뇌풍항) 구삼(九三) 효사(爻辭)에 나오는 구절이다. 마지막 구절은 정확하게 해석하기 어렵다. 그러나 항심이 없는 사람은 반드시 흉악한 일을 당하게 되니 다시 점을 칠 필요조차 없다고 해석하면 무난하다.

13.23 공자께서 말씀하셨다. "군자는 조화를 도모하지 부화뇌동하지 않는다. 소인은 (맹목적으로) 부화뇌동하지 조화하지 못한다."

子曰 君子和而不同 小人同而不和
자 왈 군 자 화 이 부 동 소 인 동 이 불 화

—— 각자 주체성을 간직하면서 조화하는 것과 무차별적으로 동일해지는 것은 엄연히 다르다. 노자도 자기의 빛을 누그러뜨려 세속의 티끌과 함께해야 한다〔和光同塵〕고 하면서 화(和)를 강조하였다. 「위정」 14장, 「위령공」 22장과 함께 살펴보면 좋겠다.

13.24 자공이 여쭈었다. "마을 사람들이 모두 좋아하면 어떻습니까?" 공자께서 말씀하셨다. "아직 좋다고 할 수 없다." "모두가 미워하면 어떻습니까." 공자께서 말씀하셨다. "아직 좋다고 할 수 없다. 마을 사람 가운데 착한 이가 좋아하고 착하지 못한 이가 미워하는 것보다는 못하다."

子貢問曰 鄉人皆好之 何如 子曰 未可也 鄉人皆惡之
자공문왈 향인개호지 하여 자왈 미가야 향인개오지
何如 子曰 未可也 不如鄉人之善者好之 其不善者惡之
하여 자왈 미가야 불여향인지선자호지 기불선자오지

―― 다수의 생각을 무시하는 것도 비합리적이고 어리석은 일이지만, 무조건 다수의 생각을 따르는 것도 무책임하거나 교활한 행위이다. 아무에게도 싫은 소리를 하지 않아 '좋은 사람'이라는 소리를 듣는 사람 중에 이런 경우가 적지 않다. 공자가 여러 사람이 미워하더라도 반드시 살펴야 하며, 여러 사람이 좋아하더라도 반드시 살펴야 하고, 향원은 도덕의 적이라고 한 이유가 여기에 있다. 참으로 멋진 말이다. "여러 사람이 미워하더라도 반드시 살펴야 하며, 여러 사람이 좋아하더라도 반드시 살펴야 한다."(「위령공」 28장) "무골호인(즉 향원鄉原)은 덕을 해치는 자이다."(「양화」 13장)

13.25 공자께서 말씀하셨다. "군자 밑에서 일을 하기는 쉽지만 그를 기쁘게 하기는 어렵다. 정당한 방법으로 기쁘게 하지 않으면 (그는) 기뻐하지 않는다. (그가) 다른 사람에게 일을 시킬 때는 (일 하는 사람의) 재능에 따라 합당하게 임무를 부과한다. (이에 반해) 소인 밑에서 일을 하기는 어렵지만 기쁘게 하기는 쉽다. 비록 정당하지 않은 방법으로 기쁘게 하더라도 그는 기뻐한다. (그는) 다른 사람에게 일을 시킬 때는 완전할 것을 요구한다."

子曰 君子易事而難說也 說之不以道 不說也
자 왈 군 자 이 사 이 난 열 야 열 지 불 이 도 불 열 야
及其使人也 器之 小人難事而易說也 說之雖不以道
급 기 사 인 야 기 지 소 인 난 사 이 이 열 야 열 지 수 불 이 도
說也 及其使人也 求備焉
열 야 급 기 사 인 야 구 비 언

—— 앞에서도 말했지만 공자는 삶의 체험을 통해 세상에는 군자와 소인이 있음을 뼈저리게 자각했을 것이다. 또 소인 때문에 많은 고난을 겪었을 것이다. 그렇지 않다면 어찌 소인에 대해 이리도 생생하게 잘 알고 있는가. 스스로 돌아보자. 나는 어떤 유형의 사람일까?

13.26 공자께서 말씀하셨다. "군자는 태연하면서도 거만하지 않고, 소인은 교만하기만 하고 태연하지 못하다."

子曰 君子泰而不驕 小人驕而不泰
자 왈 군 자 태 이 불 교 소 인 교 이 불 태

—— 태연하다는 것은 편안하다는 뜻이다. 자기를 비하하거나 남 앞에서 오만하지 않고, 남을 무시하지도 맹목적으로 숭배하지도 않으면 태연한 것이다. 그래야 남과 평등하게, 편안하게 사귈 수 있다. 이런 태연함은 도달하기 쉽지 않은 경지다.

13.27 공자께서 말씀하셨다. "강직하고 굳세고 질박하고 말을 신중히 하는 것은 인에 가깝다."

子曰 剛毅木訥近仁
자 왈 강 의 목 눌 근 인

—— 이 네 가지는 듣기 좋은 화려한 말과 좋은 얼굴빛을 억지로 꾸미는〔巧言令色〕 사람에게 발견하기 어려운 품성이다.

13.28 자로가 여쭈었다. "어떻게 해야 선비라고 할 수 있습니까?" 공자께서 말씀하셨다. "서로 간절하게 권면하며 화목하게 지내면 선비라고 이를 만하니, 벗에게는 간절하게 권면하고 형제

간에는 화목하게 지내야 한다.”

子路問曰 何如斯可謂之士矣 子曰 切切偲偲 怡怡如也
자 로 문 왈 하 여 사 가 위 지 사 의 자 왈 절 절 시 시 이 이 여 야
可謂士矣 朋友切切偲偲 兄弟怡怡
가 위 사 의 붕 우 절 절 시 시 형 제 이 이

—— 절절시시(切切偲偲)는 서로 간절하게 힘쓰고 격려하는 모양이고, 이이(怡怡)는 화목한 모양이다. 친구 간에는 함께 '강남' 가기 쉽고 형제간에는 다투기 쉽다. 이런 사소한 일상의 행동을 잘 살펴보면 진정한 선비를 가려낼 수 있다.

13.29 공자께서 말씀하셨다. “선인이 백성을 7년 동안 가르치면 또한 전쟁을 치르게 할 만하다.”

子曰 善人教民七年 亦可以卽戎矣
자 왈 선 인 교 민 칠 년 역 가 이 즉 융 의

—— 별안간에 무슨 전쟁? 더구나 선인이 백성에게 무슨 군사훈련을? 그것도 7년씩이나? 잘 알 수 없지만 선인은 선한 통치자로 여겨지고, 즉융(卽戎)은 백성들을 전쟁에 투입하는 것을 말한다. 7년은 긴 시간을 의미하는 듯하다.

13.30 공자께서 말씀하셨다. "군사훈련을 받지 않은 백성을 동원해 전쟁하는 것을 백성을 버리는 것이라고 한다."

子曰 以不敎民戰 是謂棄之
자 왈 이불교민전 시위기지

—— 공자는 병법을 논하는 '손자' 같은 이가 물론 아니지만 수신(修身)이나 수양(修養)만을 강조하는 사람도 아님을 알 수 있다. 앞 장의 내용과 연결시켜 백성들에게 군사훈련을 시키지 않는 것은 그들을 버리는 행위나 다름없다고 해석하는 이도 있다. 『맹자』에도 "백성을 가르치지 않고 전쟁에 동원하는 것은 백성들을 재앙에 빠뜨리는 것이다〔不敎民而用之謂之殃民〕"(「고자 하告子 下」)라는 말이 나온다.

14. 헌문

14.1 원헌이 부끄러움에 대해 여쭈었다. 공자께서 말씀하셨다. "나라에 도가 있을 때도 녹을 먹고 나라에 도가 없을 때도 녹을 먹는 것이 부끄러운 일이다." "이기기를 좋아하지 않고 제 자랑을 잘하지 않고 남 원망을 잘하지 않고 탐욕스러운 일을 하지 않으면 인(仁)하다고 할 수 있습니까?" 공자께서 말씀하셨다. "그렇게 하기 어렵다고는 하겠지만 인하다고 할 수 있는지는 모르겠다."

憲問恥 子曰 邦有道 穀 邦無道 穀 恥也 克伐怨欲
헌 문 치 자 왈 방 유 도 곡 방 무 도 곡 치 야 극 벌 원 욕
不行焉 可以爲仁矣 子曰 可以爲難矣 仁則吾不知也
불 행 언 가 이 위 인 의 자 왈 가 이 위 난 의 인 즉 오 부 지 야

—— 원헌은 「옹야」 5장에 나오는 원사이다. 원헌의 질문에 대한 공자의 답을 보면 벼슬길에 나아가는 도리를 묻는 상황이 아닌가 한다. 곡(穀)은 녹봉을 의미한다. 당시에는 월급으로 쌀을 주었기 때문이다. 나라에 도가 있건 없건 아랑곳하지 않고 월급만 타 먹는 행위를 부끄럽다고 한 것이다.

이기기를 좋아하거나 제 자랑을 잘하거나 남 탓을 잘하거나 탐욕스러운〔克伐怨欲〕 것과 같은 좋지 않은 품성들을 갖지 않았다고 해서 인하다고 할 수는 없다. 쉽지 않은 일이기는 하다. 부끄러움에 대한 비슷한 언급은 「태백」 13장에도 나와 있다.

조선시대에도 일제강점기에도 잘 먹고 잘 살고, 공화국이 몇 번 바뀌어도 늘 잘 나가는 '명가'나 이른바 철새 정치인들에 대한 공자의 비판으로 읽을 만하다.

14.2 공자께서 말씀하셨다. "선비이면서 안일한 생활에 미련을 둔다면 선비가 되기에 부족하다."

子曰 士而懷居 不足以爲士矣
자 왈 사 이 회 거 부 족 이 위 사 의

—— 묵직한 울림이 있는 말이다. 진정한 지식인이라면 안락한 생

활이나 물질적 풍요를 바랄 것이 아니라 '천하'를 사유해야 한다.

14.3 공자께서 말씀하셨다. "나라에 도가 있을 때는 말과 행실을 바르게 해야 하지만 나라에 도가 없을 때는 행실은 바르게 하되 말은 겸손하게 해야 한다."

子曰 邦有道 危言危行 邦無道 危行言孫
자 왈 방 유 도 위 언 위 행 방 무 도 위 행 언 손

—— 여기서 위(危)는 바르다는 뜻이다. 예나 지금이나 말 잘못하면 큰 화를 부를 수 있다. 세상의 청탁(淸濁)에 따라 말을 달리해야 한다는 공자의 생각과 명철보신을 말하는 도가의 생각은 그다지 멀지 않다. 학파를 불문하고 난세를 살았던 지식인의 상식이다. 위(危)를 '높다'로 해석하기도 한다.

14.4 공자께서 말씀하셨다. "덕이 있는 이는 반드시 말을 잘하지만, 말 잘하는 사람이라고 반드시 덕이 있는 것은 아니다. 인한 사람은 반드시 용기가 있지만 용기가 있는 사람이라고 반드시 인한 것은 아니다."

子曰 有德者必有言 有言者不必有德 仁者必有勇
자왈 유덕자필유언 유언자불필유덕 인자필유용
勇者不必有仁
용자불필유인

—— 덕이 말보다, 인함이 용기보다 근본이 되는 덕목임을 알 수 있다. "말 잘하는 사람이라고 반드시 덕이 있는 것은 아닌" 사례는 재여의 경우를 보면 알 수 있다.(「공야장」 10장) 용맹하지만 예나 의가 받쳐주지 않으면 난을 일으키게 된다.(「태백」 2장, 「양화」 23장)

14.5 남궁괄이 공자께 여쭈었다. "예(羿)는 활쏘기를 잘하고 오(奡)의 힘은 땅에서 배를 끌 정도였지만 모두 제 명에 죽지 못하였고, 하우(夏禹)와 후직은 몸소 농사를 지었지만 천하를 차지하였습니다." 공자께서는 대답하지 않으셨다. 남궁괄이 나가자 공자께서 말씀하셨다. "군자로다. 이 사람이여. 덕행을 숭상하는구나! 이 사람이여!"

南宮适問於孔子曰 羿善射 奡盪舟 俱不得其死然
남궁괄문어공자왈 예선사 오탕주 구부득기사연
禹稷躬稼而有天下 夫子不答 南宮适出
우직궁가이유천하 부자부답 남궁괄출
子曰 君子哉若人 尙德哉若人
자왈 군자재약인 상덕재약인

—— 남궁괄은 「공야장」 2장에 나오는 남용이다. 예(羿)와 오(奡)는 모두 전설 속의 영웅들이다. 예는 유궁국(有窮國)의 임금으로 활을 잘 쏘아 하나라의 정권을 탈취했다가 나중에 신하인 한착에게 죽임을 당하였다고 한다. 오는 한착의 아들로 수전(水戰)에 능했지만 하나라의 임금인 소강(少康)에게 사형을 당했다고 한다.

우는 하우(夏禹)로 홍수를 잘 다스린 공으로 유명하고 직(稷)은 후직으로 주나라의 시조다. 농사를 잘 지었다고 한다. 힘은 덕을 이길 수 없다.

주희는 남궁괄이 예와 오를 당시의 권력자에, 하우와 후직을 공자에 비유해 말했다고 하지만 단정할 수 없다. 자기를 칭찬한다고 군자라고 하면 좀 우습지 않은가.

14.6 공자께서 말씀하셨다. "군자이면서 인하지 못한 이는 있지만 소인이면서 인한 이는 아직 없었다."

子曰 君子而不仁者 有矣夫 未有小人而仁者也
자 왈 군 자 이 불 인 자 유 의 부 미 유 소 인 이 인 자 야

—— 여기서는 군자와 소인을 가치가 아니라 사회적 지위로 구분하고 있다. 즉 군자는 사대부, 소인은 육체노동에 종사하는 일반 백성

을 말한다. 전통사회에서 육체노동에 종사하면서 지식과 수양을 쌓기는 매우 힘들었다. 단순히 사람이 좋다고 인하다고 할 수는 없다. 지식과 수양을 쌓아야 이를 수 있는 경지가 바로 인이다. 안회와 같은 수제자도 석 달 동안 마음속으로 인을 어기지 않았다고 칭찬할 정도다. 「옹야」 7장 참고.

14.7 공자께서 말씀하셨다. "사랑한다면 수고롭게 하지 않을 수 있겠는가? 충심으로 대한다면 깨우쳐주지 않을 수 있겠는가?"

子曰 愛之 能勿勞乎 忠焉 能勿誨乎
자 왈 애 지 능 물 로 호 충 언 능 물 회 호

—— 누군가를 아끼고 사랑한다면 열심히 일하도록 독려해야 하지 않겠는가. 다른 사람을 충심으로 대하는 것은 올바른 도리로 깨우쳐 주는 것이다. 성숙한 자의 사랑, 성숙한 자의 진정한 충성을 생각하게 하는 대목이다.

14.8 공자께서 말씀하셨다. "(정나라가) 외교문서를 작성할 때 비심이 기초하고, 세숙이 의견을 제시하고 외교관원인 자우가 수정

하고 동리 자산이 윤색하였다."

子曰 爲命 裨諶 草創之 世叔 討論之 行人子羽 修飾之
자왈 위명 비심 초창지 세숙 토론지 행인자우 수식지
東里子産 潤色之
동리자산 윤색지

—— 위명(爲命)이란 임금의 명령이 담긴 회맹(會盟)의 외교문서를 작성하는 것을 말한다. 비심, 세숙, 자우, 자산은 모두 정나라 사람들이다. 특히 자산은 정나라에서 가장 유명한 재상이다. 동리는 자산이 당시에 거주했던 곳으로 지금의 정저우(鄭州)시이다. 주희는 정나라의 인재들이 고루 참여하여 이런 문서를 작성해 다른 제후를 상대했기 때문에 실패하는 일이 드물었음을 칭찬한 말이라고 보았다.

14.9 어떤 이가 자산에 대하여 물었다. 공자께서 말씀하셨다. "은혜로운 사람이다." 자서(子西)에 대해서 물었다. "그 사람, 그 사람……." 관중에 대하여 물었다. "인한 사람이다. 백씨(伯氏)의 병읍(騈邑) 300호를 빼앗았는데 (백씨가) 거친 밥을 먹으면서도 죽을 때까지 원망하는 말이 없었다."

或問子産 子曰 惠人也 問子西 曰 彼哉彼哉 問管仲 曰
혹문자산 자왈 혜인야 문자서 왈 피재피재 문관중 왈

人也 奪伯氏 騈邑三百 飯疏食 沒齒 無怨言
인 야 탈 백 씨 병 읍 삼 백 반 소 사 몰 치 무 원 언

—— 공자가 과거의 정치인에 대해 평가한 것이다. 자산(子産)은 정나라의 유명한 재상이다. 자서(子西)가 누구인지는 논란이 있다. 정나라 자산의 동종형제(同宗兄弟)인 공손하(公孫夏)인지 초나라 소왕(昭王) 때의 영윤(令尹)인 공자신(公子申)인지 분명치 않다. 아무튼 중요한 인물이 아니다. 그를 두고 그 사람이라고 했을 정도로 무시했기 때문이다. 관중은 제나라의 재상이다. 자산이나 관중과 같은 법가의 인물을 높이 평가한 것을 보면 공자가 단지 내면의 도덕만을 숭상하진 않았음을 알 수 있다. 사람 인(人) 자를 인(仁)으로 해석하였다. 당시 서로 통용되었기 때문이다. 백씨는 제나라 대부이고 병읍은 백씨의 땅이었다. 백씨가 관중에게 자신의 땅을 빼앗겨 거친 밥을 먹어야 했음에도 관중을 원망하지 않았다. 관중이 합리적으로 조치했기 때문일 것이다.

14.10 공자께서 말씀하셨다. "가난하면서 원망하지 않기는 어렵지만, 부유하면서 교만하지 않기는 쉽다."

子曰 貧而無怨難 富而無驕易
자 왈 빈 이 무 원 난 부 이 무 교 이

—— 가진 자가 교만하면 못 가진 자가 원망하지 않기가 더욱 어려워진다. 쉬운 일(부유하면서 교만하지 않기)을 하지 않고 어려운 일(가난하면서 원망하지 않기)을 하라고 강요하는 정치가 되어서는 안 된다.

14.11 공자께서 말씀하셨다. "맹공작은 (대국 진나라의 실력자인) 조씨와 위씨의 가신이 되기에 충분하지만 등나라와 설나라(같은 소국)의 대부는 되지 못한다."

子曰 孟公綽爲趙魏老則優 不可以爲滕薛大夫
자 왈 맹 공 작 위 조 위 로 즉 우 불 가 이 위 등 설 대 부

—— 맹공작(孟公綽)은 노나라의 대부로 공자가 매우 존경한 사람이다. 조씨와 위씨는 대국 진(晉)에서 가장 실력이 있는 경(卿)들이다. 등과 설은 작은 나라이다.

명망은 높지만 실제 책임이 없는 자리에 적합한 사람과 작은 나라의 관직이지만 책임이 막중한 자리에 적합한 사람이 있다. 공자는 맹공작이 덕망은 높지만 재주가 부족하다고 본 것이다.

14.12 자로가 완전한 사람〔成人〕에 대해 여쭈었다. 공자께서 말

씀하셨다. "장무중의 지혜와 맹공작의 탐욕스럽지 않음과 변장자의 용기와 염구의 재능에다가 (다시) 예악까지 갖추면 역시 완전한 사람이라 할 만하다." (공자께서 또 말씀하셨다.) "오늘날 완전한 사람이 어떻게 반드시 그럴 수 있겠는가? 이로움을 보고는 의를 생각하고, 위급한 때를 당해서는 기꺼이 목숨을 바치며 곤궁한 처지에 오래 놓여 있어도 평소 한 언약을 잊어버리지 않으면 또한 완전한 사람이라 할 만하다."

子路問成人 子曰 若臧武仲之知 公綽之不欲
자로문성인 자왈 약장무중지지 공작지불욕
卞莊子之勇 冉求之藝 文之以禮樂 亦可以爲成人矣
변장자지용 염구지례 문지이예악 역가이위성인의
曰 今之成人者 何必然 見利思義 見危授命
왈 금지성인자 하필연 견리사의 견위수명
久要不忘平生之言 亦可以爲成人矣
구요불망평생지언 역가이위성인의

—— 공자가 완전한 사람에 대한 기준을 너무 높여 말하지 않았나 싶어서 다시 한번 더 구체적으로 설명했다고 볼 수 있다. 다시 말하면 장무중(臧武仲)이나 맹공작 같은 인물의 장점을 실제 현실에 대입해 설명했다. 뒤이어 한 말을 자로의 말로 보기도 한다.

14.13 공자께서 공명가에게 공숙문자에 대해 물으셨다. "정말인

가요? 선생님(공숙문자)께서 말도 아니하며 웃지도 아니하며 함부로 취하지도 아니한다는 것이?" 공명가가 대답하였다. "말을 전달한 이가 잘못 말한 것입니다. 선생님께서는 알맞은 때에 말하시므로 사람들이 그 말을 싫어하지 않고, 즐거워야 웃으시므로 사람들이 그 웃음을 싫어하지 않으며, 의롭다고 생각한 연후에 취하므로 사람이 그 취함을 싫어하지 않습니다." 공자께서 말씀하셨다. "그러한가요? 어찌 그럴 수 있을까요?"

子問公叔文子於公明賈曰 信乎 夫子不言不笑不取乎
자 문 공 숙 문 자 어 공 명 가 왈 신 호 부 자 불 언 불 소 불 취 호
公明賈對曰 以告者過也 夫子時然後言 人不厭其言
공 명 가 대 왈 이 고 자 과 야 부 자 시 연 후 언 인 불 염 기 언
樂然後笑 人不厭其笑 義然後取 人不厭其取
낙 연 후 소 인 불 염 기 소 의 연 후 취 인 불 염 기 취
子曰 其然 豈其然乎
자 왈 기 연 기 기 연 호

—— 공숙문자(公叔文子)는 위나라의 대부로 이름은 발(發)이다. 위 헌공(獻公)의 손자이다. 위나라에는 현자들이 많았는데 공숙문자는 이른바 위나라 여섯 군자 중의 한 사람이다. 공명가는 위나라 사람이다. 이 대화는 공자가 위나라에 있을 때 나누었을 것이다. 공숙문자가 훌륭한 사람이긴 하지만 공명가가 말한 대로 처신하기란 거의 불가능에 가깝다. 생각해보라. 적절한 때 말하고, 즐거울 때 웃고, 의로워야 취한다는 게 어디 쉬운 일인가? 공자는 점잖게 "그런가요? 어

찌 그럴 수 있나요?"라고 의문을 표하고 있다. 성질 급한 사람이면 바로 "말도 안 돼!"라고 했겠다.

14.14 공자께서 말씀하셨다. "장무중이 방(防)이라는 사읍을 내놓는 대신 노나라 임금에게 자기 자식을 후계자로 세워줄 것을 요구하였는데 비록 임금께 강요하진 않았다지만 나는 믿지 않는다."

子曰 臧武仲以防求爲後於魯 雖曰不要君 吾不信也
자 왈 장 무 중 이 방 구 위 후 어 로 수 왈 불 요 군 오 불 신 야

―― 장무중은 노나라의 대부로 앞서 나온 장문중의 손자이다.(「공야장」 18장) 방(防)은 그의 사읍(私邑)이다. 『좌전』의 기록을 보면 장무중은 계손씨에게 죄를 지어 공격을 받고 주(邾) 땅으로 도망갔다가 자신의 방 땅으로 돌아와 사신을 보내 노나라 임금에게 요구했다. 방 땅을 바칠 터이니 자기 자식을 장씨의 후계자로 세워달라고. 노나라 임금은 그의 요구를 받아들였고 장무중은 마침내 방 땅을 바치고 제나라로 도망갔다고 한다.

14.15 공자께서 말씀하셨다. "진나라 문공은 간사하게 속이고

정직하지 않았으며, 제나라 환공은 정직하였고 간사하게 속이지 않았다."

子曰 晉文公譎而不正 齊桓公正而不譎
자 왈 진 문 공 휼 이 부 정 제 환 공 정 이 불 휼

—— 진문공(기원전 636~628 재위)과 제환공(기원전 685~643 재위)은 춘추시대 오패(五霸) 중에서 가장 유명하다. 그런데 공자는 왜 제환공을 칭찬하고 진문공은 비판했는가. 아마도 진문공이 신하로서 주나라 천자를 부른 적이 있어서 그랬을 것이다. 공자에게 비판을 받았지만 진문공은 흥미진진한 인물이다. 진문공의 부인은 제환공 집안의 조카였다. 제강(齊姜)이라는 여자다. 진문공이 아직 왕위에 오르기 전 나라에서 쫓겨나 제나라에 갔다가 이 여자와 결혼하게 되었다. 그런데 제강이 보기에 진문공은 범상치 않은 인물인데 결혼한 후 안락한 생활에 젖어 진나라로 돌아갈 생각을 하지 않고 있었다. 그래서 주변 사람들과 몰래 일을 꾸며 진문공을 취하게 해서 제나라를 떠나보냈다. 나중에 그는 왕위에 오르고 유명한 패자가 되었다. 당시 길을 떠나보내는 제강의 심정은 어떠하였을까? 또한 진문공의 마음은 어떠하였을까. 취했던 것일까. 취한 척했던 것일까? 제환공과 관련된 언급이 계속 이어지고 있다.

14.16 자로가 여쭈었다. "환공이 공자 규를 죽였을 때 소홀은 따라 죽었는데 관중은 죽지 않았으니 (관중은) 인하다고 할 수 없겠지요?" 공자께서 말씀하셨다. "환공이 제후를 규합하였지만 무력을 쓰지 않은 것은 관중의 힘이었다. 누구의 공이 그의 인함에 비견되겠는가? 누구의 어떤 행동이 그의 인과 같겠는가?"

子路曰 桓公殺公子糾 召忽死之 管仲不死 曰 未仁乎
자로왈 환공살공자규 소홀사지 관중불사 왈 미인호
子曰 桓公九合諸侯 不以兵車 管仲之力也 如其仁
자왈 환공구합제후 불이병거 관중지력야 여기인
如其仁
여기인

—— 이 장을 이해하려면 역사적 사실을 알아야 하기 때문에 소개한다. 공자(公子) 소백(小白)과 규(糾)는 모두 제양공(齊襄公)의 동생이다. 양공이 무도하자 포숙아(鮑叔牙)는 장차 동란이 일어날 것이라고 예견하고 공자 소백을 받들어 모시고 거국(莒國)으로 도망쳤다. 나중에 공손무지(公孫無知)가 양공을 죽이고 스스로 임금 자리에 오르자 제나라에는 큰 혼란이 발생했다. 관중(기원전 723~645)과 소홀은 공자 규를 받들어 모시고 노나라로 도망갔다. 제나라 사람들이 무지를 죽이자 나라에 임금이 없는 상태가 되었다. 노나라 장공(莊公)이 제나라를 공격함과 동시에 공자 규를 호송해 가서 즉위하도록 하였다. 하지만 소백이 먼저 귀국하여 임금 자리에 올랐는데 그가 바로

환공이다. 환공이 노나라를 공격해 공자 규를 죽이라고 핍박을 가하자 소홀은 자살했고 관중은 옥에 갇히게 되었다. 나중에 관중은 친구 포숙아의 추천으로 환공에 의해 재상에 올랐다.

의리 있는 자로가 생각하기에 관중이 자살하지 않은 것은 인하지 않은 행동이다. 그러나 공자는 그렇지 않다고 대답하고 있다. 여기서 공자가 말한 인이 단순히 남을 사랑하거나 성품이 착하다는 식의 감정 차원의 덕목이 아님이 분명히 드러난다. 「팔일」 22장에서 공자는 예를 모른다고 관중을 비판했지만, 여기서는 도리어 관중이 인하다고 매우 높게 평가하고 있다. 가장 강조한 덕목이 인인 점을 고려하면 공자가 관중을 높이 평가했음을 알 수 있다. 관중의 공과 과를 균형 있게 평가하고 있는 것이다. 다른 각도에서 보면 관중에 대한 모순된 평가는 『노논어』(노나라에 전해 내려온 『논어』)와 『제논어』(제나라에 전해 내려온 『논어』)의 차이라고 할 수도 있다. 다시 말해 관중이 인하다는 평가는 제나라 사람들의 입장이 반영된 것일지도 모른다. 구합(九合)은 여러 차례 회맹했다는 뜻이다. 주자는 구(九)를 규(糾)로 보았다.

14.17 자공이 아뢰었다. "관중은 인한 자가 아닐 것입니다. 환공이 공자 규를 죽였는데 (규를 위해) 죽지 않고 또 환공을 도왔습니다." 공자께서 말씀하셨다. "관중이 환공을 도와 제후의 패자

가 되게 하여 천하를 한 번 바로잡았으니 백성들은 지금껏 그 혜택을 받고 있다. 관중이 없었더라면 우리는 (북방 오랑캐처럼) 머리를 풀어헤치고 옷깃을 왼쪽으로 여미었을 것이다. (관중이) 어찌 작은 신의를 지키기 위해 개천에서 스스로 목매어 죽어도 아무도 알아주는 이가 없는 하찮은 필부와 같아야 하겠는가?"

子貢曰 管仲非仁者與 桓公殺公子糾 不能死 又相之
자공왈 관중비인자여 환공살공자규 불능사 우상지
子曰 管仲相桓公覇諸侯 一匡天下 民到于今 受其賜
자왈 관중상환공패제후 일광천하 민도우금 수기사
微管仲 吾其被髮左衽矣 豈若匹夫匹婦之爲諒也
미관중 오기피발좌임의 기약필부필부지위량야
自經於溝瀆而莫之知也
자경어구독이막지지야

—— 자로처럼 자공도 관중이 주군을 따라 죽기는커녕 오히려 환공을 도왔으니 인하지 않다고 본 것이다. 하지만 공자의 평가는 다르다. 공자는 관중이 필부처럼 작은 의리를 지키기 위해 함부로 자살해야 한다고 생각하지 않았다.

14.18 공숙문자의 신하인 대부 선(僎)이 문자(文子)와 함께 동등한 관직에 올랐다. 공자께서 말씀하셨다. "시호를 문(文)이라고 할 만하다."

公叔文子之臣大夫僎 與文子 同升諸公
공 숙 문 자 지 신 대 부 선 여 문 자 동 승 제 공
子聞之曰 可以爲文矣
자 문 지 왈 가 이 위 문 의

—— 대부 선은 자기의 상관인 공숙문자의 천거를 받아 그와 동일한 관직에 올랐다. 지금도 이런 일은 매우 드물다. 칭찬할 만하다.

14.19 공자께서 위령공의 무도함을 말씀하셨다. 강자가 말하였다. "이와 같은데도 어떻게 망하지 않습니까?" 공자께서 말씀하셨다. "중숙어가 빈객을 접대하고, 축타가 종묘를 다스리고, 왕손가가 군대를 거느렸습니다. 이와 같은데 어찌 망하겠습니까?"

子言衛靈公之無道也 康子曰 夫如是 奚而不喪
자 언 위 령 공 지 무 도 야 강 자 왈 부 여 시 해 이 불 상
孔子曰 仲叔圉治賓客 祝鮀治宗廟 王孫賈治軍旅
공 자 왈 중 숙 어 치 빈 객 축 타 치 종 묘 왕 손 가 치 군 려
夫如是 奚其喪
부 여 시 해 기 상

—— 여기서 강자는 계강자를 말한다. 당시 노나라에서 가장 권력이 있었던 사람이다. 중숙어, 축타, 왕손가는 위나라의 현명한 신하들이다. 중숙어는 「공야장」 15장에, 축타는 「옹야」 16장에, 왕손가는 「팔일」 13장에 나왔다. 인재는 국운을 좌우한다.

14.20 공자께서 말씀하셨다. "말을 할 때 부끄러워하지 않으면 실천하기가 어렵다."

子曰 其言之不怍 則爲之也難
자 왈 기 언 지 부 작 즉 위 지 야 난

—— 큰소리치는 사람은 믿기 어렵다. 자신이 큰소리치는 중인지 돌아보고 부끄러워하지 않으면 말한 바를 실천하기가 어렵다. 『노자』에서도 "가벼이 승낙하는 사람은 쉬 믿기 어렵다〔輕諾必寡信〕"라고 하였다.

14.21 진성자가 간공을 시해하였다. 공자께서 목욕재계하시고 조정에 나아가 노나라 애공에게 말씀하셨다. "진항(진성자)이 제나라 임금을 시해하였으니 토벌할 것을 청합니다." 애공이 말하였다. "(당신이) 세 사람에게 고하시오." 공자께서 말씀하셨다. "내가 대부의 지위에 있었던 까닭에 감히 고하지 않을 수 없었는데 임금께서 세 사람에게 고하라고 하시는구나." (그리하여) 세 사람에게 가서 고했더니 안 된다고 하였다. 공자께서 말씀하셨다. "내가 대부의 지위에 있었던 까닭에 감히 고하지 않을 수 없었다."

陳成子弑簡公 孔子沐浴而朝 告於哀公曰 陳恒弑其君
진 성 자 시 간 공 공 자 목 욕 이 조 고 어 애 공 왈 진 항 시 기 군
請討之 公曰 告夫三子 孔子曰 以吾從大夫之後
청 토 지 공 왈 고 부 삼 자 공 자 왈 이 오 종 대 부 지 후
不敢不告也 君曰 告夫三子者 之三子告 不可 孔子曰
불 감 불 고 야 군 왈 고 부 삼 자 자 지 삼 자 고 불 가 공 자 왈
以吾從大夫之後 不敢不告也
이 오 종 대 부 지 후 불 감 불 고 야

—— 이 일은 기원전 481년, 노나라 애공 14년에 일어난 일이다. 진성자(陳成子)는 제나라의 대부이고 이름은 항(恒)이다. 간공(簡公)은 제나라의 임금이다. 세 사람은 당시 노나라를 좌지우지하던 맹의자, 숙손무숙, 계강자를 말한다. 애공은 임금이지만 실권은 이들이 쥐고 있었다. 하극상의 난이 일어났다고 약소국 노(魯)가 이웃 강대국 제(齊)를 칠 수 있을까? 토벌하자는 공자의 말은 공허한 호언이 아닌가? 『좌전』의 기록에 따르면, 토벌이 가능하냐고 물으며 애공이 난색을 표하자 공자는 제나라에서 간공을 시해한 일에 참여하지 않은 백성이 반이니 노나라가 이들과 합세한다면 승산이 있다고 말했다.

14.22 자로가 임금 섬기는 도리를 여쭈었다. 공자께서 말씀하셨다. "(임금을) 속이지 말고 임금의 얼굴 앞에서 직언하라."

子路問事君 子曰 勿欺也 而犯之
자 로 문 사 군 자 왈 물 기 야 이 범 지

—— 바른말이라 해도 쓴소리를 권력자의 면전에서 하는 일은 지금도 어렵다.

14.23 공자께서 말씀하셨다. "군자는 고명한 것에 달통하고, 소인은 저급한 것에 달통한다."

子曰 君子上達 小人下達
자 왈 군 자 상 달 소 인 하 달

—— 상(上)과 하(下)를 어떻게 보느냐에 따라 해석이 달라진다. 여기서는 상을 고명하고 심오한 이치, 하를 저급한 도리로 보았지만 상을 인의로, 하를 이익으로 보기도 한다. "군자는 의에 밝고, 소인은 이(利)에 밝다"(「이인」 16장)는 말과 비슷한 의미가 된다.

14.24 공자께서 말씀하셨다. "옛날의 학인은 (진정한) 자기를 위해 공부했는데 지금의 학인은 남을 위해 공부한다."

子曰 古之學者爲己 今之學者爲人
자 왈 고 지 학 자 위 기 금 지 학 자 위 인

—— 남을 위해 공부한다는 것은 이타적인 목적을 가지고 공부한다는 말이 아니고, 남의 인정이나 명성을 얻기 위해 공부한다는 말이다. 위기지학(爲己之學)이란 자기를 충실히 하기 위한 공부란 뜻이다. 타인을 무시해서도 안 되고 타인의 노예가 되어서도 안 된다.

14.25 거백옥이 공자에게 사람을 보내 문안하였다. 공자께서 그와 함께 앉아서 물으셨다. "선생(거백옥)께서는 요즈음 무엇을 하시는가." "선생께서는 자신의 허물을 적게 하고자 하시나 아직 그렇지 못합니다." 사자(使者)가 나가자 공자께서 말씀하셨다. "참 훌륭한 사자구나. 참 훌륭한 사자구나."

蘧伯玉使人於孔子 孔子與之坐而問焉曰 夫子何爲
거백옥사인어공자 공자여지좌이문언왈 부자하위
對曰 夫子欲寡其過而未能也 使者出 子曰 使乎使乎
대왈 부자욕과기과이미능야 사자출 자왈 사호사호

—— 거백옥은 위나라의 대부로 공자가 높이 평가한 인물이다. "군자로다! 거백옥이여. 나라에 도가 있으면 나아가 벼슬을 하고 도가 없으면 자신의 이상을 마음속에 품고 자신을 감추는구나."(「위령공」 7장) 이렇게 겸손하게 말할 줄 아는 사자를 둔 것을 보면 거백옥의 사람 보는 안목이 상당히 높다는 사실을 알 수 있다.

14.26 공자께서 말씀하셨다. "그 직책에 있지 않으면 그 정사를 논의하지 않는다." 증자께서 말씀하셨다. "군자는 생각이 자기의 지위를 벗어나지 않는다."

子曰 不在其位 不謀其政 曾子曰 君子思不出其位
자 왈 부 재 기 위 불 모 기 정 증 자 왈 군 자 사 불 출 기 위

—— 일을 처리할 때는 각자 자신의 직분이나 능력을 고려해야 한다는 말이다. 직분을 벗어나 함부로 남의 일에 관여해서는 안 된다. 증자의 말은 원래 『주역』 간괘(艮卦)의 상사(象辭)에 나오는 말이다. 『중용』에도 "군자는 현재 자신이 처한 위치에 맞게 행하고 내 분수 밖의 것은 원하지 않는다(君子素其位而行, 不願乎其外)"라고 하였다. 「태백」 14장과 중복된다.

한편 캉유웨이는 흥미로운 주석을 했다. 지식인(士)은 지위가 없기 때문에 마땅히 천지만물의 이치를 탐구해야 한다고…….

14.27 공자께서 말씀하셨다. "군자는 자신의 행동보다 말이 앞서는 것을 부끄러워한다."

子曰 君子恥其言而過其行
자 왈 군 자 치 기 언 이 과 기 행

—— 입으로 하는 말과 실제 행동은 다르다. 양자가 일치하는 사람은 없겠지만 최대한 일치하도록 노력해야 하고 그렇지 못하면 부끄러워해야 한다.

14.28 공자께서 말씀하셨다. "군자의 도가 세 가지 있는데 나는 하나도 잘하는 것이 없구나. 인한 자는 근심하지 않고 지혜로운 자는 미혹되지 않고 용기 있는 자는 두려워하지 않는다." 자공이 아뢰었다. "(이것들이야말로) 선생님께서 자신을 두고 하신 말씀입니다."

子曰 君子道者三 我無能焉 仁者不憂 知者不惑
자 왈 군 자 도 자 삼 아 무 능 언 인 자 불 우 지 자 불 혹
勇者不懼 子貢曰 夫子自道也
용 자 불 구 자 공 왈 부 자 자 도 야

—— 공자가 자신을 평가하는 것과 자공의 눈에 비친 스승의 모습이 다르다. 공자는 군자의 세 가지 도 중에 하나도 잘하는 것이 없다고 겸손하게 말했지만 자공은 지금 선생님의 모습이 바로 군자라고 화답한다. 손바닥도 이렇게 마주쳐야 소리가 난다. 보기에 참 좋다.

14.29 자공이 다른 사람들에 대해 논평하였다. 공자께서 말씀하셨다. "사(자공)는 참 똑똑하구나. (그러나) 나는 그럴 겨를이 없다."

子貢方人 子曰 賜也 賢乎哉 夫我則不暇
자공방인 자왈 사야 현호재 부아즉불가

—— 방(方)에 대해서는 두 가지 해석이 있다. 하나는 남의 장단점을 비교 평가한다는 뜻이고, 다른 하나는 비방한다〔謗〕는 뜻이다. 어느 쪽으로 봐도 좋다. 남 얘기 하는 시간에 자기 발전을 꾀하는 것이 좋다. 사람이 나이를 먹으면 남 흉보는 재미에 산다고 어느 선생님께서 자조적으로 하신 말씀이 불현듯 생각난다.

14.30 공자께서 말씀하셨다. "남이 나를 알아주지 않음을 근심하지 말고 자신의 무능함을 걱정하라."

子曰 不患人之不己知 患其不能也
자왈 불환인지불기지 환기불능야

—— 이렇게 반성하는 것이 바로 나를 위하는 공부의 시초다. 남이 알아봐줄 가치가 있는 장점이 과연 나에게 있을까? 「학이」 16장, 「이

인」 14장, 「위령공」 19장에도 표현은 약간 다르지만 의미는 같은 말이 나온다. 중요한 마음가짐이기 때문에 공자가 여러 번 말했다는 것을 의미한다.

14.31 공자께서 말씀하셨다. "미리 남이 나를 속이는가 하여 넘겨짚지 않으며, 남이 나를 안 믿는 게 아닐까 하고 억측하지 않지만 그러나 먼저 깨닫는 자가 현명한 사람이다."

子曰 不逆詐 不億不信 抑亦先覺者 是賢乎
자왈 불역사 불억불신 억역선각자 시현호

—— 이 몇 마디 말에 깊은 뜻이 숨어 있다. 남을 너무 쉽게 믿었다가 남에게 바보 취급을 당한 이후에는 항상 남을 믿지 않고 의심하는 경우가 많다. 바보 취급 당하지 않으려고 내가 남을 애초부터 믿지 않으면 남도 나를 믿지 않을 것이니 남과 진정으로 마음을 터놓고 만나기는 어렵다. 항상 남을 성심성의껏 대하지만 소인에게 속지 않는 것이 참으로 현명한 것이다. 공자도 남에게 많이 속았나 보다. 그렇지 않다면 어떻게 이런 말을 할 수 있었겠는가. 어떻게 해야 이런 현명함에 도달할 수 있을까? 우리는 대략 자신의 경험이나 앞뒤 관계나 주위 상황, 혹은 직감을 통해 사람을 판단한다. 하지만 그것이 정

확하다고 장담할 수는 없다. 나쓰메 소세키도 말년에 쓴 『유리문 안에서』에서 남이 하는 말을 곧이곧대로 믿었다가 바보 취급을 당한 씁쓸한 기억이 있다고 토로한 바 있다. 또한 거꾸로 상대방의 말과 행동을 쉽게 받아들이지 않고 마음속으로 의심한 적은 없었는가 반성하기도 했다. 믿을 만한 사람은 믿고 의심할 사람은 의심해야 하지만 그게 쉽지 않다.

14.32 미생무가 공자를 두고 말하였다. "구(丘) 자네는 무엇 때문에 그다지도 바쁘게 돌아다니는가? 말을 잘해서 남의 환심을 사려는 것이 아닌가?" 공자께서 말씀하셨다. "감히 말을 잘해서 남의 환심을 사려는 것이 아니라 고집을 미워하는 것이다."

微生畝謂孔子曰 丘何爲是栖栖者與 無乃爲佞乎
미 생 무 위 공 자 왈 구 하 위 시 서 서 자 여 무 내 위 녕 호
孔子曰 非敢爲佞也 疾固也
공 자 왈 비 감 위 녕 야 질 고 야

—— 공자에게 구(丘)라고 이름을 부르며 이런 말을 하는 것을 보면 미생무는 공자보다 나이가 많은 은자인가 보다. 은자의 눈에 자신의 이상을 실현하기 위해 천하를 유세하는 공자가 이리저리 떠도는 '상갓집 개'처럼 보인 것은 지극히 당연한 일이다. 그러나 진정한 은자라

면 남을 탓할 이유도 없다. 각자의 인생관은 다른 법이니까. 고집이란 하나에 집착해 두루 통하지 못하는 것을 말한다. 다시 말하면 도가 행해지지 않는다 하여 세상을 버리는 것을 말한다. 공자인들 어찌 은거하고 싶지 않았겠는가. 세상에 관심이 많을수록 실망도 크고 은거하고픈 유혹도 강렬한 법. 그러나 공자는 이른바 '고집'을 미워하면서 이런 내면의 유혹을 이겨내고 있었을 것이다.

14.33 공자께서 말씀하셨다. "(사람들은) 천리마의 기력이 아니라 품성에 찬사를 보내는 것이다."

子曰 驥不稱其力 稱其德也
자 왈 기 불 칭 기 력 칭 기 덕 야

—— 기(驥)는 고대의 좋은 말〔馬〕로 하루에 천리를 갈 수 있었다고 한다. 천리마의 품성〔德〕이라니 무슨 말인가. 잘 조련되어 사람의 의도를 잘 따르는 자질을 의미한다. 천리마에 빗대어 인간에 대해 말한 것이다.

14.34 어떤 이가 말하였다. "덕으로 원한을 갚으면 어떻겠습니

까?" 공자께서 말씀하셨다. "(그렇다면) 덕은 무엇으로 갚겠는가? 공정함으로 원한을 갚고 덕으로 덕을 갚는 것이다."

或曰 以德報怨 何如 子曰 何以報德 以直報怨
혹 왈 이 덕 보 원 하 여 자 왈 하 이 보 덕 이 직 보 원
以德報德
이 덕 보 덕

—— 『노자』도 "덕으로 원한을 갚으라〔報怨以德〕"고 했는데 공자의 생각은 이와 다르다. 그럼 은덕은 무엇으로 갚아야 하느냐는 것이다. 원한에도 덕으로, 은덕에도 덕으로? 이것은 원한과 은덕의 구별을 없애는 것이다. 따라서 원한에는 직(直)으로, 덕에는 덕으로 갚아야 한다. 공정함〔直〕으로 원한을 갚으라는 말이 절묘하다. 사적인 감정에 휩싸이지 않고 지나치지 않게 딱 피해를 끼친 만큼 공정하게 원한을 갚으라는 것이다. 루쉰이 유언에서 관용을 주장하는 사람과 절대 사귀지 말라고 했는데, 관용이 실상은 허위나 기만인 경우가 많아서일 것이다. 중국 속담에 "군자는 10년 후에 원수를 갚아도 늦은 것이 아니다〔君子報讐 十年不晩〕"라는 유명한 말이 있다. 원수뿐 아니라 은혜도 갚아야 한다고 보아 보(報)를 중요시한다.

14.35 공자께서 말씀하셨다. "아무도 나를 알아주는 이가 없구

나!" 자공이 아뢰었다. "어찌 선생님을 아는 이가 없겠습니까?" 공자께서 말씀하셨다. "하늘을 원망하지 않고 사람을 탓하지 않는다. 아래로는 인간사를 배우고 위로는 천명을 알았으니 나를 알아주는 자는 하늘일 것이다."

子曰 莫我知也夫 子貢曰 何爲其莫知子也 子曰
자왈 막아지야부 자공왈 하위기막지자야 자왈
不怨天 不尤人 下學而上達 知我者其天乎
불원천 불우인 하학이상달 지아자기천호

헌문

── 남이 나를 알아주지 않는 것을 걱정하지 말라고 누차 강조한 공자가 이런 말을 하다니 자못 모순되어 보인다. 말년에 자기도 모르게 터져나오는 절망적 탄식을 누가 막을 수 있으랴. 「공자세가」에 따르면 사랑하는 수제자 안연이 죽고 서쪽에서 기린이 잡히자 그때 공자가 한 말이다. 기린은 상징적인 동물로 태평성대에만 출현한다고 여겨졌는데 난세인데도 나타나 잡히기까지 했기에 공자가 절망했다. 여기서 말하는 기린은 우리가 동물원에서 보는 목이 긴 동물이 아니다. 용의 머리, 사슴의 몸통, 뱀의 비늘이 결합된 상서로움을 상징하는 신화적 동물이다. 공자의 어머니 안징재(顔徵在)가 공자를 임신했을 때 기린 꿈을 꾸었다고 한다.

14.36 공백료가 계손씨 면전에서 자로를 헐뜯었다. 자복경백이 그 일을 (공자에게) 고하였다 "선생(계손씨)께서 공백료(의 말)에 정말로 미혹되었지만 나는 (진상을 밝혀) 공백료를 죽여 저잣거리에 내걸 수 있는 힘이 있습니다." 공자께서 말씀하셨다. "도의가 실현되는 것도 명(命)이요 실현되지 않는 것도 명이니 공백료가 그 명을 어찌하겠소."

公伯寮愬子路於季孫 子服景伯以告 曰
공 백 료 소 자 로 어 계 손 자 복 경 백 이 고 왈
夫子固有惑志於公伯寮 吾力猶能肆諸市朝
부 자 고 유 혹 지 어 공 백 료 오 력 유 능 사 저 시 조
子曰 道之將行也與 命也 道之將廢也與 命也
자 왈 도 지 장 행 야 여 명 야 도 지 장 폐 야 여 명 야
公伯寮 其如命何
공 백 료 기 여 명 하

—— 공백료는 노나라 사람으로 공자의 제자이다. 자복경백은 노나라 대부이다. 공백료가 무슨 말로 자로를 비방했기에 계손씨가 자로에 대해 의심을 품었는지 알 수는 없다. 또 자복경백이 왜 공백료를 죽이려고까지 했는지 잘 알 수 없다. 그러나 공자가 제자를 음해하는 자를 폭력으로 제거하는 일에 반대한 것은 분명하다. 그렇다고 무슨 수를 쓰지는 않고 '무위'라고 할 만한 태도를 취하고 있다. 아마도 자로에게 별 일 없으리라고 믿었거나, 경거망동하다가 더 큰 화를 부르는 사태를 피하려 했기 때문일 것이다.

14.37 공자께서 말씀하셨다. "현인(賢人)은 세상을 피한다. 그다음은 (무도한) 지방을 피하고, 그다음은 (임금이 드러내는) 안색을 보고 피하고, 그다음은 말을 보고 피한다." 공자께서 말씀하셨다. "(이와 같이) 세상을 피한 사람이 일곱 명 있었다."

子曰 賢者辟世 其次辟地 其次辟色 其次辟言 子曰
자 왈 현 자 피 세 기 차 피 지 기 차 피 색 기 차 피 언 자 왈
作者七人矣
작 자 칠 인 의

—— 여기서 그다음은 수준이 아니라 서로 다른 처지를 두고 한 말이다. 일곱 명이 과연 누구인지 중요하지 않지만, 이 책에 나오는 장저(「미자」 6장), 걸닉(「미자」 6장), 하조장인(「미자」 7장), 석문 수문자(「헌문」 38장), 하궤자(「헌문」 39장), 의봉인(「팔일」 24장), 초광 접여(「미자」 5장) 일곱 명을 말한다는 설이 있다. 유명한 죽림칠현(竹林七賢)의 칠현이라는 말이 여기서 따온 것이다.

14.38 자로가 석문이라는 곳에서 묵었다. 성문 문지기가 물었다. "어디서 오는 게요?" 자로가 말하였다. "공씨 댁에서 왔소." "안 되는 줄 알면서도 하는 자 말이오?"

子路宿於石門 晨門曰 奚自 子路曰 自孔氏 曰
자 로 숙 어 석 문 신 문 왈 해 자 자 로 왈 자 공 씨 왈
是知其不可而爲之者與
시 지 기 불 가 이 위 지 자 여

—— 신문(晨門)은 성문을 새벽에 열고 밤엔 닫는 문지기를 말한다. 그렇다. 공자는 안 되는 줄 알면서 하는 자이다. 안 되는 줄 알기에 안 하는 자는 지혜로운 사람이지만 "안 되는 줄 알면서 하는 자"는 인(仁)한 자이다. 공자는 '어리석은' 인자였다. 바로 이 점 때문에 우리가 그를 존경하게 된다. 이것이 바로 세상을 등지려는 도가의 '총명함'과 다른 점이다. 『위대한 개츠비』를 쓴 스콧 피츠제럴드는 "어떤 사람이 최고의 지성을 가졌는지를 시험하려면 상반되는 두 가지 생각을 동시에 품고 있는 상태에서도 여전히 정상적으로 기능할 수 있는가를 보면 된다. 가망 없다는 사실을 꿰뚫어 보면서도 이것을 바꿔보겠노라 결심할 수 있어야 한다"고 말한 바 있다. 그에 따르면 공자는 정말 최고의 지성이다.

14.39 공자께서 위나라에서 (어느 날) 편경이라는 악기를 치고 계셨다. 삼태기를 메고 공자의 집 문 앞을 지나가던 은자가 "(세상에) 마음이 있구나. 편경을 침이여!"라고 하더니 조금 있다가 (다시) 말하였다. "편협하도다. 땡땡거리는 편경 소리여! (그 소리는

마치 아무도 나를 알아주는 이가 없는 현실을 안타까워하는 것 같구나.) 아무도 알아주는 이가 없으면 그만인 게지. (인생은 물 건너는 것과 같아서) **'물이 깊으면 옷을 입은 채 건너가고 물이 얕으면 옷을 걷고 건너가면 될 것을.'" 공자께서 말씀하셨다. "참으로 과감하구나!** (물 건너는 것처럼 한다면) **어려울 것이 없겠구나."**

子擊磬於衛 有荷蕢而過孔氏之門者 曰 有心哉 擊磬乎
자격경어위 유하궤이과공씨지문자 왈 유심재 격경호
旣而曰 鄙哉 硜硜乎 莫己知也 斯已而已矣 深則厲
기이왈 비재 경경호 막기지야 사이이이의 심즉려
淺則揭 子曰 果哉 末之難矣
천즉게 자왈 과재 말지난의

—— 세상을 등진 국외자의 눈에 공자의 면모가 훨씬 더 잘 보이고 국외자의 귀에 공자의 편경 소리에 담긴 의미도 훨씬 더 잘 파악될지도 모른다. 하지만 아예 세상을 등지는 게 과연 무슨 의미가 있는가. 이해는 하지만 공자와 이 은자는 갈 길이 다른 것이다. "물이 깊으면 옷을 입은 채 건너가고 물이 얕으면 옷을 걷고 건넌다〔深則厲 淺則揭〕"는 『시경』「패풍」(邶風)「포유고엽(匏有苦葉)」이라는 시에 나오는 구절이다.

14.40 자장이 여쭈었다. "『서경』에 '(은나라) **고종이 양암(諒陰)**

에서 3년 동안 말을 하지 않았다'고 하니 무슨 뜻입니까?" 공자께서 말씀하셨다. "어찌 반드시 고종뿐이겠는가. 옛 사람은 모두 그러하였다. 임금이 돌아가시면 (왕위를 계승한 다음 임금은 정치에 관여하지 않았기 때문에) 각 분야의 관리들은 3년 동안 총재의 명령을 들었다."

子張曰 書云 高宗諒陰 三年不言 何謂也 子曰
자 장 왈 서 운 고 종 양 암 삼 년 불 언 하 위 야 자 왈
何必高宗 古之人 皆然 君薨 百官總己以聽於冢宰三年
하 필 고 종 고 지 인 개 연 군 홍 백 관 총 기 이 청 어 총 재 삼 년

—— 양암(諒陰)에 관해서는 몇 가지 설이 있다. 첫째는 진실한 마음으로 침묵하는 것을 말한다는 설이고, 둘째는 거상(居喪)할 때 머무는 방을 말한다는 설이다. 여기서는 후자를 따랐다. 총재(冢宰)는 정무를 총괄하고 여러 관리를 이끄는 최고 장관을 말한다. 3년 동안 총재가 섭정했는데 제왕의 효심을 만천하에 드러내려고 이렇게 한 것이다. 막 왕위에 오른 왕이 정사에 어두웠기 때문에 '학습' 기간을 설정했다고 볼 수도 있다.

14.41 공자께서 말씀하셨다. "윗사람이 예를 좋아하면 백성들을 통솔하기가 쉽다."

子曰 上好禮 則民易使也
자 왈 상 호 례 즉 민 이 사 야

—— 예란 관습법이나 가혹하지 않은 법률을 말한다. 윗사람이 이를 좋아한다는 것은 예가 잘 확립되어 제대로 기능하고 있다는 뜻이다. 따라서 백성들에게 무리하게 무엇을 강제하거나 일이 벌어진 이후에 엄하게 금지할 필요가 없어진다는 것이다.

14.42 자로가 군자에 대해 여쭈었다. 공자께서 말씀하셨다. "자신을 수양하여 항상 진지하고 공경하는 태도를 견지해야 한다." "그렇게만 하면 됩니까?" "자신을 수양하여 남을 편안하게 해야 한다." "그렇게만 하면 됩니까?" "자신을 수양하여 백성을 편안하게 해야 한다. 자신을 수양하여 백성을 편안하게 하는 것은 요순 같은 성왕도 쉽게 잘해내지는 못했을 게야."

子路問君子 子曰 修己以敬 曰 如斯而已乎
자 로 문 군 자 자 왈 수 기 이 경 왈 여 사 이 이 호
曰 修己以安人 曰 如斯而已乎 曰 修己以安百姓
왈 수 기 이 안 인 왈 여 사 이 이 호 왈 수 기 이 안 백 성
修己以安百姓 堯舜 其猶病諸
수 기 이 안 백 성 요 순 기 유 병 저

—— 『대학(大學)』의 첫머리에 나오는 "대학의 도는 명덕(明德)을

밝히고, 백성들을 새롭게 하며, 최고의 선에 머무는 데 있다"는 말과 일맥상통한다. 내성외왕(內聖外王), 즉 안으로 자기 수양이 된 사람이 밖으로 왕 노릇을 해야 한다는 유가의 이상이 잘 드러난 말이다.

14.43 원양이 다리를 벌리고 앉아서 (공자를) 기다리고 있었다. 공자께서 "어려서는 공손하지도 않고, 커서는 한 일이 없으며, 늙어서도 죽지 않는 것, 이것은 남을 해치는 적이다"라고 하시고 지팡이로 그의 정강이를 때렸다.

原壤夷俟 子曰 幼而不孫弟 長而無述焉 老而不死
원 양 이 사 자 왈 유 이 불 손 제 장 이 무 술 언 노 이 불 사
是爲賊 以杖叩其脛
시 위 적 이 장 고 기 경

—— 어? 원양(原壤)은 공자의 친구라고 알려져 있는데? 성인의 말이나 행동 치고 좀 지나친 것 같다. 예절에 구애 받지 않고 다리 좀 벌리고 앉아〔夷〕 있었다고 "어려서는 공손하지도 않고, 커서는 한 일이 없으며, 늙어서도 죽지 않는 것, 이것은 남을 해치는 적"이라고 심하게 말한 데 그치지 않고 지팡이로 정강이를 때릴 것까지야. 친구 사이에서 볼 수 있는 격의 없는 말과 행동일까? 아니면 "마음이 하고자 하는 바를 따라도 법도를 넘어서지 않는다"는 성인의 경지를 예시

하려는 기록일까?

14.44 궐당(공자의 고향)의 소년이 (공자에게) 편지 심부름을 왔다. 어떤 이가 물었다. "앞으로 나아가려고 하는 자입니까?" 공자께서 말씀하셨다. "나는 그가 (어른의) 자리에 앉아 있는 것을 보았고, 선생님과 같이 나란히 걷는 것을 보았으니, (그는) 앞으로 나아가려는 자가 아니라 속히 이루고자 하는 자입니다."

闕黨童子將命 或問之曰 益者與 子曰 吾見其居於位也
궐 당 동 자 장 명 혹 문 지 왈 익 자 여 자 왈 오 견 기 거 어 위 야
見其與先生並行也 非求益者也 欲速成者也
견 기 여 선 생 병 행 야 비 구 익 자 야 욕 속 성 자 야

—— 어른의 자리에 함부로 앉지 않거나 어른과 나란히 걷지 않고 한 걸음 정도 뒤에서 걷는 것은 어찌 보면 작은 예절에 불과하지만 사람의 마음가짐을 알 수 있는 징표다. 궐당은 궐리(闕里)라고도 하는데 공자의 고향 동네다. 공부(孔府)와 공묘(孔廟)가 여기에 있다.

15. 위령공

15.1 위령공이 군사에 관한 일을 물었다. 공자께서 대답하셨다. "예의에 관한 일은 조금 알지만 군사에 관한 일은 아직 배우지 못했습니다." 다음 날 (위나라를) 떠났다.

衛靈公 問陳於孔子 孔子對曰 俎豆之事 則嘗聞之矣
위 령 공 문 진 어 공 자 공 자 대 왈 조 두 지 사 즉 상 문 지 의
軍旅之事 未之學也 明日遂行
군 려 지 사 미 지 학 야 명 일 수 행

—— 공자가 노나라를 떠나 처음 도착한 곳이 위나라이다(기원전 497년). 14년 동안 천하를 주유하면서 세 번 위나라에 갔고 가장 오래

머물렀다. 모두 합쳐 10년 정도 머물렀으니 위나라는 제2의 고향이라고 할 만하다. 리링에 따르면 공자는 위령공 재위 마지막 3년 동안 벼슬을 했고, 이 구절은 마지막 해(기원전 493년)에 있었던 대화이다. 조(俎)와 두(豆)는 모두 고대의 예기(禮器)로 여기서는 예의(禮儀)를 대표하는 말로 쓰였다. 진(陳)은 진(陣)과 바꾸어 쓸 수 있다. 작전에 임하는 군대의 진법을 말한다. 위령공이 예에 능통한 공자에게 진법을 물은 것은 공자를 고의로 난처하게 하는 행위이다. 「헌문」 37장 참고.

15.2 진나라에서 양식이 떨어져 따라다니던 제자들이 병이 들어 일어나지 못했다. 자로가 얼굴에 노기를 띠며 말했다. "군자도 곤궁할 때가 있습니까." 공자께서 말씀하셨다. "군자는 곤궁해도 자기 본분을 잃지 않지만 소인은 곤궁하면 함부로 행동한다."

在陳絶糧 從者病 莫能興 子路慍見曰 君子亦有窮乎
재진절량 종자병 막능흥 자로온현왈 군자역유궁호
子曰 君子固窮 小人窮斯濫矣
자왈 군자고궁 소인궁사람의

—— 소크라테스의 최후에 비견될 만한 유명한 장면이다. 하지만 서른세 자에 불과할 정도로 대단히 압축적이어서 자로와 공자의 간략한 문답 이외에 다른 내용이 없다. 왜 그런 일이 발생했는지, 다른

제자들은 그때 어떤 태도를 취했는지, 어떻게 곤경을 벗어날 수 있었는지 궁금할 뿐 아니라 많은 상상을 불러일으킨다. 『사기』「공자세가」에는 자로뿐만이 아니라 자공, 안회가 등장하는 보다 풍부한 대화록이 나온다. 이외에도 『순자』, 『장자』, 『묵자』, 『여씨춘추』, 『한시외전』 등에도 다른 버전의 이야기가 있다. 이런 일이 발생한 원인에 대해 『맹자』「진심 하(盡心 下)」에는 "양국의 군신과 교류가 없었기 때문〔無上下之交也〕"이라고 적혀 있다. 『수신기(搜神記)』에는 공자 일행이 메기를 먹고 살아났다는 기록이 있다. 또 다른 환란을 겪은 장면은「자한」 5장,「술이」 23장에 나온다.「선진」 2장 참고. 군자고궁(君子固窮)의 고(固)에 대해서 두 가지 해석이 있는데 첫째는 '진실로'이고, 둘째는 '고수한다'이다. 어느 쪽으로 보아도 좋지만 후자로 해석했다.

15.3 공자께서 말씀하셨다. "사(자공)야! 너는 내가 많이 배웠고 또 잘 기억하는 사람이라고 생각하느냐." "그렇습니다. 그렇지 않습니까?" "그렇지 않다. 나는 하나의 기본적 관점을 가지고 다른 것을 꿰뚫었느니라."

子曰 賜也 女以予爲多學而識之者與 對曰 然 非與 曰
자 왈 사 야 여 이 여 위 다 학 이 지 지 자 여 대 왈 연 비 여 왈

非也 予一以貫之
비 야 여 일 이 관 지

—— 사실 구슬이 서 말이라도 꿰어야 보배다. 서 말의 구슬 같은 『논어』의 말들을 하나로 꿰뚫고 있는 사상은 무엇일까. 인일까? 예일까? 일이관지(一以貫之)라는 표현은 「이인」 15장에도 나온다.

15.4 공자께서 말씀하셨다. "유(자로)야! 덕을 아는 사람이 드물구나."

子曰 由 知德者 鮮矣
자 왈 유 지 덕 자 선 의

—— 사실은 덕이 있는 자가 드물다는 의미일 것이다. 덕은 부단히 오랜 기간 공부하고 수양해야 비로소 얻을 수 있기에 자연히 드물 수밖에 없다. 「자한」 18장 참고.

15.5 공자께서 말씀하셨다. "아무 일도 하지 않고 천하를 다스린 사람은 아마 순임금일 것이다. 그가 뭘 했느냐고? 자기 몸을 공손히 하고 임금 자리에 앉아 있었을 뿐이다."

子曰 無爲而治者 其舜也與 夫何爲哉
자 왈 무 위 이 치 자 기 순 야 여 부 하 위 재
恭己正南面而已矣
공 기 정 남 면 이 이 의

—— 순임금이 힘들이지 않고 천하를 다스릴 수 있었던 이유는 무엇일까? 우(禹)와 고요(皐陶) 같은 훌륭한 인재를 등용해서 자신을 보좌하도록 했기 때문이다. 「위정」 1장 해설 참고. 『중용』에 나오는 "순임금은 크게 지혜로운 분이실 것이다. 순임금은 무엇이든 묻기를 좋아하셨고 비근한 말들을 살피기를 좋아하셨다. 남의 악함을 덮어주시고 좋은 점은 잘 드러내주시었다. 어느 상황에서도 두 극단을 모두 고려하시어 그 가운데를 백성들에게 적용하셨으니 이것이 바로 순임금이 되신 까닭일 것이다"(6장)는 공자의 말도 음미해볼 만하다.

15.6 자장이 어떻게 하면 (자신의 주장 등이) 통할지를 여쭈었다. 공자께서 말씀하셨다. "말이 충성스럽고 미더우며, 행동이 진실하고 경건하면 비록 오랑캐의 나라에서도 통할 것이다. 그러나 말이 충성스럽지도 미덥지도 않으며 행동이 독실하지도 경건하지도 않으면 비록 자기 고장에선들 통하겠느냐. 서 있을 때는 이러한 말〔忠信篤敬〕이 눈앞에 있는 것처럼 하고, 수레에 탔을 때는 이러한 말이 멍에 머리에 새겨져 있는 것처럼 해야 한다. 그런 이후에 비

로소 통할 수가 있다." 자장이 이 말을 허리띠에 써놓았다.

子張問行 子曰 言忠信 行篤敬 雖蠻貊之邦 行矣
자장문행 자왈 언충신 행독경 수만맥지방 행의
言不忠信 行不篤敬 雖州里 行乎哉 立則見其參於前也
언불충신 행부독경 수주리 행호재 입즉견기삼어전야
在輿則見其倚於衡也 夫然後行 子張書諸紳
재여즉견기의어형야 부연후행 자장서저신

—— 말과 행동이 신실하고 경건한 사람을 누가 신뢰하지 않을 수 있겠는가. 미국에서도 통하고 아프리카에서도 통할 것이다. 자장은 달(達)이나 행(行)과 같이 자신의 주장이 외적으로 실현되는 일에 관심이 많았다. 「안연」 20장 참고.

15.7 공자께서 말씀하셨다. "참으로 곧도다! 사어여. 나라에 도가 있을 때도 화살처럼 곧았고, 나라에 도가 없을 때도 화살처럼 곧았다. 군자로다! 거백옥이여. 나라에 도가 있으면 나아가 벼슬을 하고 도가 없으면 자신의 이상을 마음속에 품고 자신을 감추는구나."

子曰 直哉史魚 邦有道 如矢 邦無道 如矢 君子哉
자왈 직재사어 방유도 여시 방무도 여시 군자재
蘧伯玉 邦有道 則仕 邦無道 則可卷而懷之
거백옥 방유도 즉사 방무도 즉가권이회지

—— 사어(史魚)와 거백옥(蘧伯玉)은 위나라의 명신(名臣)이다. 사어는 위령공에게 거백옥을 등용하고 간신 미자하를 내쳐야 한다고 누차 간언했다가 받아들여지지 않자 죽으면서도 간언을 한 사람으로 유명하다. 『천자문』에도 "맹가돈소(孟軻敦素: 맹가는 질박한 것을 숭상했고) 사어병직(史魚秉直: 사어는 성품이 강직했다)"이라는 구절이 나온다. 이를 가리켜 시간(尸諫: 죽음으로써 권고하다)이라고 했다. 「옹야」 16장에 나온 축타가 이 사람이라는 설이 있다. 공자는 두 사람을 모두 칭찬하고 있지만 거백옥을 더 높이 평가했을 것이다. 「미자」 1장 참고.

15.8 공자께서 말씀하셨다. "더불어 말할 만한데 함께 말하지 않으면 사람을 잃고 더불어 말할 만하지 않은데 함께 말하면 말을 잃어버리게 된다. 지혜로운 사람은 사람을 잃지도 말을 잃어버리지도 않는다."

子曰 可與言而不與之言 失人 不可與言而與之言 失言
자왈 가여언이불여지언 실인 불가여언이여지언 실언
知者不失人 亦不失言
지자불실인 역불실언

—— 말을 무겁게 여기고 사람을 볼 줄 알아야 한다. 하지만 참 어

려운 일이다. 그래서 실언을 자주 하고 사람을 잃곤 한다.

15.9 공자께서 말씀하셨다. "뜻이 높은 선비와 인한 사람은 살기 위해 인을 해치는 일은 하지 않고 죽어서라도 인을 이룬다."

子曰 志士仁人 無求生以害仁 有殺身以成仁
자 왈 지 사 인 인 무 구 생 이 해 인 유 살 신 이 성 인

—— 어떻게 살 것인가? 자신의 생존을 위해 인을 해치면서 구차하게 살 것인가? 아니면 대의를 위해 죽음조차 마다하지 않을 것인가? 인을 구하는 데 뜻을 둔 선비는 죽음을 두려워하지 않는다. 이 구절은 "지사인인 살신성인(志士仁人 殺身成仁)"이라는 안중근 의사의 유묵(遺墨)으로 유명하다.

15.10 자공이 인을 실천하는 방법을 여쭈었다. 공자께서 말씀하셨다. "장인이 맡은 일을 잘하려면 반드시 먼저 연장을 예리하게 갈아야 한다. (이처럼) 이 나라에 살면서 관리 중에 훌륭한 이를 섬기고, 선비 중에 인한 사람을 벗으로 삼아야 한다."

子貢問爲仁 子曰 工欲善其事 必先利其器 居是邦也
자 공 문 위 인 자 왈 공 욕 선 기 사 필 선 리 기 기 거 시 방 야
事其大夫之賢者 友其士之仁者
사 기 대 부 지 현 자 우 기 사 지 인 자

—— 공자가 관계학(關係學)을 가르치고 있다? 중국인은 꽌시(關係)를 중시한다고 하는데 그 연원이 이처럼 깊다. 세상을 살아가노라면 결코 무시할 수 없는 일이니 꼭 나쁘게 볼 것은 아니다. 다만 수단과 방법을 가리지 않는 것이 문제다. 세상을 헤쳐나갈 때 필요한 '연장' 같은 친구가 있다. 위나라에 머물던 시절의 공자에게는 거백옥이 바로 그런 사람이었다.

15.11 안연이 나라 다스리는 것에 대해 여쭈었다. 공자께서 말씀하셨다. "하나라의 달력을 쓰고, 은나라의 수레를 타고, 주나라의 모자를 쓰고, 음악은 순임금의 소무(韶舞)를 채택하며, 정나라의 (음란한) 음악을 금지하고, 말만 잘 하는 사람을 멀리하라. 정나라의 음악은 음탕하고, 말만 잘하는 사람은 위태롭다."

顔淵問爲邦 子曰 行夏之時 乘殷之輅 服周之冕
안 연 문 위 방 자 왈 행 하 지 시 승 은 지 로 복 주 지 면
樂則韶舞 放鄭聲 遠佞人 鄭聲淫 佞人殆
악 즉 소 무 방 정 성 원 녕 인 정 성 음 녕 인 태

—— 여기서 안연은 다른 때와 달리 나라 다스리는 것을 묻는다. 공자는 당시에 역대 제도 가운데 가장 우수하다고 생각한 것을 열거한다. 하나라의 달력은 지금 우리가 쓰는 음력과 같다. 은나라의 수레는 질박했으며 주나라의 모자는 화려하지만 사치스럽지는 않았다고 한다. 공자는 순임금의 음악인 소(韶)를 진선진미하다고 평하였다. 「팔일」 25장 참고.

15.12 공자께서 말씀하셨다. "사람이 먼 미래를 미리 생각하지 않으면 조만간 근심이 닥치게 마련이다."

子曰 人無遠慮 必有近憂
자 왈 인 무 원 려 필 유 근 우

—— 미리 준비하면 근심할 일이 없다. 유비무환. 주자는 "사람이 밟는 땅은 발을 받아들이는 크기 외에는 쓸모가 없지만 그렇다고 나머지를 없앨 수는 없다. 그러므로 생각이 천리 밖까지 이르지 않으면 근심이 앉은 자리 아래에 있다〔人之所履者 容足之外皆爲無用之地而不可廢也 故慮不在千里之外則患在几席之下矣〕"는 소동파의 말을 인용하여 주석을 대신했다. 멋진 말이지만 소동파의 논리에 비약이 있다. 앞 단락은 원래 『장자』 「외물(外物)」 편에 나오는 이야기다. "땅은

광대하지만 인간에게는 발로 밟는 부분만 필요할 뿐이다. 그렇다고 발 주변의 땅을 황천에 이르도록 다 파버리면 밟고 있는 땅이 쓸모가 있겠느냐?"라고 장자가 혜시에게 무용(無用)의 이치를 설파한다.

15.13 공자께서 말씀하셨다. "끝났구나! 나는 아직껏 덕을 좋아하기를 예쁜 여자 좋아하듯 하는 사람을 보지 못하였다."

子曰 已矣乎 吾未見好德如好色者也
자 왈 이 의 호 오 미 견 호 덕 여 호 색 자 야

—— "끝났구나!"를 제외하고는 앞에 나온 내용이다. 「자한」 18장 참고. 호색(好色)을 "예쁜 여자를 좋아하다"라고 해석했지만 여성의 입장에서는 "잘생긴 남자를 좋아하다"라고 하면 좋을 것이다.

15.14 공자께서 말씀하셨다. "장문중은 자리를 훔친 자일 것이다. 유하혜가 훌륭한 것을 알고도 (그를 천거해서) 함께 조정에 서지 않았도다."

子曰 臧文仲 其竊位者與 知柳下惠之賢而不與立也
자 왈 장 문 중 기 절 위 자 여 지 유 하 혜 지 현 이 불 여 립 야

—— 공자의 예리한 안목! 장문중이 자신의 입지가 흔들릴까 봐 유하혜 같은 훌륭한 사람을 천거하지 않았으니 자리를 훔친 것과 마찬가지라는 뜻이다. 이런 식으로 보면 자리를 훔친 사람은 사실 굉장히 많다. 장문중은 「공야장」 18장에 나온 인물이다. 유하혜는 노나라의 현자이다.

15.15 공자께서 말씀하셨다. "자기 자신에 대해서는 엄격하고 남에 대해서는 가볍게 책망하면 원망이 멀어진다."

子曰 躬自厚而薄責於人 則遠怨矣
자 왈 궁 자 후 이 박 책 어 인 즉 원 원 의

—— 군자는 자신을 주로 탓하고 소인은 주로 남을 탓하게 마련이다. 원망은 남 탓을 많이 하는 데서 생겨나는 나쁜 습관이다.

15.16 공자께서 말씀하셨다. "어찌할까, 어찌할까라고 말하지 않는 사람은 나도 어찌할 수 없다."

子曰 不曰 如之何 如之何者 吾末如之何也已矣
자 왈 불 왈 여 지 하 여 지 하 자 오 말 여 지 하 야 이 의

—— 물어보지도 않고 궁금해하지도 않는 '안물안궁(안 물어보고 안 궁금해함)'의 학생에게는 공자도 어찌할 수 없었나 보다. 노력하는 자만이 방황하고 열정이 있는 자가 수난을 겪는다. 공자는 정말 언어의 마술사 같다. 바로 앞에 나오는 12장의 내용과 연관된 말이다.

15.17 공자께서 말씀하셨다. "여럿이 하루 종일 지내면서 의로운 일을 언급하지는 않고 잔재주를 부리기만 좋아한다면 (이런 사람은) **어찌하기가 어렵다."**

子曰 群居終日 言不及義 好行小慧 難矣哉
자 왈 군 거 종 일 언 불 급 의 호 행 소 혜 난 의 재

—— 여럿이 모였으면 서로 절차탁마하면서 묻고 배워야 하거늘 똑똑한 체하며 잔머리나 굴리고 쓸데없는 말장난으로 세월을 보낸다면 앞으로 나아가기 힘들다.

15.18 공자께서 말씀하셨다. "군자는 의로움을 (일을 행하는) **실질로 삼아, 예로 실천하며 겸손한 말로 표현하고 신의로 이루니, 그래야 군자로다."**

子曰 君子義以爲質 禮以行之 孫以出之 信以成之
자 왈 군 자 의 이 위 질 예 이 행 지 손 이 출 지 신 이 성 지
君子哉
군 자 재

—— 마음속으로 의로움을 간직하고 있을 뿐만이 아니라 일을 행하는 바탕으로 삼아 실천하고, 표현하고, 완성해야 한다. 또 한편 예를 지키면서 겸손하고 미덥게 드러내야 할 것이다. 글뿐만이 아니고 이런 것들 모두 질(質)에 상대되는 문(文)이다.

15.19 공자께서 말씀하셨다. "군자는 자신의 능력 없음을 근심하고, 남이 자기를 알아주지 않는 것을 걱정하지 않는다."

子曰 君子 病無能焉 不病人之不己知也
자 왈 군 자 병 무 능 언 불 병 인 지 불 기 지 야

—— 「학이」 16장, 「이인」 14장, 「헌문」 30장 참고.

15.20 공자께서 말씀하셨다. "군자는 죽은 다음에 이름이 전해지지 않는 것을 극도로 미워한다."

子曰 君子疾沒世而名不稱焉
자 왈 군 자 질 몰 세 이 명 불 칭 언

—— 남이 나를 알아주지 않는 것을 걱정하지 않지만 그렇다고 죽은 다음에 이름이 거론되지 않는 것도 미워한다. 유학은 사실 이처럼 명(名)을 중시한다. 생전의 명성은 말할 것도 없고, 죽은 이후의 이름에도 관심이 많다. 유학은 역사가 신(神)인 종교라고 할 수 있다. 군자는 이 '암흑 같은 세상〔沒世〕'에서 이름이 실제와 '부합하지〔稱〕' 않는 경우를 미워한다고 해석하기도 한다.

15.21 공자께서 말씀하셨다. "군자는 자기에게서 구하고 소인은 남에게서 구한다."

子曰 君子求諸己 小人求諸人
자 왈 군 자 구 저 기 소 인 구 저 인

—— 죽는 날까지 이름이 알려지지 않으면 어찌할 텐가? 세상 사람을 탓해야 하는가? 역시 자신에게서 원인을 찾아야 한다. 안 되면 조상 탓이고 잘되면 나 잘난 덕이라고 생각하는 자가 소인이다.

15.22 공자께서 말씀하셨다. "군자는 자긍심이 있지만 다투지 않고 여러 사람과 어울리지만 파벌을 만들지 않는다."

子曰 君子矜而不爭 群而不黨
자 왈 군 자 긍 이 부 쟁 군 이 부 당

—— 자긍심이 있는 사람은 뾰족하게 마련이고 뾰족하면 다투기 십상이다. 또한 여러 사람과 어울리면 파벌을 만들기가 십상이다. 그렇게 하지 않는 자가 군자다. 「자로」 23장 참고.

15.23 공자께서 말씀하셨다. "군자는 말만 듣고 그 사람을 등용하지도 않고, 사람이 미덥지 않다는 이유로 그가 하는 말까지 버리진 않는다."

子曰 君子不以言擧人 不以人廢言
자 왈 군 자 불 이 언 거 인 불 이 인 폐 언

—— 아무리 보잘것없고 못난 사람이 하는 말에도 합리적 핵심은 있게 마련이고, '명사'의 '명언'도 잘 들여다보면 어처구니없는 허위로 가득 찬 경우가 많다. 「헌문」 4장 참고.

15.24 자공이 여쭈었다. "한마디 말 가운데 평생 동안 실천의 지침으로 삼을 만한 것이 있습니까?" 공자께서 말씀하셨다. "아마도 서(恕)일 것이다. (서는) 내가 하기 싫은 일을 남에게 시키지 않는 것이다."

子貢問曰 有一言而可以終身行之者乎 子曰 其恕乎
자 공 문 왈 유 일 언 이 가 이 종 신 행 지 자 호 자 왈 기 서 호
己所不欲 勿施於人
기 소 불 욕 물 시 어 인

——『신약성서』에 나오는 "남에게 대접받고 싶은 대로 남에게 대접해라"는 말과 비슷하면서 다르다. 서(恕)는 성경과는 달리 소극적이지만 더 보편적인 배려일 수 있다. 남을 알 수 있는 좋은 방법은 나 자신을 잘 들여다보는 것이다. 나라면 어떻게 했을까를 생각하여 남에게 베푸는 것이 바로 서(恕)이다. 쉽게 말하면 역지사지(易地思之)하는 것이다. 「이인」 15장 참고.

15.25 공자께서 말씀하셨다. "내가 누구를 헐뜯고 누구를 칭찬하겠는가. 만약 (내가) 누군가를 칭찬했다면 이미 시험해본 바가 있기 때문이다. (칭찬할 만한) 이 백성들은 (하, 은, 주) 삼대에 정직한 도를 따라 행동해온 사람들이다."

子曰 吾之於人也 誰毁誰譽 如有所譽者 其有所試矣
자왈 오지어인야 수훼수예 여유소예자 기유소시의
斯民也 三代之所以直道而行也
사민야 삼대지소이직도이행야

—— 어떤 일 때문에 한 말이었을 테지만 구체적 맥락을 잘 알 수 없다. 마지막 구절은 해석하기 어렵다. 안회가 어리석은 것 같지만 어리석지 않다는 공자의 말도 안회의 언행을 살펴보고 한 말이다.(「위정」 9장)

15.26 공자께서 말씀하셨다. "나는 그래도 사관들이 불분명한 대목을 억지로 짜맞추지 않고 그냥 놔두는 것과 말을 소유한 사람이 자기 스스로 말을 조련해 제어할 수 없으면 조련할 줄 아는 남에게 빌려주어 타게 하는 것을 보았는데 지금은 이런 일이 없구나."

子曰 吾猶及史之闕文也 有馬者借人乘之 今亡矣夫
자왈 오유급사지궐문야 유마자차인승지 금무의부

—— 옛날에 사관은 명확하지 않은 대목을 억지로 지어내 서술하지 않았고, 말 주인이 말을 다룰 줄 모르면 잘 다루는 사람이 탈 수 있게 빌려주었다는 것이다.

15.27 공자께서 말씀하셨다. "화려하고 교묘한 말은 덕을 어지럽히고, 작은 것을 참지 못하면 큰 계획을 그르치게 된다."

子曰 巧言亂德 小不忍則亂大謀
자 왈 교 언 란 덕 소 불 인 즉 란 대 모

—— 화려하고 교묘한 말을 경계할 것을 재삼 강조하고 있다. 교언란덕(巧言亂德)이라는 말은 "듣기 좋은 화려한 말과 (억지로 꾸민) 좋은 얼굴빛을 보이는 사람이 (실제로) 인(仁)한 경우는 드물다"(「학이」 3장)라는 말과 같은 뜻이다. 역사적으로 작은 일을 참지 못해 큰일을 그르친 사례가 적지 않겠지만 캉유웨이는 관우가 죽자 유비가 이를 참지 못하고 오나라 정벌에 나섰다가 망국에 이른 일을 거론했다.

15.28 공자께서 말씀하셨다. "여러 사람이 미워하더라도 반드시 살펴야 하며, 여러 사람이 좋아하더라도 반드시 살펴야 한다."

子曰 衆惡之 必察焉 衆好之 必察焉
자 왈 중 오 지 필 찰 언 중 호 지 필 찰 언

—— 여론을 조작하는 경우도 많으니 떠도는 말을 무턱대고 따라서는 안 될 일이다. 조작하지 않았다 해도 여론을 맹종하다간 위험에

처하기 십상이다. 여론을 잘 분석해서 옳은 방향으로 나아가야 한다. 「자로」 24장 참고.

15.29 공자께서 말씀하셨다. "사람이 도를 넓히는 것이지 도가 사람을 넓히는 것이 아니다."

子曰 人能弘道 非道弘人
자 왈 인 능 홍 도 비 도 홍 인

—— "진리가 너희를 자유롭게"(「요한복음」 8장 32절) 하는 측면도 물론 있다. 그러나 역사에서 '진리'의 이름으로 얼마나 많은 사람이 고통받고 죽어갔는가. 진리의 노예가 되지 않고, 주인이 되기가 말처럼 쉬운 일은 아니다.

공자가 한 이 말은 『중용』의 "지극한 덕이 아니면 지극한 도는 모이지 않는다(苟不至德, 至道不凝焉)"라는 말이나 루쉰의 "땅에는 원래 길이 없었다. 다니는 사람이 많아져서 생긴 것이 길이다"라는 말과 일맥상통한다. 인간의 주관능동성을 강조한 말이다. 「술이」 30장, 「안연」 1장 참고.

15.30 공자께서 말씀하셨다. "잘못을 저지르고도 고치지 않는 것, 이것을 잘못이라고 한다."

子曰 過而不改 是謂過矣
자 왈 과 이 불 개 시 위 과 의

―― 과오에 대한 공자의 태도가 잘 드러나 있다. 누구나 잘못을 저지를 수 있다. 고치면 된다. 잘못을 저지르고도 고치지 않는 것이 잘못이다. 잘못을 저지르고 변명하면 잘못이 추가된다.(「학이」 8장)

15.31 공자께서 말씀하셨다. "내가 일찍이 종일토록 먹지 않고 밤새도록 자지 않고 사색해보았으나 유익함이 없었다. 배우는 것만 못하였다."

子曰 吾嘗終日不食 終夜不寢 以思 無益 不如學也
자 왈 오 상 종 일 불 식 종 야 불 침 이 사 무 익 불 여 학 야

―― 물론 배우기만 하고 생각하지 않아도 문제다. 배움과 사색을 병행해야 한다. 「위정」 15장, 「양화」 22장 참고.

15.32 공자께서 말씀하셨다. "군자는 도에 마음을 기울이지 먹는 일에 신경 쓰지 않는다. 농사를 지어도 굶주릴 수 있지만 배우면 녹이 따라오게 돼 있다. 군자는 도를 걱정하지 가난은 걱정하지 않는다."

子曰 君子謀道 不謀食 耕也 餒在其中矣 學也
자왈 군자모도 불모식 경야 뇌재기중의 학야
祿在其中矣 君子憂道 不憂貧
녹재기중의 군자우도 불우빈

—— 배웠으나 녹을 받지 못하면? 예전에 과거에 합격하여 나라의 녹을 먹으려다가 인생 망친 사람 많았고, 인문학 공부했다가 가난하게 사는 사람 많다. 군자라면 모름지기 지혜롭게 가난에 대비해야 하지 않을까? 번지가 농사일을 배우려 했던 까닭도 혹시 이 때문이 아닐까? 「자로」 4장 참고.

15.33 공자께서 말씀하셨다. "총명으로 (지위나 권력을) 얻었더라도 인으로 그것을 지키지 못하면 비록 얻었다 하더라도 반드시 잃어버리고 말 것이다. 총명으로 얻었고, 인으로 지킬 수 있었더라도 장중한 태도로 백성들을 대하지 않으면 사람들이 존경하지 않을 것이다. 총명으로 얻었고, 인으로 지키며 장중한 태도로 백성들을

대했더라도 예에 맞게 행동하지 않으면 아주 좋다고 할 수 없다.”

子曰 知及之 仁不能守之 雖得之 必失之 知及之
자왈 지급지 인불능수지 수득지 필실지 지급지
仁能守之 不莊以涖之 則民不敬 知及之 仁能守之
인능수지 부장이리지 즉민불경 지급지 인능수지
莊以涖之 動之不以禮 未善也
장이리지 동지불이례 미선야

—— 여기서 인은 다른 모든 덕을 포괄하는 최고의 덕이 아니라 인간이면 마땅히 지녀야 하는 정감 정도를 의미하는 것 같다. 관직이나 권력을 얻어 지키려면 지혜, 인자함, 장중함 그리고 마지막으로 예의가 필요하다. 동서고금을 막론하고 이런 이치는 어디서나 통한다.

15.34 공자께서 말씀하셨다. “군자는 작은 일을 알 수는 없으나 큰일은 맡을 수 있고, 소인은 큰일을 맡을 수 없으나 작은 일을 알 수는 있다.”

子曰 君子不可小知而可大受也
자왈 군자불가소지이가대수야
小人不可大受而可小知也
소인불가대수이가소지야

—— 군자에게도 단점이 있고 소인에게도 장점이 있다. 지(知)를

'주관한다'는 뜻으로 풀어 군자는 작은 일은 주관할 수 없으나 큰일은 할 수 있다고 해석하기도 한다. 사람을 볼 줄 알아야 제대로 쓴다.

15.35 공자께서 말씀하셨다. "백성들에게는 물과 불보다 인이 더 절실히 필요하다. 나는 물과 불에 뛰어들었다가 죽은 사람을 보았지만 인을 실천하다가 죽은 사람은 보지 못하였다."

子曰 民之於仁也 甚於水火 水火 吾見蹈而死者矣
자 왈 민 지 어 인 야 심 어 수 화 수 화 오 견 도 이 사 자 의
未見蹈仁而死者也
미 견 도 인 이 사 자 야

—— 물과 불이 없으면 살아갈 수 없지만 그보다 인이 더 중요하다. 물과 불 때문에 사람들이 죽기도 하지만 인 때문에 죽은 사람은 없다. 요컨대 인을 실천하다가 죽은 경우는 없으니 인에 힘써야 한다는 말이다.

15.36 공자께서 말씀하셨다. "인을 실천할 기회를 만나면 스승에게도 양보하지 않는다."

子曰 當仁 不讓於師
자 왈 당 인 불 양 어 사

—— 아리스토텔레스도 스승인 플라톤을 가리켜 "친구와 진리 둘 다 소중하지만, 진리를 더 소중히 여기는 것이 경건하다"고 하였다. 동서양을 막론하고 철인의 생각은 비슷하게 마련이다.

15.37 공자께서 말씀하셨다. "군자는 바르고 곧지만 (고지식하게) 작은 신의를 지키려고 하지는 않는다."

子曰 君子貞而不諒
자 왈 군 자 정 이 불 량

—— 량(諒)은 신의가 있기는 하지만 옳고 그름을 가리지 않고 무조건 지키려고 하는 것을 뜻한다. 「헌문」 17장에도 나왔다.

15.38 공자께서 말씀하셨다. "임금을 섬길 때는 자기가 맡은 일에 최선을 다하고 녹봉은 나중에 생각한다."

子曰 事君 敬其事而後其食
자 왈 사 군 경 기 사 이 후 기 식

—— 요즘 식으로 말하면, 국가 공무원으로 일할 때는 먼저 자기의 직무를 엄숙하고 신중히 수행해야 한다, 정도로 바꿀 수 있다.

15.39 공자께서 말씀하셨다. "어떠한 사람에게도 가르치는 바가 있었고, 어떠한 종류의 제한을 두는 일도 없었다."

子曰 有敎無類
자 왈 유 교 무 류

—— 공자의 제자 중에는 염유와 자공 같은 부자가 있었고, 안회와 원사 같은 가난한 사람도 있었으며, 지위가 높았던 맹의자가 있었고, 야인 출신의 자로도 있었다. 「술이」 7장 참고.

15.40 공자께서 말씀하셨다. "도가 같지 않으면 함께 일을 도모하지 않는다."

子曰 道不同不相爲謀
자 왈 도 부 동 불 상 위 모

—— 원칙에 근거를 둔 주장이 다르면 함께 일을 도모할 수가 없다.

15.41 공자께서 말씀하셨다. "말은 뜻만 통하면 된다."

子曰 辭達而已矣
자 왈 사 달 이 이 의

—— 말은 감정과 뜻을 표현해서 전달하면 된다. 대단히 실용적인 공자의 언어관이 드러난 말이다. 『논어』에 기록된 공자의 말도 화려하지 않고 지극히 간략하다. 반대로 엄청난 분량의 저술이나 논문을 썼으나 중언부언하고 전달하려는 뜻이 모호한 경우도 있다.

15.42 악사인 면(冕)이라는 사람이 공자를 뵈러 왔다. (그가) 계단에 이르자 공자께서 말씀하셨다. "계단입니다." 자리에 이르자 공자께서 말씀하셨다. "자리입니다." 모두 다 자리에 앉자 공자께서 그에게 말씀하셨다. "누구는 여기에 있고 누구는 저기에 있습니다." 악사인 면이 나가자 자장이 여쭈었다. "(그렇게 하는 것이) 악사와 말하는 도리입니까?" 공자께서 말씀하셨다. "그렇다. 진실로 악사를 도와주는 방법이다."

師冕見 及階 子曰 階也 及席 子曰 席也 皆坐
사 면 현 급 계 자 왈 계 야 급 석 자 왈 석 야 개 좌
子告之曰 某在斯 某在斯 師冕出 子張問曰
자 고 지 왈 모 재 사 모 재 사 사 면 출 자 장 문 왈

與師言之道與 子曰 然 固相師之道也
여 사 언 지 도 여 자 왈 연 고 상 사 지 도 야

—— 장애인을 섬세하게 배려하는 공자의 어진 마음이 잘 드러나 있다. 당시에 악사는 대부분 시각장애인이었다. 외국인이 우리말을 모를 것이라고 면전에서 흉을 보는 사람을 종종 볼 때면 이 구절이 생각난다.

16. 계씨

16.1　노나라의 대부 계씨가 장차 전유를 정벌하려고 하였다. 염유와 계로가 공자를 뵙고 말씀드렸다.

"계씨가 장차 전유를 정벌하려고 합니다."

공자께서 말씀하셨다.

"구(염유의 이름)야! 너희의 잘못이 아니냐? 전유는 예전에 선왕께서 동몽산의 제사를 주관하도록 하였고, 또 나라(노나라)의 국경 안에 있으니 이는 사직의 신하이다. 어째서 치려는 것이냐."

염유가 말씀드렸다.

"계씨가 하려고 하는 것이지 저희 두 신하는 모두 하려고 하지 않습니다."

공자께서 말씀하셨다.
"구야, 주임이라는 사람이 이런 말을 했다. '자기 능력을 발휘할 수 있으면 그 자리에 나아가고 그러지 못하면 그만둔다'고. (가령 장님이) 위태로워도 붙들지 못하고 넘어져도 부축하지 못하면 장차 그러한 장님 도우미를 어디에다 쓰겠느냐. 또 네 말이 잘못되었다. 호랑이와 외뿔소가 우리에서 뛰쳐나오고, 거북이와 옥이 상자 속에서 깨진다면 이것은 누구의 허물이냐?"
염유가 말씀드렸다.
"지금 전유는 성곽이 견고하고 비읍(費邑)에 가까우니 지금 취하지 않으면 후세에 자손들에게 반드시 근심거리가 될 것입니다."
공자께서 말씀하셨다.
"구야, 군자는 '하려고 한다'고 솔직히 말하지 않고 말을 꾸며대는 것을 미워한다. '나라를 다스리는 자는 적음을 걱정하지 않고 고르지 못함을 걱정하며, 가난을 걱정하지 않고 편안치 않음을 걱정한다'고 나는 들었다. 고르게 되면 가난이 없고 조화로우면 적음이 없고 편안하면 기울어지지 않는 법이다. 사정이 이러하기 때문에 먼 곳에 있는 사람이 복종하지 않으면 문덕(文德)을 닦아서 오게 하고, 오면 그들을 편안하게 해주는 것이다. 지금 유(자로의 이름)와 구는 계씨를 보좌하면서 먼 곳에 있는 사람이 복종하지 않는데도 오게 하지 못하고, 나라가 나눠지고 무너지고 분리되고 쪼개지는데도 지키지 못하고 나라 안에서 전쟁할 것을 생각하니, 나는 계손씨의 근심거리가 전유에 있지 않고 자신의 울타리 안에 있는 것을 걱정한다."

季氏將伐顓臾 冉有季路見於孔子曰
계씨장벌전유 염유계로현어공자왈
季氏將有事於顓臾 孔子曰 求 無乃爾是過與
계씨장유사어전유 공자왈 구 무내이시과여
夫顓臾 昔者先王以爲東蒙主 且在邦域之中矣
부전유 석자선왕이위동몽주 차재방역지중의
是社稷之臣也 何以伐爲 冉有曰 夫子欲之 吾二
시사직지신야 하이벌위 염유왈 부자욕지 오이
臣者 皆不欲也 孔子曰 求 周任有言曰 陳力就列
신자 개불욕야 공자왈 구 주임유언왈 진력취렬
不能者止 危而不持 顚而不扶 則將焉用彼相矣
불능자지 위이부지 전이불부 즉장언용피상의
且爾言過矣 虎兕出於柙 龜玉毁於櫝中
차이언과의 호시출어합 귀옥훼어독중
是誰之過與 冉有曰 今夫顓臾 固而近於費 今不取
시수지과여 염유왈 금부전유 고이근어비 금불취
後世必爲子孫憂 孔子曰 求 君子疾夫舍曰欲之 而必
후세필위자손우 공자왈 구 군자질부사왈욕지 이필
爲之辭 丘也聞有國有家者 不患寡而患不均
위지사 구야문유국유가자 불환과이환불균
不患貧而患不安 蓋均無貧 和無寡 安無傾
불환빈이환불안 개균무빈 화무과 안무경
夫如是 故遠人不服 則修文德以來之 旣來之則安之
부여시 고원인불복 즉수문덕이래지 기래지즉안지
今由與求也 相夫子 遠人不服 而不能來也 邦分崩離析
금유여구야 상부자 원인불복 이불능래야 방분붕리석
而不能守也 而謀動干戈於邦內 吾恐季孫之憂
이불능수야 이모동간과어방내 오공계손지우
不在顓臾而在蕭牆之內也
부재전유이재소장지내야

―― 명문장으로 늘상 일컬어지는 유명한 장이다. 이치를 따지는 아주 표준적인 중국식 변론으로 평가되고 유명한 구절이 많다. 예를 들면 "적음을 걱정하지 않고 고르지 못함을 걱정하며, 가난을 걱정하지 않고 편안치 않음을 걱정한다〔不患寡而患不均 不患貧而患不安〕", "계손씨의 근심거리가 전유에 있지 않고 자신의 울타리 안에 있는 것을 걱정한다〔季孫之憂 不在顓臾而在蕭牆之內也〕"는 말은 지금도 자주 인용된다.

주희에 따르면 당시 노나라는 크게 네 지역으로 나눌 수 있는데 막강한 세 가문, 즉 맹손씨, 숙손씨, 계손씨가 실질적으로 장악하고 있었다. 그중에서도 4분의 2를 장악한 계손씨의 세력이 가장 강하였다. 전유(顓臾)는 노나라에 예속된 작은 부용국이었다. 다시 말하면 노나라 공실(公室)에 속하는 땅이다. 이곳을 계손씨(여기서는 계강자)가 정벌하려고 한다. 공자의 제자인 염유와 계로(자로)는 계강자 밑에서 벼슬을 하고 있었다. 이 장을 보면 그들이 중요한 일이 있을 때 스승인 공자를 찾아와 보고하고 도움을 요청한 것을 알 수 있다.

이 일에 대해 공자는 세 가지 이유를 들어 반대한다. 첫째로 동몽산(원래 몽산인데 노나라의 동쪽에 있었기 때문에 이렇게 불렀다)의 제사를 주관할 수 있도록 노나라 선왕들이 전유를 그곳에 봉했다는 점, 둘째로 전유가 노나라 국경 안에 있으니 노나라의 일부라는 점, 셋째로 사직의 신하라는 점이다. 이는 당시의 논리로 볼 때 매우 지당한 지적이라고 할 수 있다. 염유도 공자의 논리를 반박하지 못하고 그건 자신들이 원하는 바가 아니라고 변명하기에 바쁜 것을 보면 알 수 있다. 그러면서 자기라고 하지 않고 자신들이라고 하면서 자로를 끌고 들어간다. 그러나 공자는 염유의 이름만을 부르며 잘못을 꾸짖고 있다. 이는 공자가 계강자 내부의 일을 파악하여 이 일을 벌인 주모자가 염유라는 사실을 알고 있다는 말이다. 그러면서 공자는 당시 노나라의 실권자인 계강자를 장님이나 야수(호랑이와 외뿔소)에 비유하면서 통렬히 비판하고 있다. 한편 전유는 거북이나 옥에 비유한다. 염유는 그제야 전유 정벌의 이유를 밝힌다. 전유는 작지만 견고하고 계강자 관할의 사읍인 비읍에 가깝기 때문에 지금 정벌하지 않으면 후환이 남는다고. 동서고금을 막론하고 전쟁을 일으키는 명분은 대략 이와 같으리라. 그리하여 마침내 공자가 내정과 외교에 관한 큰 도리를 설파하기에 이른다. 마지막 부분에서 공자가 한 말은 지금도 자주 인용된다.

16.2 공자께서 말씀하셨다. "천하에 도가 있으면 예악과 정벌이 천자로부터 나오고, 천하에 도가 없으면 예악과 정벌이 제후로부터 나오니, 제후로부터 나오면 대개 10대(十代) 안에 망하지 않는 경우가 드물고, 대부로부터 나오면 5대 안에 망하지 않는 경우가 드물며, 가신이 국정을 잡으면 3대 안에 잃지 않는 경우가 드물다. 천하에 도가 있으면 정치권력이 대부에게 있지 않고, 천하에 도가

있으면 일반 백성들이 (정치에 대해 분분하게) 논의하지 않는다.”

孔子曰 天下有道則禮樂征伐自天子出
공 자 왈 천 하 유 도 즉 례 악 정 벌 자 천 자 출
天下無道則禮樂征伐 自諸侯出 自諸侯出
천 하 무 도 즉 례 악 정 벌 자 제 후 출 자 제 후 출
蓋十世希不失矣 自大夫出 五世希不失矣 陪臣執國命
개 십 세 희 불 실 의 자 대 부 출 오 세 희 불 실 의 배 신 집 국 명
三世希不失矣 天下有道 則政不在大夫 天下有道
삼 세 희 불 실 의 천 하 유 도 즉 정 부 재 대 부 천 하 유 도
則庶人不議
즉 서 인 불 의

—— 여기서 말하는 것은 공자 정치관의 공리(公理)로 오늘날 민주주의의 관점과는 다르다. “백성들이 정치에 대해 (분분하게) 논의하지 않는다”는 말이 특히 그렇다. 캉유웨이(리쩌허우는 그를 중국 자유주의의 비조로 여긴다)는 이 장의 마지막 부분에 나오는 두 개의 아니 불(不) 자를 원문에서 아예 빼버렸다. 즉 “천하에 도가 있을 때 정치권력은 대부에게 있고, 천하에 도가 있을 때 일반 백성들은 정치에 대해 논의한다〔天下有道 則政在大夫 天下有道 則庶人議〕”고 하였다. “정치권력이 대부에게 있다”는 것은 입헌군주제에 대한 설명이고, 일반 백성이 정치를 의론할 수 있는 것은 천하가 모두의 소유이기 때문이라는 것이다. 원래 공자가 한 말의 뜻은 천하에 도가 있을 때는 정치가 깨끗하고 잘 돌아가기 때문에 평민들이 정치에 대해 이러쿵저러쿵 비판할 거리가 없다는 것이다. 배신(陪臣)은 양화와 같은 대

부의 가신을 말한다.

여기서 이런 사실을 말한 까닭은 다음 장에 나오는 공자 당시의 사건을 비판하고 단죄하기 위해서이다. 말하자면 대전제이다.

16.3 공자께서 말씀하셨다. "(노나라의 임금이) 정권을 잃어버린 지가 5대가 되었고, (계씨의 입장에서) 정권이 대부의 손에 장악된 지가 4대가 되었다. 그러므로 삼환(계손씨, 중손씨, 맹손씨)의 자손이 미약하다."

孔子曰 祿之去公室 五世矣 政逮於大夫 四世矣
공 자 왈 녹 지 거 공 실 오 세 의 정 체 어 대 부 사 세 의
故夫三桓之子孫微矣
고 부 삼 환 지 자 손 미 의

—— 여기서 녹은 관작(官爵)을 수여하는 것을 말하며 정권 장악을 상징한다. 굳이 일일이 따질 필요는 없지만 5대는 선공(宣公), 성공(成公), 양공(襄公), 소공(昭公), 정공(定公)을 말하고, 4대는 문자(文子), 무자(武子), 평자(平子), 환자(桓子)이다. 앞 장에서 공자는 단안을 내리고 여기서 노나라의 역사—가령 노나라 대부인 삼환의 권력은 양화에 의해 탈취되었다—를 끌어다가 다시 결론을 내리고 있다.

16.4　공자께서 말씀하셨다. "유익한 벗이 세 가지이고 해로운 벗이 세 가지이다. 정직한 사람과 벗하고 신의 있는 사람과 벗하고 견문이 많은 사람과 벗하면 유익하다. 허식적인 사람과 벗하고 아첨 잘하는 사람과 벗하고 빈말만 잘하는 사람과 벗하면 해롭다."

孔子曰 益者三友 損者三友 友直 友諒 友多聞 益矣
공자왈 익자삼우 손자삼우 우직 우량 우다문 익의
友便辟 友善柔 友便佞 損矣
우편벽 우선유 우편녕 손의

―― 요시다 겐코(吉田兼好)의 수필집 『쓰레즈레구사(徒然草)』에는 이런 말이 있다. 친구 삼기에 좋지 않은 사람의 유형이 일곱 가지 있다. 첫째는 신분이 높고 귀한 사람, 둘째는 젊은 사람, 셋째는 병이 없고 몸이 강건한 사람, 넷째는 술을 좋아하는 사람, 다섯째는 사납고 용감한 사람, 여섯째는 거짓말을 하는 사람, 일곱째는 욕심이 많은 사람이다. 좋은 친구의 유형은 좀 적다. 세 가지다. 첫째는 뭐든 잘 주는 사람, 둘째는 의사, 셋째는 지혜로운 친구. 친근하고 재치가 있는 말이다. 겐코는 몸이 약했나 보다.

16.5　공자께서 말씀하셨다. "유익한 좋아함이 세 가지 있고 해로운 좋아함이 세 가지 있다. 예악을 가지고 자신을 절제하기를 좋

아하고, 남의 좋은 점 말하기를 좋아하고, 현명한 벗이 많은 것을 좋아하면 유익하다. 사치하고 방탕하게 놀기를 좋아하고, 안일하게 놀기를 좋아하고, 잔치 벌이기를 좋아하면 해롭다."

孔子曰 益者三樂 損者三樂 樂節禮樂 樂道人之善
공 자 왈 익 자 삼 요 손 자 삼 요 요 절 례 악 요 도 인 지 선
樂多賢友 益矣 樂驕樂 樂佚遊 樂宴樂 損矣
요 다 현 우 익 의 요 교 락 요 일 유 요 연 락 손 의

—— 무언가 좋아하고 즐기는 것은 각자 취향 문제이긴 하지만 손익을 따져보아야 한다. 쾌락은 몰입하면 할수록 쾌락과 멀어지고 채워지기 힘들다는 쾌락주의의 역설도 있다. 따라서 오랫동안 즐기고 좋아하려면 절제해야 한다. 이 편에서는 자왈(子曰)이라고 하지 않고, 공자왈(孔子曰)이라고 한 곳이 많다. 그리고 공자왈 이하 부분은 먼저 항목 수를 말하고, 나중에 하나하나 설명하는 독특한 형식을 취하고 있다. 가령 무엇에는 몇 가지가 있다. 첫째는 뭐고, 둘째는 뭐고 하는 식이다. 이런 형식은 현대 중국에서 지금도 자주 사용되고 있다. 다음 장들에서도 이런 형식이 계속 쓰인다.

16.6 공자께서 말씀하셨다. "군자를 모시고 있을 때 저지르기 쉬운 잘못이 세 가지 있다. 아직 말할 기회가 되지 않았는데 말하

는 조급함, 말해야 할 때 말하지 않는 의도적 침묵, 얼굴빛을 살피지 않고 말하는 장님 같은 행동이 그것이다."

孔子曰 侍於君子有三愆 言未及之而言謂之躁
공 자 왈 시 어 군 자 유 삼 건 언 미 급 지 이 언 위 지 조
言及之而不言謂之隱 未見顔色而言謂之瞽
언 급 지 이 불 언 위 지 은 미 견 안 색 이 언 위 지 고

—— 덕이 있거나 지위가 높은 사람을 모실 때는 말할 나위도 없지만 친구 사이에도 마찬가지일 것이다. 때와 장소를 가리지 않고 눈치 없이 아무 말이나 해버리면 친구가 모두 떨어져 나간다.

16.7 공자께서 말씀하셨다. "군자에게는 경계할 세 가지가 있다. 젊었을 때는 혈기가 아직 안정되지 않았으므로 색욕을 경계해야 하고, 장년이 되면 혈기가 한창 강하므로 싸움을 경계해야 하며, 늙어서는 혈기가 쇠약하므로 탐욕을 경계해야 한다."

孔子曰 君子有三戒 少之時 血氣未定 戒之在色
공 자 왈 군 자 유 삼 계 소 지 시 혈 기 미 정 계 지 재 색
及其壯也 血氣方剛 戒之在鬪 及其老也 血氣旣衰
급 기 장 야 혈 기 방 강 계 지 재 투 급 기 로 야 혈 기 기 쇠
戒之在得
계 지 재 득

—— 혈기(血氣)는 시기에 따라 변하는 생리를 말한다. 나이에 따라 변하는 혈기를 무엇으로 극복할 수 있을까? 바로 지기(志氣)이다. 지기를 잘 길러야 혈기에 좌우되지 않는다. 우리 사회에는 늦게 핀 꽃 같고, 오래된 술 같으며, 무한히 아름다운 노을 빛 같은 원로가 너무 적은 것 같다. 아니 계신데 알려지지 않아 내가 모르는 것이겠지.

16.8 공자께서 말씀하셨다. "군자는 세 가지 두려워하는 것이 있다. 천명을 두려워하고 대인을 두려워하며 성인의 말씀을 두려워한다. 소인은 천명을 알지 못하여 두려워하지 않고 대인을 우습게 여기고, 성인의 말씀을 업신여긴다."

孔子曰 君子有三畏 畏天命 畏大人 畏聖人之言
공자왈 군자유삼외 외천명 외대인 외성인지언
小人不知天命而不畏也 狎大人 侮聖人之言
소인부지천명이불외야 압대인 모성인지언

—— 몇 마디 안 되지만 군자와 소인의 차이를 잘 대비시키고 있는 말이다. 경외하는 마음이 있는 자가 군자이고 그렇지 못한 자가 소인이다. 경외하는 마음을 품는 이는 비겁한 게 아니라 겸허한 것이다. 대인은 지위가 높은 사람을 말한다. 대인과 천명을 당연히 조심하고 두려워해야 한다. 성인의 말은 물론 두렵다. 또 지극히 심오하니 어

찌 가벼이 여길 수 있겠는가? 성인의 필봉에 잘못 걸리면 만고의 죄인이 되니 어찌 성인의 말을 두려워하지 않을 수 있겠는가. 하룻강아지 범 무서운 줄 모른다고 소인은 그렇지 않다. 지식도 경외심도 없으니 천명이든 대인이든 성인의 말이든 두려워할 이유가 없다.

16.9 공자께서 말씀하셨다. "나면서부터 아는 사람이 최고이고, 배워서 아는 사람은 그다음이고, 곤란을 겪은 다음에 배우는 사람은 또 그다음이고, 곤란을 겪고도 배우지 않으니, 백성들은 이 때문에 아래에 있게 된다."

孔子曰 生而知之者 上也 學而知之者 次也 困而學之
공 자 왈 생 이 지 지 자 상 야 학 이 지 지 자 차 야 곤 이 학 지
又其次也 困而不學 民斯爲下矣
우 기 차 야 곤 이 불 학 민 사 위 하 의

—— 생이지지(生而知之)와 학이지지(學而知之)의 지(之)는 불특정의 목적어를 가리키는 대명사이다. 무엇을 안다는 것일까? 잘 사는 법? 정치하는 법? 공자 같은 성인도 자신이 나면서부터 아는 사람이 아니라고 했으니 자만하지 말 일이다. 「술이」 20장 참고.

16.10 공자께서 말씀하셨다. "군자는 아홉 가지 생각하는 것이 있다. 볼 때는 분명한가를 생각하고, 들을 때는 확실한가를 생각하고, 얼굴빛은 온화한가를 생각하고, 태도는 공손한가를 생각하고, 말할 때는 신실한가를 생각하고, 일에 임해서는 진지한가를 생각하고, 의심이 날 때는 다른 사람에게 물어볼 것을 생각하고, 분할 때는 재난을 생각하고, 이득을 보면 의로운가를 생각한다."

孔子曰 君子有九思 視思明 聽思聰 色思溫 貌思恭
공자왈 군자유구사 시사명 청사총 색사온 모사공
言思忠 事思敬 疑思問 忿思難 見得思義
언사충 사사경 의사문 분사난 견득사의

—— 예가 아니면 보지도 듣지도 말하지도 움직이지도 말라는 가르침보다 훨씬 구체적이고 자세하다. 생활의 지침으로 삼아도 좋을 것이다.

16.11 공자께서 말씀하셨다. "착한 것을 보면 (거기에) 미치지 못할 듯이 열심히 추구하고, 사악한 것을 보면 뜨거운 물에 손을 댈 때처럼 꺼리는 사람을 나는 보았고, 그렇게 한다는 말도 들었다. 숨어 살면서 자신의 지향을 보전하고 (나와서는) 인의를 실행하여 자신의 주장을 관철한다는 말을 나는 들었지만 그렇게 하는 사람

은 아직 보지 못하였다.”

孔子曰 見善如不及 見不善如探湯 吾見其人矣
공 자 왈 견 선 여 불 급 견 불 선 여 탐 탕 오 견 기 인 의
吾聞其語矣 隱居以求其志 行義以達其道 吾聞其語矣
오 문 기 어 의 은 거 이 구 기 지 행 의 이 달 기 도 오 문 기 어 의
未見其人也
미 견 기 인 야

—— 이 장은 바로 앞 장과 달리 대구 형식을 띠고 있다. 그런 사람이란 구체적으로 누구를 말하는지 알 수 없으나, 주희는 앞 구절은 안회나 증자 같은 사람을, 뒤 구절은 이윤과 태공망(강태공) 같은 사람을 지칭하는 것으로 보았다. 선을 좋아하고 악을 미워해서 독선기신(獨善其身: 홀로 자신의 몸을 깨끗이 하다)하는 것보다 겸제천하(兼濟天下: 함께 천하를 구제하다)하는 것이 더 어렵다.

16.12 제나라 경공은 4000필의 말이 있었으나 죽을 때 백성들이 그의 덕을 칭송하지 않았고, 백이와 숙제는 수양산에서 굶어 죽었으나 백성들이 지금까지 그를 칭송하고 있다. (『시경』 구절에 진실로 부유했기 때문이 아니라 덕이 남달랐기 때문이라고 한 말은) 아마도 이 일을 말하는 것인가?

齊景公有馬千駟 死之日 民無德而稱焉 伯夷叔齊
제 경 공 유 마 천 사 사 지 일 민 무 덕 이 칭 언 백 이 숙 제
餓于首陽之下 民到于今稱之 (誠不以富 亦祇以異)
아 우 수 양 지 하 민 도 우 금 칭 지 성 불 이 부 역 지 이 이
其斯之謂與
기 사 지 위 여

—— 이상하게 이 장의 서두에는 공자왈이라는 말이 없다. 괄호 안의 말은 원래 「안연」 10장에 나오지만 주희는 여기에 있어야 한다고 보았다. 만약 그렇지 않다면 "아마도 이 일을 말하는 것인가?"라는 말은 의미가 없어진다. 부나 지위보다 덕이 중요하다는 말이다.

제경공과 말에 얽힌 유명한 이야기가 있다. 경공이 아끼던 말이 관리하던 사람 잘못으로 죽었다. 경공이 대로해서 당장 그를 죽이려 하자 안영이 그냥 죽이지 말고 죄목을 알게 한 이후에 죽이시라고 청했다. 경공이 허락하자 안영은 죄목을 열거했다. 첫째, 임금의 말을 기르라고 하였는데 죽였다. 둘째, 임금으로 하여금 그깟 말 한 마리 때문에 사람을 죽이게 만들었다. 셋째, 말 때문에 사람을 죽인 것이 사방의 제후들에게 알려진다. 그러니 죽어 마땅하다. 제경공은 그자를 풀어주라고 명했다. 명성에 금이 갈 것을 우려했기 때문이다.

16.13 진항이 백어(공자의 아들)에게 물었다. "그대는 (선생님께) 남달리 들은 것이 있는가?" 백어가 대답하였다. "없습니다. 지난

번 혼자 (뜰에) 서 계실 때 내가 종종걸음으로 그 앞을 지나가려고 하니 '시를 배웠느냐'라고 하시기에 '아직 배우지 못했습니다'라고 대답했지요. 그랬더니 '시를 배우지 않으면 말할 방법이 없다'라고 하셔서 물러나와 시를 배웠지요. 어느 날 또 홀로 서 계실 때 내가 종종걸음으로 뜰 앞을 지나가려고 하니 '예를 배웠느냐?'라고 하시기에 '아직 배우지 못했습니다'라고 대답했지요. 그랬더니 '예를 배우지 않으면 설 수가 없다'라고 하셔서 물러나와 예를 배웠지요. 이 두 가지(시와 예)를 들었습니다." 진항이 물러나와 매우 기뻐하면서 말하였다. "하나를 물어서 세 가지를 알게 되었구나. 시를 들었고, 예를 들었고, 또 군자는 자기 아들을 특별히 대하지 않는다는 것을 들었다."

陳亢問於伯魚曰 子亦有異聞乎 對曰 未也 嘗獨立
진항문어백어왈 자역유이문호 대왈 미야 상독립
鯉趨而過庭 曰 學詩乎 對曰 未也 不學詩 無以言
리추이과정 왈 학시호 대왈 미야 불학시 무이언
鯉退而學詩 他日 又獨立 鯉趨而過庭 曰 學禮乎
리퇴이학시 타일 우독립 리추이과정 왈 학례호
對曰 未也 不學禮 無以立 鯉退而學禮 聞斯二者
대왈 미야 불학례 무이립 리퇴이학례 문사이자
陳亢退而喜曰 問一得三 聞詩聞禮 又聞君子之遠
진항퇴이희왈 문일득삼 문시문례 우문군자지원
其子也
기자야

—— 공자는 자신의 아들에게 '특별 교육'을 시키지 않았을까? 공

자의 학식이나 인품을 직접 접한 제자들이라면 이런 의문을 품을 만하다. 소인의 마음으로 성인 공자를 의심했다고 비판할 필요는 없다. 진항의 이런 소박한 호기심 덕에 우리는 공자가 자식을 어떻게 대했는지를 알 수 있다. 우리나라의 이른바 지도층의 자식 교육과 대비된다. 「술이」 24장 참고.

16.14 임금(제후국)의 아내를 임금이 일컫기를 부인이라고 하고, 부인이 자신을 일컫기를 소동(小童)이라 하며, 국내의 사람들은 부인을 군부인(君夫人)이라고 부르며, 다른 나라에게 말할 때는 과소군(寡小君)이라고 하고, 다른 나라 사람이 부를 때는 또한 군부인이라고 한다.

邦君之妻 君稱之曰夫人
방 군 지 처 군 칭 지 왈 부 인
夫人自稱曰小童 邦人稱之曰君夫人
부 인 자 칭 왈 소 동 방 인 칭 지 왈 군 부 인
稱諸異邦曰寡小君 異邦人稱之亦曰君夫人
칭 저 이 방 왈 과 소 군 이 방 인 칭 지 역 왈 군 부 인

—— 왜 이런 말이 여기에 기록되었는지 알 수 없다. 하지만 호칭은 지금도 중요하고 어렵다. 기본 원칙은 자신을 낮추고 상대를 높이는 것이다.

17. 양화

17.1　양화가 공자를 만나고자 하였으나 공자가 만나주지 않자 삶은 돼지를 예물로 보냈다. 공자는 그가 없는 틈을 타서 가서 사례하였다. 돌아오는 길에 양화와 마주쳤다. (양화가) 공자에게 말하였다.

"이리 오시오. 내 그대에게 말하리다. 훌륭한 보배를 품고서 나라를 어지럽게 내버려두는 것을 인이라고 할 수 있겠소?"

"그렇다고 할 수 없습니다."

"일하기를 좋아하면서 자주 때를 놓치는 것을 지혜롭다고 할 수 있겠소?"

"그렇다고 할 수 없습니다."

"해와 달은 흘러가니 세월은 나를 위해 기다려주지 않는 것이오."

공자가 말하였다.

"알겠습니다. 제가 장차 벼슬길에 나아가도록 하지요."

陽貨欲見孔子 孔子不見 歸孔子豚 孔子時其亡也
양화욕견공자 공자불견 귀공자돈 공자시기무야
而往拜之 遇諸塗 謂孔子曰 來 予與爾言 曰
이왕배지 우저도 위공자왈 래 여여이언 왈
懷其寶而迷其邦 可謂仁乎 曰 不可 好從事而亟失時
회기보이미기방 가위인호 왈 불가 호종사이기실시
可謂知乎 曰 不可 日月逝矣 歲不我與 孔子曰諾
가위지호 왈 불가 일월서의 세불아여 공자왈낙
吾將仕矣
오장사의

—— 양화는 양호라고도 한다. 계씨의 가신이다. 『좌전』의 정공 5년에서 9년 기록에 따르면 몇 대에 걸쳐 계씨가 장악해온 노나라 국정이 나중에 양화의 수중에 떨어졌다. 이 일은 정공 5년 공자 나이 47세 때에 발생했다. 『맹자』「등문공 하(滕文公 下)」 편에도 이 이야기가 나온다. 양화는 공자가 삼환씨들의 월권행위를 반대한다는 점을 잘 알고 있다. 국정을 장악한 양화는 명망 높은 공자를 자기편으로 만들고 싶지만 무례하다는 말은 듣고 싶지 않다. 당시 예법에 따르면 대부가 무엇을 하사하면 선비는 집에서 받을 수 없고 반드시 대부의 집에 가서 인사를 해야 했다. 예는 왕래를 중시하기 때문이다. 양화가 공자에게 먼저 삶은 돼지를 보냈다. 공자는 국정이 대부의 손에 있는

사태도 용납할 수 없는데 양화의 경우는 "가신이 국정을 잡은[陪臣執國命]"(「계씨」 2장) 사례에 해당한다. 더더욱 용납할 수 없다. 그렇다고 선물을 받은 처지에서 답례를 하지 않을 수는 없는 일. 공자는 양화가 없는 틈을 타 인사를 하고 돌아오다 길목을 지키고 있던 양화와 맞닥뜨렸다.

무림의 고수들이 한판 대결을 벌이는 무협지나 무협영화 같다. 아주 유명한 대목이다. 양화가 단순무식한 자가 아니라는 점이 그의 말을 통해 잘 드러난다. 양화는 공자가 강조한 인과 지의 논리를 거꾸로 사용해서 공자에게 자신의 수하로 들어오라고 압박하고 있다. 어찌할 것인가. 장차 벼슬을 하겠다고 할 수밖에. 그러나 누구 아래에서 벼슬을 할지는 말하지 않고 있다. 절묘한 응수다. 나중에 양화는 삼환씨를 제거하려다가 거꾸로 토벌을 당해 제나라로 도망쳤고, 막판에는 진나라로 도망갔다.

17.2 공자께서 말씀하셨다. "타고난 본성은 서로 비슷하지만 습관 때문에 서로 달라진다."

子曰 性相近也 習相遠也
자 왈 성 상 근 야 습 상 원 야

—— 태어날 때 사람들의 본성은 서로 비슷하지만 후천적인 환경이나 학습, 혹은 교우관계 때문에 서로 달라진다. 여기서 공자가 말하는 본성은 맹자가 말한 성선설의 성(性)과 달리 중립적이라고 할 수 있다. 다시 말하면 성이 선하다거나 악하다는 규정이 없다. 본성 자체보다 주위 환경이나 후천적인 학습, 수양에 의해 비슷했던 본성이 달라지는 점에 주목했다고 할 수 있다.

17.3 공자께서 말씀하셨다. "오직 매우 지혜로운 사람과 가장 어리석은 사람만이 변화할 수 없다."

子曰 唯上知與下愚不移
자 왈 유 상 지 여 하 우 불 이

—— 앞에 나온 말과 연결해보면 상지(上知)는 태어날 때부터 아는〔生而知之〕 상등의 지혜를 가진 사람이고, 하우(下愚)는 곤란이나 곤혹을 겪고도 배우지 않는〔困而不學〕 매우 어리석은 사람이다. 지(知)는 지(智)와 통한다. 오직 이 두 종류의 사람은 변화시킬 수 없다. 하지만 나머지 사람은 좋은 습관이나 학습으로 변화할 수 있다. 「계씨」 9장 참고.

17.4 공자께서 무성(武城)이란 곳에 가셨을 때 거문고 소리에 맞춰 노래 부르는 소리를 들으셨다. 선생님께서 빙그레 미소 지으며 말씀하셨다. "닭 잡는 데 어찌 소 잡는 칼을 쓰는가?" 자유가 대답하였다. "그 전에 제가 선생님으로부터 군자가 도를 배우면 사람을 사랑하게 되고 소인이 도를 배우면 부리기 쉽다고 하신 말씀을 들었습니다." 공자께서 말씀하셨다. "제자들아. 언(자유)의 말이 옳다. 아까 한 말은 농담이었을 뿐이다."

子之武城 聞弦歌之聲 夫子莞爾而笑 曰 割鷄焉用牛刀
자지무성 문현가지성 부자완이이소 왈 할계언용우도
子游對曰 昔者 偃也 聞諸夫子 曰 君子學道則愛人
자유대왈 석자 언야 문저부자 왈 군자학도즉애인
小人學道則易使也 子曰 二三者 偃之言 是也
소인학도즉이사야 자왈 이삼자 언지언 시야
前言戱之耳
전언희지이

―― 무성은 노나라 읍의 이름이다. 자유가 이곳 무성의 행정장관으로 있었다. 거문고 소리에 맞춰 노래 부르는 소리를 들었다는 것은 자유가 예악의 도로 백성을 교화했다는 뜻이다. 닭 잡는 데 어찌 소 잡는 칼을 쓰느냐는 말은, 무성같이 작은 지방을 다스리는 데 예악교육 같은 큰 도를 사용할 필요가 있느냐는 말이다. 일견 자유를 비판하는 것 같지만 사실 공자는 예악으로 다스려야 한다는 자신의 가르침을 실천하고 있는 대견한 제자를 보고 잔잔한 기쁨을 느꼈을 것

이다. 그렇지 않다면 어떻게 아까 한 말이 농담이었다고 편안하게 인정할 수 있었겠는가. 공자의 유머가 드러난 구절로 유명하다. 「옹야」 14장 참고.

17.5 공산불요가 비 땅을 근거지로 해서 반란을 일으키고 공자를 불렀다. 공자께서 가고자 하셨다. 자로가 (이를) 못마땅하게 여기면서 아뢰었다. "가실 곳이 없으면 그만이지 하필 공산씨에게 가시려고 합니까." 공자께서 말씀하셨다. "나를 부르는 사람이 어찌 그냥 부르겠느냐. 만약 나를 써주는 사람이 있다면 나는 그 나라를 동방의 주나라로 만들겠노라."

公山弗擾以費畔 召 子欲往 子路不說曰
공 산 불 요 이 비 반 소 자 욕 왕 자 로 불 열 왈
末之也已 何必公山氏之之也 子曰 夫召我者 而豈徒哉
말 지 야 이 하 필 공 산 씨 지 지 야 자 왈 부 소 아 자 이 기 도 재
如有用我者 吾其爲東周乎
여 유 용 아 자 오 기 위 동 주 호

—— 정공 12년 공자가 대사구 자리에 있을 때 일어난 일이다. 공자 나이 54세 때이다. 공산불요(公山弗擾)는 계씨의 가신이었는데 비읍을 근거지로 계씨에게 반란을 일으켰다. 비읍은 계씨의 사읍으로 양화의 잔당인 공산불요의 수중에 있었다. 공자가 계씨를 위해 비읍의

성벽을 철거하려고 하자 반란을 일으킨 것이다.

그런 공자가 공산불요가 부른다고 가려고 했다. 자로가 탐탁지 않아 한 것은 당연한 일이다. 자신의 이상을 실현하려는 공자의 마음이 조급한 탓이었을까? 나중에 공산불요는 반란에 실패하여 제나라로 도망갔다. 역사서에는 공산불요가 불렀기 때문에 공자가 가려고 했다는 기록이 없다. 따라서 이 장의 진실성을 두고 논란이 있다. 설령 사실이라고 해도 공자에게 자랑스러울 리가 없는 일을 누가 무엇 때문에 기록해놓았을까? 재미있는 부분이다.

17.6 자장이 공자에게 인에 관해서 여쭈었다. 공자께서 말씀하셨다. "다섯 가지 덕행을 천하에 실행할 수 있다면 인하다 할 수 있다." "그게 무엇입니까." "공손함과 너그러움과 믿음과 민첩함과 은혜이다. 공손하면 모욕을 당하지 않고, 관대하면 많은 사람들의 지지를 받고, 믿음이 있으면 남이 일을 맡길 것이고, 민첩하면 공적을 올리게 되고, 은혜를 베풀면 남을 잘 부릴 수 있을 것이다."

子張問仁於孔子 孔子曰 能行五者於天下爲仁矣
자 장 문 인 어 공 자 공 자 왈 능 행 오 자 어 천 하 위 인 의
請問之 曰 恭寬信敏惠 恭則不侮 寬則得衆
청 문 지 왈 공 관 신 민 혜 공 즉 불 모 관 즉 득 중
信則人任焉 敏則有功 惠則足以使人
신 즉 인 임 언 민 즉 유 공 혜 즉 족 이 사 인

—— 정치에 관심이 많은 자장이 하필 인을 두고 질문했을까? 이에 대해 공자가 거론하는 덕목에는 모두 정치적인 의미가 있다. 『사기』 「손자오기열전」에 재미있는 이야기가 있다. 오기(吳起)라는 장수는 수하의 군졸과 숙식을 함께하는 등 고락을 나누었다. 한번은 한 군졸이 종기가 나자 상처가 난 부위를 직접 빨아주기도 하였다. 그런데 이 소식을 접한 군졸의 어머니가 슬피 울었다. 다른 사람들이 그렇게 훌륭한 장수 밑에 자식이 가 있으면 기뻐할 일이지 왜 우느냐고 물으니 어머니는 이렇게 말했다. "예전에 내 남편도 오기 장군 밑에 있었는데 장수의 이런 행동에 감복하여 싸움터에서 물불을 안 가리고 싸우다가 죽었다오"라고. 내 자식도 그렇게 죽지 않겠느냐는 말이다. 이렇게 군졸의 어머니가 오기의 '인'한 행동을 꿰뚫어볼 수 있었던 이유는 자식의 생명을 무엇보다 귀중하게 여겨서였다. 아무튼 인에 대한 자장의 질문에 공자가 정치에 필요한 다섯 덕목을 거론하고 있는 점은 주목할 만하다.

17.7 필힐이 부르자 공자께서 가시려고 하였다. 자로가 말씀드렸다. "지난날 저는 선생님께서 '자기가 직접 나쁜 짓을 하는 자에게 군자는 들어가지 않는다'라고 하신 말씀을 들었습니다. 필힐이 중모 땅에서 반란을 일으켰는데 선생님께서 찾아가려 하시니 무슨 까닭입니까?" 공자께서 말씀하셨다. "그래. 그런 말을 한 적이 있

지. 갈아도 얇아지지 않으면 굳다고 하지 않겠는가. 물들여도 검어지지 않는다면 희다고 하지 않겠는가. 내가 어찌 조롱박이리오. (조롱박처럼) 어찌 매달려 있기만 해서 먹지 못하는 것이겠는가."

佛肸召 子欲往 子路曰
필힐소 자욕왕 자로왈
昔者由也聞諸夫子曰 親於其身爲不善者 君子不入也
석자유야문저부자왈 친어기신위불선자 군자불입야
佛肸以中牟畔 子之往也 如之何 子曰 然 有是言也
필힐이중모반 자지왕야 여지하 자왈 연 유시언야
不曰堅乎 磨而不磷 不曰白乎 涅而不緇 吾豈匏瓜也哉
불왈견호 마이불린 불왈백호 날이불치 오기포과야재
焉能繫而不食
언능계이불식

—— 필힐(佛肸)은 진(晉)나라 대부 조간자(趙簡子)의 가신으로, 중모(中牟)라는 곳의 행정장관이었다. 노나라 애공 5년 공자 나이 62세 때의 일이다. 권력자가 갈아도 얇아지지 않고 물들여도 검어지지 않는 사람은 극히 드물다. 오늘날에도 그러한데 전통사회에서는 어떠했겠는가. 그러나 공자는 자신 있게 선언한다. 그렇지 않다고. 나는 먹지 못하는 조롱박이 아니라고…….

양화와 공산불요 때와 마찬가지로 필힐이 불렀을 때도 공자는 결국 가지 않았다. 하지만 마음이 움직였다. 천하에 도를 행하고 싶다는 절실한 마음 때문이 아니었을까?

17.8 공자께서 말씀하셨다. "유야. 너는 여섯 가지 글자(덕행)에 따르는 여섯 가지 폐단을 들었느냐." "아직 듣지 못했습니다." "앉아라. 내가 너에게 말해주겠다. 인을 좋아하면서 배우기를 좋아하지 않으면 그 폐단은 어리석음이요, 총명함을 좋아하면서 배우기를 좋아하지 않으면 그 병폐는 방탕함이요, 신의를 좋아하면서 배우기를 좋아하지 않으면 그 폐단은 작은 신뢰에 집착해서 일을 해치는 것이고, 솔직함을 좋아하면서 배우기를 좋아하지 않으면 그 폐단은 다른 사람에게 상처를 주는 것이고, 용맹을 좋아하면서 배우기를 좋아하지 않으면 그 폐단은 혼란을 야기하는 것이고, 굳셈을 좋아하면서 배우기를 좋아하지 않으면 그 폐단은 잘난 체하는 오만함일 것이다."

子曰 由也 女聞六言六蔽矣乎 對曰
자 왈 유 야 여 문 륙 언 륙 폐 의 호 대 왈
未也 居 吾語女 好仁不好學 其蔽也愚 好知不好學
미 야 거 오 어 녀 호 인 불 호 학 기 폐 야 우 호 지 불 호 학
其蔽也蕩 好信不好學 其蔽也賊 好直不好學 其蔽也絞
기 폐 야 탕 호 신 불 호 학 기 폐 야 적 호 직 불 호 학 기 폐 야 교
好勇不好學 其蔽也亂 好剛不好學 其蔽也狂
호 용 불 호 학 기 폐 야 란 호 강 불 호 학 기 폐 야 광

—— 장점과 단점은 동전의 양면이다. 인과 어리석음, 총명과 방탕 등 공자가 열거한 여섯 폐단〔六蔽〕을 잘 살펴보면 여섯 덕행〔六言〕의 의미를 보다 잘 알 수 있다. 앞서 말했듯이 유교 사회의 진보의 열쇠

는 학습이다. 아무리 좋은 덕도 배움을 좋아하는 열정과 결합되지 않으면 악덕으로 전락한다.

17.9 공자께서 말씀하셨다. "너희들은 어찌 시를 배우지 않느냐. 시는 감흥을 일으킬 수 있으며, (풍속의 성쇠를) 살펴볼 수 있게 하고, 많은 사람과 어울릴 수 있게 하며, 에둘러 원망할 수 있게 한다. (시를 잘 운용하면) 가까이는 어버이를 섬기고 나아가서는 임금을 섬길 수 있으며, 새와 짐승과 풀과 나무의 이름을 많이 알게 된다."

子曰 小子何莫學夫詩 詩 可以興 可以觀 可以群
자 왈 소 자 하 막 학 부 시 시 가 이 흥 가 이 관 가 이 군
可以怨 邇之事父 遠之事君 多識於鳥獸草木之名
가 이 원 이 지 사 부 원 지 사 군 다 식 어 조 수 초 목 지 명

―― 공자가 시를 배우면 좋은 점으로 열거한 것은 모두 여섯 가지다. 초목금수의 이름에 대한 지식, 부모와 임금을 섬기는 도리, 그리고 흥, 관, 군, 원(興觀群怨)이다. 흥은 감정을 일으키는 것이고, 관은 역사상 정치의 공과, 현실 생활의 여러 상황, 풍속의 성쇠, 각 지방의 인정, 자연적 풍물 등을 보는 것이다. 군은 시를 통해 많은 사람과 교류할 수 있는 것이다. 원은 마음속의 애원을 드러내거나 사회를 비

판할 수 있는 것이다. 『춘향전』에서 이몽룡이 암행어사 출두 하기 전에 읊었던 "금항아리의 맛있는 술은 많은 사람의 피요, 옥쟁반의 좋은 안주는 만백성의 기름일세〔金樽美酒千人血 玉盤佳肴萬姓膏〕" 같은 시가 좋은 예라 할 수 있다. 시는 산천과 호수와 바다를 마음에 담을 수 있다.

17.10 공자께서 백어에게 말씀하셨다. "너는 (『시경』의) 「주남」과 「소남」 편을 배웠느냐. 사람이 만약 「주남」과 「소남」을 배우지 않으면 마치 담벼락과 마주하고 서 있는 것과 같을 것이다."

子謂伯魚曰 女爲周南召南矣乎 人而不爲周南召南
자 위 백 어 왈 여 위 주 남 소 남 의 호 인 이 불 위 주 남 소 남
其猶正牆面而立也與
기 유 정 장 면 이 립 야 여

——「주남(周南)」, 「소남(召南)」은 『시경』 「국풍」의 두 부분이다. 다시 말하면 두 지방의 민가(民歌)로 각각 열한 편, 열네 편, 모두 스물다섯 편이다. 유가에서는 「주남」과 「소남」을 「국풍」 가운데 가장 순정한 부분으로 여겼다. 주로 남녀에 관한 시다. 담벼락과 마주하고 있다는 것은 지식이 없으면 앞으로 나아갈 수 없다는 의미다. 고대에 시란 사람의 감정을 순화했을 뿐만 아니라 실제 쓸모가 매우 많았기

때문이다. 「주남」, 「소남」의 시들은 많은 사람이 합창했기에 이를 배우지 않으면 여러 사람들이 합창할 때 벽에 갇힌 것처럼 홀로 고립될 수밖에 없다고 해석하기도 한다. 「계씨」 13장 참고.

17.11 공자께서 말씀하셨다. "예라고 예라고 말하지만 (그것이) 옥이나 비단을 바치는 것을 말하겠는가. 악이라 악이라 말하지만 종이나 북을 치는 것을 말하겠는가."

子曰 禮云禮云 玉帛云乎哉 樂云樂云 鐘鼓云乎哉
자 왈 예 운 례 운 옥 백 운 호 재 악 운 악 운 종 고 운 호 재

—— 예란 자질구레한 형식이나 절차보다 안에 담긴 내용이나 정신이 중요하다는 뜻이다. 예학자들은 이를 예의(禮意)라고 한다.

17.12 공자께서 말씀하셨다. "외모는 엄하고 사나우면서 속마음은 나약한 사람을 소인에게 비유한다면 아마도 담장을 뚫는 도둑과 같을 것이다."

子曰 色厲而內荏 譬諸小人 其猶穿窬之盜也與
자 왈 색 려 이 내 임 비 저 소 인 기 유 천 유 지 도 야 여

—— 담장을 뚫는 도둑과 같다는 것은 매우 생동감 있는 비유다. 이와 반대로 진정으로 강한 사람은 외유내강한 사람이다.

17.13 공자께서 말씀하셨다. "무골호인(無骨好人)은 덕을 해치는 자이다."

子曰 鄕原 德之賊也
자 왈 향 원 덕 지 적 야

—— 약간 오해의 소지가 있지만 향원(鄕原)을 무골호인이라고 번역하였다. 물론 좋은 뜻으로 사용한 말은 아니다. 영어로 '예스맨'이라는 말이 향원의 뜻에 가깝다. 누구에게도 싫은 소리를 하지 않기 때문에 누구에게나 좋은 사람처럼 보이고, 겉이 멀쩡하기 때문에 항상 좋은 평가를 받지만 자기 주견이 없이 남을 따라 나쁜 일도 서슴지 않고 하는 사람을 말한다. 시골사람〔鄕〕들이 겉모습만을 보고 자기도 닮기를 원(愿)하는 사람이다. 공자가 볼 때 이런 사람은 덕을 해친다. 사이비(似而非)의 해악이 아예 그렇지 않은 사람보다 더 크다.

17.14 공자께서 말씀하셨다. "길에서 들은 말을 바로 옮기는 것

은 덕을 버리는 행위이다."

子曰 道聽而塗說 德之棄也
자 왈 도 청 이 도 설 덕 지 기 야

—— 돌이켜 생각하지 않고 길에서 들은 남의 말을 그대로 옮기면서 아니면 말고 하는 행태는 무책임한 짓이고 덕을 버리는 행위이다. 우리나라 해외 기사를 보면 영미권 기사를 거의 복사하듯 옮기는 경우가 많다. 학계에서도 서구 이론을 그대로 수입하는 이들이 많다.

17.15 공자께서 말씀하셨다. "비루한 사람과 함께 임금을 섬길 수 있겠는가. (직위를) 얻지 못하였을 때는 얻을 것을 근심하고, 얻고 나서는 잃을까 근심한다. (자기 자리를) 잃을까 심히 걱정된다면 못할 짓이 없을 것이다."

子曰 鄙夫可與事君也與哉 其未得之也 患得之 旣得之
자 왈 비 부 가 여 사 군 야 여 재 기 미 득 지 야 환 득 지 기 득 지
患失之 苟患失之 無所不至矣
환 실 지 구 환 실 지 무 소 부 지 의

—— 군주를 섬기는 시대가 아니지만 이 구절을 읽을 때마다 주변에 떠오르는 인물이 하나씩은 있을 것이다. 수단과 방법을 가리지 않

고 부귀공명을 누리고 싶어 하는 사람이. 이런 위인이 바로 비루한 자다.

17.16 공자께서 말씀하셨다. "옛날에 사람들에게 세 가지 병폐가 있었는데 지금은 그것조차 없어진 것 같다. 옛날의 광자는 작은 일에 구애받지 않았는데 지금의 광자는 오직 방탕하기만 하고, 옛날의 긍지가 있는 이는 엄격하고 모가 났는데 지금의 긍지가 있다는 이는 사납고 부딪치기만 하고, 옛날의 어리석은 이는 솔직했는데 지금의 어리석은 이는 사람을 속일 뿐이다."

子曰 古者 民有三疾 今也或是之亡也 古之狂也肆
자 왈 고 자 민 유 삼 질 금 야 혹 시 지 무 야 고 지 광 야 사
今之狂也蕩 古之矜也廉 今之矜也忿戾 古之愚也直
금 지 광 야 탕 고 지 긍 야 렴 금 지 긍 야 분 려 고 지 우 야 직
今之愚也詐而已矣
금 지 우 야 사 이 이 의

—— 옛 사람의 세 가지 병폐(狂, 矜, 愚)라고 했지만 공자가 이를 나쁘게만 본 것은 아니다. 군자는 자긍심이 있지만 다투지 않는다고 하지 않았던가.(君子矜而不爭)(「위령공」 22장) 긍지(矜)가 있으면 원래 모가 나는 법이다. 그러나 사납게 다투는 것과는 다르다. 광(狂)도 그렇다. 누가 돈키호테에게 돌을 던질 수 있는가. 나이를 먹어서 찬찬

히 보면 돈키호테와 같은 인물에게는 사랑스럽고 존경할 만한 구석이 많다.(「자로」 21장 참고) 어리석음도 그렇다. 눈앞의 이익에 급급해 사기를 치고 간사하게 행동하는 사람의 어리석음과 긴 안목을 가지고 살아가기에 어리석어 보이는 사람은 다르다. 당시의 세태가 날로 각박하고 비루해져서 옛사람의 병폐마저 찾아볼 수 없어 공자가 탄식한 것이다.

17.17 공자께서 말씀하셨다. "듣기 좋은 화려한 말을 하고 (억지로 꾸민) **좋은 얼굴빛을 보이는 사람이** (실제로) **인(仁)한 경우는 드물다."**

子曰 巧言令色 鮮矣仁
자 왈 교 언 영 색 선 의 인

――「학이」 3장에도 나오는 내용이다.

17.18 공자께서 말씀하셨다. "자주색이 붉은색의 자리를 대체하는 것을 미워하며, (문란한) **정나라의 소리가 아악을 어지럽히는 것을 미워하며, 교묘하게 말 잘하는 입으로 나라를 뒤집어엎는 자**

를 미워한다."

子曰 惡紫之奪朱也 惡鄭聲之亂雅樂也
자 왈 오 자 지 탈 주 야 오 정 성 지 란 아 악 야
惡利口之覆邦家者
오 리 구 지 복 방 가 자

—— 고대의 전통에 따르면 붉은색이 정색(正色)이고 자주색은 붉은색과 남색을 혼합해서 만든 간색(間色)이다. 그러나 역사 기록을 보면 노환공이나 제환공이 자주색 옷 입기를 좋아했다고 하니 춘추시대에 이미 자주색이 군주가 사용하는 고귀한 색채가 되어버렸음을 알 수 있다. 자주색이 붉은색의 전통적 지위를 대체해버린 것이다. 향원을 덕을 해치는 자라고 비판한 것처럼 공자는 이런 점을 미워했다. 아악은 종묘제례 때나 조정에서 연주하는 정악을 말한다.

17.19 공자께서 말씀하셨다. "나는 말을 하지 않으려 한다." 자공이 말씀드렸다. "선생님께서 말씀을 안 하시면 저희들은 무엇을 기술하겠습니까?" 공자께서 말씀하셨다. "하늘이 무슨 말을 하더냐. 네 계절이 돌아가고 만물이 생장하는데 하늘이 무슨 말을 하더냐."

子曰 予欲無言 子貢曰 子如不言 則小子何述焉 子曰
자왈 여욕무언 자공왈 자여불언 즉소자하술언 자왈
天何言哉 四時行焉 百物生焉 天何言哉
천하언재 사시행언 백물생언 천하언재

—— 공자가 무슨 일 때문인지 무상한 정서에 휩싸인 모양이다. "해마다 꽃은 비슷한데 사람은 해마다 달라지는구나〔年年歲歲花相似 歲歲年年人不同〕!"라고 슬퍼한 당나라 유희이(劉希夷)처럼, "어쩔 수 없이 꽃은 지고 언젠가 알고 지낸 듯한 제비 돌아오는구나〔無可奈何花落去 似曾相識燕歸來〕!"라고 노래한 송나라 안수(晏殊)처럼. 무심한 세월은 흘러가는데 세상에 도를 실현할 가능성은 멀어지고 있기 때문인지 모른다. 총명한 제자 자공이 선생님을 위로한다. 선생님이 아무 말씀을 안 하시면 저희들이 무엇을 기술할 수 있겠느냐고. 그러니 그런 생각일랑 접으시고 말씀을 하시라고. 공자가 하늘에 자신을 비유한 것은 이런 자공의 질문에 답하기 위해서다. 원래 공자는 신교(身教: 언행으로 모범을 보임)를 강조했다. "너희들은 내가 무엇인가 숨기고 있다고 생각하느냐. 나는 숨기는 것이 없다. 나는 너희들에게 보여주지 않는 행동이 없다. 이것이 바로 나다."(「술이」 24장)

17.20 유비(孺悲)가 공자를 뵙고자 하였으나 공자께서는 병을 이유로 사절하였다. 이 말을 전하는 사람이 문을 나서자 (공자께서)

거문고를 끌어다가 노래를 불러 그(유비)로 하여금 듣게 하셨다.

孺悲欲見孔子 孔子辭以疾 將命者出戶 取瑟而歌
유 비 욕 현 공 자 공 자 사 이 질 장 명 자 출 호 취 슬 이 가
使之聞之
사 지 문 지

—— 이 얼마나 울림이 있고 우울함을 자아내는 역사의 렌즈인가. 공자는 무슨 까닭에 노래를 불러 자신이 방에 있음을 알렸으며, 또 이름 모를 기록자는 왜 이 장면을 기록했을까? 유비는 또 어떤 사람이었을까. 유비는 『예기』「잡기(雜記)」에 따르면 애공이 사상례(士喪禮)를 배우라고 공자에게 파견한 사람이다. 사상례를 배우는 과정에서 무언가 공자에게 잘못한 점이 있을 것이다. 정말로 유비를 만나기 싫다면 병을 이유로 거절하면 그뿐이다. 왜 노래를 불러서 사실은 병이 없음을 알렸을까? 정확한 이유는 알 수 없지만 아마도 유비로 하여금 반성하게 하기 위해서였을 것이다. 이러한 가르침을 맹자는 "달가워하지 않는 가르침〔不屑之敎誨〕"이라고 하였다.

17.21 재아가 여쭈었다.

"(부모가 돌아가셨을 때) 삼년상을 치르는데 기간이 너무 긴 것 같습니다. 군자가 3년 동안 예의를 닦지 않으면 예가 반드시 무너질 것

입니다. 3년 동안 음악을 연습하지 않으면 음악은 반드시 무너질 것입니다. 묵은 곡식이 다 떨어지고 햇곡식이 나오며, 불씨로 쓰는 나무를 계절마다 바꿔 한 바퀴 돌게 되는 1년 만에 상을 마치는 것이 좋겠습니다."

공자께서 말씀하셨다.

"맛있는 것을 먹고 좋은 옷을 입으면 네 마음이 편안하겠느냐."

"편안합니다."

"네가 편안하다면 그렇게 하라. 군자는 상 중에는 맛있는 것을 먹어도 맛을 모르고 음악을 들어도 즐겁지 않고 처소에 거하는 것도 불안하기 때문에 (그렇게) 하지 않는 것이다. 이제 네가 편안하다면 그렇게 하라."

재아가 나가자 공자께서 말씀하셨다.

"여(재아)는 인하지 못하다. 아이는 낳은 지 3년 후에야 부모의 품에서 벗어난다. 삼년상은 온 천하의 공통되는 상례이다. 여도 자기 부모한테서 3년 동안 사랑을 받았을까?"

宰我問 三年之喪 期已久矣 君子三年不爲禮
재아문 삼년지상 기이구의 군자삼년불위례
禮必壞 三年不爲樂 樂必崩 舊穀旣沒 新穀旣升
예필괴 삼년불위악 악필붕 구곡기몰 신곡기승
鑽燧改火 期可已矣 子曰 食夫稻 衣夫錦 於女安乎
찬수개화 기가이의 자왈 식부도 의부금 어녀안호
曰 安 女安則爲之 夫君子之居喪 食旨不甘 聞樂不樂
왈 안 여안즉위지 부군자지거상 식지불감 문악불락

居處不安 故不爲也 今女安 則爲之 宰我出 子曰
거처불안 고불위야 금녀안 즉위지 재아출 자왈
予之不仁也 子生三年 然後免於父母之懷 夫三年之喪
여지불인야 자생삼년 연후면어부모지회 부삼년지상
天下之通喪也 予也有三年之愛於其父母乎
천하지통상야 여야유삼년지애어기부모호

―― 돌아가신 부모님을 추모하며 치르는 상례를 3년에서 1년으로 축소해야 하는가의 문제다. 예악 중에 가장 중요한 것이 상례라고 하였다. 왜냐하면 상례(및 제례)는 정감의 배양에 매우 탁월한 효과가 있다고 보았기 때문이다. 공자의 제자 재아마저 삼년상이 너무 길다고 생각했으니 아마도 당시에 많은 사람들이 그렇게 생각했던 것 같다. 재아가 표면적으로는 질문을 하고 있지만 실제로는 부모님의 상 치르는 기간을 1년으로 줄이자고 주장하는 상황이다. 근거는 예악의 붕괴이다. 그런데 공자는 삼년상의 정당성을 옹호하면서 그 근거를 심리적 안정감〔安〕과 부모의 사랑〔子生三年 然後免於父母之懷〕에 대한 보답에서 찾고 있다. 공자가 삼년상을 별 근거도 논리도 없이 정당화하려 한 것은 아니었다. 외적 규범의 성격이 강한 예를 인간 내면의 심리(혹은 정감)에 기초한 것은 역시 공자의 공헌이다.

다산 정약용은 당시에 이미 삼년상이 사라졌기 때문에 공자가 다시 삼년상을 치르고자 하였으나 재아는 시속을 따르고자 한 것이라고 보았다. 재아가 편안하다고 한 이유는 바로 굽히기가 달갑지 않아서였지 진짜 편안했던 것은 아니며, 일흔 명의 제자들 중에 재아가

유독 불효한 것은 아니라고 재아를 옹호하고 있다. 첸무는 왜 공자가 다른 제자와 달리 재아에게 이렇게 심하게 말했는지 알 수 없다고 하였다. 「공야장」 10장 참고.

17.22 공자께서 말씀하셨다. "하루 종일 배불리 먹고 마음 쓰는 일이 없다면 딱한 일이다. 장기와 바둑이 있지 않느냐. (그런 것이라도) 하는 것이 (가만있는 것보다) 그래도 나을 것이다."

子曰 飽食終日 無所用心 難矣哉 不有博奕者乎
자 왈 포 식 종 일 무 소 용 심 난 의 재 불 유 박 혁 자 호
爲之猶賢乎已
위 지 유 현 호 이

—— 박혁(博奕)에서 박은 육박(六博)을, 혁은 바둑을 말하지만 여기서는 이해하기 쉽게 장기와 바둑이라 번역하였다. 하루 종일 배불리 먹고 멍하니 있어도 문제, 바둑 같은 소일거리만 하면서 보내도 문제다. 죽림칠현 중의 한 사람인 완적(阮籍)은 다른 사람과 바둑을 두다가 모친이 병으로 돌아가셨다는 소식을 들었다. 상대방이 그만두자고 하자 완적은 계속 두자고 했다. 그러고 나서 대국을 마치고 피를 토할 정도로 대성통곡을 했다고 한다. 청말의 재상 증국번은 전쟁을 하면서도 바둑을 두었다고 한다. 이들이 바둑을 둘 때의 마음은

어떠하였을까?

17.23 자로가 여쭈었다. "군자는 용기를 숭상합니까?" 공자께서 말씀하셨다. "군자는 의로움을 으뜸으로 삼는다. 군자가 용기만 있고 의로움이 없으면 난을 일으키고, 소인이 용기만 있고 의로움이 없으면 도적질을 하게 된다."

子路曰 君子尙勇乎 子曰 君子義以爲上
자 로 왈 군 자 상 용 호 자 왈 군 자 의 이 위 상
君子有勇而無義爲亂 小人有勇而無義爲盜
군 자 유 용 이 무 의 위 란 소 인 유 용 이 무 의 위 도

—— 용기에 관한 한 공자는 자로보다 못하다. 하지만 공자가 자로의 스승인 것은 용기와 의로움의 균형을 잡을 줄 알며 용감하면서도 두려워할 줄 알기 때문이다.

17.24 자공이 여쭈었다. "군자도 미워하는 것이 있습니까?" 공자께서 말씀하셨다. "미워하는 것이 있다. 남의 허물을 들추어내는 자를 미워하고, 낮은 지위에 있으면서 윗사람을 비방하는 자를 미워하고, 용맹스럽지만 예를 모르는 자를 미워하고, 과감하지만 꽉

막힌 사람을 미워한다. 사(자공)야. 너도 미워하는 것이 있느냐?" "남의 지식을 가져다가 자기가 똑똑한 것처럼 행동하는 자를 미워하며, 불손한 것을 용맹이라 여기는 자를 미워하며, 남의 잘못을 들추어내는 것으로 자신의 정직을 가장하는 사람을 미워합니다."

子貢曰 君子亦有惡乎 子曰有惡 惡稱人之惡者
자공왈 군자역유오호 자왈유오 오칭인지악자
惡居下流而訕上者 惡勇而無禮者 惡果敢而窒者
오거하류이산상자 오용이무례자 오과감이질자
曰 賜也亦有惡乎 惡徼以爲知者 惡不孫以爲勇者
왈 사야역유오호 오요이위지자 오불손이위용자
惡訐以爲直者
오알이위직자

—— 군자는 덮어놓고 모두 사랑하는 사람이 아니라 마땅히 미워할 것을 미워할 줄 아는 자이다. 그가 무엇을 미워하는가를 보면 사람의 됨됨이를 알 수 있다. 동시에 주의해야 할 것이 있다. 흉보면서 닮는다!

17.25 공자께서 말씀하셨다. "오직 여자와 소인은 다루기 어려우니 가까이 하면 불손하고, 멀리하면 원망한다."

子曰 唯女子與小人 爲難養也 近之則不孫 遠之則怨
자왈 유여자여소인 위난양야 근지즉불손 원지즉원

—— 여기서 말하는 여자가 보통 여성이 아니라 곁에 두고 부리는 비첩(婢妾)과 같은 예외적인 여자라고 해석하기도 한다. 기른다〔養〕는 표현을 쓴 이유가 거기에 있다고 말한다. 만약 일반 여성이라면 공자는 왜 여성을 소인과 결부하여 비판했을까? 정치적으로 올바른 말은 아니지만 사실 남성의 눈으로 보면 어떤 여성이 그렇게 보이는 측면이 없는 것은 아니다. 물론 여성의 눈으로 보면 남성의 단점도 많이 보일 것이다. 리쩌허우는 이 말이 여성 성격의 어떤 특징을 상당히 정확하게 묘사하고 있다고 말한다. 남의 눈치 보지 않고 자신의 생각을 과감하게 말하는 그다운 해석이다. 어떤 특별한 상황에서 공자가 한 말이었을 수도 있다. '성인'이나 '대장부'는 약자인 여자에 대고 화풀이하는 경우가 종종 있다. 그래도 여자는 재주가 없는 것이 덕〔女子無才便是德〕이라고 말하는 것보다 훨씬 낫다. 참고로 공자 집안은 3대가 아내를 내쳤다.

17.26 공자께서 말씀하셨다. "나이가 40이 되어서도 남의 미움을 받으면 (이는) 끝난 것이다."

子曰 年四十而見惡焉 其終也已
자 왈 연 사 십 이 견 오 언 기 종 야 이

—— 공자가 구체적인 사정이 있어 한 말이겠으나 40세가 넘었는데도 남의 미움을 받는 사람이 들으면 뜨끔하리라. 공자의 말은 이처럼 구체적 맥락을 접어두고 추상적으로 받아들이면 보편적 의미가 있는 경우가 많다. 어떤 이는 이 말을 당시에 남의 비난을 들은 공자의 탄식으로 보기도 한다. 이렇게 끝맺음으로써 도가 행해지지 않음을 암시하고, 다음 편에서 공자가 은자와 조우하는 장면에 다리를 놓는다고 보는 것이다.

18. 미자

18.1 미자는 떠났고, 기자는 노예가 되었고, 비간은 간(諫)하다 죽었다. 공자께서 말씀하셨다. "은나라에는 세 명의 인자(仁者)가 있었다."

微子去之 箕子爲之奴 比干諫而死 孔子曰 殷有三仁焉
미 자 거 지 기 자 위 지 노 비 간 간 이 사 공 자 왈 은 유 삼 인 언

—— 천자가 무도한 경우에 본족(本族)의 대신(大臣)에게 남겨진 길이란 떠나거나, 노예가 되거나, 충언을 하다 죽는, 세 길밖에 없다. 세 인자〔三仁〕의 각기 다른 삶을, 난세를 만난 전통적 지식인이 걸을

수밖에 없는 세 가지 전형적인 길로 본다면 이 구절이 뜻하는 바가 자못 의미심장해진다.

이중에서 특히 주목할 만한 것은 미자(微子)가 걸은 길이다. 미자는 은나라의 마지막 폭군 주왕의 서형(庶兄)이었다. 원래는 은나라 천자 제을(帝乙)의 큰아들이다. 주왕의 동복형(同腹兄)이었지만, 어머니의 신분이 낮을 때 낳은 아들이기 때문에 왕위가 주에게로 이어졌다. 그는 실정을 일삼는 주왕에게 충언을 했지만 듣지 않자 떠나버렸다. 나중에 주나라가 은을 멸망시킨 이후에 그를 은나라의 제사를 받들 수 있도록 송(宋)의 제후에 봉했다.

기자(箕子)는 은나라 주왕의 삼촌이다. 기자는 주왕에게 간했지만 듣지 않자 머리를 풀어 헤치고 거짓으로 미친 척하다가 노예로 전락했다.

비간(比干)도 주왕의 삼촌이다. 무도한 주왕에 맞서 충간하다가 주왕의 분노를 일으켜 목숨을 잃었다. 주왕은 "성인의 심장에는 일곱 구멍이 있다고 들었다"고 하면서 비간을 죽이고 심장을 해부해서 보았다고 한다.

이 세 사람 중에 미자가 기자나 비간보다 현명하다고 할 수 있다. 적절한 시기에 떠나서 자신의 생명을 보전하면서 결국 일국의 왕이 되지 않았던가? 공자가 걸은 길은 미자의 길에 가장 가깝다. 공자는 춘추시대의 미자라고 할 수 있다.

18.2 유하혜는 법관을 지내다가 세 번이나 파면되었다. 어떤 이가 말하였다. "그대는 왜 이 나라를 떠나지 않는가." "정당한 도리로 사람을 섬기면 어디 간들 세 번 쫓겨나지 않겠는가. 부당한 도리로 사람을 섬긴다면 하필 부모의 나라를 떠날 필요가 있겠는가?"

柳下惠爲士師 三黜 人曰 子未可以去乎
유 하 혜 위 사 사 삼 출 인 왈 자 미 가 이 거 호
曰 直道而事人 焉往而不三黜 枉道而事人
왈 직 도 이 사 인 언 왕 이 불 삼 출 왕 도 이 사 인
何必去父母之邦
하 필 거 부 모 지 방

—— 세 번 쫓겨나고도 이렇게 달관한 풍모를 보이는 것을 보면 노나라 현자인 유하혜는 과연 맹자가 말한 것처럼 화(和)에 관한 한 최고의 인물〔聖之和者〕임을 알 수 있다. 「위령공」 14장 참고.

18.3 제나라 경공이 공자의 처우(관직, 예절 등)에 관해서 말했다. "계씨와 같이 할 수는 없다. 계씨보다는 낮고, 맹씨보다는 높게 대우하겠다." (그러다가 다른 때에 이 말을 번복하면서 말하였다.) "나는 늙었노라. (공자를) 쓸 수가 없구나." 공자께서 떠나셨다.

齊景公待孔子曰 若季氏則吾不能 以季孟之間待之 曰
제 경 공 대 공 자 왈 약 계 씨 즉 오 불 능 이 계 맹 지 간 대 지 왈
吾老矣 不能用也 孔子行
오 로 의 불 능 용 야 공 자 행

—— 제경공의 말은 노나라 임금이 계씨를 대우하는 정도는 아니지만, 계씨와 맹씨 중간 정도로 대우해줄 수는 있다는 것이다. 당시 노나라에서 계씨는 가장 존귀한 자였다. 따라서 상당히 높은 수준의 대우를 약속한 것이다. 명예와 몸값을 생각하는 것은 대중 스타만의 일이 아니다. "여기 아름다운 옥이 있다면 장 속에 감추어두겠습니까? 좋은 상인을 찾아 팔겠습니까?"라는 질문에 "팔아야지. 팔아야지. 나는 값을 제대로 쳐주고 살 사람을 기다리는 자이다."(「자한」 13장)라고 대답한 사람은 공자였다. 공자는 가격을 잘 쳐주지 않으면 떠났다. 제경공이 자신의 말을 번복해버린 데에는 여러 이유가 있었다. 사실은 신하인 안영이 모함을 하고 다른 대부들이 해치려고 하는 등의 곡절이 있었다.

18.4 제나라에서 가무를 잘하는 여자들을 보내오자 계환자가 받아들였다. (그후 그는) 3일 동안 조정에 나아가지 않고 일을 하지 않았다. 공자께서 떠나셨다.

齊人歸女樂 季桓子受之 三日不朝 孔子行
제 인 귀 녀 악 계 환 자 수 지 삼 일 부 조 공 자 행

—— 『사기』 「공자세가」에 따르면 노나라 정공 14년(기원전 496년), 나이 56세이던 공자는 사법을 관장하는 대사구와 재상의 일을 겸직하여 나라의 기강을 바로잡았다. 제나라 사람들은 이 소식을 듣고 노나라가 강성해질 것을 두려워하여 가수와 무용수를 보내는 미인계를 쓴다. 당시 노나라 임금 정공과 실권자였던 계환자가 이를 받아들이고 거기에 탐닉하자 공자는 실망하여 노나라를 떠났다. 공자가 항상 "안 되는 줄 알면서도 하는〔知其不可而爲之〕" 사람은 아님을 알 수 있다. 「헌문」 38장 참고.

18.5 초나라의 광인(狂人)인 접여(接輿)가 노래하면서 공자의 곁을 지나간 일이 있었는데 (노래말은 다음과 같았다.) "봉황이여, 봉황이여, 어찌 덕이 이렇게 쇠했는가. 지난 일은 어찌할 수 없지만 닥쳐올 일은 그래도 따라잡을 수 있노니. 그만둘지어다. 그만둘지어다. 지금 세상에서 정치하는 사람은 위태롭도다." 공자께서 수레에서 내려 (그와) 더불어 말씀하시고자 하였으나 (그가) 빨리 피하여서 말을 나누지 못하셨다.

楚狂接輿歌而過孔子曰 鳳兮鳳兮 何德之衰
초 광 접 여 가 이 과 공 자 왈 봉 혜 봉 혜 하 덕 지 쇠
往者不可諫 來者猶可追 已而 已而 今之從政者殆而
왕 자 불 가 간 래 자 유 가 추 이 이 이 이 금 지 종 정 자 태 이
孔子下 欲與之言 趨而辟之 不得與之言
공 자 하 욕 여 지 언 추 이 피 지 부 득 여 지 언

—— 초나라 광인은 실제로 미친 사람이 아니라 미친 사람처럼 가장한 은자다. 접여는 사람 이름이 아니라 공자의 수레〔輿〕와 접촉〔接〕한 데서 따온 것이다. 전설에 따르면 봉새는 치세에만 등장하고 난세에는 숨는다. 접여는 공자를 봉새에 비유해서 난세에도 숨지 않는 것은 덕이 쇠했음을 의미한다고 풍자한 것이다. 공자와 은자 간에 서로 통하는 바가 없지 않다. 그렇지 않다면 접여는 부질없이 왜 공자 앞에서 이런 노래를 불렀으며 공자는 왜 그와 대화를 나누려 했겠는가. 공자는 은자를 배척하지 않았을 뿐만 아니라 대화를 하고 싶어 했다. 그런데 접여는 무슨 이유로 대화를 피했을까.

18.6 장저와 걸닉이 함께 밭을 갈고 있었다. 공자께서 그들 곁을 지나가시다가 자로를 시켜 나루터가 어디인지 묻게 하셨다. 장저가 말하였다. "말고삐를 잡고 있는 분은 누구시오." 자로가 말하였다. "공구(孔丘)이십니다." "노나라의 공구 말이오?" "그렇습니다." "그렇다면 나루터(가 어디인지) 알 거요." (이번에는) 걸닉

에게 묻자 걸닉이 말하였다. "그대는 누구시오." "중유입니다." "노나라 공구의 제자시오?" "그렇습니다." "도도한 탁류가 천하에 범람하고 있는데 누가 그것을 바로잡을 수 있겠소. 또한 그대는 (나쁜) 사람을 피해 다니는 사람(공자)을 따르는 것보다 (더러운) 세상을 피해 사는 (우리 같은) 선비를 따르는 것이 어떻겠소." (이렇게 말하고) 써레질하면서 씨 뿌리는 일을 멈추지 않았다. 자로가 (이러한 일을) 가서 아뢰었더니 공자께서 낙담하면서 말씀하셨다. "새와 들짐승과는 더불어 살 수 없으니 내가 이 사람들과 더불어 살지 않으면 누구와 함께 살겠는가. 이 세상에 도가 있다면 내가 굳이 그들과 함께 세상을 바로잡으려고 나서지 않을 것이다."

長沮桀溺耦而耕 孔子過之 使子路問津焉
장저걸닉우이경 공자과지 사자로문진언
長沮曰 夫執輿者爲誰 子路曰 爲孔丘
장저왈 부집여자위수 자로왈 위공구
曰 是魯孔丘與 曰 是也 曰 是知津矣 問於桀溺
왈 시로공구여 왈 시야 왈 시지진의 문어걸닉
桀溺曰 子爲誰 曰 爲仲由 曰 是魯孔丘之徒與
걸닉왈 자위수 왈 위중유 왈 시로공구지도여
對曰 然 曰 滔滔者天下皆是也 而誰以易之
대왈 연 왈 도도자천하개시야 이수이역지
且而與其從辟人之士也 豈若從辟世之士哉
차이여기종피인지사야 기약종피세지사재
耰而不輟 子路行以告 夫子憮然曰 鳥獸不可與同群
우이불철 자로행이고 부자무연왈 조수불가여동군
吾非斯人之徒與而誰與 天下有道 丘不與易也
오비사인지도여이수여 천하유도 구불여역야

—— 「미자」 편에서 이 장이 가장 중요하다. 5장에는 공자만 등장하고 7장에는 자로가 주인공으로 등장하는 데 반해 이 장에는 장저와 걸닉 그리고 자로와 공자가 모두 등장한다. 그리고 공자의 중요한 말이 나온다. "새와 들짐승과는 더불어 살 수 없으니 내가 이 사람〔斯人〕들과 더불어 살지 않으면 누구와 함께 살겠는가? 이 세상에 도가 있다면 내가 굳이 그들과 함께 세상을 바로잡으려고 나서지 않을 것이다."

문제는 '이 사람들'을 누구로 볼 것인가이다. 일반적으로 세상 사람으로 해석하지만, 여기선 장저와 걸닉으로 보았다. 다시 말하면 공자가 장저와 걸닉 같은 은자들의 삶의 방식은 새나 들짐승과 하나가 되어 사는 거나 마찬가지라고 비판한 게 아니라는 것이다. 거꾸로 공자는 이런 사람들과 함께 살고 싶어 한다는 것이다. 단 태평성대라면. 하지만 난세이기 때문에 그럴 수 없다는 것이다.

황희 정승이 소 같은 짐승도 함부로 대해서는 안 된다는 것을 농부에게 배운 바 있는데, 심노숭(沈魯崇, 1762~1837)은 『자저실기(自著實紀)』에서 그 농부를 여기에 나오는 장저와 걸닉에 비유했다.

18.7 자로가 (공자를) 따라가다 뒤처졌는데 지팡이에 대바구니를 달아 짊어진 노인을 만났다. 자로가 물었다. "노인장께서는 우리 선생님을 보셨습니까." 노인이 말하였다. "사지를 부지런히 쓰지

않고 오곡을 분간하지도 못하는데 누가 그대의 선생이란 말인가." (그렇게 말하면서) 지팡이를 꽂아 놓고 김을 매었다. 자로는 손을 모으고 공손히 서 있었다. 노인은 자로를 자기 집에서 묵어가게 하고는 닭 잡고 기장 밥 지어 먹이고 두 아들을 인사시켰다. 이튿날 자로가 (그 집에서 있었던 일을 공자에게) 아뢰었다. 공자께서 "은자로다"라고 하시고 자로에게 되돌아가 찾아보라 하셨다. 그곳에 도착했더니 노인은 이미 떠나고 없었다. 자로가 말하였다. "벼슬하지 않음은 도의에 어긋나는 것이다. 장유 간의 예절도 폐지할 수 없거늘 임금과 신하의 대의를 어찌 폐지할 수 있겠는가. 자기 한 몸을 깨끗이 하려다가 큰 인륜을 어지럽히게 된다. 군자가 벼슬을 하는 것은 대의를 실천하기 위한 것이다. 도가 행해지지 않는다는 사실은 이미 알고 있다."

子路從而後 遇丈人以杖荷蓧 子路問曰
자로종이후 우장인이장하조 자로문왈
子見夫子乎 丈人曰 四體不勤 五穀不分 孰爲夫子
자견부자호 장인왈 사체불근 오곡불분 숙위부자
植其杖而芸 子路拱而立 止子路宿 殺鷄爲黍而食之
치기장이운 자로공이립 지자로숙 살계위서이사지
見其二子焉 明日 子路行以告 子曰 隱者也
견기이자언 명일 자로행이고 자왈 은자야
使子路反見之 至則行矣 子路曰 不仕無義 長幼之節
사자로반견지 지즉행의 자로왈 불사무의 장유지절
不可廢也 君臣之義 如之何其廢之 欲潔其身 而亂大倫
불가폐야 군신지의 여지하기폐지 욕결기신 이란대륜
君子之仕也 行其義也 道之不行 已知之矣
군자지사야 행기의야 도지불행 이지지의

—— 마치 나무하러 갔다가 신선을 만난 옛이야기를 듣는 것 같다. 신선을 만나고 돌아와서 다시 찾아가 보니 신선은 사라지고 없다는 식이다. 이 장에서는 앞 장과 달리 자로가 주인공이다. 공자가 잠시 등장하지만 조연에 그친다. 하조장인(荷蓧丈人)이 비판한 사람은 공자이지 자로가 아니다. 그가 자로에게 보여준 것은 전원적 삶의 정취다. 다시 말하면 자연에 순응한 삶이 정치를 좇는 삶보다 우월하다는 것이다. 여기에 대해 누가 들으라고 한 말인지 몰라도(은자와 가족은 이미 떠났으므로) 자로의 말도 앞서 나온 공자의 말과 약간 차이가 있다. 한마디로 말해서 벼슬하지 않으려는 은자의 삶의 태도는 옳지 않다는 것이다. 이런 생각은 공자와 어떻게 다른가? 유명한 「선진」 25장을 보라.

18.8 일민(逸民)으로는 백이, 숙제, 우중, 이일, 주장, 유하혜, 소련이 있다. 공자께서 말씀하셨다. "자신의 뜻을 굽히지 않고 자기 몸을 욕되게 하지 않은 이는 백이와 숙제일 것이다." "유하혜와 소련은 뜻을 굽히고 몸을 욕되게 하였지만 윤리에 들어맞는 말을 했고 사려 깊게 행동했다. (그들은) 이렇게 했을 뿐이다." "우중과 이일은 숨어 살면서 말을 마음대로 하였으나 자신을 깨끗이 지켰고, 절묘하게 관직을 버렸다. 나는 이들과 다르다. 나에게는 꼭 그래야 하는 일도 없고, 절대 그래서는 안 되는 일도 없다."

逸民 伯夷叔齊虞仲夷逸朱張柳下惠少連
일 민 백 이 숙 제 우 중 이 일 주 장 류 하 혜 소 련
子曰 不降其志 不辱其身 伯夷叔齊與 謂 柳下惠少連
자 왈 불 강 기 지 불 욕 기 신 백 이 숙 제 여 위 유 하 혜 소 련
降志辱身矣 言中倫 行中慮 其斯而已矣 謂虞仲夷逸
강 지 욕 신 의 언 중 륜 행 중 려 기 사 이 이 의 위 우 중 이 일
隱居放言 身中淸 廢中權 我則異於是 無可無不可
은 거 방 언 신 중 청 폐 중 권 아 즉 이 어 시 무 가 무 불 가

—— 일민은 은거하여 벼슬길에 나아가지 않은 귀족을 말한다. 공자는 이들 중 유명하고 고상한 인물들을 열거하고 평가하면서 자신과 비교하고 있다. 그리고 선언한다. 나는 꼭 그래야 하는 일도 없고, 절대 그래서는 안 되는 일도 없는 사람이라고. 비교 대상 중에 생소한 이들이 등장하는데 그들이 어떠한 인물이었는지는 고증하기 어렵다. 맹자가 공자를 성지시자(聖之時者: 때에 딱 맞게 행동하는 성인)라고 한 것은 여기에 근거하고 있다. 「자한」 4장 참고.

18.9 태사 지는 제나라로 가고, 아반 간은 초나라로 가고, 삼반 요는 채나라로 가고, 사반 결은 진나라로 갔다. 북치는 악사 방숙은 하내로 들어갔다. 작은 북을 흔드는 악사 무는 한중으로 들어갔다. 소사(少史) 양과 편경을 치는 양은 해변으로 들어갔다.

大師摯適齊 亞飯干適楚 三飯繚適蔡 四飯缺適秦
태 사 지 적 제 아 반 간 적 초 삼 반 료 적 채 사 반 결 적 진

鼓方叔入於河 播鼗武入於漢 小師陽 擊磬襄入於海
고 방 숙 입 어 하　파 도 무 입 어 한　소 사 양　격 경 양 입 어 해

—— 태사는 악관(樂官)의 우두머리다. 태사 지(摯)는 「태백」 15장에 나왔다. 고대에 천자와 제후는 식사할 때 음악을 연주했는데 식사 때마다 악사가 달랐다. 천자는 하루에 네 끼를 먹었는데 노나라는 주나라 천자의 예악을 따랐다. 아반은 제2악사, 삼반은 제3악사, 사반은 제4악사를 말한다. 이들이 떠났다고 하는데, 이것은 전통적인 제도나 체제뿐만 아니라 예악이 무너졌음을 의미한다. 아! 새들도 세상을 뜨는구나. 누가 금강산으로 가고, 누가 지리산으로 가고, 누가 태백산으로 갔을까.

18.10 주공이 노공에게 말하였다. "군자는 친척을 외면하지 않으며, 대신들로 하여금 자신들을 써주지 않는다고 원망하게 하지 않으며, 오랫동안 같이한 사람은 큰 과오가 없으면 버리지 않으며, 한 사람이 모든 것을 갖추고 있기를 바라지 않는다."

周公謂魯公曰 君子不施其親 不使大臣怨乎不以
주 공 위 노 공 왈　군 자 불 이 기 친　불 사 대 신 원 호 불 이
故舊無大故 則不棄也 無求備於一人
고 구 무 대 고　즉 불 기 야　무 구 비 어 일 인

—— 일반적으로 시(施) 자는 이완된다는 뜻의 이(弛)와 같은 자로 본다. 여기서는 소원하게 여긴다는 뜻으로 쓰였다. 노공은 주공의 아들 백금(伯禽)을 말한다. 그러니까 주공이 아들에게 제왕학을 가르치고 있는 것이다. 정치인들이나 회사 경영자들도 주공의 가르침을 따르면 좋을 것이다. 특히 마지막 부분이 중요하다.

18.11 주나라에 여덟 선비가 있었으니 백달, 백괄, 중돌, 중홀, 숙야, 숙하, 계수, 계와이다.

周有八士 伯達 伯适 仲突 仲忽 叔夜 叔夏 季隨 季騧
주유팔사 백달 백괄 중돌 중홀 숙야 숙하 계수 계와

—— 이들이 누구인지 고증할 수 없으나 전설에 따르면 한 어머니가 낳은 네 쌍둥이라고 한다. 각각 두 명씩 백중숙계(伯仲叔季), 즉 첫째, 둘째, 셋째, 넷째라는 글자로 이름을 지었기 때문이다.

19. 자장

19.1 자장이 말하였다. "선비가 위급함을 당해서 목숨을 바치고, 이득과 마주쳤을 때 의를 생각하며, 제사 지낼 때 공경할 것을 생각하고, 상을 당해서는 슬퍼할 것을 생각한다면 괜찮다고 하겠다."

子張曰 士見危致命 見得思義 祭思敬 喪思哀
자 장 왈 사 견 위 치 명 견 득 사 의 제 사 경 상 사 애
其可已矣
기 가 이 의

—— 이 편은 자장의 말로 시작했기 때문에 「자장」 편이지만 자장

이외에도 자하, 자유, 증자, 자공 등의 말로 이루어져 있다. 공자의 말은 전혀 없지만 많은 내용이 공자의 말과 유사하다. 이는 공자 사후에 제자들이 스승의 학설을 선양하고 스승의 지위를 보호하기 위해 정리한 글임을 말해준다. 제자의 말 중에는 자하의 말이 가장 많고, 자공의 말이 그다음으로 많다. 주희는 이에 대해 증자를 제외하고는 자하가 가장 독실하고, 안회를 제외하고는 자공이 가장 영특하기 때문이라고 보았다. 이 장은 앞서 나온 '어떤 사람이 완전한 사람〔成人〕이냐?'라는 자로의 질문에 대한 공자의 답과 중첩되는 부분이 있다. 「헌문」 12장 참고.

19.2 자장이 말하였다. "덕을 붙잡고 넓히지 않으며, 도를 믿으면서 독실하지 않으면 (그런 사람이) 어떻게 있다고 할 수 있으며 어떻게 없다고 할 수 있겠는가."

子張曰 執德不弘 信道不篤 焉能爲有 焉能爲亡
자 장 왈 집 덕 불 홍 신 도 부 독 언 능 위 유 언 능 위 무

—— 덕을 지키면서 넓히지 않고 도를 믿으면서 독실하지 않은 사람은 있어도 그만, 없어도 그만인 존재라는 말이다. 경중을 따질 가치도 없는 사람이라는 것. 「태백」 7장의 내용과 유사하다.

19.3 자하의 문인이 자장에게 사귀는 도리에 대해서 물었다. 자장이 말하였다. "자하는 뭐라고 말하던가?" "자하 선생님께서는 사귈 만한 사람을 사귀고, 그렇지 못한 사람은 거절하라고 하셨습니다." 자장이 말하였다. "내가 들은 것과 다르다. 군자는 훌륭한 사람을 높이고 보통 사람들을 포용하며, 좋은 사람을 칭찬하고 모자라는 사람을 가엾게 여긴다. 내가 아주 훌륭한 사람이라면 누군들 용납하지 않겠으며, 내가 훌륭하지 못하다면 다른 사람들이 나를 거절할 터인데 어떻게 내가 남을 거절하겠는가."

子夏之門人 問交於子張 子張曰 子夏云何 對曰
자하지문인 문교어자장 자장왈 자하운하 대왈
子夏曰 可者與之 其不可者 拒之 子張曰 異乎吾所聞
자하왈 가자여지 기불가자 거지 자장왈 이호오소문
君子尊賢而容衆 嘉善而矜不能 我之大賢與
군자존현이용중 가선이긍불능 아지대현여
於人何所不容 我之不賢與 人將拒我 如之何其拒人也
어인하소불용 아지불현여 인장거아 여지하기거인야

—— 자하와 자장이 공자에게 들은 가르침이 서로 다른 이유는 각자의 개성이나 상황이 달라서일 것이다. 자하는 개인 수양을 중시하고 자장은 정치를 중시하였다. 따라서 자하의 태도는 편협한 느낌을 주고 자장의 경우는 스케일이 좀 커 보인다. 하지만 둘 다 중용은 아니다. 「선진」 16장을 참고할 것.

19.4 자하가 말하였다. "비록 작은 기예라고 하더라도 거기에는 반드시 볼 만한 것이 있게 마련이지만, 원대한 이상을 실현하는 데 방해가 될까 두려워한다. 그래서 군자는 그것을 하지 않는 것이다."

子夏曰 雖小道 必有可觀者焉 致遠恐泥
자 하 왈 수 소 도 필 유 가 관 자 언 치 원 공 니
是以君子不爲也
시 이 군 자 불 위 야

—— 자하가 작은 기예에 능했기 때문에 공자로부터 "너(자하)는 군자유(君子儒)가 되어야지 소인유(小人儒)가 돼서는 안 된다"(「옹야」 13장)는 말을 들었다. 「자한」 2장과 6장을 보면 공자도 다재다능하기는 했다.

주희는 작은 기예〔小道〕를 농사나 의술, 점술 등으로 보았다. 이를 확대 해석하면 어떤 전문 분야의 특정한 기예로 볼 수 있다. 복잡한 현대사회에서 전문가의 중요성은 날로 강조되고 있다. 군자불기(君子不器)가 미덕이 아니다. 오히려 군자(지식인)일수록 특정한 분야에 능통한 기예를 갖추어야〔君子必器〕 하는지도 모른다. 군자도 반드시 덕후가 되어야 한다!? 단 원대한 이상을 실현하는 데 방해가 될까 두려워 군자는 그것을 하지 않는다. 고운 최치원의 이름인 치원(致遠)이 여기서 유래했다. 치원은 먼 곳에 도달한다는 말이다.

19.5 자하가 말하였다. "날마다 모르던 것을 알아내고 다달이 (이미 익혀) 잘하던 것을 잊어버리지 않으면 배우기를 좋아한다고 할 수 있다."

子夏曰 日知其所亡 月無忘其所能 可謂好學也已矣
자 하 왈 일 지 기 소 무 월 무 망 기 소 능 가 위 호 학 야 이 의

—— 배움을 좋아하는 것은 특별한 능력이 아니다. 부단히 새로운 것을 배우고 깨치며 이미 알고 있는 바를 온전히 체득하는 것이다. 공자는 이렇게 살아갔으며, 이런 스승을 계승 선양하는 방법도 이렇게 사는 것이다.

19.6 자하가 말하였다. "널리 배우고 뜻을 돈독히 하며 절실하게 묻고 가까운 것부터 생각한다면 인이 그 가운데 있다."

子夏曰 博學而篤志 切問而近思 仁在其中矣
자 하 왈 박 학 이 독 지 절 문 이 근 사 인 재 기 중 의

—— 박학, 독지, 절문, 근사는 모두 학문이나 사변과 관계가 있지만 인은 행동이나 실천과 관계가 깊다. 따라서 공자의 생각과 약간 차이가 있다고 할 수 있다. 근사(近思)를 정자는 유추(類推)하는 것이

라고 보았다. 예를 들어 남을 이해하기란 어려운 일이지만 우선 가까운 자신부터 돌아보고 입장을 바꾸어 생각하면 한층 이해하기 쉬운 법이다. 자하는 사과(四科) 중에 문학에 능한 제자이다.

19.7 자하가 말하였다. "모든 기술자는 작업장에서 자신의 일을 완성하고, 군자는 학문을 닦아서 도를 이룬다."

子夏曰 百工居肆 以成其事 君子學以致其道
자하왈 백공거사 이성기사 군자학이치기도

—— 장인들이 작업장에서 자신의 구체적인 작업을 완성하듯이 군자는 배움을 통해 도를 이룬다. 따라서 늘 배움을 소홀히 해서는 안 된다는 말이다.

19.8 자하가 말하였다. "소인은 잘못을 저지르면 반드시 꾸며댄다."

子夏曰 小人之過也 必文
자하왈 소인지과야 필문

—— 문(文)이란 수식하고 꾸미는 것을 말한다. 잘못을 인정하고 바로잡기란 쉬운 일이 아니다.

19.9 자하가 말하였다. "군자는 세 번 다르게 보인다. 멀리서 바라보면 위엄 있게 보이지만 가까이 다가가면 온화하고 말을 들어보면 명확하고 예리하다."

子夏曰 君子有三變 望之儼然 卽之也溫 聽其言也厲
자하왈 군자유삼변 망지엄연 즉지야온 청기언야려

—— 사실을 말하면 군자가 변하는 것이 아니라 다른 이의 눈에 변하는 것처럼 보일 뿐이다. 이 말을 뒤집어 보면 의미가 더 잘 드러난다. 어떤 사람이 먼발치에서 볼 때는 온화했는데 가까이 접근해서 보니 차갑고, 말을 들어보니 별 내용이 없다면 군자가 아니다.

19.10 자하가 말하였다. "군자는 (백성들의) 신뢰를 받은 다음에 그들을 수고롭게 하니 신뢰를 받지 못하면 (백성들은) 자신을 해친다고 여긴다. (임금의) 신뢰를 받은 다음에 간할 수 있으니 받지 못하면 (임금은) 자신을 헐뜯는다고 여긴다."

子夏曰 君子信而後勞其民 未信 則以爲厲己也
자 하 왈 군 자 신 이 후 로 기 민 미 신 즉 이 위 려 기 야
信而後諫 未信 則以爲謗己也
신 이 후 간 미 신 즉 이 위 방 기 야

—— 윗사람을 섬기든 아랫사람을 부리든 신뢰가 중요하다. 무엇보다 믿음이 중요하다. 특히 임금의 신뢰 여부는 지식인들의 생명과 운명을 좌우하였으니 어찌 중요하지 않겠는가. 기자와 비간의 사례가 이를 증언한다.

19.11 자하가 말하였다. "큰 절개가 한계를 벗어나지 않는다면 사소한 일에서 조금 잘못을 해도 괜찮다."

子夏曰 大德不踰閑 小德出入可也
자 하 왈 대 덕 불 유 한 소 덕 출 입 가 야

—— 주희는 대덕(大德), 소덕(小德)을 대절(大節), 소절(小節)로 풀었다. 큰 절개〔大節〕는 원칙과 관련된 중요한 일이나 국가나 사회와 연관된 중대한 일이고, 사소한 절개〔小節〕는 일상생활과 관계된 작고 하찮은 일을 말한다. 한(閑)은 금지선이나 한계를 말한다. 자하의 이 말은 원칙적으로 옳다. 그러나 작은 일로 큰 일을 가늠할 수 있으니 작다고 해서 결코 무시할 수 없다. 중국 사람들이 통이 크다고 알려

져 있지만 사실은 우리보다 소절을 중시한다. "작은 것을 가지고 큰 것을 본다〔以小見大〕"는 말도 있다.

19.12 자유가 말하였다. "자하의 문인들은 물 뿌리고 청소하며 손님을 응대하고 나아가고 물러서는 작은 절차는 잘 지키지만 이는 지엽적인 것들이다. 근본적인 것이 없으니 어찌할 것인가?" 자하가 그 말을 듣고 말하였다. "아! 자유의 말이 지나치구나. 군자의 학문 가운데에서 무엇을 먼저 가르치고 무엇을 뒤로 돌려 소홀히 하겠는가? 이는 초목처럼 종류별로 구분하는 것이다. 군자의 학문을 어찌 속일 수 있겠는가? (순서대로) 시작이 있고 끝이 있게 학생을 가르치는 이는 오직 성인뿐이신가?"

子游曰 子夏之門人小子 當灑掃應對進退則可矣
자 유 왈 자 하 지 문 인 소 자 당 쇄 소 응 대 진 퇴 즉 가 의
抑末也 本之則無 如之何 子夏聞之曰 噫 言游過矣
억 말 야 본 지 즉 무 여 지 하 자 하 문 지 왈 희 언 유 과 의
君子之道 孰先傳焉 孰後倦焉 譬諸草木 區以別矣
군 자 지 도 숙 선 전 언 숙 후 권 언 비 저 초 목 구 이 별 의
君子之道 焉可誣也 有始有卒者 其惟聖人乎
군 자 지 도 언 가 무 야 유 시 유 졸 자 기 유 성 인 호

—— 자하의 말을 근거로 자유의 말이 지나치다고 볼 필요는 없다. 자유와 자하의 교학 방법이 크게 다른 것도 아니다. 청소〔灑掃〕를 하

고 손님을 응대(應對)하며 나가고 물러서는〔進退〕 말단에 해당하는 일 밖에 따로 예악의 큰 도리가 존재하는 것도 아니다. 선종이나 양명학에서는 말단이 곧 근본이라고 보고, 주자학(성리학)에서는 양자가 서로 연결되어 있지만 선후를 무시해서는 안 된다고 주장한다.

19.13　자하가 말하였다. "벼슬하다가 여력이 있으면 학문에 힘쓸 것이며 학문을 하다가 여력이 있으면 벼슬길로 나아간다."

子夏曰 仕而優則學 學而優則仕
자 하 왈 사 이 우 즉 학 학 이 우 즉 사

—— 아주 유명한 말이다. 학문을 하다가 여력이 있으면 벼슬길에 나아가는 것은 전통사회 지식인의 일반적인 인생길이었다. 또 벼슬을 하면서도 여유가 있으면 학문에 힘쓰기도 했다. 사(士: 지식인)와 대부(大夫: 관직에 있는 자)를 합쳐 사대부라고 통칭하는 것은 바로 이 때문이다.

19.14　자유가 말하였다. "상을 당해서는 충분히 슬퍼하면 되는 것이다."

子游曰 喪致乎哀而止
자 유 왈 상 치 호 애 이 지

—— 이 말에는 두 가지 의미가 있다. 하나는 상을 당했을 때 다른 무엇보다 슬퍼하는 일이 중요하다는 것이고, 다른 하나는 슬픔이 지나쳐 심신을 해쳐서는 안 된다는 것이다. 예 중에 상례가 제일 중요하다.

19.15 자유가 말하였다. "나의 벗 자장은 참으로 얻기 어려운 귀한 사람이다. 그러나 인하지는 못하다."

子游曰 吾友張也 爲難能也 然而未仁
자 유 왈 오 우 장 야 위 난 능 야 연 이 미 인

—— 자장은 남들이 쉽게 할 수 없는 일을 하긴 하지만 인하지는 않다는 것이다. 인은 평범하고 아주 친근한 가운데서 찾을 수 있기 때문이다. 인은 다른 사람들이 도달하기 어려운 일을 하려고 하는 것과는 거리가 있다. 자장에 관해서는 「위정」 18장, 「양화」 6장, 「위령공」 6장, 「선진」 16장과 18장 등을 참고할 것.

19.16 증자께서 말씀하셨다. "위풍당당하도다. 자장이여. (그러나) 더불어 인을 행하기는 어렵겠구나."

曾子曰 堂堂乎 張也 難與並爲仁矣
증 자 왈 당 당 호 장 야 난 여 병 위 인 의

—— 자장은 정치에 관심이 많았다. 지나친 면이 있고 성격이 급하며 외적인 것을 중시하여 내면의 수양이 좀 부족한 사람이었던 것 같다. 증자는 내면의 수양을 중시했으니 당연히 자장을 이렇게 평할 수밖에 없었을 것이다. 정치를 중시했던 캉유웨이는 자장을 오히려 높이 평가했다.

19.17 증자께서 말씀하셨다. "내가 선생님께 듣건대 사람은 평상시에 자신의 감정을 충분히 드러낼 수가 없다. (만약 그래도 된다면) 그것은 부모의 상을 당했을 때일 것이다."

曾子曰 吾聞諸夫子 人未有自致者也 必也親喪乎
증 자 왈 오 문 저 부 자 인 미 유 자 치 자 야 필 야 친 상 호

—— 여러 가지 예절이나 법도, 절제를 강조했던 전통사회에서는 감정을 자연스럽게 표현하기가 매우 어려웠지만 부모의 상을 당해서

는 아무것도 고려하지 않고 대성통곡할 수 있었다. 여기서 치(致)는 정이나 마음을 다 드러내는 것을 말한다.

19.18 증자께서 말씀하셨다. "내가 선생님께 듣건대, 맹장자의 효행 가운데 다른 것은 가능해도 아버지의 신하와 아버지가 펼친 정책을 바꾸지 않는 것은 능하기 어렵다고 하셨다."

曾子曰 吾聞諸夫子 孟莊子之孝也 其他可能也
증자왈 오문저부자 맹장자지효야 기타가능야
其不改父之臣與父之政 是難能也
기불개부지신여부지정 시난능야

—— 맹장자는 노나라의 대부이다. 그의 아버지는 맹헌자(孟獻子)이다. 맹장자가 아버지 맹헌자가 죽은 이후 아버지의 신하들을 그대로 쓰고, 아버지의 정책을 계승했다는 말이다. 3년 동안 아버지가 지켜온 바를 고치지 않으면 효성스럽다고 할 수 있다는 공자의 정신(「학이」 11장)과 일맥상통하는 말이다.

19.19 맹씨가 양부를 법관으로 삼자 (양부가) 증자에게 가르침을 구했다. 증자께서 말씀하셨다. "윗사람이 도를 잃어버려서 백성들

이 이반한 지가 오래되었다. 만일 (그대가 죄인들의) 실정을 알게 되거든 마땅히 불쌍하게 여길 것이요, 기뻐해서는 안 될 것이다."

孟氏使陽膚爲士師 問於曾子 曾子曰 上失其道
맹 씨 사 양 부 위 사 사 문 어 증 자 증 자 왈 상 실 기 도
民散久矣 如得其情 則哀矜而勿喜
민 산 구 의 여 득 기 정 즉 애 긍 이 물 희

—— 양부(陽膚)는 고주(古注, 즉 하안의 『논어집해』)에 따르면 증자의 제자이다. 법관이라면 단안하기 어려운 사건의 전모를 파악해 판결을 내리고 나면 기쁠지도 모른다. 그러나 부득이하게 죄에 빠지게 된 죄인들을 불쌍히 여겨야 한다는 말이다. 참으로 좋은 말이다. 사법부에 몸담은 사람들이 마음에 새기면 좋겠다.

19.20 자공이 말하였다. "폭군 주왕의 흉악함이 (세상에 전해지듯이) 그렇게 심하지는 않았을 것이다. 그러므로 군자는 하류(下流)에 처하는 것을 싫어하니 세상의 악이 다 그곳으로 집중되기 때문이다."

子貢曰 紂之不善 不如是之甚也 是以君子惡居下流
자 공 왈 주 지 불 선 불 여 시 지 심 야 시 이 군 자 오 거 하 류
天下之惡皆歸焉
천 하 지 악 개 귀 언

—— 사실 주왕은 매우 능력 있고 공적도 있는 사람이었다고 한다. 진시황도 마찬가지다. 그러나 이 둘은 자고이래 만악의 근원 취급을 받고 냉혹한 비판을 받아왔다. 특히 유가는 이들을 매섭게 비판했다. 두 사람은 하류에 몰린 천하의 모든 쓰레기처럼 손가락질 당해왔다. 따라서 군자는 그런 처지에 몰리지 않도록 조심해야 한다. 폭군 주왕이 알려진 것처럼 나쁜 사람은 아니라고 말하는 것을 보면 자공이 사태를 매우 냉정히 바라보는 총명한 사람임을 알 수 있다.

19.21 자공이 말하였다. "군자의 허물은 일식, 월식과 같아서 허물을 저지르면 사람들이 다 볼 수 있고, 고쳤을 때는 사람들이 다 우러러본다."

子貢曰 君子之過也 如日月之食焉 過也 人皆見之
자 공 왈 군 자 지 과 야 여 일 월 지 식 언 과 야 인 개 견 지
更也 人皆仰之
경 야 인 개 앙 지

—— 군자란 남의 모범이 되어야 하는 지위에 있는 사람이다. 우리 주변에는 원숭이가 나무에 올라가듯 남의 윗자리에 올라가지 않았다면 보이지 않았을 흉한 빨간 엉덩이를 너무도 잘 내보이는 '군자'들이 많다. 솔직히 인정하고 고치면 우러러볼 텐데 말이다. 여기서 말

한 군자는 공자일 것이다. 다음 24장과 비교할 것.

19.22 위나라 공손조가 자공에게 물었다. "중니(공자)는 어디서 배우셨는가." 자공이 말하였다. "문왕과 무왕의 도가 아직 없어지지 않고 민간에 남아 있었다. 현자들은 중요한 것을 기억하고 있었고, 현자가 아닌 보통 사람은 소소한 것을 기억하고 있었기 때문에 도처에 문왕과 무왕의 도가 존재했다. 선생님께서 어디서든 배우지 못했을 리 없으니 특정한 스승이 따로 있었겠는가."

衛公孫朝問於子貢曰 仲尼焉學 子貢曰 文武之道
위 공 손 조 문 어 자 공 왈 중 니 언 학 자 공 왈 문 무 지 도
未墜於地 在人 賢者識其大者 不賢者識其小者
미 추 어 지 재 인 현 자 지 기 대 자 불 현 자 지 기 소 자
莫不有文武之道焉 夫子焉不學 而亦何常師之有
막 불 유 문 무 지 도 언 부 자 언 불 학 이 역 하 상 사 지 유

—— 당시에 공손조라고 불리는 사람이 많았기 때문에 위나라 공손조라고 하였다. 위나라 대부이다. 자공이 말한 문왕과 무왕의 도란 그들이 남긴 도덕과 예악 제도를 말한다. 공자는 이런 주나라 문화의 계승자임을 자임했다.(「자한」 5장) 그런데 공자는 그것을 어디서 배웠을까? 도처에서 배웠다는 것이다. 공자만 일정한 스승이 없는 것이 아니다. 역사에 남은 위대한 인물에게 스승은 하늘의 별처럼 많다.

현명하지 못한 사람도 문무의 도의 '부스러기'를 알고 있지 않은가? 따라서 어디서든 배워야 한다. 글자로 쓰여 있는 인간의 책뿐만 아니라 '글자 없는 자연의 책〔無字天書〕'에서도. 이와 관련하여 중국의 작가 위화(余華)가 한 문학상을 받고 나서 한 말이 인상적이다. 영향을 많이 받은 서양의 작가를 대보라는 질문에 이렇게 대답했다고 한다. "굳이 말하라면 대대 병력은 될 것이다." 배움에는 일정한 스승이 없다〔學無常師〕!

19.23 숙손무숙이 조정에서 관원들에게 말하였다. "자공이 중니보다 낫다." 자복경백이 이 말을 자공에게 전했다. 자공이 말하였다. "궁궐의 담에 비유하면 나의 담은 어깨 정도의 높이라서 집 안의 좋은 것을 엿볼 수 있으나, 선생님의 담은 몇 길이나 되어서 문으로 들어가지 못하면 종묘의 아름다움과 갖가지 건물의 풍부함을 볼 수 없다. 문으로 들어간 사람이 드물 것이니 선생(무숙)께서 그렇게 말하는 것은 또한 당연하지 아니한가."

叔孫武叔語大夫於朝曰 子貢賢於仲尼
숙손무숙어대부어조왈 자공현어중니
子服景伯以告子貢 子貢曰 譬之宮牆 賜之牆也及肩
자복경백이고자공 자공왈 비지궁장 사지장야급견
窺見室家之好 夫子之牆數仞 不得其門而入
규견실가지호 부자지장수인 부득기문이입

不見宗廟之美 百官之富 得其門者或寡矣 夫子之云
불 견 종 묘 지 미 백 관 지 부 득 기 문 자 혹 과 의 부 자 지 운
不亦宜乎
불 역 의 호

—— 이는 공자 사후의 일이다. 숙손무숙(叔孫武叔)은 노나라 대부이다. 자복경백(子服景伯)은 「헌문」 36장에 나왔다. 자공이 만년에 노나라에서 벼슬을 하는 동안 많은 공을 세웠다고 한다. 그리하여 급기야 공자보다 낫다는 평가를 듣는다. 그러나 자공은 이러한 평가를 극구 부인하면서 이런 말을 한다. 인물평에 능했던 자공의 말로 미루어 보면 그가 공자를 얼마나 숭앙하고 사모했는지 알 수 있다. 또한 그런 제자를 둔 공자의 학문과 인격이 어떠했는지 짐작할 수 있다.

공자의 고향 산둥성 취푸에 가면 만인궁장(萬仞宮墻)이 있는데 이 구절에서 유래했다. 만인궁장은 만 길이나 되는 높은 성벽이란 뜻으로 취푸성의 정남문인데 예전 이름은 앙성문(仰聖門)이었고 명대에 지금의 이름으로 고쳤다. 공자의 학식이 그만큼 높고 심오해서 일반 사람이 헤아리기 어렵다는 뜻이다. 취푸성 안에 공묘(孔廟)와 공부(孔府)가 있다. 백관의 관(官)은 관(館)으로 방이나 건물을 가리킨다.

19.24 숙손무숙이 중니(공자)를 헐뜯었다. 자공이 말하였다. "그러지 마시오. 중니는 헐뜯을 수 없는 분이오. 다른 사람의 훌륭함

은 구릉과 같아서 그래도 넘어갈 수 있겠지만 중니는 해와 달 같으시니 뛰어넘을 수 없소. 사람들이 비록 스스로 단절하고자 하여도 해와 달에 무슨 해가 되겠소. 다만 자신의 깜냥을 모르고 있다는 것을 드러낼 뿐이지요."

叔孫武叔毁仲尼 子貢曰 無以爲也
숙손무숙훼중니 자공왈 무이위야
仲尼不可毁也 他人之賢者 丘陵也 猶可踰也 仲尼
중니불가훼야 타인지현자 구릉야 유가유야 중니
日月也 無得而踰焉 人雖欲自絶 其何傷於日月乎
일월야 무득이유언 인수욕자절 기하상어일월호
多見其不知量也
다견기부지량야

—— 누구라도 남을 비판할 자유는 있다. 그러나 남을 비판하는 와중에 자신의 지식이나 깜냥이 드러나게 되는 경우가 사실 많다. 이 장을 보면 공자 사후에 공자에 대한 이런저런 "뒷담화"가 있었음을 알 수 있다. 이에 대해 자공은 공자를 일월에 비유하며 칭송했다.

19.25 진자금이 자공에게 말하였다. "그대가 겸손해서 그렇지 중니(공자)가 어떻게 그대보다 훌륭하겠는가." 자공이 말하였다. "군자란 한마디 말로 자신의 지혜를 표현할 수 있고, 한마디 말로 어리석음〔不知〕를 드러내기도 하는 것이니 말을 삼가지 않을 수가

없다. 선생님을 따라잡기 어려운 것은 하늘에 사다리를 놓아도 올라갈 수 없는 이치와 같다. 선생님께서 제후나 대부에 의해 임용되어 정치를 하신다면 이른바 세우면 수립하는 바가 있고, 인도하면 백성들이 따라오고, 안무(按撫)하면 백성들이 오고, 동원하면 호응할 것이다. 살아 계실 때는 영화롭고, 돌아가셨을 때 누구나 슬퍼하였으니 어떻게 이에 미칠 수 있겠는가."

陳子禽謂子貢曰 子爲恭也 仲尼豈賢於子乎
진 자 금 위 자 공 왈 자 위 공 야 중 니 기 현 어 자 호
子貢曰 君子一言以爲知 一言以爲不知
자 공 왈 군 자 일 언 이 위 지 일 언 이 위 부 지
言不可不愼也 夫子之不可及也 猶天之不可階而升也
언 불 가 불 신 야 부 자 지 불 가 급 야 유 천 지 불 가 계 이 승 야
夫子之得邦家者 所謂立之斯立 道之斯行 綏之斯來
부 자 지 득 방 가 자 소 위 립 지 사 립 도 지 사 행 수 지 사 래
動之斯和 其生也榮 其死也哀 如之何其可及也
동 지 사 화 기 생 야 영 기 사 야 애 여 지 하 기 가 급 야

—— 진자금(陳子禽)은 「학이」 10장과 「계씨」 13장에 나왔다. 불경하다고 할 정도로 당돌한 질문을 던져 우리들로 하여금 공자의 진면목을 알게 한 사람이다. 이번에는 공자론의 대미를 장식하는 자공의 포괄적인 평가를 이끌어내고 있다. 은근히 공자를 하늘에 비유하고 있다. 그것도 안회와 자로 사후에 가장 중요한 제자인 자공의 입을 통해서 말이다. 이상의 언급을 통해 공자 사후의 명망이나 지위를 확립하는 데 자공의 공이 지대했음을 알 수 있다.

20. 요왈

20.1 요임금이 말하였다. "아! 그대 순이여. 하늘의 사명이 너의 몸에 있으니 진실로 중용의 도를 잘 파악해 정사를 보살피거라. 만일 사해가 모두 곤궁해지면 하늘이 내려주신 너의 지위가 영영 끊어지리라."
순임금도 같은 내용을 우임금에게 말해주었다.
(탕임금이) 말하였다. "나 소자(小子) 리(履: 탕임금의 이름)는 감히 검정 소를 제물로 바치며 거룩하고 위대한 천제(天帝)께 분명히 아뢰옵니다. 죄 있는 자는 감히 용서치 않을 것이며, (저의 잘못이 있다면) 천제께서 모두 알고 계시니 천제의 신하인 제가 은폐할 수 없을 것입니다. 저 자신에게 죄가 있다면 만방의 백성을 벌하지 마

시고, 만일 만방 백성에게 죄가 있다면 책임이 저 자신에게 있는 것입니다."

(무왕이 상나라를 정벌한 이후) 주 왕조에서 친척이나 공신들에게 큰 선물(제후로 봉하는 등)을 내려 선한 인물이 부귀하게 되었다. (무왕이 말하였다.) "비록 지극히 가까운 친척이 있다고 하나 어진 사람보다 못하다. 만일 백성에게 허물이 있다면 그것은 나 한 사람의 부덕 때문이다."

도량형을 엄격히 다루고 법과 제도를 살펴서 폐지했던 관직들을 회복하자 천하의 정치가 잘 시행되었다. 멸망한 나라를 일으켜 세워주고 끊어진 대를 계승시켜주고 숨겨진 사람을 발탁하여 등용하니 온 천하 백성들의 마음이 그에게 돌아가게 되었다. 가장 소중한 것은 백성과 식량과 상사와 제사이다. 너그러우면 군중을 획득하고 믿음이 있으면 백성들의 신임을 얻으며 부지런히 일하면 공적을 얻고 공정하면 모두 기뻐할 것이다.

堯曰 咨爾舜 天之曆數 在爾躬 允執其中 四海困窮
요 왈 자 이 순 천 지 역 수 재 이 궁 윤 집 기 중 사 해 곤 궁

天祿永終 舜亦以命禹 曰 予小子履 敢用玄牡
천 록 영 종 순 역 이 명 우 왈 여 소 자 리 감 용 현 모

敢昭告于皇皇后帝 有罪不敢赦 帝臣不蔽 簡在帝心
감 소 고 우 황 황 후 제 유 죄 불 감 사 제 신 불 폐 간 재 제 심

朕躬有罪 無以萬方 萬方有罪 罪在朕躬 周有大賚
짐 궁 유 죄 무 이 만 방 만 방 유 죄 죄 재 짐 궁 주 유 대 뢰

善人是富 雖有周親 不如仁人 百姓有過 在予一人
선 인 시 부 수 유 주 친 불 여 인 인 백 성 유 과 재 여 일 인

謹權量 審法度 修廢官 四方之政 行焉 興滅國 繼絶世
근권량 심법도 수폐관 사방지정 행언 흥멸국 계절세
擧逸民 天下之民 歸心焉 所重民食喪祭 寬則得衆
거일민 천하지민 귀심언 소중민식상제 관즉득중
信則民任焉 敏則有功 公則說
신즉민임언 민즉유공 공즉열

——「요왈」 편은 『논어』 전체의 총결론이라고 할 수 있다. 이 장은 요임금, 우임금, 탕임금, 무왕이 차례로 치국의 요체를 두고 한 말을 배치하고 마지막에 이를 개괄하는 형식으로 이루어져 있다. "도량형을 엄격히 다루고……" 이후는 아마도 공자의 말일 것이다. 캉유웨이는 『논어주』에 아예 '공자왈'을 집어넣었다. 이러한 형식에는 공자가 요임금, 우임금, 탕임금 등을 잇는 소왕(素王: 왕의 지위에 오르지는 못했지만 왕의 덕을 가지고 있는 자)이라는 뜻이 담겨 있을 것이다. 『맹자』도 이런 형식을 본받아 마지막 부분에서 요, 순, 우, 탕, 문, 공자를 차례차례 언급하면서 이제 앞으로 "성인이 없을 것인가, 없을 것이로다"라는 유명한 말로 끝을 맺는다. 결국 맹자 자신이 공자를 잇는 성인이라고 은근히 자임한 것이다.

소자(小子)는 상고 시대 제왕이 자신을 지칭할 때 쓴 말이다. 마지막에 나오는 "너그러우면 군중을 획득하고 믿음이 있으면 백성들의 신임을 얻으며 부지런히 일하면 공적을 얻고 공정하면 모두 기뻐할 것이다"라는 말은 앞서 나온 자장의 인에 대한 물음에 공자가 답하는 내용과 대부분 중첩된다.(「양화」 6장)

20.2 자장이 공자께 여쭈었다. "어떻게 해야만 정치를 할 수 있습니까?"
공자께서 말씀하셨다. "다섯 가지 미덕을 존중하고 네 가지 악덕을 물리친다면 정치를 할 만하다."
자장이 여쭈었다. "다섯 가지 미덕이 무엇입니까."
공자께서 말씀하셨다. "군자는 은혜를 베풀어주되 비용을 쓰지 않고, 고생을 시켜도 원망 받지 않고, 하고자 하는 바가 있지만 탐내지 않고, 편안하지만 교만하지 않고, 위엄이 있으나 사납지는 않다."
자장이 여쭈었다. "무엇을 은혜를 베풀어주되 비용을 쓰지 않는다고 합니까."
공자께서 말씀하셨다. "백성의 이익에 근거해서 이롭게 하는 것이 은혜를 베풀어주되 비용을 들이지 않는 것이 아니겠는가. 수고할 만한 일을 가려서 수고롭게 하니 또한 누가 원망을 하겠는가. 인을 하고자 하여 인을 얻게 되었으니 또 무엇을 탐내겠는가. 군자는 사람이 많거나 적거나 혹은 일이 크거나 작거나 상관하지 않고 태만하지 않으니 이 또한 편안하지만 교만하지 않는 것이 아니겠는가. 군자는 의관을 바로 하고 (사물을 바라볼 때) 항상 눈을 똑바로 뜨고 바라보니 엄숙해서 사람들이 (그를) 바라보면 두려운 마음이 생기니 이 또한 위엄이 있으나 사납지 않은 것이 아니겠는가."
자장이 여쭈었다. "네 가지 악덕이 무엇입니까."

공자께서 말씀하셨다. "(백성을) 가르치지 않고서 함부로 죽이는 것을 잔학하다고 말한다. 미리 훈계하지 않고 일의 성과만을 따지는 것을 난폭하다고 말한다. 법령은 허술하게 해놓고 기한만 반드시 지키게 하는 것을 남을 해치는 것이라고 한다. 남들에게 재물을 나누어주면서 인색하게 구는 것을 구실아치와 같다고 말한다."

子張問於孔子曰 何如斯可以從政矣 子曰
자 장 문 어 공 자 왈 하 여 사 가 이 종 정 의 자 왈
尊五美 屛四惡 斯可以從政矣 子張曰 何謂五美 子曰
존 오 미 병 사 악 사 가 이 종 정 의 자 장 왈 하 위 오 미 자 왈
君子惠而不費 勞而不怨 欲而不貪 泰而不驕 威而不猛
군 자 혜 이 불 비 노 이 불 원 욕 이 불 탐 태 이 불 교 위 이 불 맹
子張曰 何謂惠而不費 子曰 因民之所利而利之
자 장 왈 하 위 혜 이 불 비 자 왈 인 민 지 소 리 이 리 지
斯不亦惠而不費乎 擇可勞而勞之 又誰怨 欲仁而得仁
사 불 역 혜 이 불 비 호 택 가 로 이 로 지 우 수 원 욕 인 이 득 인
又焉貪 君子無衆寡 無小大 無敢慢 斯不亦泰而不驕乎
우 언 탐 군 자 무 중 과 무 소 대 무 감 만 사 불 역 태 이 불 교 호
君子正其衣冠 尊其瞻視 儼然人望而畏之
군 자 정 기 의 관 존 기 첨 시 엄 연 인 망 이 외 지
斯不亦威而不猛乎 子張曰 何謂四惡 子曰
사 불 역 위 이 불 맹 호 자 장 왈 하 위 사 악 자 왈
不教而殺謂之虐 不戒視成謂之暴 慢令致期謂之賊
불 교 이 살 위 지 학 불 계 시 성 위 지 포 만 령 치 기 위 지 적
猶之與人也 出納之吝謂之有司
유 지 여 인 야 출 납 지 린 위 지 유 사

—— 앞 장에 이어 정치에 관해 자장과 공자가 문답을 나눈다. 누차 밝혔지만 자장은 특히 정치에 관심이 많은 제자다. 리쩌허우는 공자

의 제자들을 크게 두 가지 경향으로 나누어야 하며, 『논어』는 인을 묻는 부분과 정치를 묻는 부분으로 나눌 수 있다고 보았다. 공문(孔門)의 제자 중에 전자는 증자 등이, 후자는 자장이 대표한다. 전자는 개인의 수양을, 후자는 정치를 많이 언급한다. 물론 이 양자가 서로 밀접하게 얽혀 있기는 하다. 여기서 자장의 질문에 답하는 형식으로 정치의 핵심을 다섯 가지 미덕과 네 가지 악덕〔五美四惡〕으로 압축하고 있다.

20.3 공자께서 말씀하셨다. "명(命)을 알지 못하면 군자가 될 수 없고, 예를 알지 못하면 스스로 설 수가 없으며, 말을 알지 못하면 사람을 알 수 없다."

> 子曰 不知命 無以爲君子也 不知禮 無以立也 不知言
> 자 왈 부 지 명 무 이 위 군 자 야 부 지 례 무 이 립 야 부 지 언
> 無以知人也
> 무 이 지 인 야

—— 명(命)이란 무엇인가. 명은 한마디로 우연성이 다분하고 예측할 수 없어서 인간으로서 어찌할 수 없는 힘을 말한다고 할 수 있다. 명을 안다는 것은 무엇인가? 다 팔자로 치부하고 무력하게 받아들인다는 말일까? 일단 무언가 최선을 다해 시도해보지 않은 사람은 이

런 명을 실감하기 어렵다. 명을 느끼지 못한다면 사람이 오만하거나 경박해지기 쉽다. "명을 알지 못하면 군자가 될 수 없"다는 이 구절과 「학이」 1장에 나오는 "남이 알아주지 않아도 성내지 않는다면 또한 군자답지 않겠는가?"를 서로 연결해 생각해볼 만하다. 남의 인정은 내가 어찌할 수 없지만 일희일비하지 않으면서 묵묵히 할 바를 하는 것이 공자가 말하는 명을 아는 것이리라.

예는 행위의 규범이다. 앞에서는 예를 배우지 않으면 설 수가 없다고 했다.(「계씨」 13장) 이 말을 여기에 배치한 것을 보면 예가 얼마나 중요한지를 다시 한 번 알 수 있다.

가장 중요한 앎이란 바로 사람을 아는 것이다. 공자는 아예 아는 것은 사람을 아는 것이라고 말하기도 했다.(「안연」 22장) 사람을 알려면 그가 하는 말을 잘 알아들어야 한다. 줄이 짧은 두레박으로 깊은 우물의 물을 퍼낼 수 없듯이 말을 모르면 다른 사람을 알 수 없다.

마지막 장에서 말한 명이나 예, 말에 관한 언급은 『논어』 전편을 관통하고 있는 공자의 가장 기본적이고 핵심적인 가르침이라고 할 수 있다. 명과 예를 알아야 하고 다른 사람의 말을 잘 분별할 줄도 알아야 한다.

공자 연보

1세 노(魯)나라 양공(襄公) 22년(기원전 551) 노나라 추읍 창평에서 출생.

3세 노나라 양공 24년(기원전 549) 아버지 숙량흘(叔梁紇)의 상을 당함.

10세 양공 31년(기원전 542) 양공이 죽고, 소공(昭公) 즉위.

15세 소공 5년(기원전 537) 배움에 뜻을 둠.

17세 소공 7년(기원전 535) 어머니 안징재(顔徵在)의 상을 당함.

19세 소공 9년(기원전 533) 송(宋)의 기관씨(亓官氏)와 혼인.

20세 소공 10년(기원전 532) 아들을 낳아 왕이 축하 선물로 잉어를 보내니, 아들 이름을 '리(鯉, 자는 백어伯魚)'라 함. 위리(委吏)를 시작으로 '승전(乘田)' 등의 말단 관직에 나아간 때가 대략 이즈음.

27세 소공 17년(기원전 525) 노나라로 내조(來朝)한 담자(郯子)에게 고대 제왕(帝王)의 관명(官名)을 배움.

30세 소공 20년(기원전 522) 예에 따라 처신할 수 있게 되었으며〔三十而立〕 제자를 양성하기 시작함.

34세 소공 24년(기원전 518) 주(周)나라에 가서 노담(老聃)에게 예(禮)를 물음.

35세 소공 25년(기원전 517) 제나라로 가서 순(舜)임금의 음악인 소악(韶樂)을 듣고 3개월 동안 고기 맛을 알지 못했다고 함. 제나라 경공(景公)이 정사를 묻자 '임금은 임금다워야 하고, 신하는 신하다워야 한다'라고 답변함.

36세 소공 26년(기원전 516) 노나라로 돌아옴.

40세 소공 30년(기원전 512) 사물의 이치에 흔들리지 아니하게 됨〔四十而不惑〕.

43세 노나라 정공(定公) 원년(기원전 509) 계손씨의 힘으로 소공의 동생인 송(宋)이 정공 즉위.

47세 정공 5년(기원전 505) 계환자(季桓子)가 집정, 양화(陽貨)가 정국의 주도권을 장악하고 공자를 등용하고자 하였으나 공자가 거절.

50세 정공 8년(기원전 502) 천명(天命)을 알게 됨〔五十而知天命〕.

52세 정공 10년(기원전 500) 중도재에서 승진하여 사공(司空)이 되었다가, 다시 대사구(大司寇)가 됨. 제나라 협곡의 회맹(會盟)에서 정공(定公)을 도와 제나라가 노나라의 항복을 받으려는 것을 저지시킴.

54세 정공 12년(기원전 498) 군권을 강화하기 위해서 삼환씨의 사읍을 공격한 '휴삼도(隳三都)'를 단행함. 소정묘(少正卯)를 주살함.

55세 정공 13년(기원전 497) 노나라가 안정되자 제나라에서 여든 명의 여악(女樂)을 보냈는데 정공이 여기에 빠져 정사를 게을리하자 공자가 노나라를 떠나 위나라로 감. 이로써 14년간의 천하주유가 시작됨.

56세 정공 14년 위나라를 떠나 진(陳)나라로 가는 도중 '광(匡)' 땅에서 오해를 받아 5일 동안 고초를 겪음. 다시 위(衛)나라로 돌아옴.

58세 애공 원년(기원전 494) 애공(哀公) 즉위.

59세 애공 2년(기원전 493) 위령공이 죽고 출공(出公)이 즉위, 위나라를 떠남.

60세 애공 3년(기원전 492) 여러 가지 비판도 자연스럽게 받아들이게 되었음〔六十而耳順〕. 계강자가 집정.

63세 애공 6년(기원전 489) 진나라를 떠나 채(蔡)나라를 경유하여 부함(負函)으로 가는 도중 식량이 떨어져 7일간 굶주림. 부함에 당도하여 초나라

섭공(葉公)을 다시 만나고 위나라로 돌아옴.

68세 애공 11년(기원전 484) 제나라가 노나라를 침범하자 제자 염유(冉有)가 우군을 통솔하여 승리함. 이 공로로 계강자(季康子)가 염유의 스승인 공자에게 폐백(幣帛)을 보내어 초청. 14년간의 유세(遊說)를 끝내고 노나라에 돌아옴.

69세 애공 12년(기원전 483) 아들 리(鯉) 사망.

70세 애공 13년(기원전 482) 마음이 하고자 하는 대로 행해도 법도에 어긋나지 않게 됨〔從心所欲不踰矩〕.

71세 애공 14년(기원전 481) 『춘추(春秋)』를 지음. 제자 안회(顏回)가 죽자 몹시 애통해함.

72세 애공 15년(기원전 480) 위나라의 정변에 휘말려 제자 자로(子路)가 죽임을 당함.

73세 애공 16년(기원전 479) 공자(孔子) 서거.

참고문헌

* 참고한 책 모두를 기록하지는 않고, 영향을 많이 받았거나 자주 참고한 책 위주로 기억이 나는 대로 간략히 정리했다. 기타 논문이나 소품은 생략했다.

金克木·啓功·張中行,『說八股』, 中華書局, 1994.

金克木,『探古新痕』, 上海古籍出版社, 1998.

張中行,『順生論』, 中國社會科學出版社, 1993.

龐朴,『一分爲三』, 海天出版社, 1995.

甘陽,『將錯就錯』, 三聯書店, 2007.

陳少明,『做中國哲學』, 三聯書店, 2015.

陳少明 主編,『思史之間－論語的觀念史釋讀』, 上海三聯書店, 2009.

何晏·皇侃,『論語集解義疏』(http://www.minlun.org.tw/2pt/2pt-2-1/0.htm).

程樹德,『論語集釋』, 中華書局, 1990.

朱熹, 성백효 역주,『논어집주』, 전통문화연구회, 1990.

康有爲,『論語注』, 中華書局, 1984.

錢穆,『論語新解』, 三聯書店, 2005.

李澤厚,『論語今讀』, 三聯書店, 2004.

楊樹達,『論語疏證』, 上海古籍出版社, 2006.

李零,『喪家狗：我讀論語』, 山西人民出版社, 2006(리링 저, 김갑수 역,『집 잃은 개』, 글항아리, 2012).

李零,『去聖乃得真孔子: 論語縱橫讀』, 三聯書店, 2014(리링 저, 황종원 역,『논

어 세 번 찢다』, 글항아리, 2011).

郭曉東, 『戴氏注論語小疏』, 華東師範大學出版社, 2014.

정약용 저, 이지형 역주, 『역주 논어고금주』, 사암, 2010.

이성규 저, 『사기』, 서울대학교출판부, 1993.

사마천 저, 황지원 등 역, 『공자세가 · 중니제자열전』, 예문서원, 2003.

王健文, 『流浪的君子－孔子的最後二十年』, 三聯書店, 2008(왕건문 저, 이재훈 · 은미영 역, 『공자 최후의 20년』, 글항아리, 2010).

나카지마 아쓰시 저, 김영식 역, 『산월기』, 문예출판사, 2016.

황희경黃熙景

성균관대학교 유학과를 나오고 같은 대학원 동양철학과에서 박사학위를 받았다. 학부와 대학원 시절, 봉선사의 불경서당을 다녔고 민족문화추진회(현 고전번역원) 국역연구원(연수부, 연구부)을 수료하였다. 중국과 수교한 해에 베이징의 인민대학에서 고급진수생 과정을 거쳤다. 성균관대, 연세대, 안동대 등에서 강의를 했고, 영산대 교수를 지냈다.

지은 책으로 『현대중국의 모색』(공저), 『삶에 집착한 사람과 함께하는 논어』, 『중국, 이유 있는 뺑의 나라?』가 있고, 번역서로는 『역사본체론』, 『동양을 만든 13권의 고전』(공역), 『몸으로 본 중국사상』(공역), 『중국철학문답』(공역) 등이 있다.

중국 문화의 미래에 관심이 많아 고전뿐 아니라 '중국'이라는 거대한 책을 읽고자 노력하고 있다.

논어

내 인생 최고의 교양

초판 1쇄 발행 2018년 6월 22일

역설(譯說) | 황희경
교정 | 박기효
독자교정 | 채세병
디자인 | 여상우

펴낸이 | 박숙희
펴낸곳 | 메멘토
신고 | 2012년 2월 8일 제25100-2012-32호
주소 | 서울시 은평구 연서로 182-1, 502호(대조동)
전화 | 070-8256-1543 팩스 | 0505-330-1543
이메일 | mementopub@gmail.com
블로그 | http://mementopub.tistory.com
페이스북 | www.facebook.com/mementopub

ISBN 978-89-98614-53-9 (03140)

이 도서의 국립중앙도서관 출판시도서목록(CIP)은 서지정보유통지원시스템 홈페이지(http://seoji.nl.go.kr)와 국가자료공동목록시스템(http://www.nl.go.kr/kolisnet)에서 이용하실 수 있습니다. (CIP제어번호: CIP2018017025)